Sigrid Luchtenberg

Interkulturelle kommunikative Kompetenz

Sigrid Luchtenberg

Interkulturelle kommunikative Kompetenz

Kommunikationsfelder in Schule und Gesellschaft

Westdeutscher Verlag

Die Deutsche Bibliothek – CIP-Einheitsaufnahme

Luchtenberg, Sigrid:
Interkulturelle kommunikative Kompetenz : Kommunikationsfelder in Schule und Gesellschaft / Sigrid Luchtenberg. – Opladen : Westdt. Verl., 1999
ISBN 3-531-12870-1

Der Westdeutsche Verlag ist ein Unternehmen der Bertelsmann Fachinformation GmbH.

www.westdeutschervlg.de

Höchste inhaltliche und technische Qualität unserer Produkte ist unser Ziel. Bei der Produktion und Verbreitung unserer Bücher wollen wir die Umwelt schonen: Dieses Buch ist auf säurefreiem und chlorfrei gebleichtem Papier gedruckt. Die Einschweißfolie besteht aus Polyäthylen und damit aus organischen Grundstoffen, die weder bei der Herstellung noch bei der Verbrennung Schadstoffe freisetzen.

Umschlaggestaltung: Horst Dieter Bürkle, Darmstadt
Druck und buchbinderische Verarbeitung: Rosch-Buch, Scheßlitz
Printed in Germany

ISBN 3-531-12870-1

Inhaltsverzeichnis

Kapitel 1
Interkulturelle Kommunikation

1.1 Einleitung

"Interkulturelle Kommunikation" ist zu einem Schlagwort der erziehungswissenschaftlichen und sprachdidaktischen Diskurse geworden, wird aber auch im öffentlichen Diskurs in unterschiedlicher Weise gebraucht. Die – scheinbare – Verwendbarkeit für eine Vielzahl von Kommunikationssituationen und -intentionen erschwert die inhaltliche Bestimmung und Analyse des Begriffs. Im Mittelpunkt dieses Buches wird daher unsere eigene Konzeption von interkultureller Kommunikation als Interaktion und Diskurs in der multikulturellen Gesellschaft stehen, die in Kapitel 1 zunächst terminologisch entwickelt wird durch Abgrenzung von in der Literatur gebräuchlichen Konzepten interkultureller Kommunikation. Hiermit verknüpft sich die Frage, ob inter- überhaupt sinnvoll von intrakultureller Kommunikation abtrennbar ist und wie auf der anderen Seite interkulturelle Kommunikation in einem Einwanderungsland von internationaler Kommunikation abgrenzbar ist. Eine denkbare Dreiteilung in *intrakulturell, interkulturell* und *international* und ihre Auswirkungen ist zu überdenken und im Folgenden zu berücksichtigen. In Kapitel 1 werden auch weitere terminologische Annäherungen an interkulturelle Kommunikation, mehrkulturelle und mehrsprachige Gesellschaft und interkulturelles Lernen erfolgen, die in den Folgekapiteln erweitert werden. Zunächst aber wird interkulturelle Kommunikation in der Vielschichtigkeit des Begriffs dargestellt.

Aufbauend auf der in Abgrenzung zu anderen Konzepten gewonnenen Terminologie sollen in diesem Buch Aspekte interkultureller Kommunikation in der mehrsprachigen und mehrkulturellen Gesellschaft in den Mittelpunkt gerückt werden, die bei der in der Literatur dominanten Fokussierung auf Geschäftskommunikation und den dort vorherrschenden Sichtweisen auf Missverständnisse leicht in den Hintergrund rücken oder aber nur einen Teilaspekt ausmachen. Im zweiten Kapitel wird zunächst die Breite der Kommunikation in mehrkulturellen und mehrsprachigen Gesellschaften dargestellt, wobei es vor allem um eine theoretische Fundierung interkultureller Kommunikation geht. In zwei Unterkapiteln zur

Verwendung von Namen und dem Umgang mit Tabus in mehrkulturellen und mehrsprachigen Gesellschaften soll auf einige spezifische Fragen eingegangen werden. Im dritten Kapitel beschäftigen wir uns mit interkultureller Kommunikation in Schule und Unterricht. Für die heutige *multikulturelle* Schule ergeben sich eine Reihe von Fragen zur schulischen Kommunikation ebenso wie nach den Anforderungen der Kommunikation in einer solchen mehrkulturellen und mehrsprachigen Schule, auf die auch die über Schule hinausgehenden Kapitel Bezug nehmen werden. Von der Ebene der persönlichen Kommunikation wenden wir uns im vierten Kapitel der Medienkommunikation zu und fragen nach interkulturellen Diskursen vor allem in Printmedien, aber auch des Fernsehens und der Werbung. Dies wird im fünften Kapitel fortgeführt durch die Beschäftigung mit der Rolle von Literatur als interkultureller Kommunikation, wobei diese Kommunikation in mehrfacher Form betrachtet werden kann: Welche Literatur verarbeitet Mehrkulturalität und wie wird sie aufgenommen und angenommen? Nachdem in den ersten fünf Kapiteln im wesentlichen die Analyse von interkultureller Kommunikation auf unterschiedlichen Ebenen im Mittelpunkt gestanden hat, geht es im sechsten Kapitel um die Frage der Kompetenzen zur Bewältigung dieser Kommunikation. In einem abschließenden Kapitel werden Ergebnisse und Schlussfolgerungen zusammengefasst. Wir beschäftigen uns hier zum Teil mit interkultureller Kommunikation im Allgemeinen, beziehen uns jedoch ansonsten auf die Situation in der Bundesrepublik Deutschland. In einigen Zusammenhängen wird die Situation in Australien zum Vergleich herangezogen, da Australien eine offizielle Multikulturalismus–Politik betreibt, was Fragen nach Unterschieden auch in Bezug auf Kommunikation zur Bundesrepublik als einem Land aufwirft, das sich nicht als Einwanderungsland versteht trotz Immigration (vgl. zu Australien Castles / Collins / Vasta 1995; Collins 1991, 1991a; Luchtenberg 1995a; Theophanous 1995). Die Berücksichtigung Australiens war mir nur möglich dank der Unterstützung durch Professor Brian Taylor vom German Department der University of Sydney, der mich mit Materialien und Zeitungsausschnitten versorgt hat.

Diese Arbeit stellt keine Aufarbeitung der vorliegenden Literatur zur interkulturellen Kommunikation dar, sondern greift nur die für die vielfältigen zu behandelnden Fragestellungen besonders relevanten Arbeiten auf (vgl. z.B. Hinnenkamp 1994 für einen umfassenden Literaturüberblick). In diesem Buch verzichten wir aus Gründen der besseren Lesbarkeit auf Bezeichnungen mit -in und -innen.

1.2 Kommunikation zwischen Menschen verschiedener Sprachen und Kulturen

Miteinander zu kommunizieren ist ein Grundphänomen menschlicher Lebensformen. Es ist daher nicht verwunderlich, dass 'Kommunikation' auch in vielen wissenschaftlichen Disziplinen eine wesentliche Rolle spielt. Dabei geht es im Allgemeinen um die Verständigung zwischen Menschen, die über einen gemeinsamen Kode verfügen, dem sowohl die Vorstellung einer gemeinsamen Sprache wie auch einer gemeinsamen Lebenswelt bzw. lebensweltliche Erfahrungen zugrundeliegt (vgl. auch Habermas 1981, 1981a). Allerdings wird kaum davon auszugehen sein, dass eine hundertprozentige Übereinstimmung im sprachlichen und lebensweltlichen Kode zwischen zwei Gesprächspartnern vorliegt. Kommunikation wird in Situationen realisiert, deren Bedingungen ebenso zum Kommunikationsvorgang beitragen bzw. ihn beeinträchtigen können, wie Hörer und Sprecher sowie auch die Inhalte. Während Fragen der Kommunikation weitgehend im Rahmen der Fachdisziplinen, die neben der Linguistik – oder besser verschiedenen Bereichen der Linguistik – auch weitere wie Kommunikationswissenschaften, Pädagogik, Fremdsprachendidaktiken, Psychologie und Sozialwissenschaften umfassen, angesiedelt sind, gewinnt die Erweiterung der Frage des Gelingens oder Missglückens von Kommunikation und den zugrundeliegenden Bedingungen ein sehr viel breiteres Interesse in fachwissenschaftlicher wie gesellschaftlicher Hinsicht, wenn es um die Kommunikation zwischen Personen geht, die – nach erster Einschätzung – über eindeutig verschiedene Kodes verfügen. Dieses Interesse ergibt sich zum Teil aus den Praxisfeldern, in denen solche Formen der Kommunikation eine Rolle spielen, die in vielen Fällen noch als neu und ungewohnt erfahren wird: Sozialarbeit ebenso wie medizinisch-psychologische Beratungsfelder, internationaler Jugendaustausch ebenso wie Entwicklungshilfe, Management und Wirtschaftsbeziehungen, aber auch Schule, Gericht oder Medien. Das Interesse an dieser Form der Kommunikation lässt sich ohne weiteres an der steigenden Zahl an Publikationen ablesen, die sowohl in der Linguistik und ihren Teilgebieten zu verzeichnen sind, aber auch in anderen Bereichen, wobei sich auch neue interdisziplinäre Arbeitsfelder ergeben, die ihrerseits zum Anstieg der Publikationen beitragen. Hierzu zählen etwa interkulturelle Wirtschaftskommunikation, interkulturelle Kommunikation in der Fremdsprachendidaktik, Kontrastive Pragmatik und – zunehmend – Trainingsangebote in interkultureller Kommunikation (vgl. zu einem Literaturüberblick Hinnenkamp 1994).

Nun ist dieses Interesse an Kommunikationen, bei denen die beteiligten Personen zwei verschiedene Kodes verwenden – also an interkultureller Kommunikation in der üblichen Diktion – durchaus auch mit der Zunahme eben solcher Kommunikationen erklärbar, die wiederum durch Kontaktmöglichkeiten und -notwendigkeiten weltweit bedingt sind, zu denen internationale Geschäftsbeziehungen, Tourismus, aber auch Migrationen beitragen (vgl. Hinnenkamp 1994, 3f. für eine kurze Darstellung weiterer englischer und deutscher Bezeichnungen wie *cross-cultural*, interethnisch, *interracial*, international und transkulturell). Nicht von ungefähr ist die Rede vom *'global village'*, in dem es zu Kommunikationen zwischen Menschen kommt, die verschiedene Kodes benutzen, also unterschiedliche Sprachen sprechen und durch verschiedene kulturelle Bindungen geprägt sind. Im *'global village'* finden jedoch nicht nur interpersonale Kommunikationen statt, sondern auch mediale Kommunikationen, wie denn der Begriff wohl auch zunächst in Bezug auf das Internet gebraucht worden ist, in dem jederzeit weltweit 'kommuniziert' werden kann. Das Phänomen der interkulturellen Kommunikation ist möglicherweise auch deshalb für viele von Interesse, weil hier sowohl interpersonale wie auch mediale Kommunikationen von Bedeutung sind und auch aufeinander Einfluss nehmen: so kann etwa der Mediendiskurs Einstellungen gegenüber Menschen verändern, mit denen eine interpersonale Kommunikation im Beruf nötig ist.

Wie aber lässt sich diese Form der Kommunikation beschreiben und abgrenzen von Kommunikation, wie sie herkömmlicherweise verstanden wurde und wird? Geht man zur Klärung dieser Frage von den hier verwandten Termini aus, so muss eine Festlegung für Kommunikation, Kultur und des mit 'Inter' umschriebenen Prozesses erfolgen, die für unseren Kontext noch eine Erweiterung um Diskurse im Sinne medialer Kommunikation verlangt. Dies ist auch deshalb nötig, weil unter Kommunikation weitgehend eine interpersonale Begegnung von zwei oder mehr Menschen verstanden wird, wobei die kommunikativen Ausdrucksmöglichkeiten neben den verbalen und nonverbalen Formen auch weitere wie Kleidung oder Verhalten umfassen (vgl. Hinnenkamp 1994, 5). Mit der verbalen Kommunikation rückt der Kode wieder in den Mittelpunkt auch interkultureller Kommunikation: In welcher Sprache wird hier kommuniziert und in welcher Beziehung stehen die beteiligten Gesprächspartner zu dieser Sprache? Das heißt, es muss eine Verständigung auf eine Sprache geben, wenn es zu einer Kommunikation zwischen zwei Menschen kommen soll, die verschiedene Kodes – hier zunächst im Sinne von Sprachen – sprechen. Die gewählte Sprache kann der Kode – i.a. die Erstsprache – eines der beiden Sprecher sein, oder aber eine von beiden verschiedene Drittsprache. Die Wahl der Sprache ist nicht unabhängig von der Frage der hierarchischen Struktur einer Kommunikation und der Gleichberechtigung bzw. ihres Fehlens zwischen den Gesprächspartnern. Hierzu müssen allerdings auch die Rollen der beiden im Gespräch und ihre gesellschaftliche Position berücksichtigt werden, denn die Wahl einer Drittsprache hat eine andere Bedeutung in einem Gespräch zwischen zwei ansonsten gleichberechtigten Partnern wie etwa Englisch zwischen den Spielern unterschiedlicher Herkunft in einem Fußballklub, als in einem Gespräch zwischen einem deutschen Manager und einem Arbeiter in einem ausländischen Betrieb, in dem ebenfalls eine Drittsprache zur Verständigung gewählt werden muss. Auch die Bedeutung der Situation muss neben der Sprachwahl berücksichtigt werden, da auch sie wesentlich für eine gleichberechtigte bzw. hierarchische Kommunikation ist, denn man kann davon ausgehen, dass die hierarchischen Strukturen einer institutionellen Kommunikation sich verstärken können, wenn der 'Kunde' einer Behörde, eines Arztes oder bei Gericht sich nicht oder nur eingeschränkt der Sprache des Vertreters der Institution bedienen kann. Damit wird zugleich auch betont, dass die Wahl der Sprache eines der beiden Gesprächspartner für den anderen i.a. eine Bevorzugung des Erstsprachlers (*native speaker)* bedeutet. Eine wesentliche Rolle kommt in allen diesen Fällen der nonverbalen Kommunikation zu, wobei deren Abhängigkeit vom jeweiligen Kode zu berücksichtigen ist: Wenn wir aufgrund der Untersuchungsergebnisse kontrastiver Linguistik nicht davon ausgehen können, dass es eine universale Körpersprache gibt, ist auch die oft beschworene 'Verständigung ohne Worte' in ihrem Gelingen abhängig von den jeweiligen Kodes. Oksaar (1998, 15) warnt daher vor Annahmen universaler Lesbarkeit von Gesichtsausdrücken, *"da sie keine Allgemeingültigkeit haben."* Willkop (1998) kann zeigen, dass insbesondere durch spezifische pragmatische Restriktionen universell vorhandene Emotionen und ihre Ausdrucksformen wie Schmerz oder Freude kulturell verschieden interpretiert und konventionalisiert werden. Apeltauer (1997, 22) verweist darüber hinaus auf den unterschiedlichen Grad der Einbeziehung nonverbaler Kommunikationsanteile und die sich hieraus möglicherweise ergebenden Ursachen für Missverständnisse.

Ein auch für interkulturelle Kommunikation gut verwendbares Kommunikationsmodell ist die Analyse kommunikativer Akte von Oksaar (1979), da hier die verschiedenen Ebenen der Kommunikation miteinander verbunden werden, die verschiedenen Ausdrucksformen, aber auch die Beziehungen der Gesprächspartner zueinander und ihre Interaktion sowie auch das jeweilige Thema mitberücksichtigt werden. Oksaar (1979, 393) definiert den kommunikativen Akt als *"den gesamten Ak-*

tionsrahmen, in dem die Sprechhandlung stattfindet", so dass zu den wichtigsten Elementen Partner / Auditorium, Thema / Themen, verbale Elemente, parasprachliche Elemente, kinesische Elemente und affektive Verhaltensmerkmale zählen. Hieraus leitet sie die Größen interaktionaler Kompetenz ab, wobei für interkulturelle Kommunikation insbesondere auch die Bedeutung der Verständlichkeit relevant ist (Oksaar 1979, 398). Kommunikative Akte sind eingebettet in Situationen, für die jeweils von einer kulturellen Gruppe festgelegte Verhaltensmuster gelten. Solche soziokulturellen Verhaltensweisen können nach Oksaar (1984, 26f.) mit Hilfe des Kulturemmodells dargestellt werden, das zugleich für die Verständlichkeit in interpersonaler Kommunikation eine große Rolle spielt:

Kulturem
Behaviorem

Nonverbal	*Extraverbal*	*Verbal*	*Parasprachlich*
Mimik	Zeit	Wörter	
Gestik	Raum		
Körperbewegungen	Proxemik		

Kultureme enthalten soziokulturelle Regeln für bestimmte Kommunikations- und Verhaltenssituationen, deren Erkennen bzw. Nichterkennen oder Akzeptieren bzw. Nichtakzeptieren den Verlauf von (interkulturellen) Kommunikationen beeinflussen kann, da Kultureme in verschiedenen kommunikativen Akten unterschiedlich realisiert werden (vgl. auch Oksaar 1983). Damit verweisen Kultureme einerseits auf universale Konzepte und auf kultur–spezifische Realisierungen (vgl. auch Wierzbicka 1992). Kultureme selbst sind *abstrakte Einheiten*, deren Realisierung in Behavioremen geschieht (vgl Oksaar 1984, 26f. für das Beispiel 'grüßen'.) Kultureme werden in der sprachlichen und kulturellen Sozialisation erworben, so dass ihre Realisierung zunächst diesen Verhaltensmustern folgt. In vielen Fällen wird aber bereits im Rahmen der Sozialisation gelernt, dass es je nach Situation und beteiligten Personen unterschiedliche Kulturemrealisierungen gibt. Dies gilt bereits für das Kulturem 'grüßen'.

Interpersonale Kommunikation macht den Hauptteil kommunikativen Geschehens aus, jedoch lässt sich nicht übersehen, dass auch mediale Kommunikation weiter an Bedeutung gewinnt durch moderne Massenmedien und ihre multimedialen Vernetzungen. Die Internationalisierung oder Globalisierung medialer Kommunikation hat dazu geführt, hier von *Internationaler Kommunikation* zu sprechen, die auch für alle Formen des kommunikativen Austauschs zwischen Nationen verwandt wird (vgl. auch Kriener / Meckel 1996). Reimann (1992) versucht demgegenüber, eine interkulturelle Kommunikation als eine interpersonale von einer transkulturellen Kommunikation als einer massenmedialen (und damit 'Ein-Weg-Kommunikation') zu unterscheiden. Die Unterscheidung zwischen interpersonal und medial liegt demzufolge in den Adjektiven, während beides als Kommunikation bezeichnet wird. Um dem Dilemma der ungefestigten Terminologie zu entgehen sowie zugleich eine andere aus unserer Sicht wichtige Unterscheidung einbringen zu können, verwenden wir für Formen interpersonalen Kommunizierens 'Kommunikation', während die medialen Formen des Kommunizierens im Sinne der Diskursanalyse als Mediendiskurse untersucht werden (vgl. Jäger 1993 zu einer grundlegenden Darstellung). Die Einbeziehung von Diskursen in unsere Untersuchung ist notwendig, um Kommunikationen im weiteren Sinne in einer durch Vielfalt geprägten Gesellschaft beschreiben zu können. Da Diskurse in Gesellschaften realisiert werden, ist auch eine vergleichende Diskursanalyse möglich, wie sie in Kapitel 4 vorgestellt werden wird, wenn der deutsche Mediendiskurs zu Migration mit dem australischen verglichen wird. Der Medienkurs ist in mehrfacher Hinsicht von Relevanz für die Frage nach interkultureller Kommunikation. So muss geklärt werden, welche Rolle Medien und der Mediendiskurs bei der Globalisierung spielen, welche Bedeutung einer oft befürchteten Amerikanisierung oder Verwestlichung aller Kulturen zuzumessen ist und welche Auswirkungen dem – auch internationalen – Mediendiskurs auf interpersonale Kommunikation in mehrsprachigen und mehrkulturellen Gesellschaften zukommt. Andererseits geht es aber auch um den Umgang mit und die Darstellung von Vielfalt in den verschiedenen Medien und die damit verbundenen Ziele und Wirkungen.

Wir beschäftigen uns also hier und im Folgenden mit *Kommunikation und Diskursen im Sprach- und Kulturkontakt*, so dass als nächstes zu klären ist, um welche konkreten Formen des Kontaktes es sich handelt. Kommunikationen und Diskurse sind beschreibbar in unterschiedlichen sprachlichen und kulturellen Kontexten, deren Grad an Gemeinsamkeit bzw. Unterschieden interkulturelle Kommunikation bestimmt. Sprachkontakte getrennt von Kulturkontakten zu betrachten, ist zwar nur bis zu einem gewissen Grad möglich, jedoch aus Gründen der Systematisierung empfehlenswert:

Beim Sprachkontakt differenzieren wir zwischen zwei grundsätzlich verschiedenen Betrachtungsweisen. Einerseits kann von den Veränderungen in der Sprache bzw. den Sprachen ausgegangen werden, die durch den Kontakt mit einer anderen Sprache zustandekommen, während andererseits Menschen unterschiedlicher sprachlicher und kultureller Zugehörigkeit im direkten Kontakt betrachtet werden können. Hier ist allerdings auch zu betonen, dass die erstgenannte Form des Sprachkontakts bzw. seiner Ergebnisse letztlich Ergebnis einer Vielzahl von Sprachkontakten der zweiten Art ist, allerdings unter Einschluss der (Medien)diskurse wie etwa die zunehmende Anzahl englischer Wörter im Deutschen zeigt. Andere Beispiele historischer Sprachkontakte sind Latein in europäischen Sprachen wie auch die englische Sprache als Resultat romanisch-germanischen Sprachkontakts. Sprachkontakt in der direkten Begegnung von Sprechern unterschiedlicher Erstsprachen betrifft beispielsweise Dialekt-Dialekt oder Dialekt-Standardsprache oder *native speaker* im Kontakt mit einem *non-native speaker*. Letztere Situation kann sich auf der Seite des Sprachkontakts im Entstehen von Pidgin- und Kreolsprachen niederschlagen, während wir auf der Seite des direkten Sprachkontakts das Phänomen des Kode-Switching finden können.

Wie lässt sich nun Kulturkontakt hiermit in Verbindung bringen? Übertragen auf die oben aufgestellte Zweiseitigkeit, ergeben sich Veränderungen von Kulturen durch Kontakt mit einer anderen Kultur, wobei auch hier zu konstatieren ist, dass dieser Kontakt letztlich auf den von Einzelpersonen bzw. Gruppen oder Medien zurückzuführen ist, wobei auch Institutionen eine Rolle spielen können, in denen aber wiederum Menschen Träger der Interaktionen sind (vgl. auch Kapitel 2 und 3 zur institutionalisierten Kommunikation). Beispiele sind Kolonialisierungen, Missionarisierungen, Handel oder Tourismus, die je nach Konstellation auch als Kulturimperialismus beschrieben werden können. Auf der interpersonalen Ebene realisieren sich solche Kulturkontakte in erster Linie über Kommunikationen, zu denen allerdings auch außersprachliche Formen wie Kleidung, Essen oder Kunst zu zählen sind. Eine solche Betrachtung bleibt unvollständig, wenn nicht auch die Frage nach den kulturellen Zugehörigkeiten der beteiligten Personen und deren Auswirkungen auf Kommunikationen berücksichtigt wird. Dies ergibt eine doppelte Sichtweise:

Wenn es beschreibbare Kulturen gibt, die nicht notwendig mit Nationen oder Staaten übereinstimmen müssen, so können ihnen auch Menschen zugeordnet werden. Aus einer größeren Distanz wird man so zur Beschreibung von Kulturkreisen gelangen und eine Gruppe von Menschen dieser Kultur zugehörig ansehen können. Äußere Strukturen wie Schulsystem oder Medien ebenso wie gemeinsame überlieferte Geschichte führen dazu, dass die nationale oder staatliche Zugehörigkeit in der Eigen- wie Fremddarstellung einen relativ großen Platz einnimmt. Aus der Perspektive eines einzelnen Menschen kann diese kulturelle Zugehörigkeit jedoch sehr viel komplexer aussehen, so dass sich ein Bündel kultureller Zugehörigkeiten ergibt, die auch in Widersprüche und Gegensätze geraten können, zumal sich die meisten Menschen über die aus ihrer Sicht wesentlichen Gruppenzugehörigkeiten beschreiben. Zu diesem Bündel kultureller Zugehörigkeiten zählen etwa Nation, Region, ethnische Gruppe, Religion, Geschlecht, Familie, Schicht, Beruf, Alter, was Knapp–Potthoff (1997, 191) als *"Mehrfachzugehörigkeit von Individuen zu sozialen Gruppen"* umschreibt. Ethnologische und kulturanthropologische Untersuchungen vor allem in Agrarkulturen Afrikas, Asiens und Lateinamerikas mit relativ homogenen Gesellschaften führen vermutlich dazu, die Bedeutung der Komplexität solcher Zugehörigkeiten auch in industrialisierten Gesellschaften zu unterschätzen (vgl. jedoch K. Roth 1996 zu neuen Ansätzen einer sog. europäischen Ethnologie). In einer neueren Arbeit versucht Maletzke (1996, 16f.) dem Rechnung zu tragen, indem er von Subkulturen ausgeht. Individuen können demnach mehreren Subkulturen angehören. Dies entspricht zunächst weitgehend unserer Darstellung eines Bündels kultureller Zugehörigkeiten, ohne dass jedoch ganz klar wird, wie die "übergreifende Gesamtkultur" zu beschreiben ist. Im Modell von Maletzke (1996) kommt dem Staat bzw. der Nation eine verbindende Funktion zu, die einer nationalstaatlichen Orientierung entsprechen dürfte, wenn dem nationalen Kollektiv eine auch kulturell verbindende Funktion zukommt. Dies entspricht jedoch nicht einem politischen Verständnis von Staat, das vielmehr von der Vorstellung einer pluralistischen Republik geprägt ist, in der kulturelle Vielfalt ein einigendes Band nur in der Verfassung findet (vgl. hierzu auch Oberndörfer 1996). Ein solches 'republikanisches' Konzept erlaubt im übrigen auch, Veränderungen in kulturellen Ausprägungen ebenso wie in Zugehörigkeiten zu verstehen. Hoffmann (1998, 110) stellt die Frage nach einem neuen Zusammengehörigkeitsbewusstsein, da nur dadurch die Ethnisierung zu bekämpfen sei. In einer konkreten Kommunikationssituation spielen Sprache, Welt- und Kulturwissen, Sozialstruktur und situativer Kontext für die beteiligten Interaktionspartner eine Rolle, von deren Zusammenwirken Bickes (1992, 159) annimmt, dass sie als Filter *Wahrnehmungs- Verstehens-, Interpretations- und Kommunikationsmuster* prägen. Hieraus lässt sich ableiten, dass die wechselnden Formen des Zusammenwirkens eine Vorhersagbarkeit weitgehend ausschließen lassen.

Die skizzierte Vorstellung der Entwicklung von Sprach– und Kulturkontakt kann auch dazu dienen, eine gängige Redensweise zu hinterfragen und letztlich zurückzuweisen: gemeint ist "das Zusammentreffen bzw. gar das Zusammenprallen von Kulturen." Selbst wenn wir möglicherweise eine Jugend- und eine Altenkultur beschreiben können, so sind es doch stets junge und alte Menschen, die aufeinandertreffen, von denen jeder einzelne stets auch weitere kulturelle Zugehörigkeiten für sich in Anspruch nehmen kann. Hiermit soll nicht ein mögliches Konfliktpotential geleugnet werden, das in Begegnungen und Kommunikationen zwischen Menschen liegt, die sich unterschiedlichen Kulturen zugehörig verstehen. Dennoch sollte die Metapher nicht dazu verleiten, 'Kulturen' zu personifizieren und damit auch die Verantwortung für eventuelle Konflikte von den agierenden Menschen wegzunehmen.

Die hier zunächst verfolgte Vermeidung des Begriffs der interkulturellen Kommunikation durch die Begrifflichkeit der Kommunikationen und Diskurse im Sprach- und Kulturkontakt sollte zunächst die Probleme außen vorlassen, die mit dem Begriff des 'Interkulturellen' zunehmend verbunden werden, je mehr dieser Begriff in unterschiedlichen Disziplinen und gesellschaftlichen Feldern Verwendung findet (vgl. auch Hinnenkamp 1994). Nicht vermieden werden sollte jedoch die Auseinandersetzung mit dem Begriff der Kultur, ohne dass wir den zahlreichen Definitionen eine weitere hinzufügen wollen (vgl. auch Blommaert / Verschueren 1991, 4). Bedeutsam erscheint uns vor allem die Berücksichtigung der vielfältigen Bereiche – sog. Hochkultur als Kunstformen ebenso wie alle Bereiche des Alltags sowie der Auseinandersetzung mit menschlichen Existenzfragen wie Leben und Tod – sowie die Tatsache, dass 'Kultur' weder als Ganzes noch in ihren Teilbereichen ein abgeschlossenes Phänomen ist, sondern einer ungleichmäßigen, jedoch stetigen Veränderung unterliegt. Von Bedeutung sind auch die Zugangsformen und -wege, in und auf denen jeder einzelne Mensch in Makro- wie Mikrokulturen und ihre Symbolik seiner gesellschaftlichen Umgebung – von der engen Familie bis zur Weltgemeinschaft – hineinwächst. Er kann sie übernehmen, aber auch bis zu einem bestimmten Grad verändern (vgl. auch Redder / Rehbein 1987).

Kommunikationen im Sprach- und Kulturkontakt werden im Allgemeinen als interkulturelle Kommunikationen bezeichnet. Knapp / Knapp-Potthoff (1990, 66) definieren sie als

> "die interpersonale Interaktion zwischen Angehörigen verschiedener Gruppen, die sich mit Blick auf die ihren Mitgliedern jeweils gemeinsamen Wissensbestände in sprachlichen Formen symbolischen Handelns unterscheiden".

Diese Definition enthält zwei wichtige Implikationen:

1. Kultur wird hier als Alltagskultur verstanden, als ein gemeinsames Wissen der Wahrnehmung, der Begrifflichkeiten, der Werte und Normen in einem breiten Rahmen. Sie äußert sich in erster

Linie im symbolischen Handeln, d.h., vorrangig in Sprache und Verhalten. Damit kann sie nicht homogen sein in einer komplexen modernen Gesellschaft, was zugleich impliziert, dass Kultur nicht = Gesellschaft ist, obwohl beide aufeinander bezogen sind. Kultur ist hier ein Set von in symbolischem Handeln manifestierten Wissensbeständen. Diese sind nicht gleich in den Teilgruppen einer Gesellschaft, aber der Bezug auf die gleiche Gesellschaft ergibt einen gemeinsamen Kern an Weltbildern, Wertvorstellungen, Denkweisen, Normen und Konventionen bzw. Wissen um deren Existenz. Allerdings bleibt auch hier festzuhalten, dass Kultur als dynamisch-veränderbar verstanden wird. Leicht nachvollziehbare Beispiele der letzten fünfzig Jahre sind sowohl das Anredeverhalten (Du / Sie) wie auch Begrüßungsregeln für Kinder, denn Knicks und Diener wurden zwar in den fünfziger Jahren noch verlangt, sind aber heutzutage – d.h. nur vierzig Jahre später – in alltäglichen Begrüßungssituationen weitgehend unbekannt. 'Kultur' erweist sich demnach auch in dieser Definition als ein komplexes Phänomen, und zwar auch dann, wenn man es in Makro- und Mikrokulturen zerlegt, wie dies etwa Knapp / Knapp-Potthoff (1987) vorschlagen.

2. Es wird deutlich, dass hier kulturelle Gruppen nicht einer nationalen Zuordnung unterliegen. Die Beschreibung interkultureller Kommunikation als eine Interaktion zwischen 'Einheimischen' und 'Ausländern' wird damit fragwürdig. Dennoch muss der Tatsache Rechnung getragen werden, dass eine nationale Zuordnung die bei weitem häufigste ist.

Damit stehen wir dem Hauptproblem der Begrifflichkeit der interkulturellen Kommunikation gegenüber: Wie lässt sich interkulturelle Kommunikation eindeutig von intrakultureller Kommunikation abgrenzen, obwohl die meisten Menschen ohne weiteres in der Lage wären, Beispiele interkultureller Kommunikation zu benennen? Knapp / Knapp-Potthoff (1990) verweisen vor allem auf die Bedeutung der Sprache, denn unterschiedliche Erstsprachen sind demnach ein deutliches Indiz für interkulturelle Kommunikation. Hieraus ergeben sich wiederum einige wesentliche Implikationen:

- Interkulturelle Kommunikation ist insofern deutlich von einer Definition per Staatlichkeit abzugrenzen, als es einige Staaten gibt, in denen die Menschen mit unterschiedlichen Erstsprachen aufwachsen wie etwa in der Schweiz, was nach vorliegender Definition interkultureller Kommunikation entspräche, obwohl die Gesprächsteilnehmer den gleichen Pass besitzen.

- Die Definition von Erstsprache könnte auch Dialekte einbeziehen, so dass auch Sprecher unterschiedlicher Dialekte Teilnehmer interkultureller Kommunikation wären.
- Schließlich ist auch nach der Bedeutung plurizentrischer Sprachen zu fragen: Welche verbindende Kraft hat die Sprache in diesen Fällen?

Edmondson / House (1998, 169) sehen bei der Definition von interkultureller Kommunikation über den Sprachengebrauch eine weitere Schwierigkeit der Abgrenzung von fremdsprachiger Kommunikation und folgern daraus: "*Wenn jedoch die kulturelle Zugehörigkeit ... als Kriterium genommen werden, ("kulturelles Kriterium"), dann müssen wir zur Kenntnis nehmen, dass interkulturelle Kommunikation inhärent nichts mit der Verwendung einer fremden Sprache zu tun hat*". Für die Analyse interkultureller Kommunikation erweisen sich jedoch sprachliche und kulturelle Aspekte als relevant. Es bleibt die Frage nach der Besonderheit interkultureller Kommunikation, da auf der einen Seite Kulturen beschreibbar sind, denen Menschen sich zugehörig fühlen, aber auf der anderen Seite Menschen ein Bündel kultureller Zugehörigkeiten in sich vereinen können (vgl. Vester 1996). Aus letzterem lässt sich auch die Möglichkeit von dominanten kulturellen Domänen ableiten, die dazu führen kann, dass in einer Kommunikation durch eben diese Dominanz für beide Gesprächsteilnehmer eine gemeinsame Basis existiert trotz unterschiedlicher Sprachen und Gesellschaftszugehörigkeit – ein Phänomen, was beispielsweise von Sportlern und Wissenschaftlern oft erfahren wird. Damit wird jedoch die Möglichkeit, interkulturelle Kommunikation dadurch zu bestimmen, dass beide Gesprächsteilnehmer unterschiedliche Sprachen sprechen, eingeschränkt. Bickes (1992, 165ff.) weist allerdings an mehreren Beispielen nach, dass die Rolle der Kultur – vor allem bei Missverständnissen – in interkulturellen Kommunikationen oft fälschlich bemüht wird, da es oft sprachimmanente Erklärungen gibt. Als Beispiel führt er an, dass im Deutschen sprachkorrekt mit 'nein' auf die Frage 'Haben Sie keine Brötchen mehr?' geantwortet wird, während im Koreanischen ebenso korrekt mit 'ja' reagiert wird – in beiden Fällen auf Grund der Sprachstrukturen.

Wie sinnvoll ist es also, paradigmatische Unterscheidungen zu treffen zwischen interkultureller und intrakultureller Kommunikation bzw. wie bestimmen wir 'Kultur' als das in solchen Definitionen aus- bzw. einklammernde Element? Ist also beispielsweise eine Interaktion zwischen einem deutsch sprechenden iranischen Postkunden und dem Schalterbeamten interkulturelle Kommunikation, während das gleiche Gespräch zwischen einem deutschen Postkunden und diesem Schalterbeamten intrakulturelle Kommunikation wäre? Und wie ist es andererseits zu bewerten, wenn ein Verkäufer (Mitte 20) in einem westdeutschen Fahrradgeschäft Kunden bis ca. 30 duzt, ältere dagegen siezt? Sind hier nicht möglicherweise Regeln interkultureller Kommunikation angewandt worden, indem kulturelle Differenzen – hier zwischen Altersgruppen – beachtet werden? Die Schwierigkeiten einer eindeutigen Grenzziehung sind nicht zu übersehen, wie auch Hinnenkamp (1989) bestätigt, wenn er den Unterschied zwischen inter- und intrakultureller Kommunikation als eher quantitativ statt qualitativ ansieht ebenso wie Knapp / Knapp-Potthoff (1990, 66) feststellen: "*Insofern unterscheidet sich interkulturelle Kommunikation nicht prinzipiell von intrakultureller Kommunikation*". Aus Sicht einer höchst komplexen und durch Vielfalt geprägten Einwanderungsgesellschaft wie den USA definieren Lustig / Koester (1993, 58): "*Intercultural communication is a symbolic, interpretative, transactional, contextual process in which the degree of difference between people is large and important enough to create dissimilar interpretations and expectations about what are regarded as competent behaviors that should be used to create shared meaning.*" Es wird deutlich, dass die 'Differenz' als ausschlaggebende Größe keine feste ist, sondern je nach Situation wechseln kann, so dass den unterschiedlichen Gruppenzugehörigkeiten hier leicht Rechnung getragen werden kann, was Lustig / Koestner (1993, 56) mit Hilfe eines Kontinuums von Interkulturalität versuchen.

Ein wesentlicher Grund für die Wahrnehmung interkultureller Kommunikation – und darauf aufbauend ihre Untersuchungen – ist in den häufig konstatierten Missverständnissen zu sehen, was sich teilweise zu einer Vorannahme entwickelt hat, dass nämlich interkulturelle Kommunikationen von Verständigungsproblemen betroffen seien. Hierbei werden Verständigungsprobleme, die nicht auf unterschiedlichen kulturellen Zugehörigkeiten beruhen, oft ausgeklammert, da bei einer Kommunikation zwischen zwei Personen mit verschiedenem kulturellen Hintergrund die Vorannahme kommunikativer Konflikte, die auf Regeldiskrepanzen und unterschiedlichen Symbolisierungen des kulturellen Wissens und Könnens zurückzuführen sind, sehr stark ist, zumal sie zum Wissensbestand vieler Kommunikationsteilnehmer gehört, die ihrerseits Situationen erlebt oder von ihnen gehört haben, in denen beispielsweise Selbstverständlichkeiten des täglichen Lebens zu Verunsicherungen geführt haben, da sie in Frage gestellt wurden wie beispielsweise bei einem Besuch einer Familie in einem anderen Land nicht mehr sicher war, welche Verhaltensnormen Gültigkeit hatten, so dass auch Missverständnisse und

'Fehler' vorkommen konnten. Knapp-Potthoff (1997, 190) nennt es ein "*interkulturelles Interaktionsparadox*", dass "*in Interaktionen mit Angehörigen anderer Kulturen ... Interaktionspartner tendenziell anders als mit Angehörigen ihrer eigenen Kultur*" kommunizieren, wobei die Teilnehmer jeweils ein Verständnis für eigene und fremde Kultur zugrundelegen müssen. Außerdem bleibt zu fragen, was jeweils dazu geführt hat, die Kommunikation als interkulturelle einzustufen. Das Phänomen veränderten Kommunikationsverhaltens lässt sich besonders gut in internationalen Kommunikationen beobachten.

Es bleibt jedoch immer die kritische Frage, worauf genau die erfahrenen Missverständnisse zurückzuführen war und ist. Zweifellos kann man davon ausgehen, dass Menschen in ihrer Sozialisation eine Fülle kulturellen Wissens, kulturell begründete Verhaltensweisen in Regeln vermittelt bekommen, über die nachzudenken kein Grund besteht ebenso wie sie versprachlichte Konzepte mit der Erstsprache lernen (vgl. beispielsweise Müller 1980, Wierzbicka 1997). Sie sind also "selbstverständlich". Stößt man in einer Kommunikation mit anderen auf abweichende Verhaltensweisen und Verbalisierungen, so werden diese zunächst als 'falsch' bzw. 'seltsam' wahrgenommen. Dies kann nun allerdings wiederum auf allen Ebenen kultureller Zugehörigkeiten greifen, wenn auch die meisten Beispiele eher gesellschaftlich-kulturelle Unterschiede – oft im Rahmen nationaler Gefüge – nachweisen. Hinnenkamp (1994a, 60ff.) gibt ein interessantes Beispiel, das ein weiteres wichtiges Phänomen anspricht, d.i. die Rolle der *Zuschreibungen*: Es geht um ein Seminar, in dem ein Seminarleiter nicht so recht weiß, wohin mit seinem Plastikkaffeebecher. Schließlich plaziert er ihn zwischen seinen Oberschenkeln. Von dort nimmt ihn ein Seminarteilnehmer weg, woraufhin der Seminarleiter Irritation signalisiert. Hierauf reagiert der Seminarteilnehmer mit einer Phase des schuldhaften Rückzugs mit Erklärungen. Gegen Ende der Episode, die als Seminar-Video aufgenommen wurde, ist ein Normalzustand im Sinne eines funktionierenden Seminars erreicht. Dieses Video wurde nun später Studentengruppen gezeigt, die unterschiedlichste Interpretationen der Episode anboten, bis erkannt wurde, dass der Teilnehmer, der den Becher genommen hat, nichtdeutscher Staatsangehörigkeit ist. Genau von diesem Moment an wird kulturell interpretiert. Was bedeutet das? Offensichtlich verführt die Vorstellung kultureller Differenzen, die in der Sozialisation aufgenommen wurde, dazu, wahrgenommene Verhaltensweisen in dieser Weise zu interpretieren, obwohl in vielen Fällen eine Reihe anderer Interpretationen sich anbieten – und im beschriebenen Beispiel auch versucht wurden, bis sich die Möglichkeit der kulturellen auftat und wohl dankbar angenommen wurde. Übersehen bzw. dann schnell vernachlässigt wurden Erklärungen anderer Art:

- Inkompetenz sozialer oder sprachlicher Erklärungen
- Dominanz anderer Zugehörigkeiten
- Kommunikativ–strategische Absichten
- Sozial–strukturelle Differenzen
- Stereotypisierung und Voramnahmen.

Ein anderes und wesentlich dramatischeres Beispiel finden wir in dem Film *"Mars attacks"*: Hier eskaliert ein erstes Zusammentreffen einer Marsdelegation mit den irdischen Vertretern, da das Fliegenlassen einer Taube (seitens einiger Menschen) 'scheinbar' zu einem tragischen kulturellen Missverständnis führt: die Marsianer töten fast alle anwesenden Menschen und verlassen die Erde. Erst als die Entschuldigung für dieses vermeintliche interkulturelle Missverständnis, das einige Wissenschaftler in Sachen interkultureller Verständigung auf den Plan ruft, zum nächsten Debakel führt, wird zumindest den Kinobesuchern klar, dass keineswegs ein kulturelles Missverständnis vorliegt, sondern eine feindliche tödliche Absicht der Marsianer den Tod der Menschen verursacht hat. Damit führt der Film eine eher unangenehme Möglichkeit vor Augen, die zu den positiven Annahmen interkultureller Verständigung nicht gut passen will: Es gibt auch die Möglichkeit des gewollten Missverstehens, der kriegerische Absichten zugrundeliegen können oder auch eine Vorstufe des Schürens von Missverstehen und Ablehnung, wozu die menschliche Geschichte reichlich Beispiele liefert.

Die Annahmen, dass Missverständnisse als Normalfall interkultureller Kommunikationen anzusehen sind, werden unterstützt durch Untersuchungen, die auf dem Kontrast aufbauen, diesen zwischen Sprachen und Kulturen zu beschreiben versuchen und daraus interkulturelle Missverständnisse ableiten, die auf Grund der Differenzen notwendig auftreten müss(t)en, was zum Teil auch für Lerner einer Fremdsprache nutzbar gemacht wird. Hierzu zählen z.B.

- Kontrastive Pragmatik
- Anwendung des Kulturemmodells
- Kulturelle Kontextualisierungskonventionen
- Interferenzhypothese.

Entscheidend ist die gemeinsame Ausgangsbasis in der Beschreibung von kulturellen Äußerungen, Sprechakten oder Kulturemen in unterschiedlichen Kulturen oder Gesellschaften, die verglichen werden und Aussagen über ihre Kompatibilität erlauben (vgl. z.B. Wierzbicka 1991, 67ff.

sowie Hinnenkamp 1989, 1994a, Knapp / Knapp–Potthoff 1990, Rost-Roth 1994 zu ausführlicheren Darstellungen). Dabei wird angenommen, dass die meisten Menschen die in der Sozialisation erworbenen "selbstverständlichen" Sprech- und Handlungsweisen auch in Gesprächen mit Menschen anderer Sprachen und Kulturen beibehalten werden, wo diese dann plötzlich falsch sind wie schon einfache Beispiele wie Anredeverhalten oder Sprechakte des Bittens und Dankens zeigen können. Die Vergleichbarkeit wird dadurch erhöht, dass überwiegend ritualisierte oder konventionalisierte Situationen untersucht, beschrieben und verglichen werden, die einen höheren Grad an gleichartigen Realisierungen aufweisen als Gespräche ohne festen Rahmen. Nun liegen die Risiken des Missglückens interkultureller Kommunikationen hiernach nicht nur im unhinterfragten Sprechen und Handeln auf Basis der erworbenen Muster, sondern auch in den Interpretationen des bei anderen Wahrgenommenen. Diese Interpretationen werden vor allem mit Hilfe von Kontextualisierungshinweisen – i.a. unbewusst – vorgenommen, wobei die Gefahr besteht, dass auch hier im Rahmen des Erlernten nicht nur wahrgenommen, sondern auch interpretiert wird. Demnach ist das Gelingen solcher Kommunikationen vor allem davon abhängig, inwieweit die aktuellen interpretativen Rahmen bei den Gesprächspartnern übereinstimmen – bzw. abstimmbar sind. Damit rückt ein Faktor in den Vordergrund, der bislang nicht berücksichtigt wurde: die Lernfähigkeit von Menschen auch in ungewohnten Kommunikationssituationen (vgl. auch Hinnenkamp 1989, 12). Die Ergebnisse kontrastiver Pragmatik und weiteren auf Kontrastuntersuchungen basierenden Konzeptionen sind durchaus bemerkenswert und aussagekräftig, solange sie nicht verallgemeinert werden, wodurch sie leicht trivialisiert werden können – eine Gefahr, der sie vor allem oft in didaktischen Umsetzungen unterschiedlicher Art oder Kommunikationsempfehlungen ausgesetzt sind (vgl. beispielsweise Hall / Hall 1993; Jandt 1995, 211ff.). In Verbindung mit anderen Untersuchungen wie vor allem im Rahmen soziolinguistischer Analysen tatsächlicher Kommunikationen können sie wohl zum Verständnis von Kommunikation im Sprach- und Kulturkontakt beitragen (vgl. Hinnenkamp 1989, 15f. zu Beispielen allzu einseitiger Verhaltensanalysen auf Basis kulturvergleichenden Vorgehens). Reine Interferenzhypothesen, nach denen unterschiedliche Kodes und Kulturen zu Störungen führen, während gleiche Kodes und Kulturen das Glücken von Kommunikationen erwarten lassen, können dadurch relativiert werden und sind dann bestenfalls Teil einer Bewertung interkultureller Kommunikation. Dadurch wird der Blick frei für Fragen beispielsweise nach *gemeinsamen* interaktiven Normen auch in interkultureller Kommunikation und nach

Beispielen geglückter interkultureller Kommunikation. Das Missglücken interkultureller Kommunikation kann dann in einem weiteren Kontext untersucht werden. Es ergeben sich also zwei sehr verschiedene Ansätze, interkulturelle Kommunikation zu untersuchen: kontrastiv ausgerichtete sowie interaktionistische, die sich jedoch gut ergänzen können. Kontrastive Ansätze erlauben eine gut strukturierte, übersichtliche Darlegung von Sprechakten und Kulturemen im Vergleich. Es besteht jedoch das Problem der Generalisierung und allzu hypothetischer Annahmen, da zwei Gesellschaften je für sich beschrieben und die Ergebnisse des Vergleichs auf Kommunikationen bezogen werden sollen. In interaktionistischen Ansätzen gelten kulturelle Unterschiede nicht grundsätzlich als Problem und Konfliktpotential. In die Analysen von Kommunikationen fließt jedoch ein, dass der Gesprächspartner anderssprachig bzw. zweisprachig ist. Da in Sprache auch kulturelles Wissen verankert ist, über das selten reflektiert wird, sind Missverstehen und Fehlinterpretationen möglich. So kann beispielsweise ein Wort wie *Regen* tatsächlich für Sprecher verschiedener Sprachen aufgrund unterschiedlicher Lebenserfahrungen etwas sehr Unterschiedliches bedeuten. Es wird jedoch davon ausgegangen, dass während der Kommunikation fortlaufend ein bilateraler Prozess des sich–Aufeinander–Einstellens stattfindet, der allerdings auch neue Missverständnisse erzeugen kann. Im Gegensatz zu kontrastiven Ansätzen können interaktionistische Ansätze auch der Bedeutung von Macht und Sozialstrukturen in Gesprächen Rechnung tragen.

Es ergibt sich also, dass Menschen zwar kulturell geprägt sind, was sich auch in Deutungen des Alltags sowie von Kommunikationssituationen unbewusst äußert, aber zugleich sind die kulturellen Zugehörigkeiten oft sehr komplex und vielfältig, was auch für Differenzierungen wach macht. Sie unterliegen zudem ebenso wie die Makro- und Mikrokulturen Veränderungen unterschiedlichen Ausmaßes. Außerdem sind Menschen lernfähig und denken auch über Sprache und Verhalten nach.

Ausgehend von der Definition von (Knapp / Knapp–Potthoff 1990, 66) haben wir die Abgrenzung zwischen inter– und intrakultureller Kommunikation problematisiert, da sich kein eindeutiges Kriterium für eine Definition von 'Kultur' in interkultureller Kommunikation findet, denn auch eine häufig anzutreffende Gleichsetzung mit 'Nation' erwies sich als nicht tragfähig. Viele Merkmale interkultureller Kommunikation lassen sich auf Situationen anwenden, in denen Menschen, die sich fremd sind und in der einen oder anderen Hinsicht zu unterschiedlichen Gruppen gehören, miteinander kommunizieren. Auf der anderen Seite können Menschen mit unterschiedlichen Erstsprachen durchaus einer Nation angehören. Um mit diesem Dilemma fertigzuwerden, bieten sich verschiedene Lösungen an:

- Völlige Aufgabe der Unterscheidung von inter- und intrakultureller Kommunikation
- Einnahme eines ausschließlich linguistischen Standpunktes. Dies schränkt interkulturelle Kommunikationen auf solche Kommunikationen ein, die zwischen Menschen unterschiedlicher Erstsprachen stattfinden. Dennoch bleibt hier das Problem der Definition von Sprache und des Grades ihrer Beherrschung: Was ist beispielsweise mit bilingualen Menschen? Wie ordnen sich Dialekte und Varietäten ein?
- Betonung des Inter*nationalen*, was zu einem großen Teil auf die politische Ebene einschränken würde, da Teilnehmer in solchen Kommunikationen sich explizit als Vertreter ihre Landes verstehen wie etwa Politiker, aber auch Teilnehmer an Städtepartnerschaften u.ä.
- Ausgangspunkt zur Beschreibung von Kommunikationen ist die *Situation*, zu der kulturelle Phänomene gehören, aber nicht dominant sind
- Unterscheidung von Makrokulturen mit Mikrokulturen als Ausdifferenzierung. Dies erlaubt die Vorstellung der Domänenverständigung, so dass die gleichen Kommunikationspartner beispielsweise als Kollegen eine intrakulturelle Kommunikation führen, aber als Väter eine interkulturelle.
- Anerkennung von Mischformen und fließender Grenzen auf Grund der kulturellen Pluralität gesellschaftlicher Gebilde wie auch des Einzelnen. Damit bleibt interkulturelle Kommunikation als Größe erhalten, muss aber immer neu bestimmt werden.

Fragt man nun nach möglichen Beispielen interkultureller Kommunikation, so lassen sich aus der Fülle der Situationen unterschiedliche Bereiche systematieren, wie in Tabelle 1 dargestellt (vgl. zu einer ähnlichen – weniger systematischen – Gliederung auch Maletzke 1996, 129ff.).

Damit ergibt sich hier aus Sicht eines Kommunikationsteilnehmers (mit L1) zunächst eine Unterscheidung, je nachdem, ob eine interkulturelle Kommunikation im eigenen Land (Inland) oder im Ausland stattfindet, obwohl die Konstellation ebenso wie die Situationen hohe Ähnlichkeiten aufweisen, auch wenn man vieles noch ausdifferenzieren kann, vor allem zur Untergliederung von

Geschäftskontakten und Arbeitsaufenthalten, zu denen auch alle Formen von sozialen Einsätzen gehören, aber auch Teilnahmen an sportlichen Wettkämpfen, militärische wie missionarische Einsätze, oder wissenschaftliche Tätigkeiten. Diese Unterteilung in Ausland / Inland kann

Ort	Sprache	Teilnehmer	Situationen
Ausland	eher nicht L1 u.U. Drittsprache	Geschäftsleute Studenten / Schüler Touristen Politiker Menschen in Arbeitsaufenthalten	Alltagsauskünfte Arbeitsbezug Private Kontakte
Ausland	eher nicht L1	langfristige Aufenthalte: Partnerschaft / Ehe Auswanderung Existenzgründung	Alltagsgespräche Arbeitsbezüge Private Kontakte Kundengespräche i.w.S.
Inland	eher L1	ausländische Geschäftsleute ausländische Studenten / Schüler ausländische Touristen ausländische Politiker Ausländer zum (kurzen) Arbeitsaufenthalt	Alltagsauskünfte Arbeitsbezug private Kontakte
Inland	eher L1	Langfristig anwesende Ausländer oder ehemalige Ausländer (vor allem Migranten): Nachbarn Geschäftsleute Arbeitskollegen Mitschüler Kunden i.w.S. Partnerschaft und Ehe	Alltagsgespräche Arbeitsbezug private Kontakte

Tabelle 1: Bereiche interkultureller Kommunikation

jeweils wiederum unterteilt werden, je nachdem ob der Aufenthalt lang- oder kurzfristig ist, d.h., wo sich der Lebensmittelpunkt befindet. Für die interkulturelle Kommunikation im Inland bedeutet dies eine Unterscheidung folgender Art: Da sind einerseits solche mit "Ausländern", das sind hier Menschen, die sich zu einem kurzfristigen Aufenthalt im Inland – also für sie im Ausland – aufhalten. Damit ergibt sich ein Spiegelbild zu den Kommunikationen in der ersten Rubrik. Dies ist auch bei Kommunikationen mit Menschen der Fall, die sich langfristig im Inland – in unserem Fall also in Deutschland – aufhalten, wobei es von untergeordneter Bedeutung – wenn auch nicht ohne Bedeutung – ist, ob sie noch einen ausländischen Pass besitzen oder einen deutschen. Es ist schwierig, den Gebrauch der Sprachen zu prognostizieren, da grundsätzlich alle drei Varianten in allen Bereichen in Frage kommen: Der 'Ausländer' gebraucht die Sprache des Aufenthaltslandes, der 'Ausländer' erreicht den Gebrauch seiner Erstsprache, oder die Kommunikationspartner einigen sich auf eine Drittsprache. Die Gründe für solche Sprachwahlen sind vielfältig und umfassen Kompetenzen ebenso wie Machtstrukturen und Zielorientierungen, da beispielsweise Geschäftsleute sich oft bessere Verkaufschancen ausrechnen können, wenn sie die Sprache ihrer Geschäftspartner verwenden. Auch eine Auflistung von denkbaren Szenarien oder Situationen für solche Gespräche kann keinerlei Anspruch auf Vollständigkeit erheben, denn grundsätzlich sind nahezu alle Gesprächssituationen vorstellbar. Dennoch ist es nicht unrealistisch davon auszugehen, dass etwa Touristen seltener in eine 'Kunden–Situation' kommen, wenn man darunter neben Geschäfts- und Restaurantbesuchen auch Arzt- und vor allem Behördenbesuche fasst. Tabelle 1 ist also nicht auf Basis statistischer Zahlen zu verstehen. Die Tabelle führt jedoch in die Diskussion *interkultureller Kommunikation in mehrsprachigen und mehrkulturellen Gesellschaften* ein. Mit dieser Termininologie vermeiden wir den Begriff der multikulturellen Gesellschaft, der zwar häufiger gebraucht wird, aber nicht frei von ideologischen Auseinandersetzungen ist. Auch die Terminologie mehrsprachiger und mehrkultureller Gesellschaften ist nicht unproblematisch, was einerseits daran liegt, dass hier wiederum durch die Namengebung eine Überbetonung von 'Kultur' vorliegt, ohne dass eine eindeutige Beschreibung des Begriffs möglich ist. Multikulturelle Gesellschaft birgt die Gefahr der Zuschreibung, da die Beschreibung einer multikulturellen Gesellschaft mit ethnischen Gruppen und ihren Kulturen verbunden werden könnte, so dass beispielsweise eine Türkin notwendig mit den Vorstellungen über die ethnische Gruppe der Türken verbunden würde, ohne die auch bei ihr mögliche Vielfalt der kulturellen Zugehörigkeiten in Betracht zu ziehen. Çağlar (1990) fordert daher für die türkischen Migranten in Deutschland ihre "*Entlassung aus der Enge der ethnischen Kultur*", indem sowohl Synkretismus wie auch dynamische Kulturen akzeptiert werden. Konzepte der kulturellen Vielfalt können hier ebenso wie solche des Synkretismus oder der Hybridisierung das Blickfeld erweitern (vgl. z.B. Bronfen / Marius 1997; Prengel 1993). Hieraus lässt sich eine Infragestellung der multikulturellen Gesellschaft ableiten, solange diese als eine Gesellschaft aus ethnisch definierten kulturellen Gruppen verstanden wird. Zwar wohnt diese Gefahr auch noch dem Begriff der mehrsprachigen und mehrkulturellen Gesellschaft inne, dennoch verweist diese Begrifflichkeit in stärkerem Maße auf Vielfalt unterschiedlichster Genese: Auch innerhalb der beschreibbaren Gruppen, Gesellschaften und Staaten hat eine globalisierende und mischende Entwicklung stark zugenommen, ohne dass eine Einheitskultur entstehen würde. Solche Hybridisierungen oder Kreolisierungen, wie diese Mischprozesse auch bezeichnet werden, finden sich im übrigen auch in den Sprachen (vgl. hierzu Jung 1993 sowie Donnerstag 1997 zur Terminologie).

Der Begriff der mehrkulturellen und mehrsprachigen Gesellschaft enthält keine Antwort auf die Frage nach den Trägern der neuen Vielfalt noch auf die Frage nach den Inhalten dieser Vielfalt. Entsprechend können sich unterschiedliche Vorstellungen damit verknüpfen, was dazu beigetragen hat, dass multikulturelle Gesellschaften zu einem gesellschaftspolitisch brisanten Begriff geworden ist, der sowohl *Schreckensvorstellung* wie auch *positive Zielvorstellung* sein kann (vgl. auch Nieke 1995). Bei genauerer Betrachtung ist jedoch erkennbar, dass Träger und Inhalte überwiegend eine (noch) fremde Vielfalt bezeichnen und darüberhinaus zumeist auch eine "ausländische" oder aus dem Ausland kommende Vielfalt: Der Begriff der mehrkulturellen und mehrsprachigen Gesellschaft wird zumeist festgemacht an Arbeitsmigranten und ihren Familien, Aussiedlern und ihren Familien wie auch Flüchtlingen und ihren Familien, jedoch kaum an früheren Einwanderern wie z.B. Hugenotten oder Niederländern (vgl. z.B. Bade 1992, Cohn-Bendit / Schmid 1992, 193ff. zum Beispiel der Stadt Frankfurt) und nur selten an lang ansässigen Minderheiten wie den Sorben oder Roma und Sinti, die im Gegensatz zu anderen vor langer Zeit eingewanderten zu den nicht akzeptierten und diskriminierten Gruppen gehören. Auch die jüdische Bevölkerung in Deutschland wird nur selten im Kontext der mehrkulturellen und mehrsprachigen Gesellschaft erwähnt, wohl jedoch muslimische Gruppen, die aber eben zugleich in nennenswerter Zahl auch erst seit kurzer Zeit zugewandert sind. Man darf auch vermuten, dass es die Vorstellung des 'Fremden' ist, die in der deutschen Begrifflichkeit der mehrkulturellen und mehrsprachigen Gesellschaft dominant ist, was mit der verbreiteten Vorstellung übereinstimmen würde, dass das christliche Europa von Antike und jüdischer Tradition mitbestimmt wurde, während der Islam als das Fremde gilt. Allerdings sind auch Roma und Sinti Christen und dennoch nicht akzeptiert (vgl. Schmalz–Jacobsen / Hansen 1995 für einen Überblick über ethnische Minderheiten in Deutschland sowie Wenning 1996 zur Migration).

Die Forderung nach Anerkennung und Bejahung der mehrkulturellen und mehrsprachigen Gesellschaft wird oft zusammen mit der Forderung nach Anerkennung Deutschlands als Einwanderungsland gestellt. Die innergesellschaftliche Vielfalt und Pluralisierung wird dagegen nur selten zum Anlass genommen, von einer mehrkulturellen und mehrsprachigen Gesellschaft zu sprechen, obwohl sie gerade auch in Kommunikationsprozessen wesentlich ist. Eine gegenläufige Entwicklung ist in den USA zu beobachten, wo Multikulturalität – auch in der pädagogischen Reaktion als interkulturelle Erziehung – in den letzten Jahren neben sprachlichen und ethnischen Gruppen auch solche mit besonderen sexuellen Neigungen berücksichtigt. Auch die Geschlechtszugehörigkeit und Behinderungen spielen in der amerikanischen Diskussion eine Rolle (vgl. z.B. Bronfen / Marius / Steffen 1997). Aus dem Grad der Akzeptanz dieser fremden Vielfalt resultiert eine positive oder negative Haltung ihr gegenüber, die auch auf Teilbereiche wie Essen und Trinken bezogen sein kann. Daher ist es durchaus möglich, dass zwar die mehrkulturelle und mehrsprachige Gesellschaft als solche abgelehnt wird, aber die fremde Vielfalt in einigen Teilbereichen als belebend und bereichernd aufgenommen wird. Eine solche Spaltung lässt sich auch auf der Kommunikationsebene – vor allem im öffentlichen Diskurs – nachweisen. Durch die in Tabelle 1 dargestellte Unterscheidung zwischen interkulturellen Kommunikationen im Ausland und im Inland – aus der Perspektive eines Inländers gesehen – ergibt sich die Frage nach interkulturellen Kommunikationen und Diskursen im Rahmen einer modernen, durch Vielfalt geprägten Gesellschaft, der wir uns im Folgenden in Verengung der Frage nach interkultureller Kommunikation zuwenden wollen. Wenn man davon ausgeht, dass die zugewanderten Menschen in einer mehrkulturellen und mehrsprachigen Gesellschaft wie der Bundesrepublik Deutschland aus anderen Ländern kommen, so könnte man die dadurch bedingte Kommunikationssituation als eine verlagerte Form der interkulturellen Kommunikation – also einer Kommunikation zwischen Inländern und Ausländern – verstehen, das heißt, man würde ethnische Merkmale und kulturelle Verhaltensmuster entsprechend der Herkunftsländer antizipieren – eine Vorgehensweise, die schon für eine interkulturelle Kommunikation zwischen kurzfristig anwesenden Ausländern mit Inländern nicht unproblematisch ist, da sie die Lernfähigkeit von Menschen vernachlässigt. Çağlar (1990) nennt das "*das Kulturkonzept als Zwangsjacke*", das Kultur als ein "*ganzheitliches Ensemble von Eigenschaften*" auffasst und negiert, dass Individuen "*ein Ensemble aus mehreren sozialen Identitäten*" sein können, was in unserer Terminologie der Vielfalt kultureller Zugehörigkeiten entspricht. Entsprechend weist sie die Vorstellung der Gleichsetzung einer ethnischen Gruppe mit einer Kultur zurück, die Gültigkeit für alle ihre Angehörigen haben soll, denn dies würde einen statischen Kulturbegriff implizieren, nach dem

Kulturen unverwechselbare und geschlossene Systeme wären. Natürlich beinhaltet dies zugleich auch eine Warnung vor dem Begriff der mehrkulturellen und mehrsprachigen Gesellschaft, wenn hierin Kultur und Ethnie gleichgesetzt werden mit dem Ziel, die jeweils eigene Kultur zu bewahren, ohne wahrzunehmen, dass Individuen sehr wohl neue Formen ausbilden können. Welsch (1995) postuliert daher die Notwendigkeit eines Kulturverständisses jenseits des Gegensatzes von Eigen- und Fremdkultur und wirft den Konzepten von Inter- und Multikulturalität vor, einen traditionellen Kulturbegriff von in sich abgeschlossenen Kulturen zu verfestigen.

Was macht das Besondere interkultureller Kommunikation in mehrsprachigen und mehrkulturellen Gesellschaften aus, das eine gesonderte Behandlung rechtfertigt? Im Gegensatz zu interkultureller Kommunikation im Ausland bzw. mit nur kurzfristig anwesenden Ausländern ist es einerseits das höhere Set an gemeinsamem Alltagswissen, das Zuwanderer und Einheimische nach einiger Zeit verbindet, wie beispielsweise über Schulferien, Feiertage, Öffnungszeiten oder auch Grußformen. Dieses Wissen können zwar auch kurzfristig Anwesende erwerben, jedoch geschieht dies eher selten. Trotz der größeren Vertrautheit mit der Alltagswelt bleibt oft eine Zuschreibungspraxis in interkulturellen Kommunikationssituationen seitens der Inländer, wenn etwa beim Einkauf in einer Bäckerei die Kundin zur 'Ausländerin' gemacht wird, ein Status, der dann in der Kommunikation den der 'Kundin' überlagern kann (vgl. auch Jäggi 1993, 3ff.), so dass auch in den interkulturellen Kommunikationssituationen im Inland überwiegend die nationale oder ethnische Zugehörigkeit als das entscheidende Beschreibungskriterium und als Ursache für Kommunikationsstörungen gilt. Ein Grund hierfür ist in der unterschiedlichen Wahrnehmungsschärfe zu suchen, denn die Kommunikation mit "Ausländern" bzw. durch Aussehen andersartiger Menschen führt zu bewussterem Umgang mit der Situation und lässt Irritationen oft auch erwarten, da Missverstehen im Alltagsverständnis Teil solcher Kommunikationen ist und entsprechend antizipiert wird (vgl. Hinnenkamp 1989 für einige Beispiele). Damit findet sich in der interkulturellen Kommunikation der Essentialismus, die Zuschreibungspraxis der interkulturellen Erziehung partiell wieder (vgl. auch Allemann-Ghionda 1997, 134ff. zu einer ausführlichen Darstellung dieser Kritik an interkultureller Erziehung). Hinzu kommt, dass das 'fremde' Merkmal – Ausländer, Sprecher einer anderen Sprache, ungewohnte Hautfarbe oder Kleidung – in solchen Kommunikationssituationen die vertrauten Merkmale wie Geschlecht, Beruf oder Status (wie beispielsweise als Kundin in einem Laden) zunächst überdecken kann.

Interkulturelle Kommunikation in der mehrsprachigen und mehrkulturellen Gesellschaft ist nach den bisherigen Überlegungen deutlich schwieriger von intrakultureller Kommunikation abzugrenzen als es der Alltagserwartung entspricht. Zugleich wird aber auch der Begriff der intrakulturellen Kommunikation schwieriger zu umreißen, denn genaugenommen kann er in einer mehrkulturellen und mehrsprachigen Gesellschaft bzw. einem mehrkulturellen und mehrsprachigen Staat nicht Kommunikation von Angehörigen eben dieses Staates meinen, wenn sie sich der Annahme entsprechend ihrerseits in vielen Bereichen durch kulturelle und soziale Zugehörigkeiten unterscheiden (können). Demnach wäre es sinnvoller, intrakulturelle Kommunikation als Kommunikationen in kleineren kulturellen Einheiten wie Studentengruppen, Altersgruppen, Berufsgruppen etc. zu verstehen: Wo aber liegt dann der Unterschied zu interkultureller Kommunikation? Zumal auch berücksichtigt werden muss, dass etwa die Studentin in ihrer Studentengruppe in einer Weise kommuniziert, die auch ihre sonstigen kulturellen Erfahrungen zum Beispiel im Elternhaus oder als Angehörige einer Religionsgemeinschaft nicht oder zumindest nicht völlig außer Acht lässt, wenngleich es durchaus möglich ist, in unterschiedlichen sozialen und kulturellen Gruppen adäquat, aber unterschiedlich zu kommunizieren und die jeweiligen Selbstverständlichkeiten der Interaktionen, die die Gesprächspartner voraussetzen, zu beachten. Bekannte Beispiele hierfür sind Menschen, die in ihrer Familie Dialekt sprechen, aber im Beruf und mit Freunden andere Varietäten verwenden, wobei die Interaktionsfähigkeiten natürlich nicht auf die Varietätenwahl beschränkt sind. Kompetentes kommunikatives Agieren in unterschiedlichen Kontexten ist auch international beobachtbar. Oksaar betont daher schon (1984): "*Bei diesem Fragenkomplex muss erneut hervorgehoben werden, dass dieselben sprachlichen und außersprachlichen Bedingungen, die für interkulturelle Verständigung gelten, auch im intrakulturellen Bereich wirksam sind.*" Intrakulturelle Kommunikation kann partiell auf größere Gemeinsamkeiten in den sog. Selbstverständlichkeiten kommunikativer Prozesse hoffen, aber diese auch nicht in allen Fällen voraussetzen. Ein Beispiel dafür, wie auch solche kulturellen Selbstverständlichkeiten durch Globalisierung der Medien beeinflusst werden, zeigte sich in einer Untersuchung in Australien, nach der viele Schulkinder die amerikanische Notrufnummer kannten und für die auch in Australien gültige hielten. Die Umstellung der Telefonzellen in Deutschland von gelb auf lila wiederum ergibt ein Beispiel dafür, wie leicht feste Vorstellungen verändert werden können. Die gegenteilige Vorstellung einer eigenständigen interkulturellen Kommunikation findet sich sowohl im Alltagswissen über Gesprächsschwierigkeiten mit Menschen anderer Erstsprache, wie auch in der linguistischen Literatur. Sie dürfte verstärkt werden durch die häufige Fokussierung auf missglückte Kommunikation zwischen Angehörigen unterschiedlicher ethnischer Gruppen in Medien ebenso wie in der Literatur (vgl. z.B. Hinnenkamp 1990; Rehbein 1985).

Man könnte interkulturelle Kommunikationen in mehrsprachigen und mehrkulturellen Gesellschaften zwischen international–interkulturellen und intrakulturellen Kommunikationen ansiedeln, da das Set an Gemeinsamkeiten durch den gemeinsamen Lebensraum weitaus größer ist als bei international–interkulturellen Kommunikationen. Die zugewanderten Menschen sind bereits von mehreren Sprachen und größeren kulturellen Erfahrungen geprägt, so dass die Komplexität der Zugehörigkeiten als hoch angenommen werden kann. Noch deutlicher wird dies bei der sog. zweiten oder dritten Generation, die in Einwanderungsländern in der Regel Staatsbürger des betreffenden Landes geworden sind, aber durch ihre Familie Anteil an Sprache und Kultur des Herkunftslandes der Familie und / oder einer Migrantenkultur haben. Ist eine Kommunikation zwischen ihnen und seit langem ansässigen Bürgern dann noch interkulturelle Kommunikation oder doch schon intrakulturelle Kommunikation in einer komplexen Gesellschaft? Und wo wird die Grenze gezogen? Damit stoßen wir wieder an die fließenden Übergänge, zu deren Klärung auch die Sprache nicht immer als Kriterium ausreicht, denn so können Migranten in der zweiten Generation durchaus hervorragende Deutschkenntnisse aufweisen und gleichzeitig starke kulturelle Zugehörigkeiten zu Herkunftskulturen entwickeln, was aber nicht notwendig immer so ist. Es wäre ein statisches Verständnis von Kultur und kultureller Zugehörigkeit, wenn eine Abstammung oder Herkunft *per se* als Vorverständnis für eine Kommunikation mit diesem Menschen angenommen würde, ohne die jeweiligen Umstände zu prüfen. Wenn interkulturelle Kommunikation dadurch charakterisiert ist, dass die Kommunizierenden einander 'fremd' sind – zumindest in Teilbereichen –, so ist auch zu fragen, wie lange denn dieses Fremdheitsgefühl auf Grund unterschiedlicher Herkunft aufrechterhalten bleibt? Neben der Frage nach den Grenzziehungen stellt sich allerdings auch die nach der besonderen Relevanz interkultureller Kommunikation in mehrsprachigen und mehrkulturellen Gesellschaften, die vor allem in den Bereichen Institutionen / Behörden und Arbeitsplatz zu liegen scheint. Zugleich muss jedoch auch berücksichtigt werden, dass sich interkulturelle Kommunikationen mit *Binnen- und Außenperspektive* – d.h. innerhalb einer mehrsprachigen und mehrkulturellen Gesellschaft oder im Ausland

– mischen können und möglicherweise insbesondere bei einer zunehmenden Mobilität innerhalb Europas auch verstärkt mischen werden. Die sich damit ergebende Dreiteilung bezeichnen wir als intrakulturelle, interkulturelle und interkulturell–internationale Kommunikation unter Berücksichtigung der Schwierigkeiten, die solche Einteilungen enthalten. Interkulturelle Kommunikation mit Binnenperspektive ist damit das eigentliche Thema dieses Buches als Kommunikation innerhalb einer durch Vielfalt und Mehrsprachigkeit geprägten Gesellschaft. Interkulturelle Kommunikation mit Außenperspektive meint dagegen interkulturelle Kommunikationen Deutscher im Ausland oder mit kurzfristig in Deutschland anwesenden Ausländern. Diese beiden Perspektiven finden sich auch im Mediendiskurs (vgl. Kapitel 4). Es ergibt sich noch eine weitere Besonderheit der Außenperspektive auf andere Kulturen oder Gesellschaften: Viele Gesellschaften sind ähnlich mehrkulturell und mehrsprachig wie die Bundesrepublik Deutschland und zwar durchaus nicht nur klassische Einwanderungsländer oder durch politische Entwicklungen multiethnische Staaten wie z.B. Indien, Malaysia oder Südafrika (vgl. auch die Studien in Grugel / Schröder (1998). Zur Zeit scheint zwar in vielen Staaten die Tendenz zu ethnischer Homogenität neue Auftriebe zu bekommen. Es dürfte jedoch absehbar sein, dass eine solche Homogenität keiner kulturellen entspricht, da die Vielfalt kultureller Bindungen nicht nur ethnisch fundiert ist. Dies bedingt auch eine differenzierte Wahrnehmung im Rahmen interkultureller Kommunikation im Ausland – und partiell auch im Inland, um beispielsweise auch hier lebenden Ausländern offen begegnen zu können, so dass es nicht mehr zu Irritationen führt, wenn ein vermeintlich indischer Taxifahrer in einer deutschen Kleinstadt sich als britischer Offizier entpuppt, der seiner Einheit nicht nach England gefolgt ist, sondern in der Bundesrepublik seine derzeitigen Lebensunterhalt verdient.

Wir legen also den Schwerpunkt interkultureller Kommunikation auf die Kommunikation in der mehrsprachigen und mehrkulturellen Gesellschaft der Bundesrepublik und versuchen zugleich der Komplexität kultureller Bindungen der Individuen und ihrer Bedeutung für Kommunikationen dadurch Rechnung zu tragen, dass nicht kulturkontrastive Überlegungen als Ausgangspunkt genommen werden. Kulturkontrastive Unterschiede, wie sie vor allem die vergleichende Pragmatik aufgezeigt hat, sollen hiermit nicht abgewertet oder gar abgestritten werden. Während aber kulturkontrastive Studien gerade bemüht sein müssen, Typisierungen herauszustellen und die Komplexität durch eine vereinfachende Sichtweise weitgehend auszuklammern, muss eine Beschreibung von Kommunikation in einer durch Diversität im Ganzen wie bei den einzelnen Teilnehmern geprägten Gesellschaft diese Typisierungen wiederum zurückstellen. Diese unterschiedlichen Betrachtungsweisen sind vor allem im Hinblick auf die Kompetenzvermittlung und die Lehrerausbildung relevant, denn während kulturkontrastive Grundlagen leicht zu statischeren Vermittlungsansätzen im Sinne des "Lernens der anderen Kultur" führen, erlaubt es die komplexere Darstellungsweise der kulturellen Mischungen und unterschiedlichen Bindungen, ein dynamischeres Vermittlungsprogramm zu entwickeln, in dessen Mittelpunkt Ambiguitätstoleranz steht. Die Schwierigkeit der Beschreibung wie der Vermittlung sowohl in der interkulturellen Erziehung wie auch in der interkulturellen Kommunikation liegt auch darin, dass kulturelle Unterschiede, kulturelle Muster und kulturelle Verhaltensweisen sehr wohl beschreibbar und unterscheidbar sind wie eine Fülle von Untersuchungen belegt, diese jedoch nicht – wie oft unterstellt wird – mit Gruppenzugehörigkeiten übereinstimmen müssen, sondern für Individuen stets neue Konstellationen annehmen können (aber nicht müssen, da wir auch eindeutige Gruppen- und Kulturzugehörigkeiten finden). Freilich stellt sich die Frage, inwiefern sich nicht ein dermaßen dynamisches Konzept von Interkulturalität schließlich selbst aufhebt? Wie lassen sich Kulturen auf Dauer noch sinnvoll unterscheiden? Es könnte nötig werden, neue Beschreibungsformen multipler Kulturen und multipler (Kultur)zugehörigkeiten zu finden, um das Miteinander beschreibbarer, wenn auch in sich vielfältiger Kulturen, und neuer Kulturmuster, veränderter Kulturen und das Wiedererwachen (oder Erwecktwerden) kultureller Strukturen erfassen zu können.

Wir müssen also mit einer mehrschichtigen Sichtweise arbeiten, wenn wir erstens annehmen, dass es beschreibbare Kulturkontraste gibt, zweitens davon ausgehen, dass Individuen an unterschiedlichen (Gruppen)Kulturen teilhaben können, aber dennoch drittens kulturelle Zugehörigkeiten auch komplexer Natur unbewusst sind, so dass die erworbenen Deutungs- und Denkmuster ebenso wie sprach- und soziokulturelle Verhaltensnormen, die im Einzelnen je aus unterschiedlichen kulturellen Kontexten stammen können bzw. in ihnen gebraucht werden, nicht reflektiert werden, so dass es sehr wohl zu Irritationen und Missverständnissen aufgrund anderer Verhaltensnormen und Kommunikationsweisen kommen kann. Als 'interkulturell' gelten entgegen unserer Verwendung des Worts auch und inzwischen sogar im alltäglichen Sprachgebrauch überwiegend Beziehungen zu im Ausland lebenden Menschen. "Interkulturell" ist dadurch weitaus positiver besetzt worden und beispielsweise im Kontext von Städtepartnerschaften, Jugendaustausch oder Geschäftsbeziehungen, aber auch Privatreisen zu einem geläufigen Begriff geworden. Hierzu hat nicht zuletzt auch das Lernziel interkultureller Kommunikation im Fremdsprachenunterricht beigetragen, das aus der kommunikativen Wende hervorgegangen ist und das Ziel der kommunikativen Kompetenz inzwischen verdrängt hat. 'Interkulturell' ist in pädagogischen wie in sprachdidaktischen Disziplinen im Gebrauch, der aber inzwischen in beiden oft als inflationär angesehen wird (vgl. auch Luchtenberg 1998d).

Damit schließen wir die terminologischen Vorklärungen ab und werden im folgenden Kapitel beginnen, uns mit interkultureller Kommunikation in der mehrsprachigen und mehrkulturellen Gesellschaft der Bundesrepublik auseinanderzusetzen. Zusammenfassend bestätigt sich die begriffliche Schwierigkeit, interkulturelle Kommunikation eindeutig von intrakultureller zu trennen, da nationale Zugehörigkeit als Kriterium aufgrund von vielfältigen Zugehörigkeiten ebenso wie kultureller Vielfalt in den meisten Staaten wenig aussagekräftig ist, obwohl wir Kommunikationen im Inland und im Ausland unterscheiden können. Unterschiede in der Erstsprache können in vielen Fällen zur Differenzierung helfen. Insbesondere für die durch Vielfalt geprägte Situation in mehrkulturellen und mehrsprachigen Gesellschaft scheint es nützlich, nicht nur von komplexer kultureller Vielfalt auszugehen, sondern darüberhinaus für jeden einzelnen ein Bündel unterschiedlicher kultureller Zugehörigkeiten anzunehmen, die auch unterschiedlich dominant sein können. Kulturelles Miss- oder Unverständnis sind damit nicht aufgehoben, aber aus einer statischen Vorhersagbarkeit herausgenommen.

Kapitel 2
Kommunikation in mehrkulturellen und mehrsprachigen Gesellschaften

In diesem Kapitel beschäftigen wir uns vertieft mit Kommunikationen in Gesellschaften, die – wie die Bundesrepublik – als mehrkulturell und mehrsprachig bezeichnet werden können. Wir ziehen diesen Ausdruck trotz seiner Länge dem der multikulturellen Gesellschaft vor, weil hiermit die sprachliche Komponente betont wird und außerdem die ideologische Belastung, mit der 'multikulturelle Gesellschaft' konnotiert ist, wegfällt (vgl. zur Bedeutung der Sprache in diesem Kontext auch Oksaar 1984, 23). Zunächst sollen einige Überlegungen zu den Charakteristika solcher Gesellschaften in Bezug auf Kommunikationen vorgestellt und Sprachkontaktsituationen betrachtet werden. Danach werden am Beispiel des Umgangs mit Eigennamen und Tabus zwei unterschiedliche Bereiche dargestellt, die in (interkulturellen) Kommunikationen relevant sind.

In der deutschsprachigen Diskussion ist es üblich geworden, eine Gesellschaft als multikulturell zu bezeichnen, wenn in ihr Menschen mit unterschiedlichen kulturellen – und oft auch sprachlichen – Erfahrungen und Zugehörigkeiten zusammenleben, wobei vor allem in der Erziehungswissenschaft oft eine Eingrenzung auf migrationsbedingte Vielfalt erfolgt. Diese Terminologie erlaubt es, in Abgrenzung zu "multikulturell" den Begriff "interkulturell" dann anzuwenden, wenn eine Interaktion zwischen Menschen oder Gruppen unterschiedlicher kultureller Prägung erfolgt wie etwa in interkultureller Kommunikation oder interkultureller Erziehung. Außer in dieser beschreibenden Variante des Gebrauchs von "multikulturell" wird der Begriff allerdings gelegentlich auch normativ verwandt, indem aufgezeigt wird, wie eine Gesellschaft aussehen müsste, die der ethnisch-kulturellen Vielfalt Genüge leistet. Eine nähere Eingrenzung und Beschreibung einer mehrkulturellen und mehrsprachigen Gesellschaft hat notwendigerweise zu der Frage des dahinterstehenden Kulturbegriffs geführt, wobei bereits in Kapitel 1 deutlich wurde, dass die Definition einer multikulturellen bzw. mehrkulturellen und mehrsprachigen Gesellschaft mit dem herkömmlichen Begriff von Kultur nur unzureichend möglich ist. Es kommt jedoch hinzu, dass die Bezeichnungen mit -kulturell insgesamt zu kurz greifen, indem sie kulturelle Merkmale überbetonen, oder aber sie verallgemeinern, so dass Sprache, Religion und Kultur nicht mehr getrennt werden. Soziale Zugehörigkeiten wie Schicht oder Beruf und Ausbildung werden in ihnen nicht oder höchstens implizit berücksichtigt. Andererseits ist diese Terminologie bereits so eingebürgert, dass eine Änderung kurzfristig kaum möglich ist, zumal auch die internationale Diskussion an ihr entlang verläuft, wenn auch dort die Verbindung mit -ethnisch zumindest nicht unüblich ist. Weder "Kultur" noch "Ethnie" erlauben jedoch eine eindeutige Beschreibung der damit umrissenen neuen Vielfalt, die eben gerade nicht (nur) im Nebeneinander klar abgrenzbarer "Kulturen" besteht, sondern darin, dass die in einer Gesellschaft lebenden Individuen Träger dieser Vielfalt sind. Aber auch innerhalb ethnischer oder sozialer Gruppen sind komplexere kulturelle Strukturen erkennbar (vgl. hierzu z.B. Jäggi 1993). Kulturelle Vielfalt als Charakteristikum mehrkultureller und mehrsprachiger Gesellschaften meint demnach sowohl das Vorhandensein unterschiedlicher Kulturen in teilweise verschiedenen Varianten wie beispielsweise verschiedene Religionen oder Schichten innerhalb einer Gesellschaft, aber ebenso Teilhabe an kultureller Komplexität des einzelnen. Damit ist nicht ausgeschlossen, dass sich auch abgrenzbare kulturelle Gruppen wie z.B. Religionsgemeinschaften bilden. Die meisten Menschen in modernen Staaten wie der Bundesrepublik sind also durch unterschiedliche Kulturen oder kulturelle Zugehörigkeiten geprägt, wozu Familie, Schule, Beruf, Religion, Gruppenbindungen ebenso beitragen wie die Nation. Diese Prägung beeinflusst auch ihr Kommunikationsverhalten und ist daher auch Teil interkultureller Kommunikation, in der es nicht um das Zusammentreffen - oder gar Zusammenprallen - von Kulturen geht, sondern um Interaktionen zwischen Menschen, die kulturell unterschiedlich geprägt sind. Dieses Modell einer mehrkulturellen und mehrprachigen Gesellschaft erlaubt keine oder nur wenige feste Zuschreibungen für die Individuen, sondern ist gekennzeichnet durch die prinzipielle Offenheit der einzelnen Mitglieder. Auch die Kommunikationssituationen sind demnach durch Heterogenität geprägt, indem die jeweils wichtige oder dominante kulturelle Rolle im Kommunikationskontext deutlich wird. Dies schließt natürlich nicht aus, dass unterscheidbare 'Kulturen' beschreibbar sind. Nicht möglich ist es jedoch, von einer solchen Beschreibung von Kultur auf die Befindlichkeit eines einzelnen Menschen zu schließen (vgl. auch Morrissey 1997 zu einer kritischen Auseinandersetzung mit Kultur und Ethnizität).

Die Entwicklung von Identität gewinnt in diesem Kontext besondere Bedeutung, denn sie vollzieht sich nicht unabhängig von den kulturellen Zugehörigkeiten (vgl. auch Gudykunst 1994, 35ff.). Personale Identität wird hier als eine dynamische Größe angesehen, die sich stets weiterentwickelt und entfaltet, wobei sie die vielfachen kulturellen Elemente ausbalanciert. Anerkennung der Veränderbarkeit von Kultur und kulturellem (Selbst)verständnis auch in der Identitätsentwicklung sind ein wesentlicher Bestandteil im Verständnis interkultureller Kommunikationsprozesse. Hier ist vor allem das Konzept der multiplen Identität von Bedeutung, nach dem die personale Identität durch das Ausbalancieren unterschiedlicher Zugehörigkeiten geprägt ist (vgl. z.B. Castles / Miller 1993, 274; Dhillon 1994). Ehlich (1992, 72f.) sieht in der Notwendigkeit, Selbstverständliches in interkulturellen Kommunikationen infragezustellen, eine Chance zur Gewinnung einer komplexeren Identität, in der Distanz als Erfahrung von Differenz dazu führt, aus fremdem Kommunikationsverhalten und Normen positive Möglichkeiten für das eigene kommunikative Handeln abzuleiten (vgl. Kapitel 3 zur Identitätserziehung).

In Kapitel 1 haben wir ein offenes und dynamisches Kulturkonzept zugrundegelegt. Die dort postulierte Veränderbarkeit von Kulturen und Sprachen betrifft Einheimische und Zuwanderer, auch wenn solche Änderungen ebenso wie die hiermit verbundenen Identitätsentwicklungen durch Migrationen deutlicher hervortreten und entsprechend leichter wahrgenommen werden. In enger Beziehung zur Frage des Kulturbegriffs steht die Diskussion um Universalismus und Kulturrelativismus in mehrkulturellen und mehrsprachigen Gesellschaften. Einerseits steht die Suche nach Gemeinsamem und Verbindendem im Mittelpunkt, andererseits ist das Konzept des Kulturrelativismus auf seine Tauglichkeit hin zu befragen: Die hierin implizierte Gleichwertigkeit aller Kulturen muss mit der Veränderbarkeit von Kulturen in Einklang gebracht werden ebenso wie mit der Frage nach dem Vergleichsmaßstab. Sie steht in engem Zusammenhang mit postmodernen Auflösungen bislang gegebener Werte und Orientierungsmuster in gesellschaftlichen Gruppen oder Religionen. Beide Konzepte spielen eine Rolle in interkultureller Kommunikation, da sowohl Universalien in Sprache und Kommunikation(sverhalten) ihre Beschreibung und Vermittlung beeinflussen wie auch Sprach- und Kulturkontraste und ihre Relativität. Eine entscheidende Frage auch für Kommunikation ist die, wie eine Gesellschaft mit ihrer Vielfalt umgeht und inwieweit das komplexe Verhältnis von Mehrheiten und Minderheiten auch ein Verhältnis von Dominanz und verweigerter Gleichstellung ist. Hieraus ergeben sich für die Kommunikation entsprechend komplexe Konstellationen. Unser um Diskurse erweiterter Ansatz interkultureller Kommunikation soll dazu beitragen, den Umgang mit der Vielfalt zu verstehen (vgl. Kapitel 4).

Die Vorstellung einer *mehrkulturellen und mehrsprachigen* Gesellschaft erlaubt noch die Deutung einer Gruppengesellschaft, also einer Gesellschaft, in der Gruppen mit unterschiedlicher kultureller Bindung neben- oder auch miteinander leben. Solche Gesellschaften sind zwar durchaus existent und vorstellbar, entsprechen aber nicht der Realität in (post)modernen Industrie- oder Informationsgesellschaften, in denen sich die Pluralisierung nicht nur in Gruppen, sondern auch in den Individuen manifestiert bzw. manifestieren kann. Allerdings bilden Einwanderer zumindest für einige Zeit in den meisten Einwanderungsgesellschaften ethnische *Communities*, oft sogar in räumlicher Gemeinsamkeit einzelner Stadtviertel. Die Zugehörigkeit ist für den einzelnen jedoch kein Zwang.

Der Begriff der mehrsprachigen Gesellschaft bedürfte im Rahmen einer Untersuchung interkultureller Kommunikation kaum einer weiteren Erläuterung, wenn nicht in vielen Ländern – wie in der Bundesrepublik Deutschland – die Vorstellung dominant wäre, dass es sich hier um eine einsprachige Gesellschaft handelt, in der zwar auch 'Ausländer' leben, die eine andere Sprache als Erstsprache sprechen und demzufolge zweisprachig sind, was aber ohne direkten Einfluss auf die deutsche Gesellschaft bleibt – eine Vorstellung, die übrigens auch in Ländern, die sich als Einwanderungsländern verstehen, lange Bestand haben kann wie z.B. Australien zeigt, in dem erst nach 1970 eine nationale Sprachpolitik einsetzte, die von einem mehrsprachigen Australien ausgeht (vgl. Clyne 1991, 213ff.; 1991a). In Deutschland ist diese Vorstellung auch im pädagogischen Alltagswissen und -handeln verankert trotz der immerhin offiziell anerkannten Minderheitensprachen Dänisch, Friesisch und Sorbisch. Im September 1998 hat die Bundesrepublik die Europäische Charta für Regional- und Minderheitensprachen unterschrieben, wodurch auch Romanes einen neuen Status erhält, auch wenn das föderale System Deutschlands bei der Umsetzung der Charta berücksichtigt werden muss (vgl. Krupatz 1999 sowie kritisch Eichinger 1999, 50ff.). Stölting (1980, 7) charakterisiert die Situation in der Bundesrepublik Deutschland noch als "*einseitige Diglossie mit unzureichendem Bilingualismus*", während wir inzwischen gesellschaftliche Mehrsprachigkeit als gegeben ansehen können bei einer hohen Verbreitung individueller Zweisprachigkeit, vor allem natürlich, wenn man die Schulsprachen und Varietäten berücksichtigt. Die gesellschaftliche Mehrsprachigkeit macht sich ohne weiteres im Straßenbild fest, aber auch in einem hohen Grad an Verwendung nichtdeutscher Sprachen in unterschiedlichen Kontexten (vgl. hierzu Jung 1993). 'Mehrsprachige Gesellschaft' gilt jedoch auch in einem globaleren Sinne, da durch Medien und erhöhte Mobilität immer wieder Mehrsprachigkeit in der Gesellschaft erfahren wird, was insbesondere in den Tonmedien noch viel prägnanter wäre, wenn auf Synchronisation und Sofortübersetzung verzichtet würde.

Zum besseren Verständnis mehrsprachiger Gesellschaft als einer Gesellschaft, in der interkulturelle Kommunikationen stattfinden, sollen nun zunächst Sprachkontaktsituationen beleuchtet werden, die in mehrkulturellen und mehrsprachigen Gesellschaften vorkommen.

2.1 Sprachkontaktsituationen

In Tabelle 1 (Kapitel 1) haben wir einige Gesprächssituationen als Beispiele interkultureller Kommunikation im Inland benannt. Um nun interkulturelle Kommunikation innerhalb der Bundesrepublik Deutschland analysieren zu können, brauchen wir eine genauere Darstellung. Wenn wir von der Bundesrepublik Deutschland ausgehen, so ergeben sich unter Berücksichtigung der sprachlichen Implikationen unterschiedliche Typen an Kommunikation:

- Gespräche zwischen Menschen deutscher Erstsprache
- Gespräche zwischen Bilingualen, die Deutsch und eine weitere gemeinsame Sprache beherrschen
- Gespräche zwischen Menschen deutscher Erstsprache (die wir im Folgenden als Deutsche bezeichnen) und Menschen anderer Erstsprache:
  - Gespräche zwischen Deutschen und Migranten nichtdeutscher Erstsprache (auch Aussiedler)
  - Gespräche zwischen Deutschen und kurzfristig anwesenden Menschen anderer Erstsprache
- Gespräche zwischen Menschen verschiedener nichtdeutscher Erstsprache (u.U. mit Verwendung von Deutsch als Drittsprache).

Eine solche Typologie basiert ausschließlich auf den Sprachzugehörigkeiten bzw. Sprachkenntnissen – nicht jedoch auf der Staatsangehörigkeit – und impliziert zugleich eine oft angenommene Einheit von Sprache und Kultur, die jedoch nicht mit den oben angenommenen vielfältigen und komplexen kulturellen Zugehörigkeiten übereinstimmt.

Es müssen für alle diese Sprachkontaktsituationen und die in ihnen beteiligten Menschen noch weitere Merkmale festgehalten werden. Hierzu zählen:

- Schicht
- Bildung / Beruf
- Berufliche Stellung
- Geschlecht
- Religion und religiöse Bindung
- Milieu (z.B. Stadt / Land)
- Alter
- Sprach- und Kulturerfahrungen.

Die genannten Situationen werden weiter bestimmt durch Faktoren der Dominanz wie

- Sprachbeherrschung
- Kultursouveränität
- Kenntnis der Situation
- Status in der gegebenen Situation.

Unterschiede ergeben sich ferner durch den Kontext informeller oder formeller Situationen, Situationen gleichberechtigter oder nicht gleichberechtigter Kommunikation. Aus diesen verschiedenen Größen ließe sich für die verschiedenen Kommunikationssituationen bzw. kommunikativen Akte eine Bedingungsmatrix bilden, in die letztlich auch noch persönliche Eigenschaften einfließen wie Offenheit, Neugier, Ängstlichkeit, Einstellungen gegenüber anderen Menschen. In der je einzelnen konkreten Kommunikationssituation lässt sich dann bestimmen, welche dieser Faktoren eine Rolle spielen, wofür auch der Gesprächsanlass und die Thematik nicht unwichtig sind. Wie Scollon / Scollon (1995, 164ff.) herausstellen, ist für die Teilhabe an Kommunikationen auch wichtig zwischen freiwilligen und unfreiwilligen Diskurssystemen zu unterscheiden. Zu den unfreiwilligen zählen sie beispielsweise Geschlecht, Alter oder Generation. Sprachkontaktsituationen müssen daher sehr detailliert beschrieben werden.

2.1.1 *Interkulturelle Kommunikation am Arbeitsplatz*

Zwar können wir davon ausgehen, dass interkulturelle Kommunikation als Kommunikationen zwischen deutscher Bevölkerung und zugewanderten Personen in allen Lebensbereichen möglich sind. Aus den bundesdeutschen Untersuchungen lassen sich jedoch vor allem Beispiele interkultureller Kommunikation als institutionelle Kommunikation entnehmen, die zugleich oft mit Fragen des Missglückens interkultureller Kommunikation verbunden sind. Insbesondere aus der australischen Literatur sind Möglichkeiten wie Probleme interkultureller Kommunikation am *Arbeitsplatz* bekannt (vgl. Clyne 1994). In diesem Kontext ist es beachtenswert, dass ein beträchtlicher Teil der aus Deutschland dokumentierten institutionalisierten Kommunikation zugleich für die deutschen Teilnehmer - z.B. Ärzte, Lehrkräfte, Angestellte des Arbeitsamtes oder der Ausländerbehörde - auch interkulturelle Kommunikation am Arbeitsplatz ist (vgl. Grießhaber 1987). Allerdings fehlt noch weitgehend das Verständnis dieser Kommunikation als interkulturelle Kommunikation am Arbeitsplatz, obwohl es sich um Erweiterungen jener Entwicklungen handelt, "*die unsere multikulturelle Wirklichkeit in Zukunft nicht nur wegen der "Globalisierung" zunehmend bestimmen werden*" (Ehlich 1997, 119). Welche Rolle spielt interkulturelle Kommunikation am Arbeitsplatz? Hier geht es um

- die Wahl der Sprache
  - die Landessprache und ihre Rolle als L1 oder L2
  - eine Drittsprache, was für Einwanderer aus unterschiedlichen Ländern häufig die Landessprache ist
- Hierarchie
  - Welche Funktionen nehmen Deutsche ein?
  - Welche Funktionen nehmen Menschen anderer Erstsprache ein?
- Ort der Kommunikation
  - Am Arbeitsplatz
  - In den Pausen
- Binnen- / Außenkommunikation
  - Kommunikation innerhalb des Betriebes / der Institution
  - Kommunikation mit Kunden am Ort
  - Kommunikation mit Kunden im Ausland
- Signifikanz des Verstehens als
  - Problem für die Firma (Außenwirkung; Produktivität)
  - Problem für den Arbeitnehmer (Arbeitsplatz)
  - Problem für die betriebliche Sicherheit.

Beispiele aus australischen Betrieben in Clyne (1994) belegen eine Fülle von Schwierigkeiten des Kommunizierens, aber auch Wege der Verständigung, was sich auch in einem hierauf basierenden Video zum Training interkultureller Kommunikation am Arbeitsplatz manifestiert (vgl. hierzu auch Kapitel 6). Ein Beispiel betrifft ein Gespräch zwischen Krystina, einer Arbeiterin polnischer Herkunft und Jennifer, ihrer Vorgesetzten, die malaysisch–chinesischer Herkunft ist. Ihre Konversation zieht sich für Leser unverständlich in die Länge, weil Jennifer aus Krystinas Sicht nicht adäquat auf ihre Entschuldigung, einen Fehler bei der Arbeit begangen zu haben, reagiert. Die Ursache für dieses Missverstehen könnte nach Clyne (1994, 179ff.) darin zu suchen sein, dass Jennifer nicht erkennt, dass Krystina einen Sprechakt der Selbstanklage vollzieht, auf den sie im Sinne eines Folgesprechaktes eine Schuldfreisprechung erwartet, da im Chinesischen – Jennifers Erstsprache – die hier vorgetragene Varianz der Entschuldigung keine direkte Entsprechung hat. Allerdings darf nicht außer Acht bleiben, dass beide in Englisch in Australien kommunizieren. Das Gespräch endet mit einer expliziten Zusage Jennifers, die Angelegenheit im Sinne Krystinas zu regeln. Viele Missverständnisse der interkulturellen Kommunikationen am Arbeitsplatz sind sprachlicher Natur und können auf eben dieser Ebene durch Wiederholungen oder Paraphrasierungen repariert werden. Im Korpus von Clyne (1994) sind erstaunlich wenige totale Kommunikationszusammenbrüche verzeichnet, was letztlich dafür spricht, dass die Alltäglichkeit interkultureller Kommunikation am Arbeitsplatz dafür gesorgt hat, ihre Bedingungen zu akzeptieren und eine erhöhte Sensibilisierung für sprachliche wie kulturelle Besonderheiten zu entwickeln und zwar vor allem im engeren beruflichen Kontext, da es gerade eine Reihe von Beispielen gibt, in denen nicht arbeitsbezogene Kommunikationen zu Missverständnissen führten, also gerade solche des *Small Talk* unter Kollegen bzw. zwischen Weisungsbefugten und Angestellten. Dies könnte nun auch daraufhin deuten, dass es zunächst die Einsicht in die Notwendigkeit einer erfolgreichen Kommunikation bei der Arbeit ist, die hier zum Erfolg führt. Eine bemerkenswerte Feststellung betrifft zwei verschiedene kulturelle Zugehörigkeiten: die geschlechtliche und die ethnische, denn die Studien in Australien haben ergeben, dass "*gender–specific solidarity networks transcend ethnic boundaries but are strongest among Europeans*" (Clyne 1994, 144). Ein Beispiel einer interkulturellen Kommunikation am Arbeitsplatz findet sich auch bei Hinnenkamp (1989, 76ff.), das in besonders krasser Weise belegt, dass der Wille zur Kommunikation noch über totales Missverstehen siegen kann: In einem Telefongespräch, in dem der türkische Arbeiter Njemi dem Meister seine erneute Krankschreibung mitteilt, kommt es nach mehreren Kommunikationsschwierigkeiten, die mehr oder minder umschifft werden konnten, zu folgendem Dialog (hier in vereinfachter Wiedergabe):

N: Jaja, das Doktor gehen, ne
M: Mhm
N: Heute auch wieder gehen Kontroll gemacht, eh wieder krankspreschreiben und Mittwoch wieder auch gehen, ne
M: Hm – hast du irgendwo hingeguckt, wo du nich hingucken darfst?
N: Jaaeh-
M: Ins Schweiß- eh Schweißgerät oder was? Nein
N: Eh
M: Schweißflamme nein haste nicht
N: Ja, das Tivoli das direkt am Markt, das zweite, ne
M: Bitte?
N: Eh das andere Seite
M: Aha
N: Hauptstraße
M: Aha

Trotz dieses totalen Aneinandervorbeiredens bricht das Gespräch nicht ab, sondern wird mit den üblichen beendenden Floskeln abgeschlossen. Das eigentliche 'totale' Missverständnis präsentiert sich in Njemis Bemerkung "Ja, das Tivoli das direkt am Markt, das zweite, ne", da hierfür auf den ersten und zweiten Blick keine Veranlassung zu finden ist, etwa in Form einer Frage, auf die er hiermit reagieren würde. Nach Hinnenkamp (1989) kommt wohl nur die Möglichkeit in Frage, dass er – möglicherweise durch das zweimalige 'hin' angeregt – die Lage der Arztpraxis oder auch seine derzeitige Position z.B. in einer Telefonzelle zu beschreiben versucht. Auch wenn der Meister vorher einige Witze auf Kosten des Arbeiters zumindest versucht hat, bestätigt sich doch auf beiden Seiten nicht nur der Wunsch nach Kooperation, sondern auch die Fähigkeit hierzu, die für Njemi außerdem bemerkenswerte Versuche ergibt, aus nur wenigen verstandenen Worten eine Information zu entnehmen und hierauf zu reagieren und gleichzeitig die eigenen Informationen zu vermitteln. Der große Wille zur erfolgreichen Kommunikation resultiert aus der Situation des Arbeitsplatzes, dessen Erhalt an eine erfolgreiche sprachliche Bewältigung geknüpft ist. Hinnenkamp (1998, 194ff.) untersucht das Beispiel unter dem Gesichtspunkt des Missverständnisses in interkultureller Kommunikation und stellt fest, "*dass es opportun sein kann, sich über ein Missverständnis auszuschweigen, es zu übergehen oder es stillschweigend zu korrigieren."*

Die Sprachkontaktsituation *Arbeitsplatz* ist nicht unwesentlich mitgeprägt von Hierarchien. Die australischen Beispiele sind in dieser Hinsicht insofern interessant, als die Trennlinie zwischen Vorgesetzten und Mitarbeitern nicht parallel zu ethnischen oder kulturellen Grenzen verläuft. Hier zeigt sich ein deutlicher Unterschied zwischen dem Einwanderungsland Australien und der Bundesrepublik Deutschland, da hier in überwiegenden Fällen die Rolle des Vorgesetzten Deutschen zukommt (vgl. auch die Studie von Kartari 1997). Diese Situation ergibt sich auch, wenn man Kommunikation in *Institutionen* betrachtet, die ja partiell auch eine Kommunikation am Arbeitsplatz ist: Die Rolle der Beratenden und damit hierarchisch Höherstehenden wird im Allgemeinen von Deutschen eingenommen. Untersuchungen zur interkulturellen Kommunikation am Arbeitsplatz sind bislang noch vorwiegend in einem 'internationalen' Kontext angesiedelt, so dass entweder Geschäftskommunikation im Mittelpunkt steht oder internationale Arbeitsgruppen (vgl. hierzu z.B. Heimolt 1997). Entsprechend wird interkulturelle Wirtschaftskommunikation auch in erster Linie als eine Kommunikation in internationalen Wirtschaftsbeziehungen verstanden (vgl. z.B. Hofstede 1991, 199ff.; Holzmüller 1995; Müller 1991). Demzufolge spielt auch die Frage nach der Wahl der Sprache in diesen interkulturellen Kommunikationen eine Rolle, die bei interkultureller Kommunikation am Arbeitsplatz in einer mehrsprachigen und mehrkulturellen Gesellschaft aus einer anderen Perspektive von Bedeutung ist: Die im Allgemeinen gewählte Landessprache verschafft denjenigen, die sie als Erstsprache sprechen, einen Vorteil, der in der deutschen Situation weitgehend die ohnehin hierarchisch Höherstehenden bevorzugt. Interkulturelle Kommunikationssituationen am Arbeitsplatz könnten zu den Situationen gehören, in denen in hohem Maße Kodeswitching seitens der zweisprachigen dort tätigen Menschen stattfindet (vgl. auch Marburger u.a. 1998). Wie sich solche Phasen von Kodeswitching auf die Kommunikation im interkulturellen Kontext auswirken, ist bislang nur wenig bekannt. Dies ist Teil einer allgemeineren Fragestellung, die vor allem auch aus dem schulischen Arbeitsplatz bekannt ist: Wie reagieren monolinguale Deutsche auf den Gebrauch anderer Sprachen in den unterschiedlichen Konstellationen wie kurzfristiges Kodeswitching in einem Gespräch, an dem mindestens zwei Sprecher einer gemeinsamen, nichtdeutschen Erstsprache und ein Deutscher beteiligt sind, beispielsweise, um sich einer Wortbedeutung zu vergewissern? Wie wird auf längere Gesprächsanteile reagiert, die nach landläufiger Meinung wohl als unhöflich einzustufen sind? Und welche Einstellung besteht gegenüber dem Gebrauch anderer Sprachen als des Deutschen allgemein? Dies betrifft die aus Schulen bekannte Situation, dass Lehrkräfte oft befürchten, dass *über* sie gesprochen oder gar gelästert wird und deshalb dem Gebrauch dieser Sprachen ablehnend gegenüber stehen (vgl. Kapitel 3). Gibt es am Arbeitsplatz hierzu vergleichbare Einschätzungen? Die Sprachwahl ist für internationale Arbeitsgruppen unabhängig vom Ort, an dem sie arbeiten, von besonderer Bedeutung. So sprechen die von Heimolt (1997) untersuchten Mitglieder einer deutsch-französischen Arbeitsgruppe im Allgemeinen englisch miteinander. Die Wahl dieser Drittsprache ist mit Fragen verbunden wie die, woher die kulturellen Kodes genommen werden. Ebenso ist unklar, welche Bedeutung die Sprachkenntnisse auf die Kommunikation haben, da keiner der Sprecher die verwandte Sprache als Erstsprache spricht. Dadurch hat zwar keiner die Möglichkeit aufgrund der Wahl seiner Sprache ein Gespräch zu dominieren, aber zugleich fehlt eben auch die Sicherheit, sich auf die erstsprachlichen Kenntnisse verlassen zu können. Der Gebrauch einer Drittsprache hat zwar in besonderer Weise Bedeutung für alle Formen internationaler Kommunikation, aber auch in der mehrsprachigen und mehrkulturellen Gesellschaft müssen Arbeiter und Angestellte unterschiedlicher Herkunft untereinander oft eine Drittsprache verwenden, die dann allerdings oft die Landessprache ist. Interkulturelle Kommunikation am Arbeitsplatz mischt sich in den großen Konzernen nicht selten mit interkulturell-internationaler Kommunikation, da kurzfristige Auslandsaufenthalte zur Regel gehören und das Management oft international zusammengesetzt ist (vgl. auch Voss 1998).

2.1.2 *Interkulturelle Kommunikation in Institutionen*

Institutionen sind in vielfachen Kontexten Orte interkultureller Kommunikation. Hierzu zählen u.a. Behörden, Schulen, Praxen der medizinischen Versorgung oder Institutionen der Rechtssprechung (vgl. auch Rost-Roth 1994). Gespräche in Institutionen gelten als typische Beispiele für ungleichgewichtige Kommunikationen, wobei sich die Ungleichgewichtigkeit in interkulturellen Kommunikationen verstärken kann, da auf der einen Seite Sprachkompetenz ebenso wie Handlungskompetenz durch Kenntnis der strukturellen Bedingungen der Situation gegeben sind, während auf der anderen Seite mangelnde Sprachkompetenz und vielfache Unkenntnis oder falsche Einschätzung der Situation oft die Handlungsmöglichkeiten noch einschränken. Da die Vertreter der Institution weitgehend Deutsche sind und die 'Kunden' Migranten, wird die ungleichgewichtige Situation auch sichtbar. In Einwanderungsländern hebt sich diese strikte Zweiteilung i.a. nach einigen Jahrzehnten auf, was aber weder die Ungleichgewichtigkeit institutioneller Kommunikation noch die mangelnde Handlungskompetenz bei neuen Migranten verändert. Die Handlungsmuster institutioneller Kommunikationen, in. denen das Rollenverhalten für den 'Kunden' ebenso wie für den Institutionenvertreter relativ festgelegt ist, gehören zu in Gesellschaften gewachsenen Strukturen, deren Regeln i.a. im Laufe des Lebens erworben werden, z.T. auch durch Sozialisation wie z.B. bei der Vorbereitung eines Kindes auf den ersten Zahnarztbesuch. Es gibt jedoch auch für erwachsene "einheimische Erstsprachler" (*native speaker)* immer noch neue institutionelle Situationen wie beispielsweise ein erster Krankenhausaufenthalt, das Aufgebot im Standesamt oder der Gang zum Arbeitsamt. Insgesamt haben aber Erwachsene zumindest einen Teil institutionalisierter Kommunikation verinnerlicht und müssen sich bei Auswanderung in andere Länder oder Gesellschaften u.U. mit neuen Mustern auseinandersetzen, was in der Bundesrepublik zum Teil schon beim Wechsel zwischen Bundesländern oder Regionen nötig wird. Die meisten der Institutionen sind staatliche Behörden, so dass man hier relativ große Übereinstimmungen innerhalb von Staaten oder Teilbezirken findet. Institutionelle Kommunikationen weisen jedoch trotz gemeinsamer Merkmale je eigene Spezifika und Handlungsmuster auf, so dass Gespräche in Arztpraxen deutlich von solchen in der Berufsberatung verschieden sind und als eigene Sprachkontaktsituationen beschrieben werden können. Auf die besondere Problematik von Beratungen im Rahmen von institutionellen Kommunikationen verweist Rost–Roth (1994, 15), da die freundlichere Atmosphäre und der partiell kollegialere Umgangston die Klienten zu falschen Annahmen über die Rollenverteilung verleiten könnten (vgl. auch Backa 1987 für ein Beispiel). Viele Beispiele interkultureller Kommunikation in Institutionen zeigen die sprachlichen Barrieren, die hier in ihrer Mehrschichtigkeit besonders deutlich werden, denn es ist zwar oft fehlende Sprachkompetenz im Sinne von Wortschatz und der Fähigkeit zu komplexeren Darstellungen im Deutschen, die kommunikationsbehindernd wirkt, aber hinzu kommen auch semantische und pragmatische Vorstellungen, die abweichen von dem, was dann in den deutschen Institutionen abläuft, wie etwa der Zeitaufwand oder das Verharren in fachsprachlichen Formulierungen. Insbesondere aus der medizinischen interkulturellen Kommunikation ist bekannt, welche störende Rolle der Zeitdruck ausübt, den auch die Patienten empfinden. Hinzu kommt, dass Migranten den Eindruck gewinnen, dass ihre Wissensbestände nicht wahrgenommen oder nicht akzeptiert werden, während auf ärztlicher Seite die Unsicherheit darüber, ob sie verstanden wurden, das Arzt–Patient–Verhältnis negativ beeinflusst (vgl. Rost–Roth 1994 und Rehbein 1985, 1994 für Beispiele). Bührig / Meyer (1998) zeigen an einem gedolmetschten Arzt–Patienten–Gespräch, dass die zu geringe Adaption des Arztes an den Patienten vom Dolmetscher wahrgenommen und zu einem gewissen Grad gemildert werden kann. Im Bereich der medizinischen Versorgung dürfte unter allen institutionellen Kommunikationen der Anteil am höchsten sein, bei denen die 'Kunden' einheimische deutsche Erstsprachler (*native speaker*) sind und die Vertreter der Institution – Ärzte, Krankenpflegepersonal, Therapeuten etc. – eine ethnisch–sprachlich andere Herkunft haben, da inzwischen nicht nur Krankenschwestern nichtdeutscher Erstsprache eingestellt wurden, sondern auch eine Reihe von Krankenhausärzten bzw. niedergelassenen Ärzten nichtdeutscher Herkunft ist. Es fehlen bislang noch Untersuchungen, ob und inwieweit hier Kommunikationsschwierigkeiten vorkommen, die nicht mehr auf einer oberflächlichen sprachlichen Ebene liegen könnten. Es kann aber auch angenommen werden, dass dieser Personenkreis über ein Bündel kultureller Zugehörigkeiten verfügt, so dass Kommunikationsschwierigkeiten im wesentlichen nur auf der 'üblichen' Distanzlinie Arzt–Patient und der Schicht-, Alters- oder Geschlechtszugehörigkeit zu finden sein dürften. Eine besonders interessante Frage wäre, ob deutsche Patienten möglicherweise Erwartungshaltungen sprachlich–kulturellen Verhaltens beim Arzt aufbauen und wie diese dann in die Kommunikation einfließen.

Interkulturelle Kommunikation in Behörden umfasst eine breite Palette, die überwiegend durch negative Erfahrungen auf beiden Seiten geprägt ist, wobei jede Negativerfahrung den nächsten Behördengang ebenso beeinflusst und beeinträchtigt wie die nächste Kommunikation eines Behördenvertreters, so dass hier Vorerfahrungen einen wesentlichen Beitrag zur Verschlechterung und zur Ethnisierung leisten, da das Missglücken der Kommunikation oder die Schwierigkeit der Beratung oft nicht der komplizierten Sachlage zugeschrieben werden, sondern der nichtdeutschen Ethnizität oder – einfacher – den mangelnden Deutschkenntnissen. Da beides in fast allen Fällen auch eine Rolle spielen wird, ist für die Gesprächspartner ein offenerer Gesprächszugang sehr erschwert (vgl. Kapitel 6).

Aus der Berufsberatung verfügen wir über eine Reihe von Beispielen von Migrantenjugendlichen in der deutschen Berufsberatung, die die Schwierigkeiten dieser Form interkultureller Kommunikation aufzeigen (vgl. hierzu Boos–Nünning 1991; Boos–Nünning / Reich 1993). Entstanden sind sie vorwiegend auf Basis teilnehmender Beobachtung, Befragungen und Analyse von Gesprächsmitschnitten. Hier lässt sich gut ablesen, wie die Vorerfahrungen und Alltagseinschätzungen der Berufsberater das Gespräch ebenso beeinflussen wie die Deutschkenntnisse und das Vorwissen der Jugendlichen. Wenn seitens der Berufsberater nur selten Probleme als solche erkannt werden, so hängt dies auch mit ihrem beruflichen Selbstbild und professionellem Verständnis zusammen. Ein weiteres auffälliges Ergebnis ist eine unterschiedliche Bewertung von türkischen und griechischen bzw. italienischen und portugiesischen Jugendlichen durch die Berufsberater. Dabei ergibt sich, dass vor allem italienische und portugiesische Jugendliche den deutschen gleichgestellt werden, indem für sie keine sprachlichen oder inhaltlichen Schwierigkeiten angenommen werden. Diese auf den ersten Blick positive und integrierende Einstellung verhindert jedoch in vielen Fällen, dass sprachliches oder berufsorientiertes Unverständnis wahrgenommen wird. Gutes Alltagsdeutsch lässt darüber hinwegsehen, dass die komplizierte Fachsprache im Berufswesen nicht verstanden wird und lässt auch vergessen, dass längst nicht alle Jugendlichen der zweiten Generation das duale System der deutschen Berufsausbildung kennen oder gar durchschauen. Demzufolge führt die Gleichstellung mit den deutschen Jugendlichen zu Einschätzungen als *unterbemittelt* oder *orientierungslos*. Das heißt also, dass die Vorstellung, italienische Jugendliche seien genauso wie deutsche, die Wahrnehmung von Besonderheiten blockiert. Insofern werden auch Sprachkenntnisse in der Erstsprache nur selten erfragt. Ist es hier also die – falsche – Vorstellung der Gleichheit, die die Gespräche negativ beeinflusst, so sind es gegenüber griechischen Jugendlichen oft langjährige Erfahrungen von Schwierigkeiten, die in die Beratung einfließen (vgl. Boos-Nünning 1990, 169ff.; Boos-Nünning, Becker, Jäger 1990, 167ff.):

- Ein hoher Grad an *Schul*orientierung
- Hohe berufliche Ansprüche, die oft nicht zu realisieren sind
- Desinteresse an anderen Vorschlägen
- Schlechte Deutschkenntnisse nach dem Besuch einer griechischen Schule.

Zum Teil ergibt sich jedoch auch das gleiche Muster wie gegenüber italienischen und portugiesischen Jugendlichen.

Nach Boos-Nünning (1991) sind es vor allem drei Punkte, die Beratungsgespräche türkischer Jugendlicher zu oft missglückenden interkulturellen Kommunikationen machen:

1. Sprachliche Missverständnisse werden nicht erkannt, da auf der Oberfläche Verstehen signalisiert wird und ausreichende Alltags-Sprachkompetenz vorliegt. Ein Beispiel ist der von einem Jugendlichen geäußerte Wunsch ‘draußen zu arbeiten’, der über

eine längere Gesprächseinheit nur räumlich verstanden wurde, während der Jugendliche damit vor allem 'selbständiges Arbeiten' hatte ausdrücken wollen. Deutlich wird auch, dass viele Jugendliche von der berufspädagogischen Fachsprache überfordert sind und beispielsweise Begriffe wie 'Ausbildung' falsch verstehen. Da Berufsberater selten über eine zweitsprachdidaktische Ausbildung verfügen, sind ihre Versuche, sich dort, wo sie Unverständnis erkennen, verständlich zu machen, nicht unbedingt erfolgversprechend wie Wiederholungen, langwierige Erläuterungen oder auch überakzentuiertes Sprechen, das künstlich wirkt (vgl. Boos-Nünning 1991, 39f.).

2. Auch in Beratungsgespräche gehen Vorerfahrungen auf beiden Seiten ein, die sich zudem bei den Berufsberatern auch mit Vorstellungen über Jugendliche nichtdeutscher Herkunft mischen können. Diese Vorstellungen werden durch Erfahrungen, Medien, Literatur und alltägliche Stereotypen entwickelt und beeinflussen dann die Wahrnehmung, da bestimmte Erscheinungen in ihrem Sinne gedeutet werden wie beispielsweise eine starke Familienbindung als Unselbständigkeit oder traditionelle Kleidung als Unangepasstheit verstanden wird, obwohl beide Deutungen längst nicht immer richtig sind (vgl. Boos-Nünning 1990, 1991, 1994; Boos-Nünning / Becker / Jäger 1990; Boos-Nünning / Reich 1993).
3. Berater akzeptieren oft Äußerungen wie z.B. eine geäußerte Rückkehrabsicht, ohne vertiefend nachzufragen, und richten ihre Beratung danach. Dadurch reden Berater und Jugendliche zum Teil aneinander vorbei.

   Ein solches Aneinander-Vorbeireden zeigt sich auch in einem von Boos-Nünning / Reich (1993, 292ff.) diskutierten Filmbeispiel, in dem seitens eines türkischen Mädchens und seiner Familie der Berufswunsch 'Krankenschwester oder Arzthelferin' geäußert wurde. Dies wird von den Berufsberatern und deutschen Lehrkräften missverstanden als ein Wunsch nach einem 'pflegenden' Beruf, während das Mädchen und seine Familie damit die Möglichkeit nach mehr Bildung verbanden.

Das letzte Beispiel zeigt noch einmal mehrere Schwierigkeiten interkultureller Beratungsgespräche, da zum einen die schon genannte vordergründige Akzeptanz verständnishindernd wirkt, zum anderen aber auch die Bewertung von Berufen aus Sicht der deutschen Berufsberater. Wir finden also das Phänomen, dass sowohl durch stereotypisierte Vorannahmen die Jugendlichen nichtdeutscher Herkunft falsch verstanden werden können, indem ihnen kulturelle Muster zugeschrieben werden, aber zugleich auf der anderen Seite das Phänomen des Nichterkennens von Denkweisen und Vorstellungen, die vom vermeintlich Üblichen abweichen. Boos-Nünning / Reich (1993) fordern als Schritt in eine ausbalanciertere Beratung stärkere Offenheit für die vielfältigen Formen von Migrantenbiographien und ihres Selbstverständnisses, also die Akzeptanz und das Eingehen auf Menschen mit deutlich mehrkulturellen und mehrsprachigen Zugehörigkeiten mit unterschiedlichen Gewichtungen.

Bei der Bewertung von Berufsberatung als institutionelle interkulturelle Kommunikation ist auch der besondere Charakter der Berufsberatung zu unterstreichen, der weit mehr Servicecharakter hat als die meisten anderen, aber dennoch in vielen Fällen auch dagegen kämpfen muss, dass in den Alltagserfahrungen von Migranten Behörden ein Negativimage haben, das auch auf die Berufsberatung übertragen werden kann (vgl. auch Hinnenkamp 1985).

Interkulturelle Kommunikationen in Institutionen unterliegen ebenso wie solche am Arbeitsplatz mehr Regeln und damit zugleich auch sehr viel mehr Erwartungen und erlauben damit weniger Abweichungen als interpersonale Kommunikationen unter Freunden. Auch dies mag ein Grund dafür sein, dass hier besonders viele Missverständnisse und Verstehensschwierigkeiten aufzeigbar sind. Es sind allerdings auch die Bereiche, aus denen die meisten Beispiele interkultureller Gespräche vorliegen, was die Einschätzung von Missverstehen vertieft. Gerade die Berufsberatungsgespräche weisen jedoch auch Wege auf, wie eine Verständigung erreicht werden kann, zumal hier im überwiegenden Teil aller Fälle Gesprächspartner aufeinander treffen, die an einem Gelingen der Kommunikation interessiert sind, da für die einen der richtige Berufsweg wesentlich ist und für die anderen die professionelle Selbstbestätigung erfolgreicher Beratung wichtig ist. Damit erweist sich auch das *Interesse* am Gelingen als eine Größe, die zu beachten ist.

Neben den Gesprächen am Arbeitsplatz und institutionellen Gesprächen ergeben sich in einem mehrsprachigen und mehrkulturellen Land noch eine Fülle weiterer Kommunikationssituationen, in denen es zu interkulturellen Kommunikationen kommt. Von diesen sind Dienstleistungsgespräche zum Teil dokumentiert, also Gespräche etwa in Läden und Restaurants. Hier wie auch in allen zufälligen oder beabsichtigten Alltagsgesprächen – das heißt also z.B. Wegauskünfte oder private Einladungen – spielen auch solche interkulturellen Kommunikationen eine größere Rolle, die zwischen 'Ausländern' als nur kurzfristig Anwesenden und Einheimischen geführt werden. Sie sind schwieriger zu dokumentieren und in Inhalten und Verläufen wesentlich offener, da geringere

Kenntnis der sprachlichen und kulturellen Gepflogenheiten anzunehmen ist (vgl. die Beispiele in Hinnenkamp 1989).

Nachdem wir bislang von den Sprechern und den Gesprächen ausgegangen sind, wollen wir in den beiden folgenden Abschnitten von sprachlichen Phänomenen ausgehen und versuchen, ihre Relevanz in interkulturellen Kommunikationen aufzuzeigen. Dies soll anhand von zwei Beispielen – Eigennamen und Tabus – in ihrer Bedeutung für interkulturelle Kommunikation in der mehrsprachigen und mehrkulturellen Gesellschaft geschehen. Beide Themen spielen auch in interkulturell-internationaler Kommunikation eine Rolle ebenso wie natürlich in der intrakulturellen Kommunikation. Soziokulturelle Regeln zum Gebrauch von Eigennamen und damit verbundenes Anredeverhalten können ebenso wie Tabuverletzungen in intrakultureller Kommunikation auftreten, da es in beiden Bereichen größere Unterschiede zwischen Alters- und Sozialgruppen gibt. Viele Beispiele interkultureller Kommunikation zeigen Missverständnisse, die oft aus fehlender Einsicht in kulturelle Bindungen und durch kommunikative Selbstverständlichkeiten erklärbar sind. Auch der Umgang mit Eigennamen ebenso wie der mit Tabus ist teilweise hier einzuordnen, führt uns aber auch in weiterreichende Fragestellungen der Kommunikation in mehrsprachigen und mehrkulturellen Gesellschaften ein. Für den Anredebereich spielt etwa das Distanzverhalten eine große Rolle, für das zahlreiche Untersuchungen Unterschiede zwischen kulturell definierten Gruppen nachweisen: demnach wahren innerhalb Europas Menschen im Norden weitaus größere Distanz beim Sprechen und begrüßen sich mit weitaus geringerem Körperkontakt als Menschen in Südeuropa (vgl. z.B. House 1997a; Oksaar 1984). Allerdings sind gerade auch auf diesem Gebiet Verschiebungen zu beobachten; so hat sich in Deutschland die übliche Distanz vor allem in anonymen Situationen wie Schlangestehen zumindest in Großstädten deutlich verringert. Eine zweite Entwicklung deutet auf eine größere Individualisierung hin, denn Begrüßungen mit Umarmungen finden sich auch in Nordeuropa zunehmend, wenn wohl auch nicht als Regelfall (vgl. auch Otterstedt 1993 zu internationalen interkulturellen Kommunikationssituationen).

2.2 Eigennamen in interkultureller Kommunikation

In diesem Abschnitt gehen wir von den Eigennamen aus und betrachten sie aus pragmalinguistischer Sichtweise in ihrer Bedeutung für Kommunikationen und gehen auf Konventionen in Namengebung und Namengebrauch ein. Im Gegensatz zu kontrastiven Ansätzen stellen wir jedoch keinen Vergleich zu Regeln anderer Sprachen und Gesellschaften auf, sondern machen lediglich die Besonderheiten im Kontext der Bundesrepublik deutlich.

Eigennamen gehören zu den sprachlichen Universalien insofern, als es keine Kultur gibt, in der die Menschen keinen Namen erhalten. Andererseits aber unterscheiden sich die Regeln der Namengebung und des Namengebrauchs, wobei wir sowohl nationale wie auch gruppenspezifische Regelungen innerhalb einer größeren Gesellschaft unterscheiden können: Zu den nationalen Regelungen gehört das Namensrecht, während der Gebrauch von Vor- oder Familiennamen – im Allgemeinen gepaart mit bestimmten Anredeformen – in den einzelnen Gruppen sehr unterschiedlich gehandhabt wird. So gelten in Deutschland relativ strenge Regelungen über die Möglichkeiten, einen Namen zu ändern, während dies beispielsweise in Australien relativ einfach ist. Namensrecht ist im übrigen auch gesellschaftlichen Änderungen unterworfen wie etwa die Veränderungen im Namensrecht bei Eheschließungen in Deutschland in den letzten dreißig Jahren zeigen, in denen die strikten Regelungen zugunsten des Namens des Ehemannes als Familienname gelockert wurden zugunsten einer Reihe von Wahlmöglichkeiten. Auf der anderen Seite unterscheiden sich die Anredenormen, die in enger Verbindung mit dem Gebrauch von Eigennamen stehen, zwischen jungen und älteren Menschen, zwischen verschiedenen Berufsgruppen und sozialen Gruppen und zum Teil auch in regionalen Gruppen, wobei die Zugehörigkeit zu mehreren dieser Gruppen entsprechend unterschiedliches Verhalten im Namengebrauch verlangen kann (vgl. auch Oksaar 1984, 27 zur zeitlichen und sozialen Variation). Der Prozess der Namensgebung unterliegt zum Teil staatlichen Vorschriften, die z.B. in Deutschland die Anzahl der wählbaren Vornamen einschränken, zum Teil auch Gruppennormen und individuellen Vorstellungen (vgl. Diederichsen 1987). Dies gilt auch für die mit der Namengebung verbundenen Kultureme der Registrierung des Namens, der Verleihung des Namens beispielsweise in der Taufe oder die Riten der damit verbundenen Feier.

Eigennamen sind ein wesentlicher Bestandteil von Kommunikationen, so dass auch ihre Rolle in interkulturellen Kommunikationen berücksichtigt werden muss. Die Bedeutung von Eigennamen in der Kommunikation wird durch viele Eingangslektionen in Sprachlehrbüchern bestätigt, wobei es oft um Kennenlernsituationen geht, also den erstmaligen Gebrauch eines Namens. Tabelle 2 zeigt einige Varianten der Vorstellungssituation in den ersten Lektionen von Sprachlehrbüchern in Deutsch als Fremdsprache.

Namen – d.h. Personennamen (PN) und Ortsnamen (ON) – werden in diesen Lehrbüchern in ihrer kommunikativen Bedeutung für die Interaktion bereits zu Anfang des Sprachlernprozesses eingeführt. Da diese Lehrwerke auf interkulturelle Kommunikationssituationen vorbereiten – in diesem Fall also Sprecher verschiedener Erstsprachen auf Gespräche in Deutsch –, messen ihnen die Lehrbuchautoren besondere Bedeutung vom Anbeginn an bei (vgl. allerdings auch die Kritik von Osterloh 1986,

Lehrbuch	Lektion	Situation	Sprechweise	Art der Namen
Deutschbuch	1	Kursbeginn Diverse Wiederholungen, z.B. auf der Ausländerbehörde.	Lehrerfrage: Wie heißt du? – Schülerantwort: Ich heiße Gülsen. Woher?, wo?	PN: deutsch, türkisch, spanisch etc. ON: deutsch ON: diverse Ländernamen
Deutsch aktiv Neu 1a	1	Kursbeginn Name und Adresse an Information	Kursliste Vorstellungen: Ich heiße ..; Verzeihung, wie ist Ihr Name; Das ist ...	PN: divers, auch deutsch ON: deutsch ON: diverse Ländernamen
Deutsch 2000	1	Vorstellung von 5 Personen anhand von Zeichnungen	Das ist...:	PN/ON: deutsch
Themen Neu 1	1	Deutschkurs Reisebus Angaben zur Person Telefon: verwählt Information: Düsseldorf ist international Leute, Leute Tramper treffen sich	Ich heiße .. – Wie heißen Sie Mein Name ist .. – Sind Sie ... Wie heißen Sie? Familienname, etc. Kaufmann – Ist da nicht ... Kinder aus aller Welt ... Woher ... Das ist ... in ... (mit Karte) Woher ..? Wohin?....	PN/ON: divers
Mit uns leben 1	1	Kontakte divers: Treffen auf Bank etc. Klassenfoto	Guten Tag, Herr ... Woher ... Wo haben Sie noch Verwandte? – Wo liegt das?	PN Deutsch ON: Deutsch, Osteuropa

Tabelle 2: Eigennamen in Anfangslektionen in Lehrbüchern Deutsch als Fremdsprache

der für den Unterricht in Dritte–Welt–Ländern für einen anderen Umgang mit Namen plädiert). Das Lehrbuch *Mit uns leben* ist für Aussiedler geschrieben, die in Deutschland ihr Deutsch auffrischen wollen oder überhaupt erst Deutsch lernen müssen. Aussiedler stellen im mehrkulturellen und mehrsprachigen Deutschland eine besondere Gruppe dar, da sie einerseits gerade ihr Deutschtum betonen (müssen), aber andererseits durch andere kulturelle und sprachliche Erfahrungen geprägt sind. Zugleich gehören die einzelnen Individuen zusätzlich noch anderen kulturellen, religiösen und sozialen Gruppen an, die auch ihr Kommunikationsverhalten prägen (können). Auch in Bezug auf Namen ergeben sich einige Besonderheiten, die einerseits Namenänderungen betreffen, aber andererseits die Kenntnis verschiedener Namengebrauchsregeln beispielsweise der eigenen Gruppe in Russland wie auch der russischen Gesellschaft, die sich in der Kommunikation in Deutschland auswirken können.

Beispiel	Linguistische Fragestellung	Kommunikative Fragestellung
Frage nach Wohnort Frage nach Verwandten im Osten: Wo? Wo liegt das?	EN als Referenzwörter	Referenz in der Kommunikation Bedingungen des Glückens / Missglückens
Kennenlernen und Vorstellen	EN und Konventionalität	Anredewörter Vorstell- und Anrederegeln Zulässige Fragen
Begegnung zweier Meier	Übersetzbarkeit von EN Entstehung der Familiennamen	EN und Identität Namenwechsel und -änderungen
Kennenlernen und Vorstellen	EN in Routineformeln	Routineformeln bei Erstbegegnung
Vorstellen	EN in Sprechakten EN-spezifische Sprechakte	Kommunikative Funktionen von EN in Sprechakten Mit EN verbundene Intentionen
Sprachkursbeginn	EN in Situationsbezug	Situative Merkmale des EN-Gebrauchs
Internationaler Sprachkurs	EN und Mehrsprachigkeit Übersetzbarkeit	Aussprache von EN

Tabelle 3: Kommunikativ-pragmatische Fragestellungen

In der germanistischen und linguistischen Forschung werden Eigennamen vorwiegend aus historisch-philologischer Sichtweise untersucht (vgl. Bach 1954; Schützeichel 1986), wenn auch Aspekte der Namengebung und Namenverwendung zunehmend berücksichtigt werden (vgl. etwa

Bauer 1985; Koss 1990). Die Beispiele aus Deutsch als Fremdsprache belegen jedoch die besondere Rolle von Eigennamen in der Kommunikation und insbesondere auch in der interkulturellen Kommunikation. In den Beispielen der Eingangslektionen in Tabelle 2 finden sich mehrere Fragestellungen, die dabei relevant sind (EN = Eigennamen).

Damit dominieren hier Fragestellungen der Eigennamen*verwendung* und – indirekt – des Eigennamen*erwerbs*. Beiden liegt letztlich die Eigennamen*gebung* zugrunde, die demnach zwar auch Teil kommunikativ-pragmatischer Darstellung von Eigennamen ist, aber für die Kommunikation selbst von geringerer Bedeutung. Im Kontext der Kommunikation in mehrsprachigen und mehrkulturellen Gesellschaften, wie sie bislang hier diskutiert wurde, sind insbesondere Konventionen bei der kommunikativen Verwendung von Eigennamen und der Zusammenhang von Eigennamen und Identität relevant und untersuchungsbedürftig.

Bei den in den Lehrbüchern wiedergegebenen Situationen der Verwendung von Eigennamen handelt es sich überwiegend um folgende Sprechakte:

- Sich vorstellen
- Andere vorstellen
- Nach dem Namen fragen: direkt oder andere
- Mit Namen begrüßen oder anreden
- Nach dem Herkunftsort fragen: direkt oder andere.

Die skizzierten Situationen des Vorstellens entsprechen fast ausschließlich dem von Werner (1989) beschriebenen *einfachen Fall gelungener Referenz mit einem Eigennamen*, was insofern nicht erstaunlich ist, da es sich hierbei fast immer um eine Situation handelt, in der die Träger der Eigennamen eindeutig identifizierbar sind. Dass es jedoch bereits in solch einfachen Kommunikationssituationen zu Kommunikationsstörungen kommen kann, zeigen Kommunikationssituationen wie Verwählen beim Telefonieren oder vermeintliches Erkennen und dadurch fälschliches Ansprechen einer Person. In interkulturellen Kommunikationssituationen kommt durch die zum Teil in ihrer Lautgestalt ungewohnten Namen jedoch noch ein weiteres Element hinzu, das sich in sprachhomogenen Kommunikationen weitaus seltener findet: Innerhalb einer Sprache können sehr ungewöhnliche Namen zu Irritationen führen oder Namen wie Graf können aufgrund der möglichen Verwechslung mit dem Adelstitel Anlass zu Unsicherheiten geben. Namen aus anderen Sprachen lassen auch nicht immer sofort erkennen, ob es sich um den Vor- oder Familiennamen handelt bzw. welcher der genannten Namen der Familienname ist. Zwar sind solche Schwierigkeiten in internationalen interkulturellen Kommunikationen häufiger anzutreffen, aber auch im Migrationskontext können sie eine Rolle spielen. Diese Schwierigkeiten nehmen durch Fragen nach dem Herkunftsort oder nach Verwandten im Herkunftsland noch zu, so dass es statt zur gelungenen Referenz auch zu den von Werner (1989) beschriebenen kommunikativen Problemen kommen kann, denn nun ist überhaupt nicht mehr sichergestellt, dass Sprecher und Hörer über den gleichen Eigennamen-Pool verfügen oder Hörer nicht verschiedene Strategien des Abwartens wählen, um den Eigennamen entschlüsseln zu können, was der Sprecher nicht durchschauen kann, was wiederum zu Verunsicherung führen kann.

Ein weiterer Aspekt ist die Bedeutsamkeit, die Eigennamen in bestimmten Gruppen oder für Individuen erlangen und die dem Gebrauch bestimmter Namen wie beispielsweise *Lourdes* bei gläubigen Katholiken oder *Mekka* bei Muslimen eine Bedeutung verleihen, die ihnen bei anderen Sprechern fehlt (vgl. Knobloch 1978). Es liegt nahe anzunehmen, dass der Gebrauch des Namens *Lourdes* unterschiedliche Zugänge, Konnotationen und eventuell auch Reaktionsweisen erzeugt (vgl. auch Sonderegger 1987 zur Bedeutsamkeit von Eigennamen). Werden diese Konnotationen in einer Kommunikation vom Gesprächspartner ignoriert, so kann dies durchaus negative Folgen für den Gesprächsverlauf haben.

Als wesentliche kommunikative Aufgabe von Eigennamen in Texten gesprochener wie auch geschriebener Sprache gilt die Referenzherstellung, was auch in interkulturellen Kommunikationen zu unterschiedlichen Ergebnissen führen kann. Dies in besonderem Maße, wenn wir den Begriff der Kommunikation nicht nur auf *face-to-face Situationen* oder Telefonate – also persönliche Kommunikation – beschränken, sondern wenn wir auch nicht persönliche Kommunikation einbeziehen (vgl. auch Kapitel 4 und 5):

- Gelungene Kommunikation durch Bezug auf ein Sprecher wie Hörer bekanntes Objekt oder eine Person
- Missglückte Kommunikation, da
  - Sprecher und Hörer sich auf ein unterschiedliches Objekt oder Person beziehen (bei Namensgleichheit)
  - Hörer ihre Unkenntnis nicht offenbaren
- Offenes oder verdecktes Lernen eines Eigennamen durch den Hörer
- Verstehenshilfen durch Eigennamen: Das Erkennen eines Eigennamens erlaubt Rückschlüsse auf den spezifischen Inhalt eines Gesprächs oder Texts: Erkennt der Gesprächsteilnehmer bei einem

Gespräch über Karneval den Ortsnamen Rio, so kann er verstehen, dass das Gespräch nicht Karneval in Köln zum Inhalt hat, sondern den brasilianischen. Dies ist besonders wichtig, wenn andere Vorannahmen oder Gegebenheiten andere Deutungen nahelegten: Findet das Gespräch in Köln statt, so gehen die Vermutungen eher auf Kölner Karneval; stammt der Gesprächsteilnehmer aus Venedig, so hilft das Erkennen des Ortsnamens 'Rio' die Fehlannahme venezianischen Karnevals zu korrigieren.

- Umgekehrt können Texte als Hilfestellung auch beim Umgang mit Eigennamen dienen: mit Hilfe des Kontextes bzw. von Personalpronomina kann etwa das Geschlecht eines Namensträgers entschlüsselt werden.

Eine besondere Schwierigkeit stellen auch in interkulturellen Kommunikationen Verkettungen von Texten durch den Wechsel zwischen Eigennamen und appelativischen Umschreibungen dar, da die anaphorischen Bezugswörter erkannt werden müssen (vgl. auch Koss 1987, 31f.). Ein Beispiel hierfür ist:

Dresden – die sächsische Hauptstadt – Elbflorenz

Die Lösung dieser Verständnisaufgabe erfordert Wissen über die Namen und ihre appelativischen Synonyme, das zugleich Vertrautheit mit den Varietäten und Registern beinhaltet, denn 'Dresden' kann nicht grundsätzlich durch 'Elbflorenz' ersetzt werden. Der Umgang mit Eigennamen und appelativischen Synonymen betrifft also Sprecher- wie Hörerseite in interkulturellen Kommunikationen.

Eigennamen erfüllen jedoch noch weitere kommunikative Funktionen, und zwar in der Übermittlung von Beziehungsaspekten wie zum Beispiel

- Vermitteln von Respekt oder fehlendem Respekt durch Anredeformen: *Herr Professor, Meier*
- Vermitteln von Zärtlichkeit oder Distanz durch Anredeformen z.B. in der Familie: *Tina, Tina-Kind, Christina* (vgl. auch Wierzbicka 1992, 234f.)
- Signale der Bildungseinschätzung durch Erläuterungen von Eigennamen: *Marco Polo – Marco Polo, das war ein ... – Marco Polo, aber das muss ich dir ja nicht erklären ....* (Werner 1989).

Insbesondere die Anredeformen werden in ihrer Funktion zur Vermittlung von Beziehungsaspekten unterschiedlich genutzt, so dass die Verwendung des Titels je nach Kontext und Gruppe als korrekt, respektvoll, überkorrekt oder auch steif eingestuft werden kann. Auch kann der Gebrauch des vollen Vornamens, der vielfach als Signal für Strafe oder doch Kritik gilt, in anderen Gruppen oder Zusammenhängen auch Respekt vor den Leistungen eines Kindes signalisieren. Eine durchgängige und sichere Analyse der kommunikativen Absichten ist also selbst hier nicht möglich, was umgekehrt auch besagt, dass die Gesprächsteilnehmer in diesen Fällen Regeln im Gebrauch der Eigennamen aushandeln können, wenn auch nicht unbegrenzt und in Abhängigkeit von den sozialen und kulturellen Gegebenheiten.

Das dritte Beispiel zeigt eine Falle auf, in die Gesprächsteilnehmer geraten können bzw. die sie selbst aufbauen können, um eine Einschätzung der Kenntnisse oder Bildung des Gegenübers zum Ausdruck zu bringen, denn die Erläuterung eines historischen oder geographischen Namens signalisiert die Annahme des Nichtwissens. Die zweite Variante – des expliziten Nichterläuterns – bringt den Angesprochenen jedoch in die Situation, dass er sich nicht mehr nach dem Namensträger erkundigen kann, ohne eine Blöße zuzugeben.

Auf einer etwas anderen Ebene der interkulturell–internationalen Kommunikation ergibt sich die folgende Möglichkeit, durch den Gebrauch von Eigennamen kommunikative Signale zu setzen und Beziehungsaspekte zu vermitteln: auf englischsprachigen Tagungen kommen die deutschen Teilnehmer in gemischtsprachigen Gruppen oft in die Situation, ihre Anredeformen – Sie + Anredewort bzw. Titel + Familienname – in die im Englischen häufige Variante von *you* + Vorname ändern zu müssen, was zugleich ein Beispiel dafür ist, dass durch die Wahl der Sprache auch soziokulturelle Normen übernommen werden (müssen) – hier die auf akademischen Konferenzen übliche Anredeform. Durch die Akzeptanz solche Anredenormen bzw. ihre immerhin auch denkbare Verweigerung beispielsweise durch Umgehen von Anreden werden hier Signale gesetzt.

Eigennamen werden im Allgemeinen in allen Anrede–Situationen in Gesprächen verwendet, also auch bei Gesprächseröffnungen wie bei Gesprächsbeschließungen einschließlich Begrüßungen und Verabschiedungen, aber auch häufig bei Sprecherwechseln und um einen Adressaten stärker einzubinden. Auch hierbei werden – auch durch die Art der Eigennamenverwendung – Signale gesetzt, die wiederum auch einen Beziehungsaspekt enthalten. Die Anrede kann Distanz schaffen durch den Gebrauch eines Titels wie *Frau Doktor* oder Vertrautheit einfordern. Dies kann beispielsweise mit folgender Anrede geschehen: *Monika – ich darf Sie doch so nennen.* Beides bestimmt das Klima des folgenden Gesprächs mit ebenso wie die Reaktion der angesprochenen Person, die eine solche Anrede akzeptieren oder zurückweisen kann, was aber insbesondere bei der Rückweisung vertrauterer Anredeformen als Affront gewertet werden kann. Eine Anrede kann auch Zeugnis ablegen, ob der Sprecher mit soziokulturellen Normen vertraut ist und sie akzeptiert bzw. sie nicht kennt oder ablehnt. Allerdings lässt sich Unkenntnis nicht ohne weiteres von Ablehnung unterscheiden, was eine wesentliche Rolle in Gesprächen spielt, zumal die Reaktionen der angeredeten Person auch davon mitbestimmt sein können, ob sie von Unkenntnis ausgeht oder von Ablehnung. Ein Beispiel hierfür ist der Gebrauch von *Frau Karin* statt *Schwester Karin* im Krankenhaus.

Bei der Verabschiedung setzt – wie partiell auch bei der Anrede – insbesondere die Verbindung von Anredeform und Verabschiedungsformel – entscheidende Akzente: so "entschärft" *Ade* die Anrede "Herr Professor", während *Auf Wiedersehen* die Anrede mit dem Vornamen in Frage stellen kann. Beides kann aber auch als soziokulturell unangemessen und damit als Verstoss gegen die in der betreffenden Gruppe geltenden Normen gewertet werden.

Anreden erweisen sich damit als Verwendungsbereich von Eigennamen, die in besonderem Maße sprachlich-gesellschaftlichen Konventionen unterliegen, wobei in unterschiedlichen Varietäten ebenso wie in unterschiedlichen kulturellen, sprachlichen oder sozialen Gruppen unterschiedliche Konventionen anzunehmen sind. Viele Sprechakte, in denen der Gebrauch von Eigennamen erwartet wird, können als Kultureme beschrieben werden wie etwa begrüßen oder vorstellen. Zum Kulturem 'begrüßen' gibt es unterschiedliche Realisierungsnormen in Abhängigkeit von Ort, Person, Situation, Intention. Diese Realisierungsnormen betreffen auch den Umgang mit dem Namen (vgl. auch Oksaar 1979). Auf der Verwendungsebene werden dadurch mehrere Kompetenzen erforderlich: Die Namen von Personen, Orten oder Sachen müssen im Gespräch identifiziert und auch lautlich korrekt memorisiert werden, damit sie später richtig gebraucht werden können. Die Regeln des Vorstellens müssen beachtet werden: Dies sind vorwiegend pragmalinguistische Regeln der Höflichkeit, wer wen wem wie vorstellt, aber bereits die oben wiedergegebenen Eingangslektionen in Lehrbüchern zeigen auch Situationen in Ämtern auf, in denen beispielsweise zusätzlich auch Buchstabieren des Namens verlangt wird. Eine weitere Kompetenz ist die Beherrschung der Anredeformen und Referenzregeln auf andere Personen. Dies betrifft etwa die Kongruenz zwischen Duzen / Siezen und der Anredeform in unterschiedlichen kulturell–sozialen Gruppen wie beispielsweise die Anrede der Schüler mit Vornamen und Sie in der Schule ab 16, oder Herr / Frau + Familienname und Du-Anrede in einigen Berufen wie Verkäufer. Auch der im Deutschen zunehmende Gebrauch von Vorname + Sie außerhalb der Schule ist hier zu nennen (vgl. auch Besch 1998). Ferner spielen die unterschiedlichen Verwendungsregeln der Begleitwörter in der Anrede wie in der Referenz auf Personen eine wesentliche Rolle. Einen Eindruck von der Regelvielfalt des Gebrauchs von Du und Sie ergibt die folgende Tabelle 4:

	Du	Sie
Vorname	Kinder untereinander Erwachsene mit Kindern Freunde, z.T. Kollegen untereinander Junge Menschen untereinander	Schüler ab 16 Ältere in der Anrede von Jüngeren; z.T. auch Kollegen vereinzelt in Berufen (z.B. Arzthelferin oder Krankenschwestern in der Verbindung 'Schwester' + Vorname)
Familienname	Vereinzelt in Berufen Vereinzelt unter Freunden Familienname statt Vorname	i.a. Erwachsene, die sich nicht oder nur wenig kennen z.T. in Institutionen und beruflichen Kontexten trotz privatem Du

Tabelle 4: Du / Sie und Eigennamen

Einige der Verwendungsweisen sind klar definiert und in ihrem Verwendungsrahmen eingegrenzt wie etwa die Sie+Vornamen–Anrede in der Schule und daher auch wohl auch nur selten eine Kommunikationsschwierigkeit, denn selbst wenn diese Regel etwa im Herkunftsland zugewanderter Menschen nicht galt, so lässt sie sich leicht erfassen und übernehmen. Schwieriger ist der Gebrauch von Du und Sie in Alltagsgesprächen, bei denen zum einen Regeln noch aushandelbar sind und die Gesprächsteilnehmer nicht notwendig deutschen Normen gehorchen müssen, zum anderen aber auch deutsche Normen nicht eindeutig sind, sondern zwischen Altersgruppen und Schichten variieren.

Der Familienname kann neben den Anredewörtern Herr / Frau einen akademischen oder Adelstitel als Begleitwort erhalten, wobei im Deutschen die Titel auch allein in der Anrede verwandt werden können, nicht jedoch Herr / Frau wie es beispielsweise im Französischen möglich ist. Die Anredeformen erhalten auch bei der Verwendung von Familiennamen noch unterschiedliche Grade an Bekanntheit bzw. vermitteln Beziehungsaspekte durch Gebrauch oder Weglassen von Titeln. Ungewöhnlich im Deutschen sind Formulierungen nur mit dem Familiennamen, also ohne Begleitwort. Sie sind im Allgemeinen auch nur in einer vereinfachten Grußform und weitgehend nur gegenüber männlichen Personen möglich, die zudem auch meist in einem Abhängigkeitsverhältnis stehen: “Tag, Müller” als Begrüßung eines Mitarbeiters. Dies müsste grundsätzlich auch für Namen von Arbeitsmigranten gelten. Die Verwendung von Titeln ohne Familienname und Anredewort ist dagegen in größerem Umfang und auch mit verschiedenen Grußformen möglich: *Guten Tag, Baronin*; *Tag, Doktor*, wenn auch letzteres Beispiel im Deutschen noch weitgehend nur gegenüber männlichen Personen verwandt wird im Gegensatz zum Englischen. Die in der Kommunikation nötigen Kompetenzen erstrecken sich außer auf die Anrede auch auf die Referenz auf die betreffenden Personen, wobei die Variationen hier vor allem die Eindeutigkeit der Zuordnung tangieren. Möglich sind neben Anredewort + Familienname (z.B. Frau Müller) die Verwendung von Titeln als Zusatz oder Anredewort + Titel ohne Name (z.B. Frau Baronin oder Frau Baronin Müller). Auch die Referenz mit Hilfe lediglich des Familiennamens ist möglich, wenn auch wieder mit der weitgehenden Einschränkung der Verwendung für männliche Personen. Anders verhält es sich jedoch in offiziellen Situationen wie bei Zeugenaussagen, Polizeiprotokollen sowie auch in Medien, in denen sich *“Graf wieder verletzt”* oder *“Reimer frei”* sehr wohl auf Frauen bezieht. In der Referenz kann das Begleitwort auch durch den Vornamen ersetzt werden: *Gestern habe ich Hans / Grete Müller getroffen*, was allerdings meistens zur Sicherung der Referenz geschieht. Hier kann auch ein bestimmter Artikel zusätzlich verwandt werden (vgl. auch Wimmer 1973, 125ff. zur Artikelverwendung bei Eigennamen). Es ergeben sich also für interkulturelle Kommunikationen eine Reihe von Varianten in der Namenverwendung, zu denen in einem offenen Gespräch noch Regeln kommen können, die aus der Sprach- und Gruppenzugehörigkeit des nichtdeutschen Teilnehmers rühren. Ähnliche Situationen entstehen auch bei Gesprächen, in denen Deutsch Lingua franca ist.

Verbunden mit Grußregeln ergibt sich ein noch weitaus größeres Spektrum sprachlichen Verhaltens, bei dem es auch zu Missverständnissen oder Irritationen kommen kann (vgl. Hess-Lüttich 1994; Pieper 1984). Grußregeln wie passende Eigennamenverwendung sind Teil von Kommunikationen und zwar in den intra– wie interkulturellen Situationen. Nimmt man die Verwandtschaftsbezeichnungen und die mit ihnen verbundenen Regeln der Verwendung von Eigennamen hinzu, so ergibt sich ein noch komplexeres Bild vor allem unter Berücksichtigung unterschiedlicher Gewohnheiten in sprachlichen und kulturellen Gruppen (vgl. Liebe–Harkort 1993). Tabelle 5 verdeutlicht die Vielzahl der Anredemöglichkeiten.

Insbesondere bei Oma, Opa sowie bei Vetter und Kusine finden sich auch Ausnahmen, indem die Verwandtschaftsbezeichnung zusammen mit dem Vornamen gebraucht wird, zum Teil um der deutlicheren Referenzherstellung willen. Zusätzlich kann diese Darstellung in ihren Möglichkeiten verdoppelt werden, wenn nach diesen engen Verwandten

Verwandtschaftsbezeichnung + Name	Verwandtschaftsbezeichnung ohne Name	Name ohne Verwandtschaftsbezeichnung
Onkel Tante	Oma Opa Mutter Vater	Bruder Schwester Vetter Kusine Schwager Schwägerin

Tabelle 5: Anrede mit Verwandtschaftsbezeichnungen

mütterlicherseits und väterlicherseits getrennt wird, was allerdings im Deutschen mit Ausnahme einzelner Dialekte nicht mehr der Fall ist. Zugewanderte Menschen, die in ihren Herkunftssprachen an diese Trennung gewohnt sind, können mit der fehlenden Markierung im Deutschen Schwierigkeiten bekommen. Unterschiede zwischen Sprachen können hier in der interkulturellen Kommunikation zu Missverstehen oder falschem Gebrauch führen.

Wie bereits die Verwendung von 'Doktor' ohne Name zeigt, finden sich im Bereich der Anredeformen in Verbindung mit Eigennamen Unterschiede zwischen sprachlichen und kulturellen Gruppen. Dies gilt innerhalb der deutschsprachigen Länder, denn anders als etwa im österreichischen Deutsch (Frau Oberlehrerin Müller) fehlen Anreden von Beruf + Name im bundesdeutschen Deutsch fast völlig. Amtsbezeichnungen (Herr Kommissar Müller) und Titel können dagegen mit dem Namen gebraucht werden. Es gibt allerdings einige Beispiele, die unterschiedlich interpretiert werden können. Dazu gehört die Anrede: Anredewort + Pfarrer + Name. Dies ist insofern interpretationsabhängig, da Pfarrer hier möglicherweise den Rang eines Titels hat. Die Beispiele *Doc, Frau Oberlehrerin Müller* zeigen ebenso wie die Anredenormen auf Konferenzen, dass es nicht immer die berufliche oder soziale Gruppe ist, die Übereinstimmungen aufweist, sondern dass auch weiterreichende gesellschaftliche Normen maßgebend sein können. Der oben angeführte Wandel in der Namenwahl bei Eheschließungen in Deutschland ist wiederum ein Beispiel für Irritationen und Missverständnisse innerhalb einer Gesellschaft, da es nicht selten vorkommt, dass Frauen auch dann mit dem Namen ihres Mannes angeredet werden, wenn im

Prinzip bekannt ist, dass sie einen anderen Namen haben. Solche intrakulturellen Missverständnisse in der Kommunikation zeigen zugleich, wie Änderungen in Kommunikationsnormen auf Akzeptanz angewiesen sind.

Die in Konventionen festgelegten Regeln der Eigennamenverwendung in Kommunikationssituationen sind zugleich auch unter dem Aspekt des Eigennamenerwerbs von Bedeutung, da ihre Beherrschung zur kommunikativen Kompetenz zu zählen ist oder eine eigene Eigennamenkompetenz ausmacht, wie Dobnig-Jülch (1989) annimmt. Eigennamenerwerb umfasst demnach kommunikative Regeln ebenso wie das Memorisieren von onomastischen Morphemkombinationen zu einem Namenlexikon, das für jeden Sprachteilnehmer unterschiedlichen Umfang haben kann (vgl. auch Koss 1987). In mehrsprachigen und mehrkulturellen Gesellschaft ergibt sich zunehmend, dass dieses Namenlexikon von 'Einheimischen' wie Migranten auch Namen aus anderen Sprachen enthält.

Wie Wimmer (1989, 130) verdeutlicht hat, können Eigennamen neben vielfältigen referentiellen Funktionen in Kommunikationssituationen auch nicht-referentielle Aufgaben übernehmen, wenn beispielsweise über Namen als solche gesprochen wird (z.B. "Peter ist ein häufiger Name" – "Sollen wir unser Kind Klaus nennen, wenn's ein Junge wird?"). Dies gilt partiell auch für die Verwendung von Eigennamen in Phraseologismen, die festen Konventionen der Verwendung unterliegen und zugleich auch kommunikative Funktionen übernehmen (vgl. auch Földes 1984, 1990). Für diese Funktionen ist allerdings der Eigenname in den meisten Fällen von geringerer Relevanz. Phraseologismen in der Kommunikation erfordern jedoch bestimmte Kompetenzen in Bezug auf die Eigennamen. Die erste Voraussetzung ist, dass die Eigennamen als solche erkannt werden müssen. Dies ist zwar in den meisten Fällen unproblematisch, aber in interkultureller Kommunikation für Sprecher einer anderen Erstsprache als dem Deutschen auch nicht selbstverständlich wie in folgendem Beispiel: *Ins Schwabenalter kommen*, da hinter dieser Redewendung nicht notwendig ein Ortsname oder eine Personengruppenname zu erwarten ist, zumal vergleichbare Bildungen in der Herkunftssprache möglicherweise nicht existieren. Ferner muss eine Referenz hergestellt werden wie z.B. in *Mit Spreewasser getauft sein*, da die Gleichsetzung von "Spreewasser" mit Berlin keineswegs selbstverständlich ist. Die meisten kommunikativen Schwierigkeiten ergeben sich allerdings durch soziokulturelle bzw. historische Bezüge, die sich Sprechern – auch deutscher Erstsprache je nach Sozialisation, Bildung und Region – verschließen können und für Sprecher nichtdeutscher Erstsprache vor allem besonders schwierig zu erkennen oder verstehen sind, wenn es in ihrer Erstsprache keine vergleichbare Wendung gibt oder nur eine inhaltlich gleiche Wendung mit völlig anderen Bezugspunkten wie etwa das englische *coals to Newcastle*, das dem deutschen *Eulen nach Athen* entspricht. Auch in diesem Kontext erweisen sich Gruppenzugehörigkeiten als wichtig und verständnisfördernd, da nicht wenige Eigennamen in Phraseologismen christlichen bzw. biblischen Ursprungs sind wie etwa *Von Pontius zu Pilatus laufen.* Sie sind für Angehörige anderer Glaubensgemeinschaften oft nicht leicht zu erschließen. Für die Fülle der Redensarten und Sprichwörter, die sich aufs Wetter beziehen und dabei einen Heiligennamen verwenden, ist die Kenntnis der Geschichte dieser Heiligen weniger relevant, während das Wissen über den Feiertag des betreffenden Heiligen wertvolle Hinweise gibt wie etwa *Martin wirft mit Nüssen* zeigt. Auch hier können Alltagserfahrungen vor allem in einer interkulturell-internationalen Kommunikation stören, da je nach Herkunftsland St. Martin wenig mit dem Reifen von Nüssen zu tun hat. Phraseologismen wie *Nach Adam Riese* sind in erster Linie bildungsabhängig, allerdings oft im Kontext eines Bildungssystems, so dass Migranten, die als Erwachsene nach Deutschland kommen, möglicherweise diese Bezüge nicht erworben haben. Eine Wendung wie *Polnische Wirtschaft* gibt nationale Stereotypen gegenüber einem anderen Land wieder und gehört damit in die Gruppe von kulturellen Inhalten, die in einer größeren Gesellschaft – wenn auch teilweise altersabhängig – bekannt ist. Partiell finden sich europäische Übereinstimmungen in solchen Stereotypen, aber zum Teil werden die gleichen Vorbehalte gegenüber unterschiedlichen Völkern geäußert (vgl. Winkler 1994). Einige Phraseologismen enthalten auch Eigennamen, die euphemistische Umschreibungen tabuisierter Begriffe sind, wobei die Tabus teilweise aus vergangenen Zeiten stammen und heute keiner Umschreibung mehr bedürften. Hierzu zählen *Bei Petrus anklopfen* zur Umschreibung des Todes und *In des Kuckucks Namen* zur Vermeidung des Namens des Teufels. Insbesondere *Teufel* ist in der gegenwärtigen Gesellschaft – möglicherweise mit Ausnahme einiger religiöser Gruppen – nicht mehr tabuisiert. Solche Änderungen lassen den Sinn der Wendung unklar werden und können zu Missverständnissen beim Gebrauch einer solchen Redensart beitragen.

Eigennamen sind demnach wesentlicher Bestandteil direkter wie indirekter Kommunikationen und unterliegen sich ändernden Regeln in Gruppen und Gesellschaften, die Beachtung verlangen. Eigennamen spielen jedoch auch für die Identität vieler Menschen eine große Rolle, was sich wiederum auch auf Kommunikationen vor allem im interkulturellen Kontext auswirkt. Eigennamen werden im Allgemeinen nicht übersetzt, was ihre Identitätsfunktion unterstreicht. Die

Übersetzbarkeit von Eigennamen wird jedoch aus unterschiedlichen Fragewinkeln diskutiert, wobei vor allem in Bezug auf Eigennamen in literarischen Texten ein zunehmendes Interesse feststellbar ist (vgl. z.B. Gläser 1989; Rheinfelder o.J.). Es gibt jedoch eine ganze Reihe von Änderungsprozessen, denen Eigennamen unterliegen können. Sie reichen von Übersetzungen bis zu Anpassung an eine anderssprachige Umgebung: Namen wie *Agricola* zeigen, dass Übersetzbarkeit von Eigennamen zu bestimmten Zeiten durchaus als möglich galt, so dass hier die gesellschaftliche Akzeptanz eine große Rolle spielt. Auch Einwanderer wählen zum Teil die Übersetzung, wenn sie ihren Namen der neuen Umgebungssprache anpassen wollen (vgl. Clyne 1972). Zum Teil wird auch nur eine lautliche oder orthographische Anpassung an eine anderssprachige Umgebung vorgenommen oder akzeptiert wie bei *Kissinger, Ed Koch* im Amerikanischen oder *Malliaropulos* aus "Malliaropoulos" in Deutschland. Die Beispiele zeigen zwar sehr deutlich, dass Änderungen und Übersetzungen von Eigennamen durchaus möglich sind, aber dem stehen die Beispiele gegenüber, die eine Identitätsverletzung durch Übersetzung oder Änderung belegen: So reagieren die meisten Menschen irritiert auf Falschaussprache oder Schreibung ihres Namens wie bereits Boesch (1957, 41f.) aufzeigt (vgl. auch Sonderegger 1987, 18f.). Den Änderungsbeispielen durch Migration steht das Phänomen gegenüber, dass viele Menschen auch im Einwanderungsland sehr bewusst an der italienischen oder chinesischen Aussprache festhalten. Viele Änderungen an Eigennamen werden zunächst nicht vom Namensträger vorgenommen, sondern von Menschen, die sie anreden. Dabei kommt es bei nichtdeutschen Namen von Einwanderern durch Deutsche oft zu Falschaussprachen, und zwar aus vielfältigen Gründen:

- Der Name legt eine deutsche Aussprache nahe, weil es ähnliche Namen im Deutschen gibt wie etwa bei "*Emine*", dessen Nähe zu *Hermine* wohl zu einer falschen Betonung der 2. Silbe führt
- Der Name ist nur unter allergrößten Anstrengungen annähernd aussprechbar, so dass oft die nächstbeste Aussprache zustandekommt: der arabische Name "*Mahmah*" erfährt so leicht eine Aussprachenänderung von "ḥ" zu "ch"
- Die Schreibung verleitet zu einer "deutschen" Aussprache: spanisch *Mallorca, Jorges, La Jolla*, die jedoch im Spanischen falsch ist
- Der Name ist in einer deutschen Variante vorhanden, was zu Nachlässigkeit führt: *Alexander, Florenz*
- Es besteht keine Motivation, sich um die Aussprache zu bemühen.

Die Respektierung phonetischer Alterität stößt außerhalb persönlicher Kommunikationssituationen schnell an ihre Grenzen, wie in den Medien leicht feststellbar ist, und kann nach Jung (1993, 226) sogar zu einem elitären Sozialsnobismus führen. Jung (1993) stellt daher die provozierende Frage, ob nicht die Zulassung der Assimilation des eigenen Namens auch Respekt vor der anderen Kultur bezeuge? Andererseits lässt sich auch ein fließender Übergang zwischen Änderungen von Eigennamen durch andere als die Eigennamenträger selbst und sprachlicher Diskriminierung aufzeigen bis hin zu – auch staatlicher – Gewalt gegen Namen (Bering 1989). Die Falschaussprache nichtdeutscher Namen in direkter Kommunikation wie in der Kommunikation über solche Eigennamenträger ist immer dann als diskriminierend zu werten, wenn sie mit dem Ziel der bewussten Herabsetzung geschieht, aber auch bei Desinteresse oder Assimilationsforderung als Motiv. Damit kann der Umgang mit den Eigennamen zu einem Gradmesser der Ernsthaftigkeit interkultureller Kommunikation werden. Kommunikationen zwischen Menschen verschiedener Erstsprachen sind durch Ausspracheprobleme mit den jeweiligen Namen bis zu einem gewissen Grad gefährdet, wenn nicht wechselseitiges Verständnis für die Schwierigkeiten mit der Aussprache erzeugt wird. Ausspracheschwierigkeiten lassen sich im Allgemeinen jedoch leichter lösen als kulturelle Irritationen durch ungewohntes Anredeverhalten oder falsche Referenzen aufgrund von Missverständnissen durch Eigennamen. Zu beachten ist, dass solche Schwierigkeiten interkultureller Kommunikation auch in Gesprächen zwischen Migranten unterschiedlicher Herkunftssprachen in der Lingua Franca Deutsch eine Rolle spielen.

Wir haben Eigennamen hier in ihrer Bedeutung für die personale private Kommunikation in mehrsprachigen und mehrkulturellen Gesellschaften betrachtet. Gerade am Beispiel der Eigennamen lässt sich aber auch ein national-gesellschaftlicher Diskurs der Interkulturalität beschreiben, der Aufschlüsse über die politische Einstellung zur mehrsprachigen und mehrkulturellen Gesellschaft erlaubt. Dies zeigt sich am Umgang mit Namen von Einwanderern und Migranten im Vergleich zwischen Australien und Deutschland, denn während der korrekte Umgang mit diesen Namen im multikulturellen Australien eine wesentliche Rolle spielt, sind in Deutschland eher Anpassungen an die deutsche Rechtschreibung und Aussprache sowie Unverständnis für vom deutschen Muster abweichende Namengebungen vor allem für Ehefrauen und Kinder häufig. Um den Beamten den korrekten Umgang mit fremden Namen zu erleichtern, wurde in Australien erstmals 1987 eine Broschüre herausgegeben, aus der Auskunft über übliche Namenreihenfolgen von Männern und Frauen, Ausspracheregeln, Namengebungsregeln und weitere Informationen bezogen werden können (Department of Social Security 1990). Die Broschüre ist nach Sprachen geordnet, nennt aber die Länder, in denen diese Sprachen gesprochen werden und aus denen Einwanderer nach Australien gekommen sind. Gewinnt man durch diese Broschüre eine Fülle von Wissen über Anreden und den Umgang mit Namen als Hilfen für die interkulturelle Kommunikation, so liegt doch ihre größte Bedeutung darin, dass sie für nötig befunden wurde, um australische Beamte zur korrekten Kommunikation mit Einwanderern zu befähigen. Damit wird ein Beitrag zur Kommunikation in der mehrsprachigen und mehrkulturellen Gesellschaft dadurch geleistet, dass sprachliche und soziokulturelle Verschiedenheiten benannt und akzeptiert werden. Um Kommunikation zu ermöglichen, muss nicht der Einwanderer sich völlig anpassen, sondern die australischen Beamten müssen lernen, mit dieser Vielfalt umzugehen.

Auch ein anderes Beispiel aus dem öffentlichen Diskurs zeigt möglicherweise unterschiedliche Einstellungen, die sich in der Übersetzung von Namen äußern und dadurch auch die internationale interkulturelle Kommunikation behindern können: Im Gegensatz zum angelsächsischen Mediendiskurs wird im deutschen der Printmedien ebenso wie des Fernsehens fast immer eine Übersetzung wichtiger Örtlichkeiten gebraucht wie beispielsweise *"Platz des himmlischen Friedens"* gebraucht. Hieraus kann ein Referenzproblem entstehen, da Deutsche die Erwähnung des Tianmen-Platzes in den englischen Medien nicht unbedingt mit dem ihnen gewohnten übersetzten Namen gleichsetzen. Eigennamen spielen damit auch im interkulturellen Mediendiskurs eine Rolle (vgl. auch Kapitel 4).

An Eigennamen wird die Komplexität interkultureller Kommunikation in mehrsprachigen und mehrkulturellen Gesellschaften besonders deutlich: Wir können hier die Bedeutung des staatlich-gesellschaftlichen Rahmens besonders gut erkennen, da viele Regeln zum Namengebrauch vorgegeben werden und entsprechend auch mit anderen Regeln wie beispielsweise denen der Herkunftsländer von Migranten nicht immer übereinstimmen. Es lässt sich auch das Phänomen kultureller Veränderungen erkennen, wenn beispielsweise die Namengebung für Kinder sich nach anderen Regeln vollzieht als vor einigen Jahren. Hier ergeben sich partiell regionale und gruppenspezifische Verhaltensweisen (Nord-Südunterschiede, Unterschiede nach Bildungsschichten), aber auch die Lebenssituation in der mehrsprachigen und mehrkulturellen Gesellschaft ist nicht ohne Bedeutung für die Namenwahl. Im Anredeverhalten und seinen Regeln ergeben sich sowohl sprachkulturelle Unterschiede, aber auch gruppenspezifische bis hin zu individuellen Verhaltensformen. Die vielfältige kulturelle Zugehörigkeit von Menschen lässt sich auch im Gebrauch der Eigennamen zusammen mit Anredeverhalten konstatieren, da die meisten in der Lage sind, auch unterschiedliche Konventionen zu berücksichtigen. Schließlich zeigt der Umgang mit Eigennamen in interkultureller Kommunikation auch persönliche wie gesellschaftliche Einstellungen gegenüber Vielfalt.

2.3 Tabus in interkultureller Kommunikation

Zwischen Eigennamen und Tabus besteht ein kulturübergreifender Zusammenhang, denn die Tabuisierung von Eigennamen ist ein altes und kulturverbindendes Phänomen, das sich auch im Deutschen noch in einigen Wendungen findet wie die Phraseologismen-Analyse gezeigt hat. Ihr steht die Vorstellung gegenüber, durch Kenntnis des Namens auch Macht zu gewinnen wie Boesch (1957) nachweist. Dieses Motiv findet sich auch im Märchen vom Rumpelstilzchen. Namentabus spiegeln einen archaischen Glauben an die magische Kraft des Wortes wider (vgl. Zöllner 1997, 31). Ein Zusammenhang zwischen Namen und Tabu, der bis heute gilt, könnte in Namenänderungen zu finden sein (vgl. auch Balle 1990, 55). Eigennamen machen allerdings nur einen kleinen Teil von Tabus aus, so dass hier nach weiterreichenden Konsequenzen von Tabus auf Kommunikation in unserer mehrsprachigen und mehrkulturellen Gesellschaft zu fragen ist. Viele Untersuchungen zu Tabus betreffen überwiegend vorindustrielle Gesellschaften und sog. Naturvölker. So nennt auch Maletzke (1996, 97f.), der den Tabubereich im Kontext interkultureller Kommunikation anspricht, religiöse Beispiele aus Asien, Taburegeln zur Aussprache von Eigennamen bei Zulus oder die Tabuisierung von bestimmten Berufen wie dem des Henkers im mittelalterlichen Europa (vgl. auch weitere Beispiele in Balle 1990; Zöllner 1997). Solche Beispiele aus der Anthropologie und Ethnologie können uns helfen, das Phänomen des Tabus zu verstehen. Welche Rolle aber spielen Tabus in der gegenwärtigen interkulturellen Kommunikation in Deutschland? Und welche Mittel des – vor allem – sprachlichen Umgangs sind im Deutschen vorhanden, um dennoch (auch interkulturell) kommunizieren zu können? (vgl. auch Luchtenberg 1997e für weitere Einzelheiten).

Zöllner (1997, 25f.) geht davon aus, dass Tabus "*den Teil der gesellschaftlichen Norm ausmachen, der festschreibt, welche Handlungen und Verhaltensweisen nicht ausgeführt werden sollen. Was ... nicht getan, gedacht oder gesagt werden darf, wird mit einem Verbot belegt.*" Tabus sind also nicht auf Sprache begrenzt, sondern äußern sich ebenso in

Bildern oder Verhalten (vgl. auch Balle 1990). Manche Tabus betreffen dann auch nur jeweils einen dieser Bereiche: so kann über Alter, Krankheit und Tod in den Medien gesprochen und geschrieben werden, aber dennoch bleiben sie in vielen Filmen und Serien ebenso ausgeklammert wie in der Werbung. Auch dort, wo sie vorkommen, stehen sie oft in krassem Gegensatz zu dokumentarischen Darstellungen. Tabus können auch für bestimmte Gruppen gelten: So ergeben sich in unserer Gesellschaft für alte Menschen andere Verhaltenserwartungen als für junge Menschen auf vielen Gebieten von Sexualverhalten über Kleidung bis zu Redeverhalten. Auch für bildliche Tabus und solche des Verhaltens gelten Unterschiede innerhalb der deutschen Gesellschaft, aber als solche sind sie in verschiedenen Gruppen zu konstatieren (vgl. auch Schröder 1995 zum Zusammenhang von Handlungs- und Sprechtabus). "*Darüber spricht man nicht*" besteht also als Regel zum Umgang mit Tabus durchaus weiter, wenn auch nicht in dieser globalen Form, denn zum einen lassen sich Gruppenregeln erkennen, zum anderen aber sind die Möglichkeiten des einzelnen, ein Tabu zu akzeptieren oder zu negieren, deutlich größer als in früheren Gesellschaften (vgl. Zöllner 1997, 26). "*Darüber spricht man nicht*" lässt sich abgrenzen von "*das sagt man nicht*", eine von Eltern und Erwachsenen häufig gebrauchte Wendung gegenüber Kindern, die sich auf einzelne tabuisierte Wörter bezieht, für die im Allgemeinen ausreichend Euphemismen zur Verfügung stehen wie etwa *Scheibenkleister* und *Armleuchter* für die drastischen Schimpfwörter.

Als weiteres Phänomen ist festzuhalten, dass Tabuwissen über Gruppengrenzen oft auch dann noch vorhanden ist, wenn die Tabus selbst nicht mehr oder nicht mehr immer beachtet werden. Als wesentliche Tabubereiche galten und gelten Tod und Krankheit sowie mit dem menschlichen Körper verbundene Themen, wozu letztlich die Sexualität gehört (vgl. Zöllner 1997, 51). Gerade der Umgang mit dem Tod und die dabei geltenden Tabus und die aus ihnen abgeleiteten Verhaltensregeln scheinen innerhalb der deutschen Gesellschaft eine relativ große Übereinstimmung aufzuweisen, was Trauerverhalten, Trauerkleidung und mit Trauer und Tod zusammenhängende Riten angeht (vgl. Baum 1981 zu Todesanzeigen). Hiermit verbunden ist ein in der sprachlich-kulturellen Sozialisation erworbener Verhaltenskodex, der auch sprachliche Regeln wie die der Kondolenz umfasst. Im Gegensatz zu den national-gesellschaftlichen hohen Übereinstimmungen bei Tabus im Bereich Tod, Sterben und Trauer hinsichtlich Verhalten und Sprache lassen sich für den Bereich Sexualität, vor allem auch Homosexualität, starke gruppenspezifische Unterschiede feststellen, die Alter, Bildung, Lebensraum Stadt oder Land sowie eigene sexuelle Zugehörigkeiten betreffen.

Aus diesen Überlegungen lassen sich Beschreibungen von Tabu und Euphemismus ableiten, die für die heutige Gesellschaft der Bundesrepublik in etwa folgendermaßen aussehen könnten: Unter einem 'Tabu' lässt sich – wie für frühere und andere Gesellschaften – jener Bereich an Themen und Wörtern zusammenfassen, die in der Kommunikation ausgespart bleiben (sollen), wobei die Verbindlichkeit dieser Regeln stark schwanken kann in Bezug auf die betroffenen Gruppen wie auch in Bezug auf Individuen. In der heutigen bundesdeutschen Gesellschaft scheint es zwar keine verbindlichen Regeln mehr über Tabus zu geben, aber dennoch das Phänomen, bestimmte Themen zumindest in bestimmten Kontexten nicht anschneiden zu dürfen bzw. auch bestimmte Wörter nicht verwenden zu dürfen. Um aber dennoch eine Kommunikation auch in den tabuisierten Themenbereichen und über tabuisierte Wörter zu ermöglichen, stehen auch in der heutigen Gesellschaft – wie früher und in sog. archaischen Gesellschaften – Ersatzwörter zur Verfügung – Euphemismen oder auch euphemistische Wendungen –, die eine entsprechende Kommunikation immer dann erlauben, wenn alle Sprecher diese Formulierungen kennen. Hier liegt ein Problem komplexer Gesellschaften, aber erst recht ein Problem interkultureller Kommunikation, da die Regeln über Tabus und Euphemismenverwendung nicht mehr eindeutig formuliert werden können. Tabuisierte Wörter lassen sich durch Euphemismen ersetzen, so dass eine Kommunikation möglich bleibt, solange alle Beteiligten den betreffenden Wortschatz kennen. Schwieriger ist der Umgang mit tabuisierten *Themen*, die als solche vermieden werden müssen, was kommunikationsstrategisch andere Vorgehensweisen erfordert als die Suche nach einem Euphemismus.

In Luchtenberg (1985) werden ebenso wie in Zöllner 1997) für das Englische Euphemismen in der Gegenwartssprache in fast allen Bereichen des Lebens nachgewiesen, von denen ein Teil nicht dem Umgang mit gesellschaftlichen Tabus entspringt, sondern dem Wunsch nach Verschleierung vor allem wirtschaftlicher oder politischer Zusammenhänge. Diese Fülle von Euphemismen scheint im Widerspruch zur gesellschaftlichen Wirklichkeit zu stehen, denn ein kurzer Blick in die Themen der Talkshows im Fernsehen wie auch vieler anderer Sendungen legt die entgegengesetzte Vermutung nahe, dass es keine Regel "*Darüber spricht man nicht*" mehr gibt. Gerade Tabus und ihre Rolle in der Kommunikation lassen sich jedoch nur verstehen, wenn die scheinbar nicht mehr vorhandene Regel aufgesplittet wird: Was in einem Fernsehfilm gezeigt wird oder in einer Talkshow – auch provokativ – gesagt werden kann, kann dennoch Taburegeln in privaten oder beruflichen Gesprächen verschiedener gesellschaftlicher kulturell–sozialer Gruppen unterliegen. Tabus gelten also nicht nur nicht mehr gesellschaftsweit, sondern auch nur in Abhängigkeit von einer konkreten Sprechsituation und ihren Konstellationen, unter denen vor allem die Teilnehmer ausschlaggebend sind. Die Vielzahl der Bereiche, in denen Euphemismen für Tabus bzw. tabuisierte Wörter eintreten können, zeigt Tabelle 6 (aus Luchtenberg 1997e):

Tabubereich	Tabuwort	Euphemismus
Politik	Botschafter herbeizitieren	einbestellen
Wirtschaft	Preiserhöhung	Kosten an den Verbraucher weitergeben
Religion	Gott	Vater im Himmel
Berufe	jdm., der Ungeziefer beseitigt	Kammerjäger
Normverhalten	Sitzenbleiben	Das Klassenziel nicht erreichen
Tod	sterben	das Zeitliche segnen
Krankheit	Geschlechtskrankheit (Syphilis)	Französische Krankheit
Alter	alter Mensch	Senior
Emotionaler Bereich	dumm	zu kurz gekommen
Körper	schwanger	einem freudigen Ereignis entgegensehen
Sexualität	Prostitution	Das älteste Gewerbe
Alkohol	sich betrinken	einen über den Durst trinken

Tabelle 6: Tabus und Euphemismen

Hier wird das breite Spektrum deutlich, in dem Euphemismen vorkommen, aber zugleich erkennt man auch, dass die einzelnen hier genannten Euphemismen einen sehr unterschiedlichen Grad an Relevanz besitzen, da viele dieser Beispiele von den meisten Sprechern des Deutschen nur gelegentlich gegenüber bestimmten Personen gebraucht werden dürften (vgl. auch Zöllner 1997 für weitere Beispiele vor allem des Englischen). Allerdings belegt ein Beispiel aus einer Apothekeninformationstafel von 1997 zu chronisch entzündlichen Darmerkrankungen die Lebendigkeit euphemistischer Sprechweise, denn die Schautafel beginnt folgendermaßen: "*Häufige Durchfälle = Einschränkungen in Beruf und Freizeit aus Angst, kein WC zu finden und dass dann das Unaussprechliche passiert*".

Tabus spielen für interkulturelle Kommunikation eine gewichtige Rolle, da sie als ein besonders deutliches Beispiel für kulturelle Befangenheiten gelten, die auch dann noch greifen, wenn die ursprünglichen mythischen Zusammenhänge verlorengegangen sind und nur noch als Aberglauben weiterleben wie etwa bei den Einstellungen zu Zahlen, was sich in westlich geprägten Ländern etwa im Auslassen der Nummer 13 in Hotels oder Zügen bemerkbar macht. Der Bereich von Sterben und Tod belegt, dass religiös bedingte Tabus Teil der überlieferten Kultur werden können, die sich auch in säkularisierten Teilen der Gesellschaft oder bei Atheisten noch finden lassen, ohne dass ihnen dies bewusst ist (vgl. auch Wagner 1996). Tabus können also weiterhin als ein Hindernis in der Kommunikation in mehrsprachigen und mehrkulturellen Gesellschaften gelten, zumal erschwerend hinzu kommt, dass das Phänomen des Tabus nicht leicht thematisiert werden kann – und entsprechend schwer untersucht werden kann (vgl. Schröder 1997, 104). Es ist zum Beispiel sehr viel leichter möglich, einen Gesprächspartner danach zu fragen, warum er Einladungen ablehnt oder in der Anrede auf dem Gebrauch des Titels insistiert, als Tabus zu einem Thema zu machen, da es ja gerade zu ihrem Charakter gehört, unaussprechlich zu sein. Andererseits ist jedoch auch festzuhalten, dass Sprecher um Tabus wissen, d.h. gerade in interkulturellen Kommunikationen wird die Erwartungshaltung mitgebracht, dass es Regeln wie "*Darüber spricht man nicht*" bzw. "*Das tut man nicht*" gibt. Diese Erwartungshaltung, die in die Kommunikationen eingebracht wird, führt dazu, dass der Umgang mit Tabus vielfach besser beherrscht wird als der mit anderen kulturellen Selbstverständlichkeiten in der Kommunikation, für die keine Erwartungshaltung besteht wie beispielsweise Schweige- oder Distanzverhalten. Es bleibt jedoch die Notwendigkeit bestehen, die komplexeren Regeln des "*Darüber spricht man nicht*" bzw. "*Das tut man nicht*" nach Gruppen und Situationen zu beachten, zumal eben in der Bundesrepublik Medien eine andere Vorstellung zu wecken vermögen als es den einzelnen Gruppenkommunikationen entspricht. Auch wenn Migranten die Diskrepanz zwischen öffentlicher Darstellung und privaten Kommunikationsregeln verstehen lernen werden, spielen Tabus eine Rolle in interkultureller Kommunikation innerhalb der Bundesrepublik.

In modernen Industriegesellschaften wie auch der Bundesrepublik ergibt sich ein interessanter Zusammenhang zwischen Tabu und *Political Correctness*, da die Vorgaben von *Political Correctness* einige Themen zu tabuisieren scheinen, so dass über sie nicht oder nur in einer bestimmten Weise gesprochen werden kann (vgl. Franck 1996; Jung 1996; Zöllner 1997, 211ff.). Hierzu gehören ökologische Fragen ebenso wie solche der Emanzipation und teilweise – vor allem in Einwanderungsländern – auch Migration. Entsprechendes gilt für einzelne Wörter, die in ihrer nicht dem geltenden Standard von *Political Correctness* entsprechenden

Variante nicht ohne Schaden verwandt werden können wie etwa die Geschichte der Bezeichnung schwarzer Menschen in den USA – und in der Folge auch in Deutschland – zeigt, die von Neger über Schwarzer zum derzeitigen Afroamerikaner reicht. Ähnliche Phänomene wechselnder Bezeichnungen und damit verbundener Aufwertungen sind vor allem aus dem Bereich der Berufsbezeichnungen seit längerem gut dokumentiert (vgl. Oksaar 1976). Beides fällt unter den Bereich der Euphemismen, also der verhüllenden oder verschleiernden Ersatzwörter, die eintreten können, wenn ein Wort in einer Gruppe oder Gesellschaft als nicht mehr akzeptabel angesehen wird.

Für eine erfolgreiche (interkulturelle) Kommunikation ist daher sowohl das Wissen um Tabus nötig wie auch um die sprachlichen Mittel, um dennoch kommunizieren zu können. Hierbei können soziokulturelle Unterschiede erschwerend wirken, wie die Beispiele zum Alkoholkonsum in Luchtenberg (1985, 119ff. und 232ff.) nahelegen. Menschen, die aus kulturellen und / oder religiösen Gründen keinen Alkohol trinken, haben bereits sprachliche Schwierigkeiten mit der festen Wendung "*einen trinken gehen*", die sie jedoch aus ihren Erfahrungen vermutlich auf den gemeinsamen Genuss nichtalkoholischer Getränke beziehen werden. Dies ist jedoch mit dem Ausdruck nicht gemeint, der vielmehr euphemistischen Charakter hat. Auch hier kommt es zu der verwirrenden Mischung aus tabufreier Thematisierung von Alkoholgenuss wie -missbrauch und Suchtgefahren einerseits und euphemistischer Umschreibung in anderen Kontexten. Diese Beispiele zeigen, dass es nicht nur die Tabus sind, die interkulturelle Missverständnisse erzeugen können, sondern auch die Euphemismen, die die Missverständnisse auf die sprachliche Ebene zurückholen. Auch euphemistische Wendungen in Phraseologismen können hier als Beispiel dienen wie etwa solche zur Umschreibung des Todes wie "*In die ewigen Jagdgründe eingehen*". Euphemismen können daher zu den sprachlichen Schwierigkeiten in interpersonalen Kommunikationen gezählt werden, die sich in interkultureller Kommunikation dadurch verstärken können, dass Euphemismen selten explizit gelehrt und damit auch nur schwer erlernt werden.

Das Gelingen interkultureller Kommunikation trotz möglicher Tabuvorschriften und unterschiedlicher Vorstellungen hierüber hängt in entscheidendem Maße davon ab, ob sich die Gesprächspartner hierüber verständigen können. Dies führt wieder zu dem Phänomen, dass es eine Art Tabu zu geben scheint, das es verbietet, über sprachliche, aber vor allem soziokulturelle Missverständnisse zu sprechen und sie dadurch aus der Welt zu schaffen. Dieses Verbot hängt nach Zöllner (1997, 80ff.) unmittelbar mit den Konversationsmaximen und der Implikaturtheorie von Grice (1975) zusammen, die es ermöglichen, auch in solchen Situationen das Gesicht zu wahren, was durch eine direkte Frage in vielen Fällen nicht mehr möglich wäre. Es bleibt zu untersuchen, mit welchen Mitteln einer auf Kooperation ausgerichteten Kommunikation dennoch erfolgreiche interkulturelle Kommunikationen möglich sind unter Beachtung gegenseitiger Tabubereiche. Nonverbale Kommunikation ist in allen Formen inter- wie intrakultureller Kommunikation ein besonders sensibler Bereich, da kaum hierüber gesprochen wird, ohne dass dies explizit als Tabu gilt. Dennoch ergibt sich hier wie in der verbalen Kommunikation ebenfalls die Regel *"Darüber spricht man nicht"*. So scheint es besonders schwierig zu sein zu fragen: "Wie meinen Sie das / wie meinst du das?", wenn eine Geste oder ein Gesichtsausdruck nicht verstanden wurde.

Tabus können jede Form von Kommunikation behindern, wobei Kenntnis der Regeln in einer Gesellschaft oder Gruppe der Kommunikation dienlich sind. Daher kann der häufigere Umgang zwischen 'Einheimischen' und Migranten und die Vertrautheit mit vielen Gesprächssituationen die Kommunikation innerhalb einer mehrsprachigen Gesellschaft auch dazu beitragen, den Umgang mit Tabus zu erleichtern. Es ergibt sich folgendes Bild:

Sprecher L1	Sprecher L2
Keine Vorstellung über Differenzen zu L2	Keine Vorstellung über Differenzen zu L1
Keine Vorstellung über Differenzen zu L2	Vorstellung über Differenzen zu L1
Vorstellung über Differenzen zu L2	Keine Vorstellung über Differenzen zu L1
Vorstellung über Differenzen zu L2	Vorstellung über Differenzen zu L1

Tabelle 7: Tabus in interkultureller Kommunikation

In diesem einfachen Modell sind noch keine Annahmen über die jeweilige Vorstellungen eingegangen noch über den Prozess, der vor allem bei Vorhandensein solcher Vorstellungen in der Kommunikation abläuft, in der dann jede Äußerung auf dem Hintergrund dieser Vorannahmen bewertet werden wird. Tabus können auch in intrakultureller Kommunikation eine Rolle spielen, aber gerade Euphemismen zeigen, dass auch die Sprach- und damit hier vor allem die Verstehenskompetenz eine große Rolle spielt, wobei allerdings festzuhalten ist, dass zwischen Verstehen und Nichtverstehen eine Spannbreite von Verstehensgraden und Missverstehensmöglichkeiten liegt.

2.4 Zusammenfassung

Der Schwerpunkt dieses Buches betrifft die Kommunikation zwischen Menschen unterschiedlicher kultureller, sozialer und sprachlicher Zugehörigkeiten innerhalb unserer mehrsprachigen und mehrkulturellen Gesellschaft. Damit ergibt sich die Notwendigkeit, in einer doppelten Sichtweise das Vorhandensein beschreibbarer "Kulturen" mit den komplexen Zugehörigkeitsstrukturen des einzelnen Menschen, der als Kommunikationsteilnehmer auftritt, in Verbindung zu bringen, da wir nicht davon ausgehen, dass sich Kulturen begegnen, sondern Menschen mit kulturellen, sozialen und sprachlichen Bindungen. Wir nehmen an, dass interkulturelle Kommunikation innerhalb einer mehrsprachigen und mehrkulturellen Gesellschaft in vielfacher Hinsicht einfacher ist als interkulturelle Kommunikation im Ausland, denn für alle Gesprächsteilnehmer – also Deutsche wie Zugewanderte – besteht ein gemeinsames Alltagswissen, auch wenn Unterschiede in seiner Aufnahme und Kenntnis vorhanden sind. Auf der anderen Seite kann die gemeinsame Alltagsumgebung dazu "verleiten", die Kommunikation gar nicht mehr als eine interkulturelle wahrzunehmen und dadurch ihren Erfolg zu beeinträchtigen. Damit ergibt sich ein Spannungsverhältnis zwischen der Übertragung von Merkmalen interkultureller Kommunikation im internationalen Bereich vor allem in entfernteren Ländern auf interkulturelle Kommunikationssituationen in der hiesigen mehrsprachigen und mehrkulturellen Gesellschaft einerseits und dem Ignorieren unterschiedlicher kultureller, sozialer und sprachlicher Bindungen durch Überbetonung des Gemeinsamen. Vor allem das Thema Tabu hat gezeigt, dass interkulturelle Kommunikation in der mehrsprachigen und mehrkulturellen Gesellschaft beeinflusst ist von Vorstellungen interkultureller Kommunikation, die im Ausland stattfinden. Gerade bei Tabus spielen vor allem aus der Literatur und aus Filmen bekannte Beispiele aus ferneren Ländern und vorindustriellen Gesellschaften eine Rolle und können das Kommunikationsverhalten in interkulturellen Kontexten hierzulande negativ beeinflussen. Dieses Problem ergibt sich beim Umgang mit Eigennamen in interkultureller Kommunikation innerhalb einer mehrsprachigen und mehrkulturellen Gesellschaft nicht. Allerdings zeigte sich, dass die Vielzahl unterschiedlicher Gruppenregelungen im Namengebrauch durchaus zu Schwierigkeiten in interkultureller Kommunikation führen kann, da gerade Namengebung und Namengebrauch gut verdeutlichen können, dass sowohl staatliche Vorgaben existieren, aber zugleich gesellschaftliche Gruppierungen sich hier auf etlichen Gebieten voneinander unterscheiden.

Eigennamen und Tabus haben Bedeutung in interkultureller Kommunikation und werden demzufolge auch in Kapitel 6 wieder aufgegriffen, wenn es um den Erwerb notwendiger Kompetenzen geht.

Kapitel 3
Interkulturelle Kommunikation in Schule und Unterricht

In der Diskussion von Sprachkontaktsituationen in einer mehrsprachigen und mehrkulturellen Gesellschaft, in denen häufige interkulturelle Kommunikationen zu erwarten sind, haben wir den Bildungssektor und damit auch Schule und Unterricht ausgeklammert, da er aufgrund seiner Vielschichtigkeit und Bedeutung in einem eigenen Kapitel behandelt werden soll.

3.1 Schulsituation und pädagogische Konzepte

1996 besuchten 1.173.000 Schüler allgemeinbildende und berufliche Schulen in Deutschland, die keinen deutschen Pass besitzen (Sekretariat 1997). Die Kinder werden als 'ausländische' Schüler geführt, was aber ein unzureichendes Bild kultureller und sprachlicher Vielfalt in den Schulen zeichnet, denn auch die Gruppe der Kinder aus Aussiedlerfamilien mit deutschem Pass ist überwiegend neben anderen auch noch von kulturellen und sprachlichen Zugehörigkeiten geprägt, die durch die Herkunftsländer und die Migration bestimmt sind. Dies gilt auch für die Kinder eingebürgerter Familien, die in den amtlichen Statistiken nicht mehr aufgeführt sind. Nun erzeugt die Bezeichnung 'ausländisch' ohnehin ein in vielfacher Hinsicht falsches Bild, da sie zum einen eine homogene Gruppe suggeriert, die sich von einer 'deutschen' abgrenzt, zum anderen aber vernachlässigt sie alle Zugehörigkeiten zum Lebensmittelpunkt in Deutschland (vgl. auch Liebe–Harkort 1998, 48ff. sowie Neumann / Reuter 1997, 235ff. zum Begriffsgebrauch). Die Zahlen sind dennoch geeignet, sich darüber klarzuwerden, dass die Institution Schule in besonderem Maße ein Ort interkultureller Kommunikation geworden ist, in dem diese zum Alltag gehört und wohl auch zukünftig gehören wird, da weltweite Migrationen ebenso wie die angestrebte Mobilität innerhalb Europas wohl dazu beitragen werden, dass Bildungsinstitutionen wie vor allem die Schule weiterhin von Mehrsprachigkeit und Mehrkulturalität geprägt sein werden (vgl. Glumpler 1994 zur Grundschule). Langfristig dürfte dies auch in den neuen Bundesländern gelten, in denen 1996 die Anteile 'ausländischer' Schüler noch unter 1% lagen (Sekretariat 1997, 24).

In Anlehnung an unsere Definition einer multikulturellen – d.h. mehrsprachigen und mehrkulturellen – Gesellschaft ist eine multikulturelle Schule zunächst dadurch charakterisiert, dass sie von Schülern verschiedener Kulturen und Ethnien besucht wird, die zudem oft auch eine andere Erstsprache als Deutsch erworben haben. Auch dieser Begriff kann – wie der der mehrsprachigen und mehrkulturellen Gesellschaft neben dieser deskriptiven Lesart auch als ein normativer Begriff verstanden wird, der dann beinhaltet, wie eine Schule aussehen sollte, die den Ansprüchen einer mehrkulturellen und mehrsprachigen Gesellschaft genügen will (vgl. z.B. die utopische Beschreibung von Pommerin-Götze 1992).

Die oben diskutierten Fragestellungen zur mehrkulturellen und mehrsprachigen Gesellschaft lassen sich entsprechend auch an die mehrkulturelle und mehrsprachige Schule herantragen, denn auch hier gilt, dass nicht zur schon vorhandenen deutschen Kultur unterschiedliche weitere Kulturen hinzukommen, sondern dass nun Menschen aus unterschiedlichen Räumen, mit unterschiedlichen Sprachen und unterschiedlichen kulturellen Traditionen, von denen sie in unterschiedlichster Weise geprägt sind, zur Schule gehören – vor allem natürlich die Schüler, aber bis zu einem gewissen Grad auch ihre Eltern. Zugewanderte wie deutsche Kinder, Lehrkräfte und Eltern können damit verschiedene Bündel an Zugehörigkeiten in sich vereinen und für sich in Anspruch nehmen (vgl. Kapitel 1 und 2). Wie in der Gesellschaft, finden sich dagegen zunächst nur wenige Zuwanderer unter den Machtträgern, d.h. in der Schule unter der Lehrerschaft. Dies gilt auch noch für viele Einwanderungsländer, was den Zusammenhang von Differenz und Chancengleichheit beleuchtet, aber auch zeigt, dass Schule als staatliche Bildungsinstitution sich der gesellschaftlichen Multikulturalität nur zögernd öffnet. Zwar gilt in der Schule – anders als in der Gesellschaft – formal das gleiche Recht für Inländer und Ausländer, jedoch belegen auch die Schulabgangsdaten von Kindern aus Zuwandererfamilien, dass noch keine tatsächliche Chancengleichheit gegeben ist (Sekretariat 1997, VII). Ursachen für die schlechteren Ergebnisse von Kindern aus Zuwandererfamilien und anderen Minderheitengruppen wie z.B. Sinti und Roma werden meistens in den vermuteten ungünstigen Voraussetzungen dieser Kinder (Lernumfeld, Schicht, Elternhilfe, etc.) gesucht, teilweise auch in der monokulturellen Ausrichtung von Schule und Lehrkräften, seltener jedoch in den Strukturen der deutschen Schule, die auf eine homogene deutschstämmige Zielgruppe zugeschnitten sind (vgl. jedoch

Gogolin 1994). Bommes / Radtke (1993) gehen von einer institutionalisierten Diskriminierung aus, die direkt sein kann wie das Ignorieren erstsprachlicher Kenntnisse bei gleichzeitiger Wertung von Sprachdefiziten in Deutsch als Entscheidungskriterium für eine Sonderschulüberprüfung (vgl. Gomolla 1998, 195f.). Indirekte Formen institutionalsierter Diskriminierung werden beispielsweise darin gesehen, dass bei Migrantenkindern "*fehlender Kindergartenbesuch ... in der Regel zur Zurückstellung in den Schulkindergarten*" führt (Gomolla 1998, 181).

Es lässt sich auch in der Schule konstatieren, dass Schüler deutscher Herkunft ebenfalls durch komplexe Vielfalten geprägt sind, dass jedoch interkulturelle Erziehung oder mehrkulturelle und mehrsprachige Schule vorwiegend an der Anwesenheit von Kindern aus Zuwandererfamilien festgemacht wird bzw. als Angebot für sie (Förderunterricht, Sprachunterricht, etc.) verstanden wird. Hierzu hat zweifellos bis zu einem gewissen Grad das Konzept der Ausländerpädagogik beigetragen, die zunächst als Reaktion auf die Präsenz von Zuwandererkindern entwickelt worden war und sich – wie ihr Name besagt – als eine Pädagogik für diese Zielgruppe verstand, wodurch die Entwicklung einer interkulturellen Erziehung unter Einschluss verschiedener Vielfalten behindert wurde (vgl. Auernheimer 1995; Nieke 1995). Obwohl in der Schule durch die Zugehörigkeit zu eben dieser Schule leichter eine Basis zu einem universalistischen Ansatz gegeben wäre als er sich in der Gesellschaft konsensfähig etablieren lässt, werden im Allgemeinen kulturelle und ethnische Differenzen in der Schule herausgestellt und dienen oft als Basis für Ab- oder Ausgrenzung, wenn auch im Kontext interkultureller Erziehung ein Bereicherungskonzept entwickelt wurde, das gegenseitiges Kennenlernen und tolerantes Miteinander fordert (vgl. Hohmann 1989). Die verbindende Zugehörigkeit als tragende Größe ist insbesondere in solchen Schulen zu finden, die sich einer gemeinsamen Aufgabe oder Wertvorstellung verpflichtet haben wie beispielsweise religiöse Schulen, Schulen, die sich ihrem Namensgeber in besonderem Maße verpflichtet fühlen, Stadtteilschulen oder auch UNESCO–Projekt–Schulen. Außer einer solchen auf Zugehörigkeit basierenden Vorstellung kann auch in Schulen eine universalistische Grundlegung im Rahmen der Menschenrechte erfolgen, wenn in der Schulphilosophie eine humanistische Gemeinsamkeit und die Geltung z.B. der Kinderrechte für alle betont wird.

Kulturelle Unterschiede werden in der Schule vielleicht in noch stärkerem Maße registriert und bewertet als in der Gesellschaft im Ganzen, da Schule eine monokulturelle Tradition zu wahren sucht, die der gesellschaftlichen Vielfalt in keiner Weise entspricht (vgl. z.B. Gogolin 1994). Die Anwesenheit von Kindern aus Zuwandererfamilien lässt sich in dieser Umgebung am leichtesten verkraften, wenn diese eine vergleichbare monokulturelle Zuordnung erhalten, so dass eine mehrkulturelle und mehrsprachige Schule durch das Mit- oder Nebeneinander von Kulturen charakterisiert wäre, wodurch die deutsche Kultur aufgrund ihrer Dominanz in ihrer prägenden Rolle für Lehrbücher und Unterrichtsinhalte weitgehend unangetastet bleiben könnte. In einem solchen Schulmodell wird unhinterfragt unterstellt, dass ein Kind durch seine Familie eine homogene kulturelle Zuordnung erhält, die auch dann noch "Türkisch" ist, wenn die Familie bereits seit vielen Jahren in der Bundesrepublik lebt, wobei zusätzlich unterstellt wird, dass "Türkisch" eine eindeutig homogene Zuschreibung sei. Zudem wird diese Zuschreibung aus deutscher Sicht getroffen, so dass eine "deutsche" Zuschreibung türkischer Kultur erfolgt. Es soll nicht bestritten werden, dass es Familien gibt, die diesem Muster entsprechen. Jedoch finden sich unter den zugewanderten Familien und ihren Kindern auch viele, die komplexere kulturelle Zugehörigkeiten entwickelt haben.

Auernheimer (1996, 51) verweist auf einen weiteren Zusammenhang hin: "*Kulturelle Differenzen stellen für Lehrer/innen ... ein uneingestandenes Problem dar*", wenn sie darin eine Selektion und eine Diskriminierung der Kinder sehen. Da sie nicht gelernt haben, Vielfalt und Verschiedenheit als positiv einzuordnen, tendieren sie notwendig dazu, Unterschiede zu leugnen (vgl. auch Auernheimer u.a. 1998). Auernheimer (1996, 52) fordert dementsprechend eine Ausbildung zu "*open-mindedness*", was einer Anerkennung des Rechts auf Anderssein entspricht. Kinder registrieren im Allgemeinen Unterschiede, sei es in Sprache, Aussehen oder Verhalten. Es sind aber Erwachsene, die daraus schließen, dass dieses Erkennen eine negative Bewertung bedeutet und Kinder oft durch ihre Reaktionen erst zu einer solchen Interpretation anleiten. Die Akzeptanz der Vielfalt unter der Bedingung der Chancengleichheit könnte letztlich für die pädagogischen Fragestellungen der Ausweg aus der Dichotomie zwischen universalistischer und kulturrelativistischer Sicht sein, da sie den Gleichheitsgedanken berücksichtigt bei Anerkennung von Differenz. Im Gegensatz zur Betonung von 'Kulturen' in kulturrelativistischen Konzepten ist das Differenzkonzept gerade in der Lage, den einzelnen in seinen komplexen kulturellen Zugehörigkeiten in den Mittelpunkt zu stellen (vgl. auch Kiesel 1995).

Universalistische und kulturrelativistische Konzepte haben auch Auswirkungen auf die Akzeptanz und Vertretung von Kindern aus Zuwandererfamilien gehabt: Beide garantieren zunächst eine gleichberechtigte Teilhabe, wenn auch unter unterschiedlichen Prämissen, da entweder die Gemeinsamkeit z.B. schulphilosophischer oder menschenrechtlicher

Grundlagen eine gleichwertige Erziehung und Bildung erfordert oder aber zwar eine Unterschiedlichkeit der Kulturen konstatiert wird, diese jedoch als gleichwertig gelten, woraus ebenfalls Chancengleichheit zu ziehen wäre. Allerdings lässt der kulturrelativistische Ansatz auch zu, dass zwar die Gleichwertigkeit konstatiert wird, aber daraus unterschiedliche Ansprüche abgeleitet werden können wie z.B. ethnische Schulen. Das Konzept der Chancengleichheit bedarf also sorgfältiger Überprüfung im Kontext mehrkultureller und mehrsprachiger Schulen, um im Spannungsfeld zwischen allgemeiner Teilhabe und besonderer Bedingungen (wie Sprachen) gewährleistet zu sein. Damit ist auch das Konstrukt der Ethnizität im schulischen Kontext durchaus von Relevanz und kann zu einem Streit der Zugehörigkeiten führen. Zugleich ist hiermit auch die Frage nach dem Recht ethnisch oder kulturell bestimmter oder sich bestimmender Gruppen auf eine je eigene Erziehung angesprochen, dem das Verlangen nach einer allgemeinen Erziehung im größeren Kontext der Gesellschaft ebenso gegenübersteht wie die Berücksichtigung der Belange des Individuums.

Eine wesentliche Fragestellung einer mehrkulturellen und mehrsprachigen Schule betrifft neben dem Konzept von Differenz und Gleichberechtigung das des Eigenen und Fremden, nach dem die Beschäftigung mit differenten Kulturen nur möglich ist auf Basis einer Beschäftigung mit der eigenen, die zugleich durch die Beschäftigung mit anderen vertieft werden kann (vgl. z.B. Nestvogel 1992). Auch eine solche Standortsuche und -bestimmung gewinnt im Kontext komplexer Zugehörigkeiten andere Schwerpunkte als unter der Annahme relativ homogener kultureller Zugehörigkeit, da nun das Eigene wie das Fremde in sich als vielfältig begriffen werden müssen. Dennoch liegt in dem dualen Konzept des Eigenen und des Fremden stets auch die Gefahr, das Trennende zu betonen und die Gemeinsamkeiten ebenso wie die vielfältigen, dynamischen und komplexen Zugehörigkeiten zugunsten einer schablonenhaften Zweiteilung zu vernachlässigen (vgl. auch Hu 1998).

Identitätsentwicklung gilt als Aufgabe schulischer Erziehung vor allem auch – jedoch nicht ausschließlich – des Unterrichtsfachs Deutsch (vgl. Krappmann 1980; Rumpf 1976). Ingendahl (1991, 60ff.) stellt die Verbindung von Identitätsentwicklung und Deutschunterricht über das Leitziel kommunikativer Kompetenz her. Auch Spinner (1980, 69) betont die Möglichkeiten eines kommunikationsorientierten Deutschunterrichts für die Aneignung sozialer und persönlicher Identität. Dies stellt eine mehrkulturelle und mehrsprachige Schule vor neue Aufgaben: Wie soll eine Identitätserziehung in einer bzw. für eine mehrkulturelle und mehrsprachige Gesellschaft aussehen? Sollen Schüler unterschiedlicher Herkunft eine voneinander verschiedene Identitätserziehung erhalten und wer sollte sie in diesem Fall gewährleisten? Führt dies nicht möglicherweise zu einer neuen Form von Separatismus, wie er partiell in Bildungseinrichtungen der USA zu beobachten ist? Oder muss nach einem neuen Konzept gesucht werden, das z.B. die Entwicklung einer multiplen Identität umsetzen könnte? (vgl. Luchtenberg 1998e). Hier wird der Versuch unternommen, auch Schule in die Pflicht zu nehmen, Schüler vielfältiger Herkunft in einer Weise zu erziehen, dass sie die Spannungen unterschiedlicher kultureller Werte und Normen zu verstehen und einzuordnen lernen, und zugleich sowohl Toleranz gegenüber Fremdem zu entwickeln wie auch kritische Distanz zu Menschenrechten widersprechenden gesellschaftspolitischen Konzepten einzunehmen lernen. Multiple oder multikulturelle Identität bedeutet die Akzeptanz einer mehrkulturellen und mehrsprachigen Gesellschaft und die Bereitschaft, ihre vielfältigen Erscheinungsformen zu verstehen und in ihr zu kommunizieren. Hierzu gehört auch der Umgang mit der von Nieke (1993, 1995) betonten ethnozentristischen Ausgangsposition. Es ist zugleich eine Absage an eine mono-kulturelle und nationalistische Verstehensweise von Gesellschaft. Wie Mitter (1994) betont, ist eine solche multiple oder multikulturelle Identität jedoch nur im Zusammenspiel mit einer Form von Kohäsion in der betreffenden Gesellschaft zu erreichen, die jedoch nach Oberndörfer (1996) – wie in Kapitel 1 dargestellt – republikanisch fundiert sein könnte. Radtke (1992, 93f.) sieht dagegen die Gefahr eines regressiven Multikulturalismus, da das Modell der mehrkulturellen und mehrsprachigen Gesellschaft ein "*autonomes Individuum voraus*setzt, *das gelernt hat, mit der Segmentierung und Fragmentierung seiner Identität zu leben und dabei noch Lust zu empfinden*", was gegenwärtig nicht erreicht sei. Zugleich betont er die Voraussetzung der rechtlichen Gleichstellung aller, um ein solches Modell zu erreichen, das insbesondere auch für die schulische Identitätserziehung eine Herausforderung darstellt. Schule und Erziehung wird eine sehr viel schwerere Aufgabe erteilt, als die üblichen Vorstellungen interkultureller Erziehung als Bereicherung oder Konfliktbewältigung zunächst nahelegen. Hamburger (1998, 145) erachtet es als notwendig, "*eine 'Moral der Beziehungen zwischen den verschiedenen Lebensformen und Identitäten' zu entwickeln.*"

Aufgaben und Anforderungen aus Sicht der übergeordneten Bildungsinstitutionen ändern sich zunächst nicht dadurch, dass eine Schule zur mehrkulturellen und mehrsprachigen Schule geworden ist, was inzwischen wohl als Normalfall in mehrsprachigen wie mehrkulturellen Gesellschaften – also auch der Bundesrepublik Deutschland – gelten kann.

Dagegen fordert interkulturelle Erziehung auch eine Veränderung curricularer Ansätze, organisatorischer Anlagen und inhaltlichen Selbstverständnisses (vgl. Hohmann 1989; Reich 1993 für einen Überblick). Obwohl erst in den siebziger Jahren in der Auseinandersetzung um Ausländerpädagogik und durch internationale Entwicklungen und daraus resultierender Diskussionen entstanden, finden sich unter dem Begriff der interkulturellen Erziehung inzwischen unterschiedliche Ansätze, die einerseits in begegnungs- und konfliktorientierte Ansätze unterschieden werden (vgl. Hohmann 1989), andererseits in universalistische und kulturrelativistische Ansätze dividiert werden (vgl. Prengel 1993), aber auch in migrationsorientierte, europäische oder globale Ansätze getrennt werden können (vgl. auch Allemann–Ghionda 1997; Auernheimer 1995; Hohmann 1989; Luchtenberg / Nieke 1994). Aus Sicht der hier anstehenden Frage der sprachlichen Interaktion in mehrsprachigen und mehrkulturellen Gesellschaften und Schulen sind sprachliche Aspekte interkultureller Erziehung besonders wichtig: Wie in Luchtenberg (1995) ausführlich dargestellt, sind in der deutschen interkulturellen Erziehung sprachliche Aspekte oft kulturellen untergeordnet bzw. werden als kulturelle diskutiert. Auch interkulturelle Erziehung beschäftigt sich mit interkultureller Kommunikation im Sinne der Anleitung zur Interaktion in der mehrsprachigen und mehrkulturellen Gesellschaft und Schule (vgl. Hohmann 1989, 16; Luchtenberg 1994, 1995c), was einerseits eine Frage sprachlicher Bildung ist, andererseits aber über Sprachlernen hinausgehende Kompetenzen zu vermitteln verlangt. Von Zwei- und Mehrsprachigkeit ausgehende interkulturelle Erziehung räumt dem sprachlichen Aspekt einen entsprechenden Stellenwert ein. Zu berücksichtigen ist jedoch auch die Kritik an interkultureller Erziehung, die vor allem zwei Mängel hervorhebt: Einerseits die fehlende oder zu geringe Berücksichtigung von Aspekten der Chancengleichheit bzw. Diskriminierung und andererseits die Zuschreibungspraxis des Essentialismus, der in der deutschen Diskussion nach Steiner–Khamsi (1996, 274f.) Alteritätsforschung entspricht (vgl. z.B. Bommes / Radtke 1993; Hamburger 1998; Steiner–Khamsi 1996). Alterität ist vor allem im Kontext interkultureller Kommunikation ein häufig verwandter Begriff, der allerdings stets einen Gegensatz aufbaut zwischen dem – vermeintlich? – Eigenem und dem so verstandenen Fremdem (vgl. Krusche 1998; Schlieben–Lange 1998). Wir verstehen im Folgenden unter interkultureller Erziehung die Vorbereitung aller auf eine durch Vielfalt geprägte Gesellschaft, was sowohl Maßnahmen zur Chancengleichheit beinhaltet wie auch die Verankerung interkultureller Erziehung in allen Schulen, also auch in solchen Regionen, in denen noch eine scheinbare Homogenität vorherrscht (vgl. auch die jüngste Empfehlung der KMK hierzu: Sekretariat 1996) .

Die Schule in der mehrsprachigen und mehrkulturellen Bundesrepublik ist im gleichen Maße – oder sogar mehr – geprägt durch Diversität wie die Gesellschaft, eine Diversität, die allerdings bislang noch ungleich verteilt überwiegend auf Seiten der Schülerschaft zu finden ist und weitaus weniger auf Seiten der Lehrerschaft. Die Vermutung einer höheren Bedeutung der Diversität für die Schule begründet sich in der Tatsache, dass in der Schule eine Reaktion hierauf unerlässlich ist. So fiel mit der zunehmenden Einschulung von Migrantenkindern, die lange Zeit als Gastarbeiterkinder und bis heute als Ausländerkinder bezeichnet wurden und werden, vor allem die fehlende oder geringe Kompetenz in Deutsch auf, deren Verbesserung zur wesentlichen Aufgabe wurde. Während interkulturelle Kommunikation zwischen Erwachsenen zunehmend zu einem relevanten Forschungsthema wurde, blieb für den schulischen Bereich in der Erziehungswissenschaft ebenso wie in der Germanistik Deutsch als Zweitsprache mit allen Implikationen wie zum Beispiel Sprachstandsdiagnostik, Alphabetisierung oder dem Verhältnis zwischen Erst- und Zweitsprache dominanter Untersuchungsgegenstand, so dass Untersuchungen zu interkultureller Kommunikation in der Schule eher die Ausnahme blieben. Auch aus linguistischer Sicht dominierte das Interesse an den Zweitspracherwerbsprozessen gegenüber kommunikativen Fragestellungen. Dagegen rückte in der Fremdsprachendidaktik interkulturelle Kommunikation in den Mittelpunkt und ersetzte weitgehend den Bereich der kommunikativen Kompetenz. In den letzten Jahren erst haben Untersuchungen zur Mehrsprachigkeitserziehung in Verbindung mit interkultureller Erziehung deutlich zugenommen, wodurch auch Fragen der interkulturellen Kommunikation in der Schule Relevanz erhalten haben.

3.2 Formen interkultureller Kommunikation in Schule und Unterricht

Schule ist geprägt durch Kommunikation unterschiedlicher Art: Gespräche zwischen Lehrenden und Lernenden ebenso wie Gespräche zwischen Lehrkräften einerseits und Schülern andererseits; Gespräche aber auch mit dem übrigen Personal an Schulen, mit Eltern, Aufsichtsbehörden und mit Außenstehenden. Gespräche, die unterschiedlichen Typen wie Unterrichtsgesprächen, Pausengesprächen, Kollegengesprächen, Schulkonferenzen, Schülergesprächen oder auch Dienstgesprächen zugeordnet werden können. Im Sprachunterricht können Gespräche zugleich Unterrichtsgespräch, Lernziel und Unterrichtsgegenstand sein. Kommunikation in der Schule findet demnach in einem breiten Rahmen statt, aber zugleich unterliegt schulische Kommunikation weitgehend festgelegten Regeln, die erlauben, Schulsprache als eine charakterisierbare Varietät zu beschreiben und von anderen abzugrenzen.

Was bedeutet dies für interkulturelle Kommunikation im schulischen Kontext? Hier gilt es zunächst, diese Kommunikationen genauer zu beschreiben. Dazu gehört zunächst eine Auflistung der unterschiedlichen Konstellationen:

1. Direkte Kommunikation
   (a) Schüler–Schüler
   (b) Lehrer–Schüler bzw. Schüler–Lehrer
   (c) Lehrer–Lehrer
   (d) Lehrer–Rektor bzw. Rektor–Lehrer
   (e) Lehrer–Eltern bzw. Eltern–Lehrer
   (f) Lehrer–Personal bzw. Personal–Lehrer
   (g) Schüler–Personal bzw. Personal–Schüler
2. Indirekte Kommunikation
   (a) Sichtbarkeit der Mehrsprachigkeit
   (b) Klassenbibliothek
   (c) Schulbücher und -materialien
   (d) Umgang mit Vielfalt
3. Lernziele
   (a) Fremdsprachenunterricht
   (b) Mehrsprachigkeitserziehung
   (c) Begegnungssprachenkonzept.

Diese Auflistung betrifft drei unterschiedliche Ebenen interkultureller Kommunikation in Schule und Unterricht, die jedoch für die postulierte interkulturelle Erziehung gleichermaßen bedeutsam sind. Nicht zu vergessen ist allerdings, dass interkulturelle Kommunikation in der Schule immer auch eine *institutionalisierte Kommunikation* ist, für die besondere Regeln in der Kommunikation gelten. Dies betrifft auch die äußeren Rahmenbedingungen, unter denen interkulturelle Kommunikation in der Schule sich vollzieht. Hier stellt sich als erstes die Frage nach dem *institutionellen* Umgang mit Mehrsprachigkeit und kultureller Vielfalt. Es ergibt sich sofort ein ungleichgewichtiges Bild, wenn man die Bildungseinrichtungen auf ihren Anteil biographisch–mehrsprachiger Teilnehmer

– also Menschen, die aufgrund ihrer Lebenssituation zweisprachig geworden sind – befragt, denn die mehrsprachigen Personen sind vor allem Schüler, Eltern und z.T. Personal wie etwa Putzfrauen, jedoch nur äußerst selten Lehrkräfte. Lehrkräfte für den sog. Muttersprachlichen Ergänzungsunterricht – also Unterricht in den Erstsprachen der Migrantenkinder – bilden eine Ausnahme, allerdings unterrichten sie nur einen Teil der Schüler. Vergleichbares gilt auch für die Hochschulen, wenn man nach Bildungsinländern fragt, die im wesentlichen als Studierende zu finden sind, aber nur wenig unter den Dozenten. Ungleichgewicht ergibt sich auch in Bezug auf die einzelnen Institutionen und ihren Anteil an interkultureller Kommunikation durch eine entsprechende Schülerschaft, denn Schüler nichtdeutscher Erstsprache sind nicht gleichmäßig in allen Schultypen zu finden, was zugleich auch Fragen der ungleichen Bildungsbeteiligung und damit der nicht gegebenen strukturellen Chancengleichheit aufwirft. So besuchten 1994 bundesweit nur 9.5% ein Gymnasium, 8,7% eine Realschule und 6,6% eine Gesamtschule (bzw. Freie Waldorfschule), dagegen jedoch 24,2% eine Hauptschule sowie 6,1% eine Sonderschule. Die Schule, in der statistisch gesehen der höchste Anteil interkultureller Kommunikation stattfindet, ist die Grundschule, die 41.4% aller aufgrund ihrer Staatsangehörigkeit erfassten Schüler nichtdeutscher Erstsprache besuchen (Sekretariat 1997). Diesen Angaben noch nicht zu entnehmen sind die häufigen Fälle von Rückstellungen bzw. Einweisungen in den Schulkindergarten bei Schulbeginn sowie der hohe Anteil an Klassenwiederholungen (vgl. z.B. Glumpler 1996; Lentz / Radtke 1994; Müller 1994). Interkulturelle Kommunikation in der Institution Schule unterliegt damit bereits einer Vorbelastung in mehrfacher Hinsicht:

- Kinder nichtdeutscher Erstsprache sind bis zu einem gewissen Grad durch die Zugehörigkeit einer nicht leistungsstarken Gruppe stigmatisiert
- Die Erwartungshaltungen der Lehrkräfte können durch die Vorerwartung geringerer Leistungen geprägt sein
- Die Erwartungshaltungen der Lehrkräfte können durch die Vorerwartung höherer Arbeitsbelastungen geprägt sein
- Die Erwartungshaltungen der Lehrkräfte können durch die Vorerwartung von Problemen geprägt sein
- Die Vorerwartungen der Kinder und ihrer Eltern können durch Misstrauen aufgrund ihrer Vorerfahrungen geprägt sein.

Als die ersten Kinder nichtdeutscher Erstsprache in den 60er Jahren eingeschult wurden, als also interkulturelle Kommunikation überhaupt erst Teil der schulischen Interaktion wurde, ergaben sich für Schulen und Lehrkräfte völlig neue Aufgaben, auf die sie nicht vorbereitet waren und mit denen sie über lange Zeit alleingelassen wurden, bis an den Hochschulen erste Konzepte entwickelt wurden. Diese ersten Interaktionen wurden auch noch nicht als interkulturelle Kommunikation bezeichnet. Damit ergibt sich eine historische Belastung, die dazu führen konnte, dass schulische interkulturelle Kommunikation für einen Teil der Lehrerschaft negativ besetzt ist. Schließlich ist noch ein weiterer Aspekt zu beachten: Aus schulischer Sicht galt *Homogenität* als wünschenswert und wurde – und wird – immer wieder durch verschiedene Maßnahmen der Klassen- und Kursneubildungen nach Alter, Geschlecht, Sprachstand oder Lernfähigkeit herbeigeführt. Die Diskussion um integrativen Unterricht behinderter und nichtbehinderter Kinder gehört außer der Diskussion um koedukativen Unterricht zu den wesentlichen Ansätzen der Veränderung (vgl. auch Prengel 1993, 1996). Homogenität äußert sich auch in der Sprache, so dass der deutschen Sprache als Schul- und Kommunikationssprache ebenso wie als Zielsprache besondere Bedeutung zukommt, während anderen Sprachen oft nur wenig Raum gelassen wurde und wird. Gogolin (1994) spricht in Anlehnung an die soziologische Diktion Bourdieus vom *monolingualen Habitus der multilingualen Schule.* Belege für die monolinguale Ausrichtung der Schule werden darin gesehen, dass Deutsch Kommunikations- und Unterrichtssprache ist. Aus unserer Sicht gilt es weniger, Deutsch als Schulsprache in Frage zu stellen, als vielmehr die Akzeptanz anderer Sprachen sicherzustellen, indem ihnen ein selbstverständliches Recht als Kommunikationssprache und partieller Unterrichtssprache zugestanden wird, wobei partielle Unterrichtssprache meint, dass ihr Gebrauch nicht diskriminiert, sondern in den Unterricht einbezogen wird, ohne dass ihre Sprachen von allen Schülern beherrscht werden müssten. Deutsch erhält dadurch eine dominante Stellung, was aus unserer Sicht der derzeitigen Lebensrealität entspricht. Eine Ausnahme der monolingualen Regel stellen der Fremdsprachenunterricht und neuerdings auch die bilingualen Klassen dar, in denen Sachfächer in der Fremdsprache unterrichtet werden. Es ist möglich, aber noch nicht eindeutig belegbar, dass die zunehmende Diskussion um europäische Mehrsprachigkeit ein Umdenken in Richtung Mehrsprachigkeit mit sich bringen wird.

Für die derzeitige Monolingualität spricht ferner die marginale Rolle der nichtdeutschen Sprachen im Schulalltag ebenso wie in der Sprachenpolitik, auch wenn hier ebenfalls einige Änderungstendenzen erkennbar sind wie etwa die Einrichtung eines Studiengangs Türkisch als Unterrichtsfach an der Universität GH Essen, in dem Türkisch als reguläres Unterrichtsfach mit anderen Fächern kombinierbar ist. Monolingualität als schulisches Selbstverständnis wird über Schulphilosophien, aber auch über Lehrkräfte weitergegeben, so dass zu fragen ist, ob Lehrkräfte ein solches monolinguales Selbstverständnis haben und wie sie dann mit der faktischen Mehrsprachigkeit der Schule umgehen.

Auf die Bitte, die sprachliche Situation in ihrer Klasse – es handelte sich um eine Hamburger Grundschule – zu beschreiben, geben drei Lehrerinnen folgende Einschätzungen (in Gogolin 1994, 219ff.):

> "1. Erstaunlich find ich, dass doch relativ viele ausländische Kinder dabei sind, die alle eigentlich, also vom Wortschatz, auch von der Grammatik her, eine, ich meine, eine meine ich schon recht ordentliche deutsche Sprache sprechen .... und – ich auf diese Problematik eigentlich nicht so viel Rücksicht nehmen muss, das heißt ich kann fast vorgehen wie in einer deutschen Klasse ...
>
> 2. .. und in unserer Klasse sind – ja – sechs türkische Kinder, und deswegen ist die Klassensituation sprachlich dadurch bestimmt, dass eben viel auch in Türkisch zum Beispiel passiert/ abläuft während des Unterrichts und auch in der Freizeitsituation sowieso – es auch von daher für die Kinder – also für die ausländischen Kinder es oft so ist, dass sie also auch mit anderen türkischen Kindern natürlich zusammensitzen. und das heißt, dass sie da auch – eben viel türkisch sprechen ... also das ist die einzige Sprache weil/ wir haben noch ein jugoslawisches Kind – das/die spricht natürlich deutsch – kann auch ganz gut deutsch sprechen
>
> 3. ... hat sich in dieser Klasse die Zusammensetzung verändert, der Anteil ausländischer Schüler ist zurückgegangen, der Anteil von Kindern auch aus Familien mit akademisch gebildeten Eltern ist größer geworden ... es ist in dieser Klasse ... viel leichter geworden, so Problemgespräche zu führen – also ihr Verhalten zu problematisieren, oder irgendwelche Pläne zu machen und ... also die Kinder können sich besser ausdrücken ..".

In Klasse 1 sind 21 Kinder, davon drei mit türkischem, zwei mit portugiesischem und je eins mit jugoslawischem, griechischem und ghanesischem Hintergrund. In Klasse 2 sind 13 von 18 Schülern nichtdeutscher Erstsprache, von denen 11 türkischer Herkunft sind und je ein Kind jugoslawischer und ghanesischer Herkunft. In Klasse 3 sind 18 Kinder, davon fünf türkische, zwei aus portugiesischen Familien und je eins mit iranischem und italienischem Hintergrund. Vor diesem Hintergrund ist festzuhalten, dass die Lehrkräfte die Fragestellung nach der sprachlichen Situation deutlich verengen, indem dass die erste ihn ausschließlich vom Deutschen her beantwortet, die zweite von der für sie dominanten türkischen Sprache her und die dritte vom sozialen Umfeld her, so dass keine von ihnen tatsächlich auf die vorhandene Mehrsprachigkeit eingeht (Gogolin 1994, 219ff. Vgl. auch Marburger / Helbig / Kienast 1997 zu Orientierungen Berliner Grundschullehrer).

Eine Untersuchung über niederländische Schulen von Kroon / Sturm (1995) kommt zu dem Ergebnis, dass es eine erzwungene Orientierung auf die Schulkultur gibt, weil anderenfalls Klassen unvorhersehbar und damit unkontrollierbar würden. Zugleich wird – ähnlich wie in der Hamburger Studie – konstatiert, dass ein partiell vorhandenes Bewusstsein von Pluralität von der "homogenisierenden Kraft der Institution Schule" überwältigt werden kann. Bemerkenswert ist zunächst, dass es an der untersuchten Schule ein ungeschriebenes Gesetz gibt, nach dem es den Schülern verboten ist, im Unterricht eine Herkunftssprache zu verwenden und zwar auch im Gespräch untereinander (Kroon / Sturm 1995, 70ff.). Es gibt hiervon allerdings Ausnahmen: Dazu gehören das Pausengespräch und die ersten Wochen eines neuen Schülers. Außerdem zeigt sich, dass im Unterricht gelegentlich Lieder in den Herkunftssprachen gesungen werden. In informellen Situationen wie z.B. Gratulationen zum Geburtstag u.ä. werden weitere Ausnahmen gemacht. Als Gründe werden angeführt, dass diese Schüler schnell niederländisch lernen sollen *und* dass die Lehrkräfte und Mitschüler sie nicht verstehen können, wenn sie ihre Erstsprache sprechen. Diese Situation und Einschätzung ist aus vielen deutschen Schulen ebenfalls belegt. So wurde beispielsweise in einer süddeutschen Grundschule noch Anfang der 80er Jahre vom Klassenlehrer ein 'Zehnerle' in ein Sparschwein einkassiert, wenn die Schüler eine nichtdeutsche Sprache verwandt hatten, wobei das Geld selbstverständlich wieder zugunsten der Schüler ausgegeben wurde, und die Maßnahme vom Lehrer als pädagogisch wie sprachdidaktisch begründet verstanden wurde. Es ist durchaus denkbar, dass die über einen langen Zeitraum für unverzichtbar erachtete strikte Einsprachigkeit des Fremdsprachenunterrichts hier ebenfalls eine Rolle spielt. Anders verhält es sich jedoch mit dem Argument des Nichtverstehens: Der Gebrauch der Erstsprache wird oft in Sprechsituationen kritisiert, an denen nur Kinder der betreffenden Sprache beteiligt sind, die aber von Lehrkräften und anderen Schülern mitgehört werden können. Gegen die Verwendung der Erstsprache können weder sprachdidaktische noch kommunikationsbezogene Argumente vorgebracht werden, wie auch aus dem folgenden Gesprächsausschnitt aus Kroon / Sturm (1995, 72ff.) deutlich wird (wir geben hier nur die deutsche Übersetzung von Kroon / Sturm wieder und verkürzen außerdem den Textausschnitt). Die Kinder sitzen in einem Morgenkreis zusammen und erzählen über ihre Wochenenderlebnisse. Der niederländische Junge Kees (K.) meldet sich und 'verpetzt' seine türkische Mitschülerin Canan (C.) bei der Lehrerin (L.). Einige Schüler (Sch.) beteiligen sich am Gespräch:

K: Fräulein, Canan hat gerade Türkisch geredet zu Ertügrül
.....
L.: Warum?
.....
C.: Ich sagte zu ihm auf türkisch, eh willst du mich gleich wählen
.....
L.: Da haben wir gestern, nein nicht gestern, sondern Freitag auch schon drüber geredet Canan
Sch.: Gestern
....
K.: Ja!
L.: Weisst du das noch?
K.: Kein Türkisch reden in der Klasse
C.: Ja
....
L.: Warum ist es nicht schön, nicht artig von dir?
C.: Dann können die anderen Kinder nicht verstehen, was ich sage
L.: Ja, denn Kees, der sitzt an deiner anderen Seite, und dann denkt Kees: Oh siehste! Sie sagt sicher etwas ganz Gemeines.
K.: Ja
L.: oder so. Und das erkläre ich dir jetzt schon seit dem ersten, zweiten, dritten, vierten Schuljahr, also fünf Jahre.
.....
L. : Finde ich wohl ein bisschen eigenartig, dass du das jetzt noch nicht weißt. Du?
C.: Nickt
....

Die Analyse dieses Gesprächsausschnitts hat ergeben, dass die Lehrerin das Türkischverbot über andere Regeln stellt, die ebenfalls gebrochen wurden: Petzverbot (Kees), unaufgefordertes Sprechen im Kreis (Kees), Geheimabsprachen über die Sprecherwahl (Canan), Flüstern in Gesellschaft (Canan). Kroon / Sturm (1995, 74) sehen hierin eine Bestätigung für die Aufrechterhaltung der Monolingualität um jeden Preis, die hier durch die Lehrerin geschieht, indem sie sofort den Gebrauch des Türkischen zur Rede stellt und dadurch "*...versucht sie die Monolingualität als selbstverständliche Ordnung des Unterrichts wiederherzustellen*". Dass es tatsächlich um die Einsprachigkeit und nicht um gegenseitiges Verstehen geht, ergibt sich auch daraus, dass in dieser

Klasse die Hälfte der Schüler türkisch spricht, so dass das Argument der Verständlichkeit bestenfalls nur zur Hälfte zutrifft. Dafür spricht auch, dass die Lehrerin nicht differenziert in der Auslegung der Regel zwischen eigentlichem Unterrichtsgespräch und Nebenkommunikationen im Unterricht, die grundsätzlich nicht für die gesamte Klasse gedacht sind (vgl. hierzu Baurmann / Cherubim / Rehbock 1981). Die Angst, nicht verstehen zu können, was in der eigenen Klasse – wenn auch in Nebenkommunikationen – oder in der Pause gesprochen wird, ist ein auch von Lehramtsstudierenden häufig geäußertes Argument gegen den Gebrauch anderer Sprachen. Es scheint, dass hier mehrere schulische 'Selbstverständlichkeiten' in Frage gestellt und deshalb abgewehrt werden: durch den Gebrauch anderer Sprachen wird einerseits die Monolingualität bedroht und andererseits die Lehrerrolle beeinträchtigt, da die Lehrkraft nun nicht mehr diejenige ist, die 'Bescheid weiß', sondern vielmehr zugeben muss, dass sie etwas nicht beherrscht, was einige ihrer Schüler sehr wohl können. Indem die niederländische Lehrerin diese Angst auch an die niederländischen Schüler weitergibt, verhindert sie zugleich die Entwicklung von Neugierde auf andere Sprachen im natürlichen Umfeld. Zusätzlich gibt sie interkultureller Kommunikation im Klassenzimmer eine eindeutig hierarchische Struktur, da nur die Sprache der niederländischen Mehrheit zugelassen wird. Der Umgang mit der vorhandenen Mehrsprachigkeit ist nicht nur relevant für interkulturelle Kommunikation, sondern auch für eine in jüngster Zeit vielfach diskutierte Mehrsprachigkeitserziehung (vgl. Luchtenberg 1992, 1995; Oomen-Welke 1991, 1992, 1995, 1996). Umso überraschender liest sich zunächst ein anderer Gesprächsausschnitt aus dem Unterricht der gleichen niederländischen Klasse in Kroon / Sturm (1995, 75f.). Es handelt sich um eine informelle Kreisepisode, in der der 9. Geburtstag von Kees mit Liedern und Beglückwünschungen gefeiert wird. Die Kinder übergeben ihm kleine Geschenke und Glückwunschkarten, so auch der türkischsprachige Davut, der ihm eine Zeichnung überreicht, neben die er einen türkischen Text geschrieben hat. Die Lehrerin stimmt dem Vorschlag der Kinder, den Text vorzulesen zu, und es beginnt folgendes Gespräch, an dem neben der Lehrerin (L.) die niederländischen Schüler Kees (K.) und Wim (W.) sowie die türkischen Schüler Canan (C.), Dara (D.), Davut (Da.), Hacer (H.) und Ünal (Ü.) sowie nicht näher bezeichnete Schüler (Sch.) teilnehmen (wir lassen auch hier die niederländischen Angaben fort und geben nur die deutsche Übersetzung von Kroon / Sturm wieder):

L.: Ah, lies mal vor, Kees
Da.: Fast ganz unten, unter neun
W.: Soll ich lesen?
K.: Ja, mach mal
W.: Ja, ich, eh, GARS GÜNI
C.: YAŞ GÜNÜN KUTLU OLSUN
Da.: YAŞ GÜNÜN KUTLU OLSUN
K.: Aha
L.: Aber weißt du, was das bedeutet?
Sch.: Ja, ja, herzlichen Glückwunsch, herzlichen Glückwunsch
K.: Herzlichen Glückwunsch zu deinem Geburtstag
L.: Na schau her! So, das ist klug!
Sch.: Hahaha, haha
D.: Er hat das geraten
H.: Sie kann wohl, eh, ein bisschen Türkisch
L.: Ja, klug nicht!
H.: Hhh
D.: Eigentlich kann er es nicht, aber er kann es wohl verstehen
L.: Ja, alle Achtung!
Ü.: Fräulein, ein Junge, ein Junge, er heißt Erol, er kann Türkisch, und er ist halb türkisch und halb niederländisch.

Die Lehrerin geht auf Ünals Bemerkung nicht ein, sondern spricht noch einmal Kees an:

L.: Ja, schön, nichtwahr! So kannst du den Text immer noch mal nachlesen, Kees.
K.: Ja, Türkisch, schön.

Überraschend ist zunächst, dass die Lehrerin dem Türkischen breiten Raum zugesteht und sogar die niederländischen Schüler zur Beschäftigung mit dieser Sprache auffordert. Da es sich hier um eine informelle Situation handelt, war das Verbot zum Gebrauch des Türkischen außer Kraft gesetzt: eine Zweiteilung von Sprachverwendung, die den niederländischen Schülern deutlich signalisiert, dass nur ihre Sprache zum 'richtigen' Unterricht taugt. Dies zeigt sich auch in dieser Klasse sehr deutlich, denn Kroon / Sturm (1995, 77) haben ebenfalls festgehalten, dass nur wenig später während des regulären Unterrichts in einer Arbeitsgruppe ein niederländischer Schüler wütend zu einem Mitschüler sagt: "*Warum sprichst du türkisch, Mann!?*". Die niederländischen Schüler haben diese Lektion über die Bedeutung von Sprachen also bereits sehr gut gelernt und bestehen auf der Einhaltung der Einsprachigkeit auch im interkulturellen Klassengespräch. In dem obigen Text sind es ausgerechnet die niederländischen Schüler, die sich mit dem türkischen Text beschäftigen dürfen und dafür sehr stark gelobt werden, obwohl der Leseversuch eher kläglich ist, während zwei türkische Schüler korrekt lesen, und die Übersetzung eine einfache Rate-Übung war, was die türkischen Schüler sehr wohl gemerkt haben, denn hier liegt ein Kulturem vor, das wohl nur einen Glückwunsch zum Geburtstag beinhalten konnte. Auf ihre Versuche, ihre Zweisprachigkeit – auch indirekt über den Bericht über Erol – ins Spiel zu bringen, wird jedoch nicht eingegangen. Kroon / Sturm (1995, 77) mutmaßen, dass die Lehrerin im Kontext der hohen Bedeutung von fremden Sprachen in den Niederlanden handelt und die niederländischen Kinder aufgrund einer – allerdings nur vorgetäuschten – erlernten Zweisprachigkeit lobt, während sie die erstsprachlichen Kenntnisse der Migrantenkinder abwertet, indem sie sie nicht als Teil von Zweisprachigkeit ansieht. Nun muss in dieser Situation sicher auch berücksichtigt werden, dass es sich um Kees' Geburtstag handelt, wodurch ihm eine besondere Rolle zukommt. Auch wenn wir die Anregung zur Sprachreflexion, die die Lehrerin gibt, positiver bewerten als Kroon / Sturm (1995, 78), bleibt doch kritisch zu betrachten, in welcher Form hier interkulturelle Kommunikation praktiziert wird, denn in diese werden die türkischen Kinder faktisch nicht mit einbezogen, obwohl ihre Sprache – ausnahmsweise – eine Rolle spielt. Die Ansätze mehrsprachiger Sprachreflexion bleiben auf einer sehr oberflächlichen Ebene, was aber auch dem Tatbestand zugeschrieben werden kann, dass die Situation nun die Beschäftigung mit Kees verlangte. Die Regel, im Unterricht strikte Einsprachigkeit auf Niederländisch zu bewahren, wird aber verhindern, was Oomen-Welke (1996) als systematisches Aufgreifen sprachreflektierender Beispiele vorschlägt.

Ein wesentlicher Teil schulischer Interaktion ist – vor allem im Frontalunterricht – durch Lehrerfragen und Schülerantworten ausgefüllt, was auch die institutionellen Besonderheiten der schulischen Kommunikation sehr gut verdeutlicht. So gibt es klare Regeln darüber, was Lehrkräfte und Schüler fragen dürfen und wie ihre Redebeiträge verteilt sind. Das Verteilungsmonopol, das zugleich Ausdruck von Macht ist, liegt eindeutig bei der Lehrkraft, die entscheidet, wer drankommt und für wie lange. Dies ist ebenso wie die Möglichkeit, etwas zu erfragen, was bekannt ist, eine deutliche Abweichung vom üblichen Gesprächsverhalten, an die Kinder sich beim Schulanfang gewöhnen müssen, soweit sie ihnen nicht schon aus dem Kindergarten bekannt ist, für den ähnliche Strukturen – wenn auch ohne Leistungsdruck – gelten (vgl. auch Redder 1983, 124f.)

Interkulturelle Kommunikation als Kommunikation zwischen Lehrkräften und Schülern findet weitgehend in diesen etablierten Routinen der Schüler–Lehrer–Kommunikation statt, in denen – wie die obigen Beispiele sehr deutlich gemacht haben – Lehrkräfte in ihrer gewohnten Sprachsituation bleiben und diese kaum verändern, obwohl die Schülerschaft neue sprachliche und kulturelle Vielfalt aufweist.

Aus einer süddeutschen Studie (vgl. Oomen–Welke 1993a) ergibt sich noch ein weiterer Aspekt interkultureller Kommunikation zwischen deutschen Lehrkräften und Schülern nichtdeutscher Erstsprachen: gerade viele türkische Schüler gaben ihre Deutschkenntnisse ebenso wie ihre schulischen Leistungen insgesamt als recht gut an, zum Teil sogar in expliziter Referenz auf Äußerungen ihrer Lehrkraft. Eine mögliche Erklärung finden diese Äußerungen in Rederitualen deutscher Lehrkräfte, die gewohnt sind, Redesequenzen mit "gut" abzuschließen, ohne das dies einer tatsächlichen Bewertung entspricht. Die deutschen Kinder wissen im Allgemeinen recht schnell um diese Diskrepanz und sehen in diesen Äußerungen keine Bewertung. Dies kann demnach als ein Beispiel für Missverständnisse in der interkulturellen Kommunikation zwischen deutschen Lehrkräften und Schülern nichtdeutscher Erstsprache gelten. Zu seiner Erklärung müssten sowohl die Sprachfähigkeiten der Kinder genauer untersucht werden wie auch der Frage nach Bewertungshandlungen im Verständnis dieser zweisprachigen Kinder nachgegangen werden. Dass die deutschsprachigen Kinder keine Probleme in der richtigen Einschätzung dieses Gebrauchs von "gut" haben, bedarf ebenfalls weiterer Untersuchungen, da es sich um eine schulische Sprechweise handelt, die im häuslichen Alltag seltener gebraucht wird, allerdings auch im Kindergarten nicht unüblich ist. Apeltauer (1985) hat gezeigt, dass Bewertungshandlungen als Teil der Lehrersprache von deutschen und türkischen Lehrkräften in Deutschland unterschiedlich gehandhabt werden, auch wenn zumindest im gestischen Bereich Veränderungen bei den türkischen Lehrkräften im Sinne von Mischgesten festgestellt wurden. Ähnliches wurde auch bei Schülern festgestellt (vgl. Rehbein 1981). Apeltauer (1985, 252f.) stellte nicht nur Unterschiede zwischen türkischen und deutschen Lehrkräften fest, sondern zudem erhebliche Irritationen bei den türkischen Schülern durch inkongruentes Verhalten deutscher Lehrkräfte. Hierzu gehört vor allem eine Kombination von "ja, aber" mit dem erhobenen Zeigefinger, eine Feststellung, die den von Oomen–Welke (1993a) berichteten Missverständnissen nahekommt. Es bleibt festzustellen, wie lange solche Missverständnisse lebendig bleiben.

Die interkulturellen Unterrichtsgespräche werden von Lehrkräften und Schülern unterschiedlich wahrgenommen, denn während die Lehrkräfte nicht selten gerade darum bemüht sind, Unterschiede in Ausdrucksform, Inhalten und Erwartungen zu übergehen oder doch auszugleichen, bedeutet dies für einen Teil der Kinder nichtdeutscher Erstsprache ein Übergehen ihrer Belange. In traditionellen Schulen mit traditionell lehrerzentriertem Fachunterricht werden sprachliche und kulturelle Unterschiede kaum wahrgenommen, da sich Schüler und Lehrer nur in ihrer formalen, durch die Institution festgelegten Schüler- und Lehrerrolle begegnen, die eine tatsächliche interkulturelle Kommunikation nicht zulässt (Auernheimer u.a. 1996, 236). Diese Annahme wird dadurch gestützt, dass in Grundschulen sehr viel mehr interkulturelles Lernen zu finden ist als in Sekundarschulen, denn Grundschulen sind nicht nur weniger homogen als weiterführende Schulen, sondern auch weniger am Fachunterricht orientiert. Die Fallstudien von Auernheimer u.a. (1996) lassen noch eine weitere Erklärung zu, warum Schulen sich schwer tun mit kultureller Differenz und damit auch mit einer offenen Form interkultureller Kommunikation: Schulen, die ihre Lehrkräfte für Migrantensprachen einbeziehen in den Schulalltag, übertragen diesen in nicht geringem Umfang auch die kulturelle Zuständigkeit, was zugleich der Homogenisierung entgegenkommt, da nun die fremdsprachigen und fremdkulturellen Fragen als Aufgaben 'abgegeben' werden. Dies entlastet die deutschen Lehrkräfte von einer Aufgabe, der sie sich nicht gewachsen fühlen, und die sie zudem in den oben diskutierten Konflikt zwischen Akzeptanz kultureller Differenzen und Gleichheit aller Schüler bringt.

Interkulturelle Kommunikation in der Schule umfasst auch die Kommunikation von Schülern unterschiedlicher Erstsprachen untereinander, wobei nicht notwendig deutsche Schüler beteiligt sein müssen. Kommunikationen zwischen Schülern verschiedener nichtdeutscher Erstsprachen finden im Allgemeinen auf Deutsch statt, das sie als eine ihnen gemeinsame Lingua Franca verwenden. Die Anwesenheit von Schülern mit vielen verschiedenen Erstsprachen unterstützt so den Wunsch der Lehrkräfte nach Einsprachigkeit, denn gleichsprachige Schüler benutzen in Pausen- und Nebenkommunikationen eher ihre Erstsprache untereinander. Andererseits ist bekannt, dass Geschwister untereinander gar nicht so selten in Deutsch kommunizieren. Ein weiteres Merkmal interkultureller Kommunikation in der Schule ist der Wechsel zwischen zwei Sprachen, den viele zweisprachige Kinder bereits auf der (text)linguistischen wie der pragmatischen Ebene sehr gut beherrschen wie etwa die Beispiele in Gogolin / Neumann (1997) belegen. Die Hamburger Studie einer mehrsprachigen Grundschule (Gogolin 1997, 23ff.) kommt zu dem Ergebnis, dass eine Art unausgesprochenes 'Arrangement' zwischen Schule und zweisprachigen Schülern besteht, nach dem die Erstsprache ihren Platz im 'nichtöffentlichen' Teil der Schulkommunikation hat, während schulöffentlich Deutsch unangefochten ist. Es wird demnach auf eine Provokation durch Mehrsprachigkeit im Unterricht verzichtet, was erreicht wird durch einen Verzicht der völligen Unterdrückung der Mehrsprachigkeit. Zum Teil wird diese Form 'diskreter Mehrsprachigkeit' von den Lehrkräften gar nicht wahrgenommen, da sie ihren Erwartungen der Einsprachigkeit widerspricht und zudem eben nur in Gruppenarbeiten oder als Nebenkommunikation stattfindet. Durch diese Sphärentrennung wird die Einsprachigkeit der deutschen Schule verfestigt, was allen Bemühungen um eine Mehrsprachigkeitserziehung für alle zuwiderläuft. Allerdings haben bereits frühere Untersuchungen ergeben, dass gerade Nebenkommunikationen – wenn sie hörerrollendistanziert sind, also einem Abschalten vom Unterricht gleichkommen – eine Entlastungsfunktion übernehmen, also eine Erholung von der Konzentration auf den Unterricht (Rehbock 1981, 56ff.). Es ist naheliegend, dass diese Funktion durch die Erstsprache verstärkt wird, sofern diese die dominante Sprache ist.

Für interkulturelle Kommunikation in der Schule spielt auch die Sitzordnung eine Rolle, die zugleich als von den Lehrkräften angeordnete Maßnahme Aufschluss über ihre Einschätzung geben kann. Kinder mit gleicher Erstsprache auseinanderzusetzen wird meistens damit motiviert, dass die Kinder dadurch daran gehindert werden, in ihrer Erstsprache zu sprechen und so dem angestrebtem Ziel besserer Deutschkenntnisse näherkommen. Manchmal soll damit auch deutschen Kindern eine Art Tutorenfunktion gegeben werden, wodurch die Schüler nichtdeutscher Erstsprache wiederum schneller Deutsch lernen sollen. Die interkulturelle Kommunikation zwischen Schülern wird dadurch lehrergelenkt. Aus Sicht interkultureller Kommunikation ist vor allem beim Klassengespräch z.B. im Kreis wie auch an gemischten Gruppentischen interessant zu sehen, welche Kinder von wem angesprochen werden. Nebenkommunikationen ebenso wie Interaktionsdichte zwischen Schülern im Rahmen des Unterrichts können Aufschluss darüber geben, welche Kinder angesprochen werden und ob Kontakte vermieden werden (vgl. auch Bachmair 1974, 79ff.). So konnten in einem ersten Schuljahr über einen mehrmonatigen Beobachtungszeitraum im Rahmen eines deutsch-englischen Projekts "Verhaltensmuster in multiethnischen Klassen (6+)" an der PH Schw. Gmünd und der Teesside Polytechnic 1980ff. (vgl. Coburn-Staege u.a. 1983) an 1-2 Tagen wöchentlich folgende Interaktionen festgestellt werden (die Klasse wurde von 30 Kindern besucht, darunter 11 türkische Kinder (A, B, C, D, E, F, G, H, I, K, L), 1 italienisches Mädchen (J) und ein Aussiedlerkind (M)): Im Deutschunterricht ergab sich folgende durchschnittliche Beteiligung pro Stunde: A, D, I, J, K wurden nicht aufgerufen; C, F, H einmal; E, G, und L zweimal und nur B dreimal, während kein deutsches Kind keinmal, aber mehrere sich zwischen vier- und sechsmal beteiligen konnten. Im Sachunterricht war das Ergebnis ähnlich: D und I keinmal; A, C, F, H, J und K einmal; E, G und L zweimal und nur B dreimal, wobei sich zeigt, dass die Beteiligung zwischen den Fächern gleichbleibt. Die Schülerin B wird im übrigen vom Lehrer als schlechte Lernerin, wenn auch fleißig und willig eingestuft. Sie war ein 'Sitzenbleiberkind' und daher etwas älter als die anderen Kinder. Der Aussiedlerjunge war sehr lebhaft bis störend, wodurch er häufiger vom Lehrer angesprochen wurde, zumal er wegen seiner Lebhaftigkeit direkt vor dem Lehrerpult saß – allein in einer Bank. Die Kinder saßen in vier jeweils ethnisch gemischten Gruppen, so dass Kontaktmöglichkeiten gegeben waren. In Interaktionen während des Unterrichts (selbständige Arbeitsphasen bzw. Nebenkommunikationen) ergaben sich 'häufige verbale Interaktionen' lediglich zwischen deutschen Kindern, 'gelegentliche verbale Interaktionen' bestanden zwischen A und B, C und D, E und F, G und H und seltene verbale Interaktionen zwischen G und I, J und K (verschiedene Nationalität) sowie zwischen A, B, E, F, G, H und L und einem jeweils benachbarten deutschen Kind. Zusätzlich fanden nonverbale Interaktionen zwischen C und D, J und K sowie F und ihrer deutschen Nachbarin statt. In den Pausen zeigte sich, dass die türkischen Mädchen eine relativ festgefügte Gruppe bildeten, die türkischen Jungen teilweise mit (türkischen) Jungen aus anderen Klassen oder untereinander spielten bzw. alleine blieben. Das italienische Mädchen war weitgehend isoliert in den Pausen. Untersuchungen wie diese können ersten Aufschluss über die Integration von Migrantenkindern geben und Hypothesen über das soziale Klima als Grundlage interkultureller Kommunikation zulassen. Bei der Behandlung einer Kindergeschichte über Ausländer gegen Ende des Schuljahrs traten in der Klasse bei den deutschen Kindern relativ deutlich ausländerablehnende Tendenzen zum Vorschein, was dem Schulklima entsprach, aber den Lehrer völlig überraschte (vgl. Luchtenberg 1985a). Soziales Klima, Sitzordnung und interkulturelle Kommunikation sind demnach in Schulklassen interdependent.

Die Kommunikation mit Eltern nichtdeutscher Herkunft gilt vielen Lehrkräften als besonders schwierig, weil die gewohnten Sprach- und Verhaltensmuster nicht immer greifen oder weil Eltern sich oft der Kommunikation entziehen. Vor allem mit den üblichen Elternabenden gibt es viele negative Erfahrungen, so dass zu arbeitsintensiven Mitteln gegriffen werden muss: übersetzte Briefe, Dolmetscher, Hausbesuche. Insbesondere Hausbesuche sind für deutsche Lehrkräfte mit einer Reihe von Problemen versehen, die von den je eigenen Ritualen wie z.B. Schuhe ausziehen über das Problem des geeigneten Ansprechpartners (Vater oder Mutter; geschlechtsspezifische Aspekte; Übersetzer) bis zum Rechtsschutz reichen. Auf Seiten der Eltern werden verschiedene Gründe für ihre eher zurückhaltende Einstellung genannt, die oft interkulturelle Kommunikation zwischen Eltern und Lehrern wenn nicht verhindert, so doch stark einschränkt (vgl. Dietrich 1997):

- Schwellenangst vor der Schule, die oft durch institutionelle Vorerfahrungen mitgeprägt ist
- Bedenken wegen geringer Deutschkompetenzen
- Ablehnung der deutschen Schule wegen
  - schlechter Erfahrungen (z.B. mit älteren Kindern)
  - Angst vor Assimilation
  - Unverständnis deutscher Bildungsvorstellungen
  - fester Rückkehrabsichten.

Nicht selten sind es auch die Erziehungsformen, die die interkulturelle Kommunikation zwischen Eltern und Lehrkräften behindern. Bekannt ist vor allem der Vorwurf, in der deutschen Schule werde zu viel gespielt und nicht genug ernsthaft gelernt, aber auch Fragen der Materialbeschaffung oder Erziehungsstile können eine Rolle spielen. Was beide Seiten als problematisch erfahren, ist die Tatsache, dass die Bildungserwartungen vieler Eltern oft nicht den Realitäten des gegliederten deutschen Schulsystems entsprechen. Die Bildungserwartungen vieler nichtdeutscher Eltern sind aus Sicht deutscher Lehrkräfte entweder zu hoch oder nicht vorhanden bzw. auf das Herkunftsland ausgerichtet. Die deutsche Schule hat jedoch keine Antworten parat, die auf diese 'Abweichungen' eine passende Reaktion darstellen würden. Ein besonders sensibles Gebiet der interkulturellen Eltern–Lehrer–Kommunikation stellen die Gespräche über eine mögliche Sonderschulüberprüfung oder gar –überweisung dar. Ein ebenso heikles Gebiet in der interkulturellen – i.a. deutsch–türkischen – Lehrer–Eltern–Kommunikation sind Schwimmunterricht und Klassenausflüge für Mädchen. Auernheimer u.a. (1996, 125) konstatieren, dass "*die Fremdheit – und damit verbunden die Unsicherheit – gegenüber den ausländischen Eltern .. sich .. an verschiedenen Punkten des Schullebens bemerkbar*" macht. Zieht man die unterschiedlichen Zugehörigkeiten der einzelnen Gesprächsteilnehmer in Betracht, können durchaus auch Kommunikationen zwischen türkischen Eltern und deutschen Lehrkräften ausschließlich durch die Eltern- und Lehrerrolle bestimmt sein und nicht durch die unterschiedlichen sprachlich-ethnischen Zugehörigkeiten. Die jeweilige Dominanz in solchen Gesprächen erweist sich erst in der Konkretisierung. Nicht jedes dieser Gespräche ist damit eine interkulturelle Kommunikation.

Auch auf der Lehrerebene gibt es interkulturelle Kommunikationen, über die allerdings vergleichsweise wenig Untersuchungen vorliegen. Dies mag damit zu tun haben, dass nichtdeutsche Lehrkräfte bislang nur selten als *gleichberechtigte* Mitglieder der Lehrerkollegien anzutreffen sind, ganz abgesehen von der für viele Lehrkräfte noch nicht nachvollziehbaren Vorstellung eines Direktors spanischer oder arabischer Herkunft. Die Präsenz in den Lehrerkollegien als gleichberechtigte Kollegen wird sich zunehmend dadurch ändern, dass die Sprachen der Migrantenkinder zu regulären Fächern werden wie dies bereits jetzt in einigen Gymnasien für die zweite oder dritte Fremdsprache gilt. Außerdem werden zunehmend Angehörige der zweiten oder dritten Migrantengeneration den Lehrerberuf ergreifen. Diese Tendenz lässt sich auch an nichtschulischen Bildungseinrichtungen wie Kindergärten oder Kindertagesstätten bereits ablesen. Bislang sind die meisten Lehrkräfte nichtdeutscher Herkunft Lehrkräfte für den Muttersprachlichen Ergänzungsunterricht oder – wie vor allem noch in Bayern – in Sonderbeschulungsformen wie vor allem dem allerdings auslaufenden Typus der sog. zweisprachigen Klassen, in denen die Schüler zunächst vorwiegend in ihrer Herkunftssprache unterrichtet werden und dann zunehmend in deutscher Sprache (vgl. zum Muttersprachlichen Ergänzungsunterricht Boecker / Thürmann 1991 sowie Reich / Hinz de Albertiis 1998). Kommunikationen zwischen Lehrern für den Muttersprachlichen Ergänzungsunterricht und den deutschen Lehrkräften finden zum Teil schon aus organisatorischen Gründen nur in eingeschränkter Form statt, denn Lehrer für den Muttersprachlichen Ergänzungsunterricht arbeiten oft an mehreren Schulen und vielfach auch am Nachmittag, so dass regelmäßige Kontakte im Lehrerzimmer eher selten sind. Dies mag zu erklären helfen, warum deutsche Lehrkräfte nicht immer wissen, was die Inhalte des Muttersprachlichen Ergänzungsunterrichts ausmachen. Dies gilt partiell auch für die Lehrkräfte unterschiedlicher Erstsprachen, deren Kommunikation untereinander ebenfalls eine interkulturelle ist, die oft in der Drittsprache Deutsch stattfindet. Eine kürzliche Fallstudienuntersuchung (Auernheimer u.a. 1996) zeigt die komplexe Situation, in der sich nichtdeutsche Lehrkräfte oft befinden, was sich wiederum auf die Kommunikationen an der deutschen Schule auswirkt: In einer Schule, in der die türkischen Lehrkräfte ins Lehrerkollegium integriert sind, verstehen sie sich als "Anwälte der türkischen Schüler" z.B. auch bei Konferenzen, was dazu führt, dass sie das "*Interpretationsmodell für alles, was mit der kulturellen Herkunft der türkischen Kinder und Jugendlichen zusammenhing, besaßen*". Damit ergibt sich eine neue Form von Segregation, indem nun die deutschen Lehrkräfte keine grundsätzliche Veranlassung zur Veränderung curricularer oder unterrichtlicher Vorgaben mehr haben, während Förder- und Hilfsprogramme weiterhin von ihnen unterstützt werden. Diese Form der Segregation durch Arbeitsteilung wird auch durch eigene Fachräume für den Muttersprachlichen Ergänzungsunterricht verstärkt, wenn nur in diesen Räumen Materialien und Bilder aus den Herkunftsländern bzw. der ethnischen *Community* anzutreffen sind. Hier zeigt sich auch, wie sorgfältig die Phänomene interpretiert werden müssen, denn grundsätzlich ist die Ausgestaltung eines Fachraums weder ungewöhnlich noch abzulehnen. Im Falle des Muttersprachlichen Ergänzungsunterrichts kann sie jedoch – bei fehlender Berücksichtigung von Mehrsprachigkeit und Mehrkulturalität im sonstigen Unterricht – ein Beispiel für Segregation und fehlende interkulturelle Kommunikation sein, während dies durch die Nutzung regulärer Unterrichtsräume verhindert wird, die dann aber oft kaum Raum zur fachspezifischen Ausgestaltung lassen. Der Muttersprachliche Ergänzungsunterricht trägt an vielen Schulen dazu bei, die sprachliche Vielfalt einzuengen in eine deutsch–türkische Zweisprachigkeit, da die anderen Sprachen häufiger nur an Schwerpunktschulen und nachmittags unterrichtet werden, so dass sie noch weniger als Türkisch ins Gewicht fallen und von den übrigen Schülern und Lehrern wahrgenommen werden (vgl. auch Ivo 1994, 9ff. zur Bezeichnung im Rahmen der Fächerterminologie). Für die interkulturelle Lehrer–Lehrer–Kommunikation ist die pädagogisch–fachliche gegenseitige Akzeptanz von großer Bedeutung, die nicht immer gegeben ist. Vor allem gegenüber den Rotationslehrkräften, die nur für einige Jahre in Deutschland unterrichten, wird seitens der deutschen Lehrkräfte oft Skepsis geäußert (vgl. auch Marburger u.a. 1998 für interkulturelle Pädagogenteams).

Für die meisten schulischen Kommunikationssituationen gilt damit, dass keine oder nur eine eingeschränkte gleichgewichtige Kommunikation stattfindet. Dem entspricht der Umgang mit der Mehrsprachigkeit, die weitgehend in Randpositionen gedrängt wird. Marburger u.a. (1998, 120ff.) verweisen auf mehrere Probleme sprachbedingter interkultureller Kommunikation in (außerschulischen) Pädagogenteams: Deutsch ist zum einen unhinterfragte Kommunikationssprache und damit Bringschuld der Pädagogen nichtdeutscher Erstsprache. Zugleich werden jedoch Schwierigkeiten im Deutschen nicht offen angesprochen, da dies als rassistisch gilt. Darüberhinaus wird auch eine Verbindung von (mangelnder) Deutschkompetenz und beruflicher Kompetenz hergestellt, während umgekehrt "*Mehrheitsangehörige ... nicht auf die Idee* [kommen], *an ihrer beruflichen Qualifikation in der Arbeit mit Minderheiten zu zweifeln, nur weil sie deren Sprache nicht sprechen*" Marburger u.a. (1998, 128).

Die Tendenz zur Einsprachigkeit setzt sich auch in der indirekten schulischen Kommunikation fort, die sich nach der obigen Auflistung vor allem in der Sichtbarkeit der Mehrsprachigkeit, der Klassenbibliothek, in Schulbüchern und -materialien sowie dem Umgang mit Vielfalt dokumentiert. Für die interkulturelle Kommunikation in der Schule ist die Sichtbarkeit von Mehrsprachigkeit eine Voraussetzung, um überhaupt das Bewusstsein für Differenz und Vielfalt zu schaffen, auf deren Basis dann die Beteiligten eine solche interkulturelle Kommunikation aufbauen können. Das Wissen um Mehrsprachigkeit führt – bzw. kann führen – zu einer erhöhten Sensibilität für soziokulturelle Unterschiede im Sprechen und Verhalten, die auftreten *können*, aber natürlich nicht auftreten müssen. Es stellt sich also die Frage, wo sich in Schulen Mehrsprachigkeit zeigt bzw. zeigen könnte, die nicht an die Sprecher gebunden ist und demnach bei einem Schulbesuch am Nachmittag "sichtbar" werden müsste, wenn die Schüler nicht mehr anwesend sind (vgl. auch Luchtenberg 1995). 'Sichtbare' Mehrsprachigkeit kann überall dort gesucht werden, wo in einer Schule Sprache in schriftlicher Form anzutreffen ist. Hierzu gehören:

- Beschriftungen, die i.a. einsprachig deutsch sind, aber auch in den in der Schule gesprochenen Sprachen angebracht werden können:
  - Schilder am Rektorat, Sekretariat, Lehrerzimmer etc.
  - Informationstafeln und Wegweiser
  - Informationshinweise in der Klasse wie z.B. Tafeldienst, Pflanzendienst etc.
- Ausstellungsbeschriftungen im Schulgebäude
- Klassenmappen, Wandbilder, etc. in den Klassen
- Übersichten im Schulgebäude und / oder den Klassen, welche Sprachen hier gesprochen werden
- Anregungen zur Beschäftigung mit anderen Sprachen oder Schriften.

Ein weiteres Indiz für die Sichtbarmachung von Mehrsprachigkeit sind die Schul- und Klassenbibliotheken. Hier stellen sich viele Fragen:

- Gibt es Bücher in den Sprachen, die in der Klasse oder Schule gesprochen werden?
- Gibt es Bücher in anderen Schriften?
- Gibt es Migrantenliteratur?
- Gibt es Kinder- und Jugendbücher aus den Herkunftsländern in der Originalsprache oder in deutscher Übersetzung?
- Gibt es Kinder- und Jugendbücher, die sich mit Migration, Mehrsprachigkeit und Mehrkulturalität befassen?
- Gibt es Medien – Zeitschriften, Videos, Kassetten – in den in der Schule oder Klasse gesprochenen Sprachen?
- Gibt es zweisprachige Wörterbücher?
- Gibt es altersgemäße Sachbücher zu den Sprachen und den Herkunftsländern?

Es gibt durchaus Schulen, in denen eine solche indirekte interkulturelle Kommunikation üblich ist (vgl. Luchtenberg 1998 für ein Beispiel aus Australien). Während diese Beispiele in der unmittelbaren Verantwortung der Schulen und Lehrkräfte liegen, verhält es sich mit Schulbüchern anders. Lehrkräfte sind auf die Produktionen der Verlage angewiesen, können nur die in ihrem Bundesland zugelassenen Bücher verwenden, und ein zu häufiger Wechsel von Schulbüchern ist schon aus Kostengründen nicht möglich. Schulbücher stellen dennoch einen nicht unbedeutenden Anteil an indirekter interkultureller Kommunikation dar und zwar in allen Fächern, auch wenn die unten aufgeführten Punkte unterschiedliche Relevanz haben. Es sind vor allem vier Punkte, die – neben den Inhalten, auf die wir hier nicht weiter eingehen wollen – Aufschluss geben können über die Rolle indirekter interkultureller Kommunikation, die das betreffende Schulbuch einnimmt:

1. Bezeichnung und zugewiesene Rolle der nichtdeutschen Schüler:

    - Fragt Eure ausländischen Mitschüler, ...
    - Unsere ausländischen Mitschüler und wir ...
    - Wer in Eurer Klasse spricht noch eine andere Sprache als Deutsch?

2. Namen:

    - Gibt es nichtdeutsche Namen bei den im Buch dargestellten Personen?
    - Welche Personen tragen diese Namen? Sind sie nach dem Gießkannenprinzip vergeben oder nach inhaltlichen Gesichtspunkten?

3. Verwendung anderer Sprachen
    - Sprachen der Personen werden im Original gebracht
    - Sprachen der Personen werden genannt
    - Original und Übersetzung
    - Textteile sind in anderen Schriften entsprechend den Sprachen der Personen
    - Medien in anderen Sprachen / Schriften werden wiedergegeben
4. Das Thema Zwei- und / oder Mehrsprachigkeit wird angesprochen
    - Thema: Schwierigkeit, eine fremde Sprache zu lernen
    - Thema: Schwierigkeit, eine fremde Sprache im Zielsprachenland zu lernen
    - Thema: Was heißt es, zweisprachig zu sein?
    - Thema: Missverständnisse in der Kommunikation.

Die ausschließliche und unkommentierte Verwendung von Lehrbüchern, die nach dem "Sie und Wir"-Prinzip verfahren und damit eine Sprache der Exklusion verwenden, kann nicht ohne Auswirkung auf die interkulturelle Kommunikation vor allem zwischen Lehrkräften und Schülern sowie zwischen Schülern deutscher und nichtdeutscher Erstsprache bleiben, sondern erzeugt oder festigt eine Gruppenidentität, die nicht nur ethnischer Zuschreibungspraxis nahekommt, sondern zudem auch durch hierarchische Strukturen gekennzeichnet ist. Zum Teil ist sie vergleichbar mit dem oben diskutierten Ansatz 'des Eigenen und des Fremden'. Nur in der dritten Formulierung, die sich erst selten in Schulbüchern findet – *Wer in Eurer Klasse spricht noch eine andere Sprache als Deutsch?* – wird von einer Klassengemeinschaft ausgegangen, während die übrigen eine deutliche Zweiteilung suggerieren, in der aber nur die deutschen Schüler angesprochen werden und demzufolge als die maßgeblichen erscheinen. Deutsch bleibt zwar auch in dieser Formulierung noch Ausgangspunkt, aber die sprachliche Vielfalt wird positiv einbezogen. Insofern scheint dieser Punkt der gravierendste unter den oben zusammengestellten für schulische interkulturelle Kommunikation zu sein, zumal die übrigen wesentlich einfacher durch den Unterricht kompensiert werden können. Nun ließe sich argumentieren, dass diese Dichotomie grundlegendes Prinzip interkultureller Kommunikation sei, die ohne die Teilung in die einen und die anderen gar nicht stattfinden könne. Hier muss jedoch die Frage nach den Rollen im "Sie und Wir"-Prinzip gestellt werden, die sehr schnell Ungleichgewichtigkeiten aufdeckt. In Unterrichtswerken und -materialien insgesamt dominiert bislang die trennende Form der Formulierung. Eine Ausnahme stellt das Unterrichtsmaterial *Das sind wir* (Anne Frank Haus 1995) dar, das von der Anne

Frank-Stiftung entwickelt wurde, und bereits im Titel sein Programm darlegt: "*Besonders Gemeinsamkeiten betonen zwischen Kindern, ohne die Unterschiede zu ignorieren*" (Anne Frank Haus 1995, 11). Dies gilt auch für Kommunikation, denn "*die Komplexität und Einmaligkeit von Individuen und die Art und Weise, wie sie miteinander kommunizieren*" zu beachten, gehört zu den pädagogischen Zielen (Anne Frank Haus 1995, 11). Der kritische Umgang mit dem "Sie und Wir"-Prinzip ist auch deshalb geboten, weil diese Form der Trennung in zwei ungleiche Gruppen in den Medien, aber auch in der Politik häufig verwandt wird. Schüler, die mit dieser Sprache der Exklusion bereits in der Schule vertraut werden, stehen solcher Sprachverwendung möglicherweise weniger kritisch gegenüber als solche, die sie nicht kennengelernt haben oder aber bereits in der Schule Kritikfähigkeit dagegen erworben haben. Wie Ahlzweig (1994, 1997) zeigt, kann die "Sie und Wir"-Abgrenzung auch in der nationalstaatlichen Ideologie von Muttersprache und Vaterland nachgewiesen werden, was ihre schulische Verankerung umso bedenklicher macht.

Sowohl die Sichtbarmachung der Mehrsprachigkeit wie auch die Schulbuchanalyse betreffen den Umgang mit Vielfalt, der weit über Fragen der interkulturellen Kommunikation hinausgeht, aber diese auch einschließt. 'Vielfalt' weist zudem über sprachliche Aspekte hinaus, aber trotz der in vielen Untersuchungen konstatierten monolingualen Prägung der deutschen Schule hat sich gezeigt, dass der Zugang zur Akzeptanz von Vielfalt über Sprachen leichter zu finden ist als über kulturell-normative Differenzen, wie sie sich beispielsweise in der Kopftuch-Diskussion zeigen (vgl. auch Auernheimer u.a. 1998). Es gibt derzeitig drei Bereiche in der deutschen Schule, in der interkulturelle Kommunikation bzw. Mehrsprachigkeit explizit eine Rolle spielen:

1. Fremdsprachenunterricht
2. Mehrsprachigkeitserziehung
3. Begegnungssprachenkonzept.

Hiervon zeichnet sich der Fremdsprachenunterricht durch seine Etablierung aus, während das Begegnungssprachenkonzept in NRW sich gegen in anderen Bundesländern favorisierte Konzepte eines früh beginnenden Fremdsprachenunterrichts abgrenzen muss (vgl. Doyé 1993 für einen Überblick). Mehrsprachigkeitserziehung ist im Gegensatz zu Fremdsprachenunterricht *und* Begegnungssprachenkonzept ein Konzept, das bislang noch nirgendwo verankert ist, aber – vor allem in Verbindung mit *Language Awareness* in besonderem Maße geeignet scheint, der schulischen Mehrsprachigkeit und interkultureller Kommunikation Rechnung zu tragen und sie zu fördern.

Im Fremdsprachenunterricht gab es in den 70er Jahren einen Paradigmenwechsel hin zur Kommunikativen Kompetenz. Dies implizierte zum Teil sehr universalistische Vorstellungen, indem dass Sprechakte wie Grüßen, Reklamieren etc. nicht oder kaum auf ihre sprachkulturellen Unterschiede hin befragt wurden. Die neueren Entwicklungen im Fremdsprachenunterricht betreffen zwar interkulturelle Fragestellungen, allerdings in erster Linie im Sinne der Ersetzung einer herkömmlichen Landeskunde durch interkulturelle Inhalte, was keine direkte Fortführung von kommunikativer Kompetenz zu interkultureller kommunikativer Kompetenz bedeutet, sondern eine Abkehr von der Bedeutung der Kommunikation hin zu interkulturellem Lernen, ohne dass zunächst klare Konturen zu erkennen wären (vgl. House 1997). Sicher ist jedoch, dass interkulturelles Lernen ebenso wie interkulturelle Kommunikation im Fremdsprachenunterricht nach außen gerichtet ist und damit vor allem der Vorbereitung auf interkulturelle Begegnungen *im Ausland* dient (vgl. zur kritischen Diskussion eines interkulturellen Fremdsprachenunterrichts De Florio-Hansen 1994 und interkulturellen Lernens im Fremdprachenunterricht Edmondson / House 1998).

Das Begegnungssprachenkonzept aus Nordrhein–Westfalen ist in erster Linie auf interkulturelle Kommunikation in der Binnenperspektive ausgerichtet, denn Zielsprachen, mit denen sich der Unterricht befassen soll, sind diejenigen, denen Kinder *in ihrer Umgebung begegnen.* Dies sollten in erster Linie die in der Nachbarschaft gesprochenen Sprachen der zugewanderten Familien sein, so dass interkulturelle Kommunikation in der Bundesrepublik als Teil des Alltags bewusst wird. Eine Zwischenposition ergibt sich durch die Einbeziehung der Grenzsprachen Niederländisch oder Französisch, denn an der Grenze mischt sich die Binnen- mit der Außenperspektive (vgl. auch Pelz 1988, 1992 zum Konzept 'Lerne die Sprache des Nachbarn'). Das Begegnungssprachenkonzept berücksichtigt auch Sprachen von Partnergemeinden im europäischen Ausland, zu denen eine andere – engere – Beziehung besteht als zum übrigen Ausland. Durch Besuche in diesen Gemeinden und Besuch von dort mischen sich auch hier partiell die beiden Perspektiven interkultureller Kommunikation. Englisch wird realistischerweise auch als Sprache der Medien, der Musik, der Computer etc. und als europäische Verkehrssprache angesehen und daher in vielen Grundschulen als Begegnungssprache gewählt. Zu einem gewissen Grad mischen sich hierbei mediale und interpersonale Begegnung. Anstelle einer konkreten Sprache entscheiden sich einige Schulen auch für eine "*Language Awareness*–

Konzeption", in der es darum geht, Kinder für Zwei- und Mehrsprachigkeit zu sensibilisieren, Sprachreflexion und Metakommunikation zu üben und sprachliche Vielfalt fächerübergreifend zu erfahren (vgl. Goll 1991; Hammelrath 1991; Thürmann 1991, 29). Sprachreflexion spielt im Begegnungssprachenkonzept eine wesentliche Rolle, auch wenn sich die Schule für eine der Begegnungssprachen entschieden hat (Thürmann / Otten 1992). Das Begegnungssprachenkonzept ist damit durch drei Besonderheiten charakterisierbar: Neben sprachliches Lernen tritt gleichwertig interkulturelles Lernen, und in beiden Aspekten ist *Language Awareness* vertreten (vgl. auch den Erlass des Kultusministeriums 1992). Aus dieser Perspektive bietet das Begegnungssprachenkonzept eine ungewöhnliche Kombination wesentlicher Elemente interkultureller Kommunikation und stellt eine Möglichkeit dar, Kompetenzen in interkultureller Kommunikation zu erwerben (vgl. unser Kapitel 6): Die Kinder kommunizieren in einem interkulturellen Kontext, über den sie auch nachzudenken lernen. Sie erfahren die Besonderheiten der Kommunikation, in der die Gesprächspartner unterschiedliche Sprachen als Erstsprachen sprechen und einer von ihnen die gewählte Kommunikationssprache nicht vollständig beherrscht. Sie lernen, über Sprache und Kommunikation – und damit auch über Missverstehen – zu sprechen. Diese Lernerfahrungen machen sie im Allgemeinen in einem mehrsprachigen Kontext in ihrer vertrauten Umgebung: Dies kann dazu führen, dass sie bereits im Grundschulalter verstehen lernen, dass Formen interkulturellen Kommunizierens sehr unterschiedlich sein können, je nachdem, wer beteiligt ist und um welche Sprachen und Sprechszenarien es geht. Sie lernen aber zugleich auch zumindest implizit, dass sich Vertrautes und Fremdes mischen kann und nicht jede 'interkulturelle Gesprächssituation' sich von anderen unterscheidet, in denen die Gesprächspartner die gleiche Sprache als Erstsprache sprechen. Insbesondere in Klassen, in denen jeweils mehrere Kinder verschiedene Sprachen sprechen, werden sie zudem in der Kommunikation und der Reflexion hierüber erfahren, dass sich die Erfahrungen mit dem einen Gesprächspartner nicht oder nur selten vollständig auf Gesprächssituationen mit einem anderen Gesprächspartner der gleichen Erstsprache übertragen lassen, da auch hier Diversität in der Gruppe wie auch individuelle Verschiedenheiten nicht ungewöhnlich sind. Das Begegnungssprachenkonzept ist demzufolge geeignet, die ohnehin auf Grund ihrer Zusammensetzung in den meisten Grundschulklassen übliche interkulturelle Kommunikation zu einem – positiven – Lernerlebnis für die Kinder werden zu lassen. Dies ist allerdings vor allem dann möglich, wenn tatsächlich eine der Klassen- oder Nachbarschaftssprachen gewählt wird. Insbesondere in den Klassen, in denen Englisch oder Französisch als Begegnungssprache gewählt wurde, ist der Anteil von *Language Awareness* oft zugunsten eines spielerischen, aber meist einsprachigen Sprachunterrichts rückläufig, so dass weniger über Kommunizieren nachgedacht wird. Nun ließen sich die *Language Awareness*-Anteile ebenso wie die des interkulturellen Lernens durchaus in allen Fächern der Grundschule umsetzen, so dass es möglich würde, sich nicht nur mit Sprachen zu beschäftigen, sondern auch eine Sprache zu lernen, ohne dass die sprachreflektorischen und interkulturellen Möglichkeiten verloren gehen (vgl. auch Luchtenberg 1996 zu einer kritischen Auseinandersetzung mit dem Begegnungssprachenkonzept).

Sprachreflexion der Art, wie sie im Begegnungssprachenkonzept vorgesehen ist, steht in großer Nähe zu dem Mehrsprachigkeitskonzept, das sich zwar vor allem dem Deutschunterricht verpflichtet weiß, aber übertragbar auch in andere Fächer ist. Oomen-Welke (1998) unterscheidet drei Stufen: Zulassen, Herbeiholen und Systematisieren. 'Zulassen' betrifft eine andere, oben behandelte Ebene: den Umgang der Lehrkräfte mit der Verwendung nichtdeutscher Sprachen, aber auch spontane Bemerkungen von Kindern nichtdeutscher Erstsprache zu sprachlichen Phänomenen, wie beispielsweise ein gerade behandeltes Wort in ihrer Sprache heißt oder dass die gleiche Lautfolge wie ein im Deutschen behandeltes Wort in ihrer Sprache etwas ganz anderes bedeutet. Damit praktizieren die Kinder *Language Awareness*, indem dass sie über Sprache bzw. Sprachen nachdenken. Genau dieses Nachdenken über Sprachen kann auch von der Lehrkraft herbeigeführt werden, auch in Anlehnung an Spontanäußerungen der Kinder, die dann in einer späteren Unterrichtseinheit aufgegriffen werden. Dieses Aufgreifen kann auch in einer etwas systematischeren Form – auch als Unterrichtseinheit – erfolgen. Mehrsprachigkeitserziehung steht grundsätzlich unter dem Anspruch, alle in einer Klasse vorhandenen Sprachen – auch die erlernten – einzubeziehen, während das Begegnungssprachenkonzept auch die Beschränkung auf eine Sprache vorsieht. Allerdings haben Unterrichtsumsetzungen gezeigt, dass es dann doch möglich ist, die übrigen Sprachen im Sinne von *Language Awareness* einzubeziehen: Wenn also englische Sprichwörter gelernt wurden, so können die Schüler mit einer nichtdeutschen Erstsprache aufgefordert werden, Beispiele aus ihren Erstsprachen zu benennen. Weder Mehrsprachigkeitserziehung noch *Language Awareness* sind Sprachunterricht, aber sie beinhalten die Möglichkeit, die Schüler die sie umgebende Mehrsprachigkeit als spannend und für sie wichtig erfahren zu lassen, interkulturelle Kommunikation nicht nur zu praktizieren, sondern auch zu reflektieren und durch Sprachvergleich über Sprachen zu lernen. Dies entspricht durchaus auch den Zielen des Begegnungssprachenkonzepts, das insgesamt sehr viel mehr einem Sprachunterricht nahekommt als die beiden anderen Konzepte. *Language Awareness* und Mehrsprachigkeitserziehung sind in den gesamten Unterricht integriert, so dass durchaus noch Freiraum zum Erlernen einer Sprache bleibt.

Interkulturelle Kommunikation findet in den meisten Klassen und Schulen statt, auch wenn sich längst nicht immer alle Lehrkräfte darüber im Klaren sind, da interkulturelle Kommunikation einerseits in den pädagogischen Konzepten des Umgangs mit Vielfalt nicht im Vordergrund steht und andererseits eine Bewusstmachung von Vielfalt den Klassen erfordert. Dennoch zeigt sich, dass es mit Mehrsprachigkeitserziehung und *Language Awareness* Konzeptionen gibt, die die sprachliche Vielfalt in den Klassen zum Ausgangspunkt für Beschäftigung mit Sprachen und Kommunikation nehmen.

3.3 Die Varietät Schulsprache aus Sicht mehrsprachiger Schulen

Da schulisches Handeln in großem Maße immer auch sprachliches Handeln – unter Einbeziehung nonverbaler und soziokultureller Sprachformen – ist, hat die Varietät der Schulsprache für Erziehungswissenschaftler ebenso wie für Sprachwissenschaftler Relevanz und ist in beiden Disziplinen ein Forschungsgegenstand. In beiden Disziplinen wiederum sind es unterschiedliche Fragestellungen, die bearbeitet werden wie auch unterschiedliche Methoden, die angewandt werden: Auf der einen Seite finden wir linguistische Analysen, in der Unterricht als eine Interaktionssituation betrachtet wird, (vgl. z.B. Henne / Rehbock 1979, 241ff.; Lörscher 1983; Ramge 1980; Sinclair / Coulthard 1977) und auf der anderen Seite stehen pädagogische Fragestellungen schulischer Interaktion (vgl. z.B. Ulich 1976). Hinzu kommen didaktische Anliegen wie beispielsweise die Verbesserung des Fremdsprachenlernens (vgl. insgesamt hierzu auch die Analysen in Ehlich / Rehbein 1976 sowie Redder 1983). Ferner finden sich ethnomethodologische und ethnographische Ansätze zur Untersuchung der Unterrichtssprache (vgl. z.B. Brünner 1987; Ehlich / Rehbein 1983; Green / Wallat 1981; Reuter 1982; Trueba u.a. 1981; vgl. auch Chaudron 1988; Merkens 1974 zu einem Überblick über Forschungsmethoden). Unterrichtssprache – oder genauer schulische Kommunikation – erweist sich sowohl als eigenständiges Arbeitsgebiet wie auch als Spezifizierung von Problemstellungen aus anderen Bereichen (vgl. auch Lenzen 1985 zur Frage einer Theorie unterrichtlicher Kommunikation). So zeigen etwa Ehlich / Rehbein (1986), wie die aus der

Interaktionsanalyse bekannten Handlungsmuster in der Interpretation schulischer Kommunikation Anwendung finden können. Untersuchungen zur Unterrichtssprache sind ebenso wie Fragen schulischer Kommunikation zunächst im Kontext einer homogenen, einsprachig deutschen Schule angesiedelt gewesen, auch wenn Fragen der Bedeutung unterschiedlicher Schichtzugehörigkeit und damit verbundener Sprechweisen und soziokultureller Deutungsmuster oder Dialektsprecher und damit verbundene kommunikative Verhaltensweisen ebenso wie (schul)sprachliche Schwierigkeiten Teil der Untersuchungsgegenstände waren (und noch sind). Dennoch implizieren Untersuchungen zur schulischen Kommunikation trotz dieser Einbeziehung innerdeutscher sprachlicher und kultureller Varianten eine weitgehend kulturell und sprachlich als homogen verstandene Schule (und ihr Umfeld) als Ort der Kommunikation. Für die heutige *mehrsprachige und mehrkulturelle* Schule stellt sich daher nicht nur die Notwendigkeit, die Interaktionen als interkulturelle Kommunikation zu interpretieren, sondern auch vorhandene Untersuchungsansätze zur Varietät der Unterrichtssprache ebenso wie der Pädagogik sprachlichen Handelns auf die mehrsprachige und mehrkulturelle Schule zu erweitern.

Sprachliche Interaktion in der Schule ist für Pädagogik und Linguistik gleichermaßen kein neues Thema. Vielmehr sind in beiden Disziplinen wie auch in interdisziplinären Ansätzen seit langem Untersuchungen bekannt, die die Rolle von Sprache im Unterrichtsgeschehen analysieren. Dabei steht das unmittelbare Unterrichtsgeschehen weitgehend im Mittelpunkt, was vor allem aus pädagogischer Sicht auch ermöglicht, Unterrichtsforschung durch solche Untersuchungen zur Sprache im Unterricht zu untermauern, etwa was Lehrerverhalten oder auch Schülerleistungen anbetrifft. Wir wollen in diesem Abschnitt einen kurzen Überblick über die Fragestellungen der Unterrichtssprachforschung geben und zu den einzelnen Aspekten jeweils Fragen aus Sicht einer mehrsprachigen und mehrkulturellen Schule stellen – eine Fragestellung, die in den meisten Untersuchungen zur Unterrichtssprache keine Rolle spielt. Ein Grund hierfür liegt darin, dass wesentliche Untersuchungen zur Unterrichtssprache in den siebziger Jahren stattfanden, also zu einem Zeitpunkt, als in der Bundesrepublik Deutschland die Präsenz von Kindern aus Zuwandererfamilien gerade erst zur Kenntnis genommen wurde. Hiermit ist ein zweiter Grund verbunden: Sprachverhalten – auch im Unterricht – von Kindern aus Zuwandererfamilien – wurde über lange Zeit als ein Spezialfall angesehen, der im Rahmen von ausländerpädagogischen Untersuchungen relevant sein mochte, aber für Untersuchungen zu Schule und Unterrichtssprache im Allgemeinen nicht als relevant aufgegriffen wurde. Die sprachwissenschaftlichen Untersuchungen zum Spracherwerb von Migrantenkindern machen auf einen anderen Umstand aufmerksam: Solche Untersuchungen zur Spracherwerbsforschung erfolgten im Hinblick auf Migranten, nicht jedoch aus Sicht einer mehrsprachigen und mehrkulturellen Gesellschaft oder Schule. Diese Sichtweise erfordert vielmehr, die Veränderungen für die gesamte Schülerpopulation einzubeziehen wie es beispielsweise in einem interaktionstheoretischen Ansatz möglich ist, der sowohl die Institution und ihre Regeln wie die Interaktionspartner in ihrer jeweiligen Vielfalt berücksichtigt. Hierdurch erfährt aber Unterrichtskommunikation eine Erweiterung zur interkulturellen Unterrichtskommunikation. Zugleich lassen sich auch gruppenspezifische und individuelle Aspekte der schulischen Kommunikation erfassen.

Die meisten linguistischen Untersuchungen zur Unterrichtssprache gehen von einem (pragma-)linguistischen- oder unterrichtsbezogenen Ansatz aus und berücksichtigen die Frage nach Unterrichtssprache als einer Varietät nur am Rande. Nabrings (1981, 127ff.) bespricht Unterrichtssprache unter den altersspezifischen Varietäten als Teil der diastratischen Ebene und geht infolgedessen vorwiegend auf die Schülersprache ein, die sie sowohl als Jugendsprache wie auch als Kommunikationsverhalten im Unterricht (vor allem in Nebenkommunikationen) kennzeichnet, während die "Lehr- und Lernsprache" nur unter didaktischen Gesichtspunkten angesprochen wird. Die zahlreichen Beschreibungen von Unterrichtssprache berechtigen jedoch trotz ihrer zum Teil stark differierenden Ausrichtung und Erhebungsform zu der Annahme, dass es sich bei der Unterrichtssprache sowohl als Lehrer- wie auch als Schülersprache um eine eigene Varietät handelt, die sowohl lexikalische und syntaktische Besonderheiten wie auch eigene pragmatische Regeln aufweist. Aufgrund ihrer institutionellen Bedingungen ist sie in Teilbereichen anderen in asymmetrischen Kommunikationsverhältnissen vorhandenen Varietäten verwandt wie z.B. der Arztsprache im Patientengespräch soweit der Part der Lehrkräfte betroffen ist. Der Varietätencharakter lässt sich auch daran festmachen, dass die Regeln ausschließlich in den Unterrichtssituationen Anwendung finden können, während sie in anderen Gesprächssituationen - z.B. auch bei Hausbesuchen von Lehrkräften - nur noch bedingt als richtig gelten. Rumpf (1976, 15f.) geht davon aus, dass beim Eintritt in die Schule für die Schüler "*zwei Sprachen aufeinanderprallen*", von denen die eine institutionell vorgegeben und daher von den Kindern erworben werden muss. Nach Priesemann (1971, 39) wird die Varietät Unterrichtssprache, die er zwischen Alltags- und Wissenschaftssprache ansiedelt, auf Basis der zuvor erworbenen erstsprachlichen Alltagssprache erlernt und im Laufe des Schullebens - d.h.

von der Grundschule bis zum Abitur bzw. anderen Schulabschlüssen - ständig erweitert und ausgebaut. Dies gilt für alle Kinder – unabhängig von ihrer Erstsprache, würde aber für Kinder nichtdeutscher Erstsprache eine zusätzliche Hürde bedeuten, da sie überwiegend bei Schuleintritt ihre Erstsprache besser sprechen als Deutsch und zudem im Deutschen noch kein ausreichendes Varietätenbewusstsein entwickelt haben. Sofern sie Muttersprachlichen Ergänzungsunterricht besuchen, werden sie zusätzlich mit der Varietät Unterrichtssprache in ihrer Erstsprache konfrontiert. Dies vertieft die Annahme, dass zur Entwicklung bilingualer Sprachbeherrschung auch die Kenntnis und Differenzierung von Varietäten eine wesentliche Rolle spielt (vgl. Luchtenberg 1988).

Sprache ist im Unterricht sowohl Instrument und Medium wie auch in vielen Fällen Unterrichtsgegenstand und zwar nicht nur in den Sprachfächern, sondern – beispielsweise durch die Vermittlung der jeweiligen Fachsprache – auch in Sachfächern. Entfaltung – bzw. Hemmung – kommunikativer Kompetenzen der Schüler steht auch in Zusammenhang mit Lehrstilen, d.h., es wird eine Beziehung zwischen der Lehrersprache, dem Lehrstil und den Sprachlernmöglichkeiten hergestellt, da die Lehrstile die Kommunikation mitbestimmen (vgl. hierzu Roeder / Schümer 1976, 19). Dies ergibt für mehrsprachige und mehrkulturelle Klassen nicht nur die Frage nach den Auswirkungen von Lehrstilen auf Kinder unterschiedlicher Herkunft und ihre bisherigen Sozialisationserfahrungen, sondern unmittelbar auch die Frage nach Unterschieden in der Kommunikationsrezeption und ihre Auswirkungen auf das Unterrichtsgeschehen und den Lernerfolg. Interkulturelle Kommunikation, wie sie in der Schule in dem Moment praktiziert wird, in dem eine deutsche Lehrkraft eine mehrsprachige und mehrkulturelle Klasse unterrichtet, betrifft demnach sowohl das Unterrichtsgespräch im weiteren Sinne wie auch Teile des Unterrichtsgeschehens. Beispiele hierfür sind Bewertungsäußerungen und Aufgabenstellungen (vgl. die oben diskutierten Beispiele in Oomen–Welke 1993a).

Institution | Ungleiche Partner

Unterrichtssprache

Standardnorm | Mehrfunktional

Drei Aspekte spielen in Untersuchungen zur Unterrichtssprache vor allem eine Rolle: Art und Einfluss der Lehrersprache, schulische Kommunikation aus Schülersicht sowie die Bedeutung der Besonderheiten der Institution Schule für die Unterrichtssprache. Zur Beschreibung der Varietät Unterrichts- bzw. Schulsprache sind mehrere Charakteristika zu nennen, die sie zwar teilweise mit anderen Varietäten teilt, aber deren Zusammentreffen das Spezifische dieser Varietät ausmachen, wie die obige Skizze zeigt.

Die Teilnehmer an Interaktionen in der Unterrichts- oder Schulsprache sind klar definiert und umfassen im engeren Sinne nur Lehrkräfte und Schüler. In bestimmten Situationen wie Elternsprechtag können auch Interaktionen zwischen Lehrkräften und Eltern stattfinden. Sowohl Lehrkräfte wie Schüler haben auch Interaktionen mit dem übrigen Personal an der Schule, jedoch in weitaus weniger klar definierten Kontexten. Da das Putzpersonal in vielen Schulen aus Zuwandererfamilien stammt, ergeben sich hier Situationen interkultureller Kommunikation, die deutlich von den pädagogisch veranlassten abweichen und eher der interkulturellen Kommunikation am Arbeitsplatz in Firmen und Büros gleichen. Die Gesprächsteilnehmer an Unterrichtsgesprächen unterscheiden sich durch ihr Alter mit Ausnahme weniger schulischer Einrichtungen des zweiten Bildungsweges, in dem Schüler nicht notwendig jünger als ihre Lehrer sind. Sie sind hierarchisch unterschieden mit weitgehend festgelegten Möglichkeiten für beide Gruppen. Die hierzu geltenden Regeln werden in der Institution Schule selbst weitgehend indirekt vermittelt. Die Gruppe der Lehrenden ist i.a. durch die erfolgte gleichartige Ausbildung und dadurch erreichte professionelle Schicht homogener als die der Schüler, während innerhalb der beiden Gruppen Altersunterschiede gegeben sind, die im Lehrerkollegium größer sein können. Zwar gilt für die deutschen Lehrerkollegien zur Zeit noch eine hohe nationale, kulturelle und sprachliche Homogenität, die in anerkannten Einwanderungsländern bereits deutlich durchbrochen ist durch Lehrkräfte, die selbst Zuwanderer oder Kinder von Zuwanderern sind, doch hat auch in deutschen Lehrerzimmern die Anwesenheit von Lehrkräften für den Muttersprachlichen Ergänzungsunterricht erste Ansätze interkultureller Kommunikation im Lehrerzimmer ergeben, wenn auch mit den oben dargestellten organisatorischen Einschränkungen. Bislang ist hierbei weitgehend auch noch die oben erläuterte hierarchische Komponente nicht ohne Bedeutung, denn die Erstsprachenlehrkräfte sind entweder Konsulatslehrkräfte, d.h., sie wurden vom Herkunftsland ausgewählt und bleiben nur für einen Zeitraum von i.a. fünf Jahren, oder sie sind zwar von der jeweiligen Kultusbehörde eingestellt, aber aufgrund ihrer fachlichen Einschränkung nicht gleichberechtigt. Dies ist je nach Bundesland verschieden: Konsulatslehrkräfte in Baden–Württemberg, Berlin, Bremen, Hamburg, Saarland und Schleswig–Holstein; Lehrkräfte in der Verantwortung der Schulverwaltung in Bayern, Niedersachsen, Nordrhein–Westfalen und Rheinland–Pfalz. Es kommen auch Mischformen vor. In den neuen Bundesländern gibt es noch keine Regelungen (vgl. auch Reich 1998). In beiden Fällen wird die Kommunikation – zumindest in pädagogischen Themen – dadurch erschwert, dass deutsche Lehrkräfte oft ein negatives Bild über die pädagogischen Fähigkeiten und Einstellungen ihrer nichtdeutschen Kollegen entwickelt haben. Über diese Form interkultureller Kommunikation gibt es bislang kaum Untersuchungen, obwohl hier wichtige Erkenntnisse zur Lehrersprache zu gewinnen wären. Die zunehmende Etablierung von nichtdeutschen Lehrkräften in gleichberechtigten Positionen wie beispielsweise im Fachunterricht Herkunftssprache anstelle einer anderen Fremdsprache, aber auch im Begegnungssprachenunterricht in Nordrhein-Westfalen könnte ebenso zu raschen Veränderungen führen wie der angestrebte europäische Lehreraustausch, durch den sich zudem die Binnen- und Außenperspektive interkultureller Kommunikation in der Schule mischt. Unterrichtssprache kann als multifunktional bezeichnet werden, da sie sowohl im eigentlichen Unterrichtsgeschehen verwendet wird wie auch in sozialen Gesprächskontakten in der Schule, allerdings nicht oder nur äußerst selten unter Schülern. Dagegen kann sie in ihrer Variante für Lehrkräfte auch als Fachsprache gelten. Genau hier ist ihre Verwendung in der interkulturellen Kommunikation mit Lehrkräften aus anderen Ländern wieder von Interesse. Im Rahmen der europäischen Entwicklung wird sich interkulturelle Kommunikation am Arbeitsplatz mit Lehrkräften des Muttersprachlichen Ergänzungsunterrichts, also mit überwiegend als weniger qualifiziert eingestuften Lehrkräften, zunehmend mischen mit interkulturellen Kommunikationen mit Lehrkräften aus EU-Ländern, die ihre Sprache, aber im Rahmen der bilingualen Züge oft auch ein Sachfach, unterrichten werden. Hieraus ergibt sich, dass Hierarchie und fachliche Einschätzung eine nicht geringe Rolle in schulischer interkultureller Kommunikation in der Lehrersprache spielen. Gerade die Mischungen könnten aber auch zu einer partiellen Aufhebung der Hierarchisierung führen.

Die Unterrichtssprache entspricht im angestrebten Idealfall in ihrer grammatisch-lexikalischen wie phonetischen Gestalt der Standardsprache weitgehend. Dies gilt vor allem als normative Anforderung zunächst für die Lehrkräfte, von denen es an die Schüler weitergegeben wird. Je nach Region und Schulstufe kann die Unterrichtssprache auch regional bis dialektal geprägt sein, und zwar bei Schülern wie bei Lehrkräften. Dies hat auch Auswirkungen auf interkulturelle Kommunikation, die immer dann nicht mehr als solche eingestuft wird, wenn die Kinder nichtdeutscher Herkunft den Dialekt der Region sprechen. Die Lehreräußerungen hierzu lauten dann oft: "*XY spricht sogar Dialekt*", was gleichgesetzt wird mit: Er / sie ist völlig integriert. Hierdurch wird die

Interaktion oft erleichtert, da gegenüber diesen Kindern keine ethnisch-kulturellen Erwartungshaltungen aufgebaut werden. Allerdings sind die Lehrkräfte in den Fällen, in denen der Schüler über andere kulturelle Normen verfügt, was sich in Kleidung, Essen, geschlechtsspezifischem Verhalten oder Bilingualität äußern kann, gerade bei Dialektsprechern nichtdeutscher Erstsprache nicht selten verunsichert, da sie keine 'abweichenden Merkmale' erwartet hatten, was zum Teil gravierende Auswirkungen auf die interkulturelle Kommunikation und schulische Entwicklung haben kann.

Es stellt sich die Frage, inwieweit sich die Unterrichtssprache Deutsch durch die hohe Anzahl von Schülern anderer Erstsprachen verändert. Auswirkungen auf die Unterrichtssprache könnten sein:

- Veränderungen in der grammatisch-lexikalischen Ausgestaltung wie Vereinfachungen
- Veränderungen im Sprechstil (langsamere Sprechweisen wie sie aus dem Fremdsprachenunterricht geläufig sind (vgl. z.B. Rost 1987)
- Veränderungen und Erweiterungen im Kommunikationsverhalten
- Erweiterungen durch andere Sprachen (in unterschiedlichem Ausmaß)
- Entstehen von Varianten.

Die ersten drei Punkte können als – meist temporäre – Hilfestellung gegenüber Schülern gewertet werden, für die Deutsch Zweitsprache ist (vgl. hierzu schon 1983 Hegele / Pommerin). Sie gehören damit letztlich zu einem Unterricht, in dem davon ausgegangen wird, dass in mehrsprachigen Klassen jeder Unterricht aus Sicht eines Teils der Schüler immer auch Unterricht in Deutsch als Zweitsprache ist. Dagegen kommt der Gebrauch anderer Sprachen – vor allem der Schülersprachen – Forderungen bilingualer Erziehung entgegen, auch wenn nur in sehr geringem Ausmaß. Die Entstehung von Varianten ist nicht zu erwarten, da die Institution Schule dies kaum zulässt. Auch sind bislang keine schulischen Bildungen von Sprachvarianten des Deutschen bekannt, die spontan gemeinsam von Migranten und Deutschen entwickelt worden wären. Solche Entwicklungen sind jedoch aus der Musikszene bekannt, wo sie als Stilmittel in gemischten Gruppen eingesetzt werden.

Die Untersuchung von Sprachverwendung ist vom Gesichtspunkt schulischen Geschehens aus eine sehr eingeschränkte, da Schule und Unterricht ein sehr viel breiteres Spektrum umfassen. Auch Unterrichtssprache stellt aus dieser schulpädagogischen Sicht lediglich einen Teilbereich der Unterrichtsforschung dar. Andererseits betonen Ehlich /

Rehbein (1983a, 8) mit Recht, dass die Institution Schule durch Kommunikation bestimmt ist (vgl. auch Ehlich / Rehbein 1986, 165ff.). Unterrichtssprachforschung als Teil von Unterrichtsforschung ist Teil einer pädagogischen Handlungswissenschaft, in der der Lehr-Lern-Prozess Ausgangspunkt und Systematisierungsgrundlage ist (z.B. in Lehrer–Schüler–Rollen, in Unterrichtsgegenständen, in Lehr / Lernzielen etc.). Inwieweit die in der Bildungsinstitution Schule ebenfalls wichtigen sozialen Handlungen berücksichtigt werden, ist unterschiedlich (vgl. Heinze 1976, 9, der die Unvermitteltheit von Beziehungs- und Inhaltsaspekten des Unterrichts beklagt). Wenn die Beschränkung auf Unterrichtssprache nur einen Teilaspekt des gesamten Unterrichts- oder gar Schulgeschehens umfasst, so ist hier eine weitere Reduktion involviert (vgl. Ehlich / Rehbein 1976, 48): Die Untersuchung von Sprachverwendung in der Schule und Unterrichtssprache wird oft auf das eigentliche Unterrichtsgeschehen eingeschränkt, wodurch ein nicht unbeträchtlicher Teil an Kommunikation, der zwar in der Klasse bzw. Schule, aber nicht als Unterricht stattfindet, vernachlässigt wird. Eine Ausnahme bilden Untersuchungen zur sogenannten "Nebenkommunikation", d.h. Schüleräußerungen außerhalb oder parallel zum offiziellen Unterrichtsgeschehen (vgl. z.B. Baurmann / Cherubim / Rehbock 1981), deren Wert auch darin gesehen wird, dass Schüler Unterrichtsinhalte in ihrem Sinne verarbeiten können (Baurmann 1981, 30; Rehbock 1981). Während also die Schüler-Schüler-Kommunikation als Teil des sprachlichen Geschehens in der Institution Schule ins Blickfeld gerückt ist, was auch teilweise ihrer unterrichtspraktischen Bedeutung wie Störungen des Unterrichtsverlaufs – das sind Nebenkommunikationen oft aus Lehrersicht (vgl. auch Schön 1980) – zu verdanken sein mag, sind Lehrer- Lehrer-Gespräche bislang kaum als Teil der schulischen Interaktion berücksichtigt worden, obwohl sie zweifellos als berufliche Fachsprache wie auch als berufsspezifisches Register von Interesse sind und eher der Varietät Unterrichtssprache zuzuzählen sind als Schülergespräche über die neueste CD ihrer Lieblingsband (vgl. auch Reinert / Zinnecker 1978 zur Schülerkommunikation in den Pausen). Solche Aspekte berücksichtigt z.B. Heath (1978), die die Lehrersprache als Register untersucht oder Hargreaves (1976, 234ff.) mit Ansätzen zur Untersuchung von Interaktionen im Lehrerzimmer und zwischen Lehrpersonen und ihren Direktoren. Zum Sprachgeschehen außerhalb des Unterrichts selbst gehören ferner Lehrer-Schüler-Gespräche, die sich um nicht unmittelbar zum Unterricht gehörende Themen drehen und meist auch in den Pausen oder nach dem Unterricht stattfinden, aber auch als Nebenkommunikationen im Unterricht, wenn etwa während einer Gruppenarbeit die Lehrkraft einen Schüler nach der kranken Mutter fragt (vgl. auch Baurmann 1981). Gerade solche Gespräche, die einer nicht–institutionellen Kommunikation relativ nahe kommen, müssen noch als interkulturelle Kommunikationen untersucht werden.

Unter Unterrichtssprache versteht man überwiegend Interaktion im Sinne von Sprechen und Antworten. Dadurch liegt die Betonung auf den verbalen und nonverbalen Aktivitäten, während die Hörerrolle weitaus weniger Beachtung findet (vgl. jedoch Flanders 1974, 34ff.). Das Zuhören gewinnt immer dann an Bedeutung, wenn durch Fehldeutungen – also "falsches Hören" – Missverständnisse entstehen (vgl. z.B. Switalla 1977, Weingarten 1988). Höreraktivitäten stellen in der interkulturellen Kommunikation einen wichtigen Part der interpersonalen Kommunikation dar, da gerade bei eingeschränkten Sprachkompetenzen in der Gesprächssprache es darauf ankommt, den Sinn auch reflektierend zu erfassen. Dies gilt in besonderem Maße für die Lehrer–Schüler–Kommunikation.

Da in den meisten Unterrichtsstunden Lehrkräfte den Hauptanteil am Interaktionsgeschehen haben (vgl. Spanhel 1971, 130ff.), ist es ohne Zweifel sowohl unter interaktionstheoretischen Gesichtspunkten wie unter pädagogischen Fragestellungen wichtig, die Mechanismen der Lehrersprache genauer kennenzulernen. Spanhel (1971, 97) leitet daraus die folgenden Fragen ab:

- Grundformen didaktischen Sprechens
- Funktionen der Lehrersprache, also die Wirkung auf Schüler
- Regeln, die Lehrkräfte beachten müssen.

Entsprechend wichtig wird die Frage nach den Determinanten der Lehrersprache, zu denen Spanhel (1971, 105f.) die Lehrerpersönlichkeit, die Schüler, den Unterrichtsgegenstand, das Unterrichtsverfahren und Sozialformen des Unterrichts zählt. Zu einem interessanten Ergebnis kommt Weber (1972), der in einer empirischen Untersuchung feststellt, dass Lehrkräfte mit langer Berufserfahrung höhere Rede- und Frageaktivitäten aufweisen als jüngere Kollegen, die entsprechend mehr Raum zu Schülereigendynamik lassen. Schorb (1973, 28f.) unterscheidet in der Lehrersprache eine didaktische Zone von einer eher pädagogisch zu nennenden: Die didaktisch geprägte Sprache - erworben in der Lehrerbildung - ist strukturiert und "diszipliniert", während in die pädagogische Sprache das subjektive Sprachverhalten einer Lehrkraft einfließen kann. Daher sei die didaktische Sprechweise eindeutiger und für die Kinder einfacher zu verstehen, so dass diese didaktische Überformung für die gesamte Unterrichtssprache wünschenswert sei. Die Wirkungsweise der Lehrersprache wird als Teil des Lehrerverhaltens daraufhin befragt, in welcher Weise Leistungen, Sozialverhalten oder Sprache von Schülern beeinflusst werden. Die Lehrersprache gehört hierbei zum Unterrichtsstil, zu dem ferner die bevorzugte Sozialform im Unterricht (Gruppenarbeit, Frontalunterricht etc), der Erziehungsstil (autoritär oder nicht) wie auch die Unterrichtsorganisation (z.B. Lehrerlenkung oder Schülerinitiativen, Zeit für verschiedene Aktivitäten etc) zählt (vgl. Fend 1981, 310ff.). Eine wesentliche Rolle spielt hierbei auch das Frageverhalten der Lehrkraft, wodurch die Eigentätigkeit der Schüler angeregt oder aber eine Abfragehaltung erzeugt werden kann und große Unterschiede in den Reaktionen auf die Schülerantworten möglich sind. Young (1992, 106ff.) unterscheidet zwei Arten von Lehrerfragen: Solche, die Schülerwissen evozieren und solche, die Schüler zwingen zu raten, was die Lehrkraft meint. Hiervon sind solche Lehrerfragen abzugrenzen, die als kritischer Diskurs gelten können, indem sie zwar die Asymmetrie der Lehrer-Schüler-Interaktion nicht aufheben, wohl aber das Kind als Sprecher ernstnehmen, indem die Lehrerrolle dem Erkenntnisgewinn des Kindes dient.

Für die mehrkulturelle und mehrsprachige Schule – und darüberhinaus auch für den Fremdsprachenunterricht – ergeben sich hieraus Fragen (vgl. auch Baur & Jatzkowskaja 1994) nach der Wirkung von Lehrersprache und Lehrerverhalten im Kontext verschiedener schulischer Sozialformen auf Teilnahme und Leistung von Kindern aus Zuwandererfamilien. Eine weitere Frage betrifft die Vermittlung soziokulturellen Wissens durch die Lehrersprache und einer dadurch bedingten Anpassung. Es zeigt sich hier sehr deutlich, dass interkulturelle Kommunikation in der Schule immer zugleich auch Teil des Unterrichtsgeschehens ist und auch aus dieser Perspektive betrachtet werden muss.

Unter den sprachlichen Beiträgen von Lehrkräften kommt der Lehrerfrage besondere Aufmerksamkeit zu, da sie einerseits eine zentrale Rolle im Unterricht spielt und andererseits von anderen nichtschulischen Interaktionsformen abweicht. Ihre zentrale Rolle ergibt sich etwa bei Loeser (1980, 48ff.) aus dem empirischen Befund, dass 40% der Interaktionseinheiten Fragen und Impulse sind und damit Fragen doppelt so oft wie Lehreraussagen auftauchen, d.h., die leistungsfordernden Aktivitäten dominieren (vgl. auch Diegritz / Rosenbusch 1977 für eine vergleichende Untersuchung in der Grundschule). Die herausragende Rolle der Lehrerfragen in den meisten Unterrichtsstunden "*regt natürlich jeden Beobachter an zu überlegen, ob diese Impulse für den Unterrichtsverlauf notwendig sind und was sie auf dem Weg zum Unterrichtsziel beitragen*" (Bachmair 1974, 189). Bekannt sind vor allem Fragen als Unterrichtsmethode, indem dass neues Wissen fragend–entwickelnd den Schülern "entlockt" wird (vgl. z.B. Ehlich 1981, 346ff.), eine Methode, die als Teil interkultureller Kommunikation leicht zu Missverstehen oder sogar Abwerten von Schülerbeiträgen von Kindern führen kann, deren sprachliche oder kulturelle Vorerfahrungen nicht gänzlich mit denen der Lehrkraft übereinstimmen (vgl. Kroon / Sturm 1995 für ein Beispiel). Dies kann auch bei Fragen als Impuls für Schüleraktivitäten (Bachmair 1974, 190) oder bei diagnostischen Fragen passieren, mit denen festgestellt werden soll, ob der Unterrichtsstoff verstanden wurde (vgl. Spanhel 1971, 218). Echte Fragen sind aus Schülersicht nicht leicht zu erkennen, da sie sich formal kaum von den anderen Lehrerfragen unterscheiden. Dass der Lehrerfrage unter allen Lehreräußerungen die größte Aufmerksamkeit zukommt, ist in Zusammenhang mit ihren unterrichtslenkenden (Spanhel 1971) und lernprozessbeeinflussenden Funktionen (Bachmair 1974) zu sehen, die für den Unterrichtsverlauf wie auch für den Lernerfolg von Bedeutung sind. Wie Ehlich / Rehbein (1986, 68ff.) zeigen, werden viele Lehrerfragen von Meta-Äußerungen zu eben diesen Fragevorgängen begleitet. Hieraus lässt sich ablesen, "*dass die Fragen eingesetzt werden, um den Unterrichtsstoff, den der Lehrer den Schülern vermitteln will, zu "entwickeln", um ihn zu prozessieren.*" An einem Beispiel können Ehlich / Rehbein (1986, 63ff.) verdeutlichen, dass in vielen Unterrichtsstunden Fragen dazu dienen, einen Lehrervortrag in neue Form zu bringen, um so die Konzentration der Schüler zu erhalten. Sie sprechen folgerichtig vom "*Lehrervortrag mit verteilten Rollen*", da "*Lehrer und Schüler, vermittelt über die Regiefragen des Lehrers und die Antworten der Schüler, gemeinsam den Lehrervortrag*" prozessieren (Ehlich / Rehbein 1986, 83; vgl. dagegen zum Lehrervortrag aus pädagogischer Sicht Geißler 1973, 180ff.).

Auch wenn im Unterricht Lehrkräfte deutlich mehr sprechen als ihre Schüler, ist die Lehrersprache nur Teil der Unterrichtssprache, deren Analyse ohne Betrachtung der Schülersprache unvollständig bleibt. Insbesondere aus didaktisch-methodischem Interesse erscheinen Untersuchungen der Lehrersprache notwendiger, da in der Lehreraus- und fortbildung Einfluss auf ihre Ausprägung und Änderung genommen werden kann. Dies bedeutet insbesondere auch, dass Lehrkräften schulische Interaktion als – mögliche – interkulturelle Kommunikation vermittelt wird. Die Analyse von Schülersprache kann hierzu eine Ergänzung bieten, wenn sie als Komplement zur Lehrersprache aufgefasst wird in dem Sinn, dass Schülerantworten, Schülerfrageverhalten oder Schüleranteil am Unterrichtsgeschehen sehr wohl auch – kritische – Aussagen über die Lehrersprache und ihre Lernprozesssteuerung geben (vgl. auch Bachmair 1974, 163ff.; Spanhel 1973, 308). Dies betrifft vor allem auch Fragen des Unterrichtsstils. Nach Spanhel (1971) sind die Funktionen von Lehrer- und Schülersprache komplementär, aber Schülersprache kann für Mitschüler Funktionen der Information, Steuerung, Rückmeldung und Habitualisierung übernehmen sowie für den eigenen Lernprozess entscheidende Impulse geben (Formulierungszwang, kognitive Prozesse, Überwindung von Angst etc.). Die enge Verflechtung von Lehrer- und Schülersprache wird am Beispiel von Bewertungen deutlich (Streeck 1979): Schülerantworten erfahren erst durch die (positiv) bewertende Reaktion der Lehrkraft Gültigkeit und werden dadurch zugleich als gemeinsames Wissen für die gesamte Klasse etabliert (vgl. auch Ramge 1980a). Die obigen Beispiele haben gezeigt, dass es dabei in interkulturellen Interaktionen auch zu Missverständnissen kommen kann, die nicht immer bemerkt werden. Im Sprachunterricht – also auch in Deutsch als Zweitsprache und Deutsch–als Zweitsprache–Anteilen im Unterricht der Regelklasse – zeigt sich diese enge Verbindung zwischen Schülerantwort und Lehrerreaktion besonders deutlich. Nach Lorf (1987) bedarf es hier offenerer Interaktionsformen, um in solchen Unterrichtsgesprächen auch interkulturelle Zugänge zu ermöglichen. Für die interkulturelle Kommunikation in Schulen und Klassen kommt der Schülersprache eine besondere Bedeutung zu, denn es sind im wesentlichen – wie oben gezeigt – die Schüler, die mehrsprachig sind und ihre Mehrsprachigkeit auch in den Unterricht – zumindest aber in Nebenkommunikationen – einbringen. Dadurch gewinnt auch die Vorstellung der komplementären Kommunikation zwischen Lehrkraft und Schüler neue Dynamik, da diese nun unter den Bedingungen unterschiedlicher Kompetenz in der Unterrichtssprache und möglicherweise auch unter den Bedingungen unterschiedlicher kultureller Vorerfahrungen erfolgt. Zu berücksichtigen ist auch, dass ein großer Teil der Schüler nichtdeutscher Erstsprache auch Unterricht in der Erstsprache bei Lehrkräften erfährt, die ihre Lehrersozialisation nicht in Deutschland erfahren haben.

Für die Schülersprache spielt auch die Sprachbarrierendiskussion eine Rolle (vgl. z.B. Götze 1973), die zum Verständnis interkultureller Kommunikation in der Schule ebenso genutzt werden kann wie Fragen des Spracherwerbs und des Interaktionsverhalten, wobei die beiden letztgenannten Punkte neben dem Unterricht mit Migrantenkindern vor allem auch den (Fremd)sprachunterricht betreffen. Stellmacher (1977, 305) verweist auf eine Größe, die bei Unterrichtssprachanalysen vielfach unberücksichtigt bleibt: Schweigen als Teil der Interaktion. Diese Größe ist schon deshalb wichtig bei der Untersuchung von Schülersprache, als nahezu alle Untersuchungen bestätigen, dass Lehrkräfte wesentlich mehr als ihre Schüler reden und auch längst nicht alle Schüler regelmäßig zu Wort kommen wie oben gezeigt wurde. Schweigen in der interkulturellen Kommunikation im Unterricht kann auch Verweigerung der neuen Sprache sein oder aber Verunsicherung oder Angst vor Fehlern.

Nonverbale Kommunikation spielt in der Unterrichtssprache – vor allem als Begleiter sprachlicher Äußerungen – eine wesentliche Rolle (vgl. Diegritz 1986; Reinert / Thiele 1977), wobei zu beachten ist, dass Schüler diese nonverbale Unterrichtssprache – wie die verbale Unterrichtssprache – erst erwerben müssen, was für Kinder nichtdeutscher Erstsprache oft eine zweite nonverbale Sprache – zumindest partiell – bedeutet. Nonverbale Unterrichtssprache umfasst vor allem Gestik, Mimik und Augenkontakt sowie insbesondere in der Grundschule auch Körpersprache bzw. -kontakt. Sowohl Lehrkräfte wie auch Schüler können sich der nonverbalen Unterrichtssprache bedienen, wenn auch - vergleichbar der übrigen Unterrichtssprache - nicht der gleichen Mittel: So sind bestimmte Gesten des Lobens oder der Aufforderung Lehrern vorbehalten, während die bekannteste schulische Geste - das Melden - nur bei Schülern vorkommt (vgl. auch Apeltauer 1985, 1986). Für Schüler – gerade auch in interkulturellen Kommunikationen – besonders schwer zu verstehen sind sog. "double-mind"–Beziehungen, in denen verbales und nonverbales Handeln bei einer Lehrkraft widersprüchliche Aussagen machen, zu denen sich Schüler aber nicht durch Nachfragen äußern können (vgl. Apeltauer 1985). Auch in Sprachlernsituationen wird - i.a. zur Unterstützung verbaler Äußerungen wie Worterklärungen - nonverbale Sprache eingesetzt. Nonverbale Sprache als Unterrichtshilfe kann von den Lehrkräften selbst eingebracht werden oder als Aufgabe an die Kinder weitergegeben werden, etwa durch eine Aufforderung wie "*Mach das mal vor*". Nonverbale Kommunikation findet also auf verschiedenen Ebenen und nach festgelegten, aber selten ausgesprochenen Regeln statt. Diese Regeln entsprechen partiell denen, die auch in außerschulischer Kommunikation gelten und von den Schülern deutscher Erstsprache im Allgemeinen schon erworben wurden wie Kopfnicken zur Bejahung, Ansehen beim Sprechen oder unterschiedliche Varianten des Lächelns zum Ausdruck der Freundlichkeit oder Verlegenheit. Intrakulturelle Übereinstimmung in nonverbaler Kommunikation ist begrenzt durch geschlechts- und altersspezifische Regeln wie auch solche, die sich aus sozialen Zugehörigkeiten ergeben, wobei implizite Vorstellungen über das nonverbale Verhalten von Angehörigen anderer Gruppen miterlernt werden: Mädchen und Jungen haben gegenseitig auch Vorstellungen über das 'richtige' nonverbale Kommunizieren. Lehrkräfte bauen auf dem Vorhandensein nonverbaler Regeln auf und erweitern sie im Rahmen der Unterrichtssprache und des Verhaltens im Unterricht. Es gibt eine Reihe von Beispielen für Missverständnisse zwischen deutschen Lehrkräften und Kindern aus einem nichtdeutschen Elternhaus: Manche Kinder verweigern den Augenkontakt im Gespräch oder verwenden Gesten, die den Lehrkräften unbekannt sind. Umgekehrt haben auch einige Lehrkräfte Vorstellungen über das nonverbale Verhalten von Kindern nichtdeutscher Erstsprache erworben, die sie oft, aber nicht immer bestätigt finden. Nonverbale Kommunikation ist im Rahmen schulischer interkultureller Kommunikation zu einem Bereich geworden, in dem Missverständnisse vorkommen, wenn Lehrkräfte nicht darauf vorbereitet sind, aber umgekehrt nicht immer eintreffen, obwohl die Lehrkräfte sie erwarten. Dies lässt sich im wesentlichen nur dadurch erklären, dass Kinder zu Schulbeginn sprachkulturelle Muster aus ihrer sprachlichen Sozialisation mitbringen: Ist diese einsprachig in einem relativ geschlossenen Familien- und *Community*-Umfeld angesiedelt, so haben die Kinder soziokulturelle Muster aus diesem Umfeld erworben. Sind die Kinder dagegen in einer bilingualen Familie, mit teilweise deutschsprechenden Geschwistern oder in einem mehrsprachigen Umfeld aufgewachsen, so haben sie möglicherweise Mischformen oder Muster aus verschiedenen Kontexten erworben (vgl. auch Rehbein 1981). Nonverbale Kommunikation ist in allen Formen inter- wie intrakultureller Kommunikation deswegen ein besonders sensibler Bereich, da kaum hierüber gesprochen wird, ohne dass dies explizit als Tabu gilt. Insbesondere in der schulischen Anfangsphase ist die sprachliche und kulturelle Sozialisation im mehrsprachigen und mehrkulturellen Deutschland oft nicht leicht zu bestimmen, so dass gerade nonverbale Kommunikation zu Kommunikationsstörungen führen kann. Allerdings beherrschen Schüler oft schnell Mechanismen – unabhängig von der kulturellen und sprachlichen Herkunft –, um mittels nonverbaler Sprache der Lehrkraft zum Beispiel Aufmerksamkeit durch Blickkontakt zu signalisieren, während sie gleichzeitig Gespräche mit dem Banknachbarn führen: Hierbei kommt es also zur Trennung von Gesichts- und Blickrichtung (vgl. auch Zehrfeld & Zinnecker 1975).

Auch die Augensprache – Blickkontakt – spielt sowohl für Lehrende wie für Schüler unabhängig von sprachlicher und kultureller Herkunft im Unterricht eine wesentliche Rolle: Die Lehrkraft kann hierdurch Kontrolle ausüben, mit einzelnen Schülern Kontakt aufnehmen oder zur Mitarbeit auffordern oder durch Vermeiden von Blickkontakt Verunsicherung hervorrufen. Schüler suchen i.a. den Blickkontakt zur Lehrkraft, um ihre Mitarbeit zu signalisieren oder eine Bestätigung zu erhalten. Es gibt allerdings auch das krampfhafte Vermeiden von Blickkontakt, um zu verhindern, dass man aufgerufen wird (vgl. Heinze 1976). Zusätzlich kann die Verweigerung von Blickkontakt auch auf kulturell erworbenen Normen beruhen. Für die Lehrkraft ergibt sich die schwierige Aufgabe, die Ursachen solchen Verhaltens herauszufinden.

Die Unterrichtssprache unterliegt festen Regeln und kann dadurch schulübergreifend beschrieben werden. Dies wird unterstützt durch Schule als Institution, die ihrerseits Regeln unterliegt. Hier ist vor allem die asymmetrische Verteilung der Macht zu nennen, die sich unmittelbar auf Unterrichtssprache und Sprachverhalten auswirkt. Diese Macht beruht auf dem Amt sowie Alters- und Erfahrungsvorsprung der Lehrenden (Grönwoldt 1977, 349). Zum Erfahrungsvorsprung ist in der interkulturellen Kommunikation der Schule auch zu rechnen, dass die Lehrkräfte – und die deutschen Schüler – über die seitens der Schule zugrundegelegten sprachlichen und kulturellen Kompetenzen verfügen, während das Mehr an Erfahrungen und Wissen zweisprachiger Kinder oft nicht abgerufen wird. Wie Weingarten (1988) zeigt, ändert sich die Asymmetrie in der schulischen Interaktion zumindest in der Grundschule auch bei älteren Schülern. Allerdings sind auch Lehrkräfte nicht autonom, sondern in der Festlegung der Lehrziele, teilweise auch der Unterrichtsorganisation und den verwandten Medien von der Schulbehörde (und im weitesten Sinne von der Gesellschaft) abhängig (vgl. auch Bachmair 1974, 79; Schön 1980, 143; Tillmann 1976, 57f.). Dennoch können Lehrkräfte einen Teil ihrer Autorität, die sie befähigt, Entscheidungen zu treffen, an ihre Schüler abgeben: Je nach Menge der Entscheidungsdelegationen ergibt sich nach Spanhel (1971) ein autoritärer oder demokratischer Führungsstil (vgl. auch Ulich 1985, 150f. zu der Diskrepanz zwischen Macht und dem Erziehungsziel der Mündigkeit): "*Die Macht des Lehrers erlaubt ihm die Kontrolle über die Belohnung und Bestrafung der Schüler. Wenn die Macht zum vorherrschenden Element in der Lehrer-Schüler-Interaktion wird, so kann sie produktives Lernen verhindern, denn es gibt viele Formen der Machtausübung, die mit dem Lernprozess nichts zu tun haben.*" (Spanhel 1971, 84). Auch in prinzipiell dialogischer Erziehung wird die strukturelle Asymmetrie nicht aufgehoben, aber eine Verständigung aller Beteiligten über die Bedingungen des Lehr–Lernprozesses etc. angestrebt, was einer Neubestimmung der Lehrerrolle entspricht, da Lehrkräfte in Aushandlungsprozessen über das unterrichtlich zu Leistende die grundlegenden Informationen, Sachverhalte, Problemlagen, Quellen und institutionellen Bedingungen so transparent präsentieren müssen, dass der Lerngruppe die Mitbestimmung des Prozesses möglich wird wie dies partiell in offenen Unterrichtsformen umgesetzt wird. Die durch die Institution festgelegten Machtverhältnisse im Unterricht können von den Lehrenden in dem

Sinne "verschleiert" werden, dass sie - auch unbewusst - "*die Sozialstratifikation Lehrer versus Schüler auf(zu)heben und den Eindruck der Gemeinsamkeit (zu) evozieren*" (Richter 1982, 32). Dies geschieht beispielsweise durch den Gebrauch von "wir" anstelle von "ich" oder die häufige Verwendung von 'vielleicht' in Aufforderungen (vgl. auch Zehrfeld / Zinnecker 1975 für Beispiele). Dies sind Abweichungen von der Alltagssprache, die Schulanfänger erlernen müssen und die als Ursache möglicher Missverständnisse in der schulischen interkulturellen Kommunikation gelten können. Dies gilt vor allem dann, wenn die Schüler noch ein anderes Schulsystem oder aber andere Unterrichtsstile beispielsweise im Muttersprachlichen Ergänzungsunterricht – kennengelernt haben.

Die Asymmetrie in der Machtverteilung lässt sich in Bezug auf die Unterrichtskommunikation als gerichtete einseitige Kommunikation (Biermann 1978, 6) beschreiben. Tillmann (1976, 72f.) nimmt als Folge dieser Kommunikationsstrukturen eine "systemkonforme Sozialisation" an, die Schüler zu einer generellen Konformitätsorientierung führt. Da diese "*in Interaktionen erzeugten normkonformen Verhaltensweisen*" (Ulich 1976, 204) zwar im Allgemeinen unbemerkt und ungeplant als soziale Lernprozesse den Unterricht begleiten, aber "*durch die besondere Struktur der Interaktionsform "Schulunterricht" ... vorgeprägt werden*" (Ulich 1976, 205), wird ihre Vermittlung auch unter dem Stichwort des "Heimlichen Lehrplans" diskutiert (vgl. Ulich 1976; Zinnecker 1975). In diesen Kontext stellt sich wiederum die Frage, welche soziokulturellen Inhalte, Normen und Werte über den eigentlichen Unterrichtsstoff hinaus vermittelt werden, wie Lehrkräfte – auch unbewusst – auf nichtkonforme Verhaltensweisen in ihrer Unterrichtsdarbietung und -gestaltung reagieren und welche Auswirkungen dies auf Schüler nichtdeutscher Erstsprache hat. Diese Frage stellt sich insbesondere dann, wenn die Schüler im Muttersprachlichen Ergänzungsunterricht nach einem anderen "Heimlichen Lehrplan" unterrichtet werden bzw. eine Kluft zwischen häuslicher Sozialisation und den impliziten Anforderungen der deutschen Schule entsteht. Hier liegt die Schwierigkeit in erster Linie nicht darin, dass es Unterschiede gibt, sondern darin, dass sie nicht explizit gemacht werden, so dass auch keine Reaktion möglich ist.

Zu den Besonderheiten der Institutionen Schule und Klasse gehören auch die in ihr üblichen Gruppenbildungen, die zu besonderen gruppendynamischen Verhältnissen beitragen: Lehrkräfte bzw. Lehrergruppe einerseits und eine i.a. altershomogene Schülergruppe andererseits, die jeweils sowohl untereinander wie auch in der gegenseitigen Interaktion sozialen Regeln unterworfen ist. Insbesondere innerhalb der Schülergruppe spielt – auch altersbedingt – eine geschlechtsgebundene Gruppenbildung eine Rolle. Diese Gruppendynamiken können in mehrkulturellen und mehrsprachigen Schulen überlagert oder durchkreuzt werden von ethnisch-kulturellen Gruppenbildungen, die auch mit geschlechtsbezogenen Gruppierungen übereinstimmen können. Insbesondere das Pausenverhalten in Spiel und Kommunikation gibt hierüber guten Aufschluss.

Die Institution Schule zeigt sich auch in ihren Ritualen, wobei nach Biermann (1978, 91f.) zwischen "*nur interpersonellen*" Interaktionen und "*institutionell bedingten schulischen Ritualen*" deutlich unterschieden werden müsste. Zu den Ritualen sind in Struktur und Ausmaß sehr unterschiedliche Ereignisse wie Begrüßungen, Prüfungen, Aufnahme- und Entlassungsfeiern, Sportfeste, Verhaltensregeln wie Melden oder Heftführen zu zählen, die alle mit sprachlich festgelegten Interaktionen verbunden sind und zugleich Prinzipien der Institution bekräftigen wie Prüfungen das Leistungsprinzip oder Begrüßungen die Anerkennung von Machtunterschieden symbolisieren (vgl. auch Wellendorf 1973, 1985). Einige von ihnen wie Begrüßungen sind aber darüberhinaus auch kulturspezifisch geprägt und dadurch ein sensibler Bereich interkultureller Kommunikation auch in der Schule, ohne dass die unterschiedlichen Vorerfahrungen der Schüler mit solchen Kulturemen grundsätzlich negative Folgen für die Verständigung haben (vgl. Kapitel 2). Außerdem muss bedacht werden, dass sich gerade auf der Ebene sprachlicher Rituale häusliche Gewohnheiten, Jugendsprache und Schulsprache mischen können.

Durch die Unterrichtssprache erfahren – und lernen – Schüler eine Form der Kommunikation, deren Regeln ansatzweise auch in anderen institutionellen Kommunikationen gelten. Die Unterrichtssprache Deutsch ist aber für Kinder nichtdeutscher Erstsprache auch Lernsprache unabhängig vom Fach. Da in allen Schulfächern in mit den Schulstufen zunehmenden Maße auch Fachsprache eine Rolle spielt, werden auch deutschsprachige Schüler vor ständig wachsende Anforderungen gestellt. Interkulturelle Kommunikation ist in der Schule also kaum zu trennen vom Unterricht in der in ihr verwendeten Sprache.

Untersuchungen zur Unterrichtssprache sind überwiegend Analysen von Unterricht bzw. Unterrichtsstilen mit dem Ziel der Verbesserung der Lern- und Lehrsituation. Zielgruppe ihrer Vermittlung vor allem auch unter Berücksichtigung von Unterrichtssprache als interkultureller Kommunikation sollten daher Lehrkräfte bzw. Lehramtsstudierende sein. Einige Beispiele zeigen jedoch, dass Unterrichtssprache auch ein Thema im Unterricht selbst sein kann. Dies kann die Struktur der Unterrichtssprache, Unterrichtssprache als besondere Varietät, Lehrer- vs. Schülersprache oder auch "Störungen" – also Missverständnisse oder auch unerwünschtes Schülerverhalten wie extrem viel Nebenkommunikation, verbale Störungen oder verbalen Rückzug – betreffen. Eine solche Behandlung von Unterrichtssprache passt z.B. in Unterrichtsreihen über Kommunikation, in denen schulische Interaktion von alltäglicher abgegrenzt wird (vgl. Diegritz / Rosenbusch 1977; Reinert / Thiele 1976; Switalla 1977a, 1978 für Beispiele). Als Lernziele besonders wichtig sind Einsichten in die Besonderheiten der Varietät Unterrichtssprache auch in Abgrenzung zu anderen instutionalisierten Sprachen wie auch die Beschäftigung mit Missverständnissen. Zu Missverständnissen gehören auch Verstehens- und Formulierungsprobleme lexikalischer oder kontextueller Art. Wie Switalla (1977, 22ff.) betont, stehen Verständigungsschwierigkeiten auch in der Schule in unmittelbarem Zusammenhang mit den Deutungsmustern und Verstehensstrategien, die die an einer Interaktion Beteiligten anwenden, die wiederum von ihrer sozialen Rolle und ihren kulturellen Zugehörigkeiten geprägt sind. Schüler müssen beispielsweise die von der Alltagskommunikation abweichenden schulischen Interaktionsformen lernen, um nicht durch falsche Deutungen fehlzugehen. Über den Weg der Analyse von Verständigungsproblemen wird zudem deutlich, dass das Verstehen von Unterrichtssprache ebenfalls als sprachliche Leistung anzusehen ist. Zugleich beinhaltet die Entwicklung von Deutungsmustern auch ein Verständnis davon, wie Lernen, Erfahrungsbildung und Verständigung zusammenhängen und welche Rolle die Sprache dabei spielt (Switalla 1977, 24). Auch die Lehrererwartungen spielen in diesem Kontext eine Rolle, da eine Diskrepanz zwischen diesen Erwartungen und den Reaktionen der Schüler ebenfalls zu Missverständnissen (und schlimmer: zu Fehlbeurteilungen) führen kann. Die Beschäftigung mit Unterrichtssprache – und damit auch mit interkultureller Kommunikation in der Schule – ist eine besondere Form von *Language Awareness*, also der Bewusstmachung sprachlicher Prozesse, da sie auch Selbstreflexion, also Nachdenken über das eigene Sprachverhalten, impliziert und dadurch von Lehrern wie Schülern eine Auseinandersetzung mit Sprachgewohnheiten und Sprachverhalten verlangt. Dies bedingt auch zu überlegen, woher diese Gewohnheiten kommen. Solche Unterrichtseinheiten zur interkulturellen Kommunikation in der Schule können in kleinen Schritten vorbereitet werden und – abhängig von der Altersstufe – auch zunächst darin bestehen zu erkennen, dass es unterschiedliche Realisierungen von Kulturemen wie z.B. begrüßen gibt, in die unterschiedliche kulturelle Vorstellungen einfließen, ohne dass eine eindeutige ethnische Zuordnung entsteht. Im Gegenteil ermöglichen es solche Unterrichtseinheiten gerade, die Vielfalt der sprachlichen und kulturellen Zugehörigkeiten altersgemäß zu vermitteln sowie auch erste Einsichten in die institutionellen Bedingungen der Schule zu gewinnen. Allerdings wird es wohl kaum möglich werden, die monolinguale und monokulturelle Ausrichtung von Schule hierdurch explizit zu machen, da dies voraussetzen würde, dass die Lehrkräfte sich selbst darüber bewusst wären. Solche Unterrichtseinheiten über Unterrichtssprache und interkulturelle Kommunikation sind im allgemeinen Teil des Lernbereichs 'Sprachliche Reflexion'.

Wir fassen zusammen: Da die meisten Untersuchungen zur schulischen Kommunikation aus linguistischer wie pädagogischer Sicht bereits aus den 70er Jahren stammen, wurde schulische Kommunikation zunächst nicht in Zusammenhang mit interkultureller Kommunikation gesehen. Es kommt hinzu, dass das Sprachverhalten von Kindern aus Zuwandererfamilien auch im Unterricht über lange Zeit als ein Spezialfall angesehen wurde, der im Rahmen von ausländerpädagogischen Untersuchungen relevant sein mochte, aber von der allgemeinen Pädagogik und Schulpädagogik nicht als Teil der allgemeinen Fragestellungen aufgegriffen wurde. Auch aus Sicht einer an Migrationsforschung interessierten Soziolinguistik verengte sich die Fragestellung – wie in sprachbezogenen ausländerpädagogischen Untersuchungen – auf Spracherwerb, Sprachvermögen, Sprachverhalten und Sprachbarrieren von Zuwandererfamilien und ihren Kindern. So wichtig und aufschlussreich diese Untersuchungen auch für Spracherwerbsforschung, Sozialwissenschaft und Ausländerpädagogik gewesen sind, so deutlich machen sie doch auch, dass sie ausschließlich im Hinblick auf Migranten erfolgten, nicht jedoch aus Sicht einer mehrsprachigen und mehrkulturellen Gesellschaft oder Schule. Diese Sichtweise erfordert vielmehr, sprachbezogene schulpädagogische Aspekte zu erweitern um Fragestellungen der veränderten Schülerpopulation ebenso wie die sprachliche Kommunikation als eine interkulturelle zu verstehen, die nicht nur das Sprachverhalten von Migranten untersucht, sondern vielmehr die Interaktion in all ihrer Komplexität. Dies kann in einem interaktionstheoretischen Ansatz erfolgen, der sowohl die Institution und ihre Regeln wie die Interaktionspartner berücksichtigt und dadurch sowohl die allgemeinen mit Unterrichtssprache und Interaktion in der Schule verbundenen Fragestellungen berücksichtigen kann wie auch die besonderen von Gruppen (wie Kinder aus Zuwandererfamilien, aber auch Jungen oder Mädchen) und Individuen. Auch wenn aus schulpädagogischer, didaktischer, pragmalinguistischer oder soziolinguistischer Sicht jeweils unterschiedliche Fragen an schulische Interaktion und Unterrichtssprache zu stellen sind, so ist es doch für alle diese Fragestellungen notwendig, die Vielfalt nicht außer Acht zu lassen.

3.4 Schulpolitische Implikationen

Wie gezeigt werden konnte, findet ein großer Teil der schulischen Kommunikation als interkulturelle Kommunikation statt. Es ließ sich jedoch auch feststellen, dass interkulturelle Kommunikation angeleitet oder gefördert werden kann wie durch das Zulassen von Mehrsprachigkeit oder gezielte Beschäftigungen mit Kommunikation beispielsweise im Rahmen von *Language Awareness*-Konzeptionen. Interkulturelle Kommunikation hat jedoch noch eine weitere Seite schulpolitischer Fragestellungen. Hierzu gehören die Veränderungen, die sich durch Migrantensprachen als Schulsprachen ergeben, ebenso wie die Rolle zweisprachiger Lehrkräfte. Dies zeigt sich an den europäischen Entwicklungen des Fremdsprachenunterrichts, aber auch in einzelnen Ländern, die bereits seit längerem den Migrantensprachen im Schulsystem breiteren Raum geben und dadurch implizit auch die interkulturelle Kommunikation in der Schule fördern. In Europa kommt Schweden eine Vorreiterrolle zu, da der Erstsprachenunterricht für Migrantenkinder dort im Rahmen der schwedischen Migrationsgesetzgebung entwickelt wird und von jedem Kind in Anspruch genommen werden kann, das mindestens einen nichtschwedischen Elternteil hat. Damit erhöht sich die Zahl der Sprachen, in denen Unterricht angeboten wird, beträchtlich und ist nicht mehr auf Sprachen von Arbeitsmigranten beschränkt, sondern es gehören auch die Sprachen hierzu, die als Fremdsprachen unterrichtet werden wie Englisch, Deutsch oder Französisch, wenn auch die Mehrzahl der Kinder in solchen Programmen aufgrund der besonderen schwedischen Situation finnischer Erstsprache ist. Die Vielzahl der Sprachen impliziert eine Aufwertung der zweisprachigen Kinder und trägt dadurch auch zur interkulturellen Kommunikation in der Schule bei, indem dass Zweisprachigkeit breitere Akzeptanz gewinnt (vgl. Luchtenberg 1994c, 1995; Reich 1996). Noch deutlicher werden die Auswirkungen schulpolitischer Entscheidungen auf das sprachliche Klima bei der Betrachtung der australischen LOTE-Konzeptionen: LOTE bedeutet '*Languages other than English*' und vereint damit Fremdsprachen *und* die Erstsprachen der Einwandererkinder, die in Australien im allgemeinen *Community Languages* genannt werden (vgl. Clyne 1991). Diese Form des Sprachunterrichts ist auch in Australien neueren Datums, stellt aber inzwischen ein Sprachangebot dar, das in der Grundschule meistens bereits in der Vorklasse beginnt und in den Sekundarschulen weitergeführt werden soll. Je nach Bundesstaat stehen bis zu vierzehn Sprachen zur Auswahl, aus denen die Schulen nach Möglichkeit solche auswählen, die in ihrer Nachbarschaft eine Rolle spielen. Bei der Auswahl spielen allerdings auch ökonomische Gründe eine Rolle, so etwa wenn Eltern in einer Grundschule in Sydney sich für Chinesisch oder Japanisch aussprechen, obwohl an dieser Schule fast die Hälfte der Kinder, deren Erstsprache nicht Englisch ist (das sind 85 % der Schülerpopulation!), Arabisch spricht und weitere 15 % Türkisch. So wird an dieser Schule demnächst Chinesisch oder Japanisch als LOTE-Programm unterrichtet werden, während Arabisch noch als *Community Language* gelehrt wird. Solche *Community Language*–Sprachkurse können i.a. auch von Kindern besucht werden, die eine andere Erstsprache sprechen, aber die *Community Language* lernen möchten. LOTE–Programme basieren auf der Idee, die Fortführung vorhandener Sprachkenntnisse mit Fremdsprachenlernen zu verbinden (vgl. Smolicz 1992, 14f.). Den schulsprachenpolitischen Entscheidungen liegt das Multikulturalitäts–Modell des australischen Staates zugrunde (vgl. Luchtenberg 1995a, 1996). Demnach gilt kulturelle Identität als Recht des Einzelnen auf kulturelles Erbe, Sprache und Religion; soziale Gerechtigkeit wird verstanden als das Recht auf gleiche Behandlung und Chancen, und ökonomische Effizienz gilt als Aufgabe von Erhalt, Entwicklung und Nutzung der Fähigkeiten und Talente aller Australier. Und zu diesen Fähigkeiten gehören auch die Erstsprachen, die also als Ressource für Australien angesehen werden und deshalb als förderungswürdig gelten – ein Faktum, das nicht ohne Auswirkungen auf die interkulturelle Kommunikation in Schulen bleibt, in denen beispielsweise die oben angesprochene Sichtbarkeit der Mehrsprachigkeit umfassend anzutreffen ist (vgl. Luchtenberg 1998). Clyne (1991a) macht deutlich, dass die Besinnung auf die Mehrsprachigkeit in Australien zu einer neuen Haltung gegenüber Sprachunterricht in den Schulen geführt hat, nachdem bis in die siebziger Jahre die nichtenglischen Sprachen weitgehend abgelehnt worden waren. Das schwedische wie das australische Beispiele können verdeutlichen, dass durch eine konsequente schulpolitische Anerkennung der Sprachenvielfalt sich auch der Umgang mit diesen Sprachen in den Schulen ändert, was sich wiederum auf die interkulturelle Kommunikation in allen hier aufgezeigten Aspekten positiv auswirkt. Allerdings zeigen auch die Rahmenbedingungen, dass einer Übertragbarkeit auf deutsche Verhältnisse politische Grenzen gesetzt sind, denn die australische (Schul)sprachenpolitik basiert auf der Vorstellung eines Einwanderungslandes, das selbstverständlich davon ausgeht, dass die Zuwanderer Australier werden, so dass die politischen Hemmnisse des Staatsbürgerrechts in Deutschland kein Äquivalent in Australien haben. Dies impliziert zugleich, dass auch die Ausbildung der Kinder von Einwanderern auf Australien ausgerichtet ist, so dass auch die Zweisprachigkeit als Chance für Australien angesehen werden kann.

Immerhin wird Mehrsprachigkeit – genauer europäische Mehrsprachigkeit – inzwischen auch in der deutschen Bildungspolitik intensiver diskutiert, wenn auch die migrationsbedingte Mehrsprachigkeit hierbei nur eine geringere Rolle spielt, während die Kompetenzen für die europäische Union – vor allem als Arbeitsmarkt – im Mittelpunkt stehen. Der Entwicklung in der EU sind auch wesentliche Neuerungen in der Schulsprachenpolitik und in der Entwicklung neuer Konzepte zumindest teilweise zu verdanken. Dies gilt für die Beschäftigung mit Fremd- oder Begegnungssprachen in der Grundschule, für bilingualen Sachunterricht wie auch für Schulangebote mit vermehrtem Sprachunterricht wie beispielsweise in den sog. bayerischen Europa–Schulen (vgl. zu zweisprachigem Unterricht Kästner 1993). Die enge Verbindung zwischen neuen Sprachunterrichtskonzepten und der Entwicklung in der EU lässt sich hier wie auch in anderen Bundesländern unmittelbar daran ablesen, dass viele dieser Konzeptionen in Schulen stattfinden, die als Europa–Schulen initiiert wurden, wobei diese nicht mit den europäischen Europa–Schulen verwechselt werden dürfen, denn letztere sind ausschließlich für Kinder zugelassen, deren Eltern in europäischen Institutionen wie beispielsweise dem europäischen Patentamt in München tätig sind. Wenn also die europäische Entwicklung in Deutschland in erster Linie die sprachliche Vielfalt auch in Schulen zu entwickeln hilft, so ist dies zweifellos eine begrüßenswerte Entwicklung, die allerdings der Stützung durch Berücksichtigung der migrationsbedingten sprachlichen Vielfalt bedarf, damit diese nicht außen vor bleibt. Christ (1997) unterscheidet vier denkbare Konzepte einer europäischen Sprachenpolitik, die zugleich Sprachverbreitungspolitik sein will: Das Lingua Franca–Modell, das Kontaktsprachenmodell, das Modell der Sprachen der Nachbarn und das Modell der sprachenteiligen Gesellschaft (vgl. auch Christ 1997a; Götze 1998). Mit Ausnahme von Lingua–Franca–Konzeptionen erlauben alle Modelle die Einbeziehung der migrationsbedingten sprachlichen Vielfalt. Deren Berücksichtigung betrifft auch interkulturelle Kommunikation, da die meisten europäisch initiierten Sprachangebote eher auf eine Außenperspektive zielen. Allerdings gibt es inzwischen auch Mischformen, denn es sollte nicht vergessen werden, dass Italienisch, Spanisch, Portugiesisch und Griechisch eine Doppelrolle haben, da sie sowohl Sprachen zugewanderter Arbeitsmigranten und ihrer Kinder sind wie auch Sprachen der europäischen Union. Hierin liegt eine doppelte Chance, was den Sprachunterricht in Schulen und seine Auswirkungen auf interkulturelle Kommunikation betrifft: Durch ihre Rolle als EU–Sprachen gehören Italienisch, Spanisch, Portugiesisch und Griechisch zu in Deutschland angesehenen Sprachen. Dies wurde teilweise bereits vorher deutlich, indem Italienisch als 'Kultursprache' und Spanisch als 'Weltsprache' angesehen und auch gelehrt wurde, was aber völlig abgekoppelt war von der Tatsache, dass diese Sprachen auch als Einwanderersprachen gesprochen wurden. Hier könnte die europäische Entwicklung nun eine verbindende Rolle spielen, indem dass die Binnen- und Außenperspektive auf eine bislang noch nicht praktizierte Art und Weise miteinander in Verbindung gesetzt werden. Dies entspricht der zu erwartenden Entwicklung in Europa, wo die erhoffte berufliche Mobilität auch im Bildungswesen dazuführen sollte, dass auch auf Lehrerebene eine größere Diversität zu erwarten ist. Es kann hypothetisch angenommen werden, dass dies Auswirkungen auf interkulturelle Kommunikation in der Institution Schule haben wird, da dann Mehrsprachigkeit auf Lehrerebene gegeben wäre, die zudem nicht mit dem negativen Image 'Migration' verbunden würde, sondern mit der sehr viel höher eingeschätzten europäischen Ebene. Allerdings bliebe – und bleibt – es Aufgabe der Schulen, diese höher bewertete Ebene mit der schulischen Realität der Mehrsprachigkeit in Verbindung zu setzen, damit nicht im extremsten negativen Fall interkulturelle Kommunikation zwischen Deutschen und europäischen Italienern von interkultureller Kommunikation mit italienischen Arbeitsmigranten und ihren Nachkommen abgekoppelt wird. Dies scheint eine der wesentliche Aufgaben von Schule im Kontext der auch schulpolitisch gewollten Mehrsprachigkeit für die kommenden Jahre zu sein.

Es gibt bundesweit eine Reihe von Ansätzen, Mehrsprachigkeit umzusetzen, von denen einige auch die migrationsbedingte Mehrsprachigkeit berücksichtigen. Zu den interessantesten Versuchen zählt das Modell der Berliner Europa-Schulen, die als staatliche Regelschulen zweisprachige Klassen in einer Reihe von Sprachen – darunter auch Türkisch – anbieten. Die Schüler sollen volle Kompetenz in beiden Sprachen entfalten (vgl. Stotzka 1998). Hier arbeiten Lehrkräfte gleichberechtigt zusammen, die eine der beiden Sprachen als Erstsprache sprechen. Steht dieses Konzept eher der europäischen Dimension nahe, wenn auch Türkisch einbezogen wurde, so ist das Modell zweisprachiger Alphabetisierung, das ebenfalls in Berlin entwickelt wurde, dem Migrationskontext zuzurechnen. Es ist insofern ein Beispiel bildungspolitischer Reaktion auf Mehrsprachigkeit, als hiermit ein Weg beschritten wurde, der einerseits die Entwicklung von Zweisprachigkeit von Migrantenkindern fördert, aber gleichzeitig Separation meidet und dadurch auch interkulturelle Kommunikation in den Schulen fördert (vgl. Heintze 1997; Harnisch / Nehr 1998).

3.5 Zusammenfassung

Wir haben in diesem dritten Kapitel interkulturelle Kommunikation in der Institution Schule als der wichtigsten Bildungseinrichtung untersucht. Es ergab sich auf allen Ebenen eine Form der Ungleichgewichtigkeit, die durch die institutionellen Regeln vertieft wird. Akzeptanz von Mehrsprachigkeit ist nur selten anzutreffen, was auch für die schulischen Medien als indirekte Kommunikation gilt. So zeigen etwa Schulbücher einen sehr uneinheitlichen, aber weitgehend noch unbefriedigenden Umgang mit der sprachlichen und kulturellen Diversität.

Kommunikation in der Schule ist kein neues Thema, jedoch wurde es von pädagogischer wie linguistischer Seite bislang selten im Kontext der Mehrsprachigkeit und Mehrkulturalität angesiedelt. Dementsprechend haben wir einige der wichtigen Fragestellungen neu auf die mehrsprachige Situation bezogen.

Interkulturelle Kommunikation in der Schule würde erleichtert durch Offenheit gegenüber Mehrsprachigkeit wie wir sie beispielsweise in Schweden und Australien – wenn auch nach langen Prozessen des Lernens – inzwischen feststellen können. Stattdessen ergibt sich in der Bundesrepublik weitgehend ein Festhalten an Monolingualität und Monokulturalität, obwohl die schulische Realität sich verändert hat. Eine gewisse Hoffnung kann jedoch in die europäische Entwicklung gesetzt werden. Insbesondere in der neuen Bedeutung, die Sprachenlernen zugemessen wird, sind bereits Änderungen feststellbar. In diesem Kontext kommt dem sog. Muttersprachlichen Ergänzungsunterricht besonderes Gewicht zu, der auch zur interkulturellen Kommunikation in der Schule beiträgt. Ein besonders sensibler Bereich schulischer interkultureller Kommunikation sind die Gespräche zwischen Eltern und Lehrkräften, deren Schwierigkeiten auch in Vorerwartungen beider Gruppen zu sehen sind, die sich seit dem Beginn interkultureller Kommunikation in der Schule entwickelt haben.

Kapitel 4
Medienkommunikation in mehrkulturellen Gesellschaften

Interkulturelle Kommunikation wird überwiegend als face-to-face Kommunikation verstanden, wie wir es bislang ebenfalls getan haben. Medien spielen allerdings in der mehrsprachigen und mehrkulturellen Gesellschaft eine nicht unwichtige Rolle für das gegenseitige Verständnis und haben so zumindest indirekten Einfluss auf interkulturelle interpersonale Kommunikation. Dementsprechend wollen wir uns in diesem Kapitel mit der Funktion von Medien in einer mehrkulturellen und mehrsprachigen Gesellschaft und ihrem multikulturellen Diskurs befassen. Dies betrifft mehrere Aspekte: Darstellung von Migration, Migranten und der mehrsprachigen und mehrkulturellen Gesellschaft in den Medien, Teilhabe der Migranten an den Medien und schließlich die Wirkung auf die Leser bzw. Zuschauer. Es wird also auch nach dem Einfluss zu fragen sein, den die Medien auf die Einstellungen gegenüber "Fremden" bzw. in der Außenperspektive gegenüber anderen Ländern und Kulturen nehmen können. Hierzu ist zu berücksichtigen, dass in einer Informationsgesellschaft zwar ein sehr viel breiteres Spektrum an Wissen über andere Länder, auch was aktuelle Ereignisse angeht, vorhanden ist, dass aber dieses Wissen in ganz überwiegendem Maße durch die Medien vermittelt wird wie beispielsweise Wissen über den Islam (vgl. auch Janke 1987). Allerdings muss auch gefragt werden, woher die Medien ihre Meinung beziehen, das heißt also das Verhältnis von Politik und Medien spielt hier ebenfalls eine Rolle. Ein Vergleich mit der Situation in Australien – einem Land, das sich auch in seiner Verfassung als multikulturell versteht –, soll hier der weiteren Klärung der Frage dienen, welche Rolle Medien für interkulturelle Kommunikation in einer Gesellschaft haben und wie sie selbst den interkulturellen Diskurs führen. Unsere Darstellung der australischen Medien dient hier dem Vergleich mit der deutschen Situation. Auch in den australischen Medien ist nach Darstellungen australischer Medienforscher noch vieles verbesserungswürdig. Das ist jedoch hier nicht Thema (vgl. hierzu z.B. Bell 1992; Goodall u.a. 1990; Jakubowicz 1994; Martin 1996). Wir beschränken uns im Folgenden auf Presse und Fernsehen, werden aber auch Werbung in die Medienanalyse

Presse und Fernsehen, werden aber auch Werbung in die Medienanalyse einbeziehen.

In diesem Kapitel erweitern wir interkulturelle Kommunikation um Aspekte der Medienkommunikation und betrachten dazu den Multikulturalismusdiskurs (vgl. auch Hess–Lüttich 1992). Diskursanalyse ist ähnlich wie interkulturelle Kommunikation ein noch relativ neues Gebiet, das ebenfalls multidisziplinär angelegt ist und aufgrund der Tatsache, dass Kommunikationsanalysen Teil dieser Disziplin sind, ergeben sich auch Gemeinsamkeiten. Wir betrachten im Folgenden Mediendiskurse zu einer gesellschaftlich relevanten Thematik, die wir als Multikulturalismusdiskurs oder interkulturellen Diskurs bezeichnen (vgl. auch Jung 1997).

4.1 Interkultureller Diskurs in der Presse

Wir wollen zunächst auf die Presse schauen, um den dortigen interkulturellen Diskurs in seiner Bedeutung für interkulturelle Kommunikation zu verstehen. Alle bisherigen Auswertungen von Boulevardpresse ebenso wie von seriösen Zeitungen haben eine Marginalisierung von Migranten aufgezeigt, da diese nur in einigen Kontexten wahrgenommen werden – unabhängig von einer positiven oder negativen Berichterstattung. Unter der Bezeichnung eines *interkulturellen Diskurses* soll hier aber eine umfassendere Fragestellung behandelt werden, nämlich wie die *mehrkulturelle und mehrsprachige Gesellschaft* thematisiert wird: Wird sie überhaupt "dargestellt", wird sie inhaltlich beschrieben oder problematisiert und wird Kommunikation angeregt oder sogar angeleitet?

Unter dem Begriff des *interkulturellen Diskurses* werden im Folgenden Artikel zu Migration, Migranten, Multikulturalismus und Rassismus zusammengefasst – also Diskurse, die sich mit unterschiedlichen Aspekten einer Einwanderungsgesellschaft befassen. Wie schon in der interkulturellen Kommunikation als interpersonaler Kommunikation muss auch in der medialen Kommunikation eine Binnen- und Außenperspektive unterschieden werden. In der Binnenperspektive geht es dann um Berichte aus der mehrsprachigen und mehrkulturellen Gesellschaft, während die Außenperspektive als Internationalismus–Diskurs vor allem solche Artikel umfasst, die sich mit Europa oder der Welt bzw. anderen Kulturen beschäftigen. Eine besondere Stellung nehmen solche Fälle ein, in denen die Außenperspektive Teil des inländischen Berichtsraum dadurch wird, dass ausländische Politiker, Sportler oder Künstler sich als Besucher im Land aufhalten. Ein ähnlicher Fall ergibt sich oft durch Buchbesprechungen oder Ausstellungen.

Medien werden häufig als *Vierte Gewalt* (Jäger / Link 1993) bezeichnet, die in engem Zusammenhang mit Rassismus gesehen wird. Es waren insbesondere die Anschläge und Morde von Hoyerswerda, Mölln und Solingen, die die Frage nach der Rolle der Medien stellen ließen; eine Frage, die darauf abzielte zu erfassen, ob es einen Zusammenhang zwischen der ablehnenden Haltung in der Bevölkerung gegenüber "Fremden", also möglicherweise einem latenten Rassismus, und dem Mediendiskurs gibt, wobei davon ausgegangen wird, dass zwischen latentem Rassismus und rassistischen Gewalttaten zumindest ein unbewusst unterstützender Zusammenhang angenommen werden kann (vgl. Koch 1996). Unter Rassismus verstehen wir eine Haltung, durch die Fremde als genetisch oder kulturell negativ abweichend wahrgenommen werden, was zu Diskriminierung und Ausgrenzung berechtigt (vgl. Zentrum für Türkeistudien 1995, 25ff. sowie ferner Kalpaka & Räthzel 1986; Tsiakalos 1983). In diesem Kontext ist es wichtig, sich klarzumachen, dass 'das Fremde' oder 'die Fremden' keine objektiven Größen sind, sondern erst – und je neu – in Beziehungen zwischen Menschen konstruiert werden, was in treffender Weise auch in der berühmten Definition von Karl Valentin zum Ausdruck gebracht wird. Es handelt sich also um eine Form der Zuschreibung, die auch anders hätte ausfallen können, so dass die Person oder Sache gerade nicht als 'fremd' charakterisiert worden wäre. Solche Zuschreibungen und Fremdheitskonstrukte können auch kollektiv auf einer gesellschaftlichen oder gruppenspezifischen Ebene vorgenommen werden. Es ist deutlich, dass hiermit ein Bild des anderen konstruiert wird, das nur Sinn macht in der Abgrenzung vom 'Eigenen', das ebensowenig einer objektiven Größe entspricht wie das 'Fremde'. Welche Rolle nun übernehmen die Medien in der Konstruktion des 'Fremden' (und partiell auch des 'Eigenen')? Bei dieser Überlegung darf nicht außer Acht gelassen werden, dass in modernen Gesellschaften der einzelne leicht die Orientierung in der unübersichtlich gewordenen Vielfalt verliert, so dass er gerade auf die Medien als Orientierungshilfe angewiesen ist, denn "*über die Hintergründe der Wanderungsbewegungen, über das Leben der Ausländer in Deutschland wie auch über die fremdenfeindlichen Anschläge wüssten wir kaum etwas, würden nicht die Medien darüber berichten*" (Zentrum für Türkeistudien 1995, 24). Dieses medial vermittelte Wissen beruht jedoch nicht auf einer Abbildung der Wirklichkeit, sondern ihrer Konstruktion, was wiederum zu der Frage führt, worüber überhaupt berichtet wird und was weggelassen wird. Die Vorstellung der von den Medien konstruierten Welt könnte schnell zu der Annahme verleiten, dass dann eben auch ablehnende Haltungen gegenüber 'Fremden' Machwerk der Medien sein müssten. Diese Argumentation greift jedoch zu kurz und vernachlässigt historische, politische, sozialpsychologische oder sozialökonomische Ansätze zur Erklärung von Rassismus und Ausländerfeindlichkeit. Es darf auch nicht vergessen werden, dass die Medien nicht nur zur Ablehnung von 'Fremden' beitragen können, sondern dass sie sehr wohl auch ein *Korrektiv* darstellen und dadurch interkulturelle Kommunikation offener machen können. Diese doppelte Funktion lässt sich an folgendem Beispiel ablesen: So enthielt die *Süddeutsche Zeitung* vom 20.6.1997 auf der ersten Seite einen kurzen Bericht über politische Maßnahmen im Asylrecht, nach denen nun ein "Arbeitsverbot für Asylbewerber" erlassen worden sei, um der hohen Arbeitslosigkeit in Deutschland entgegenzuwirken.

> "Bei Einreise nach dem 15.Mai.
>
> Asylbewerber dürfen nicht mehr arbeiten
>
> Bonn (dpa) - Asylbewerber, die nach dem 15. Mai in Deutschland angekommen sind, erhalten keine Arbeitserlaubnis mehr. Das Bundesarbeitsministerium bestätigte, dass alle Arbeitsämter angewiesen worden seien, entsprechende Anträge von Asylbewerbern abzulehnen. Als Begründung nannte das Ministerium die hohe Zahl der Arbeitslosen und die seit dem 1. April geltenden veränderten Zumutbarkeitskriterien für die Annahme bezahlter Hilfsarbeiten. Danach stünden genügend Deutsche für freiwerdende Stellen zur Verfügung."

Die Formulierungen sind zwar sachlich, enthalten aber durch die Verknüpfung von wegfallender Arbeitserlaubnis für Asylbewerber und neuen Zumutbarkeitskriterien für deutsche Arbeitslose die Unterstellung, dass Asylbewerber bislang Deutschen Arbeit weggenommen haben könnten. Unmittelbar unter diesem Bericht folgt ein zweiter, damit nicht in Verbindung stehender mit der Überschrift: *"Ausländeranteil auf 8,9 Prozent gestiegen"*, so dass die im ersten Artikel indirekt enthaltenden Vorwürfe, dass Asylbewerber Arbeitsplätze fortnehmen, verstärkt werden durch die Feststellung des Zahlenanstiegs. Allein durch eine unglückliche Reihung von Artikeln kann also eine negative Wirkung verstärkt werden. In der gleichen Ausgabe ist jedoch auch ein Korrektiv enthalten, denn in einem Kommentar einige Seiten später, auf den auch auf der ersten Seite verwiesen wird, wird klargestellt, dass das Arbeitsverbot wohl nur eine Maßnahme zu Propagandazwecken sein könne, da Asylbewerber auch bislang nur dann eine Arbeit angeboten bekommen, wenn sich kein Deutscher oder in zweiter Linie kein EU-Bürger findet: ... *"Man darf sich also aufregen über das Arbeitsverbot für Flüchtlinge, allerdings vor allem deswegen, weil dieses Verbot Vorurteile schürt. Es gibt nämlich keinen Asylbewerber in Deutschland, der jemandem Arbeit wegnimmt."* Über die Rezeption dieser beiden widersprüchlichen Texte in ein und derselben Zeitung kann nur gemutmaßt werden, dass der Bericht auf der ersten Seite mehr Leser finden dürfte als der Kommentar im

Zeitungsinneren. Gilt damit auch für seriöse Zeitungen: "... *sie haben nicht nur enormen Einfluss auf die herrschenden Diskurse und damit auf das Denken und Handeln der Menschen im Lande, sondern sie tragen Mitverantwortung für die Eskalation von Gewalt gegen Einwanderer und Flüchtlinge.*" (Jäger / Link 1993, 12)?

Bereits hier wird eine doppelte Bedeutung des Mediendiskurses für die interkulturelle Kommunikation in Deutschland sichtbar: Die mediale Kommunikation zeichnet (oder konstruiert) ein Bild der 'Fremden', das in die interpersonale Kommunikation einfließt und sie beeinflusst. Zugleich ist auch der Mediendiskurs Kommunikation, der in einer mehrsprachigen und mehrkulturellen Gesellschaft auf seinen Anteil an Mehrsprachigkeit und Mehrkulturalität hin befragt werden kann. Zwei Komplexe sollen hier zunächst etwas vertieft werden, um die mediale interkulturelle Kommunikation wie auch die Einflussmöglichkeiten der Medien besser zu verstehen: Wortwahl (vor allem Bezeichnungen für 'Fremde') und die Täter–Opfer–Beziehung.

4.1.1 *Wortwahl im interkulturellen Diskurs der Printmedien*

Ein Blick in deutsche Medien macht sofort ein Dilemma deutlich: Es gibt eine Bezeichnungsnot für Zuwanderer, die überwiegend als 'Ausländer' bezeichnet werden. Erst sehr selten liest man auch von Migranten oder Zuwanderern. Dies gilt auch für offizielle Statistiken, in denen weiterhin Daten über 'Ausländer' wiedergegeben werden, d.h., das Kriterium ist der Pass, nicht jedoch der Geburtsort wie beispielsweise in australischen Statistiken. Dadurch wird zugleich eine Trennung zwischen zwei Gruppen von Zuwanderern vollzogen, denn knapp 7 Millionen Aussiedler werden immer dann, wenn von Ausländern die Rede ist, nicht erfasst, obwohl sie Migranten und in vielfacher Hinsicht anderen Einwanderern vergleichbar sind, auch wenn ihnen im Allgemeinen die Möglichkeit des Erwerbs der deutschen Staatsangehörigkeit sofort gewährt wird. Das eigentliche Dilemma der Bezeichnung 'Ausländer' bringt eine 'Ausländerin' in einem Leserbrief an die *Süddeutsche Zeitung* (9.9.97) zum Ausdruck:

> "Alle in einer Schublade.
>
> Ich bin eine sogenannte Ausländerin, die in München geboren ist, seit 23 Jahren hier lebt, hier Jura studiert und regelmäßig die SZ liest. Wenn ich Nachrichten über 'Ausländer' lese, weiß ich nie, ob ich diejenige bin, die gemeint ist, oder die Flüchtlinge im Asylbewerberheim oder Touristen, die sich vorübergehend in Deutschland aufhalten. Eine differenzierte Wortwahl würde Nachrichten nicht nur eine andere Qualität verleihen, sondern auch gegen die Auseinandersetzung mit Einwanderern, die leider sehr unsachlich und nationalistisch geführt wird, ein Zei-

> chen setzen – was in der jetzigen Stimmung im Lande sehr zu wünschen wäre."

Wenn der Pass das Kriterium zur Bezeichnung wird, ist es nicht mehr möglich, Migranten oder Zuwanderer von solchen Ausländern zu unterscheiden, die sich nur kurzfristig in Deutschland aufhalten. Im Leserbrief kommt deutlich zum Ausdruck, dass dies nicht nur ein Bezeichnungsdilemma ist, sondern ein vielschichtiges Problem darstellt: Es wird Lesern unmöglich gemacht, zwischen ausländischen Menschen, die sich nur kurz aufhalten, und solchen, deren Lebensmittelpunkt hier ist, zu unterscheiden. Dadurch übertragen sich negative Nachrichten über 'Ausländer' immer auch auf Migranten. Es lässt sich in dem Leserbrief zugleich erkennen, dass Migranten sich dadurch zurückgewiesen fühlen. Die mit dem Bezeichnungsdilemma verbundene Problematik ist im Sommer 1997 wieder sehr deutlich geworden, als eine politische Diskussion über Ausländerkriminalität und Maßnahmen dagegen wie beispielsweise Abschiebung in einer Art und Weise geführt wurde, dass Delikte und Verbrechen von hier lebenden Bürgern ohne deutschen Pass nicht von solchen hier operierender Banden aus dem Ausland zu unterscheiden waren, ganz abgesehen von der Problematik, ob Abschiebung von Menschen, die hier aufgewachsen sind, eine adäquate Antwort darstellt, denn – so ein Kommentar von Heribert Prantl in der *Süddeutschen Zeitung* vom 20.5.1997 – "*Probleme kann man nicht abschieben*". Die leichtfertige Verwendung von 'Ausländer' findet sich im übrigen auch bei Migranten, die für sich selbst diesen Terminus übernehmen oder ihn – wie in dem folgenden Artikel aus der *Frankfurter Rundschau* vom 25.3.1996 – mit anderen mischen:

> "Der Verein Saz-Rock hat ein Projekt zum Thema Alltagsrassismus vorgestellt, das Erfahrungen von Migranten in verschiedenen Lebensbereichen dokumentieren soll. Angesprochen seien Ausländer jeglicher Nationalität und jeglichen Alters, sagte Projektleiter Sinan Özbek. Man beabsichtige nicht, eine theoretische Abhandlung zum Thema Rassismus zu erarbeiten, sondern Ausländer mit ihren Erfahrungen zu Wort kommen zu lassen. Etwa 75 Beiträge seien bislang eingegangen, berichtete Özbek. Es zeige sich, dass die erste Migrantengeneration ausländerfeindliche Äußerungen hingenommen habe, während die jüngere Generation "empfindlich" reagiere".

Die in der Bundesrepublik weiterhin im offiziellen Sprachgebrauch übliche Bezeichnung 'Ausländer' verfestigt eine scheinbare Zweiteilung der Bevölkerung, die sich auch in der Gesetzgebung mit dem Ausländergesetz für die Nichtdeutschen widerspiegelt. Die Problematik der Begrifflichkeit wird allerdings zunehmend bewusst, so dass auch die Beauftragte der Bundesregierung für die Belange der Ausländer in ihrem jüngsten Bericht (Beauftragte 1995) oft von 'Migranten' spricht und bei Kindern die Formulierung 'mit ausländischem Pass' verwendet. Diese terminologischen Schwierigkeiten hängen unmittelbar damit zusammen, dass die Bundesrepublik sich offiziell nicht als Einwanderungsland versteht, und auch die Diskussion um Deutschland als eine 'multikulturelle Gesellschaft' sehr kontrovers geführt wird (vgl. auch Wengeler 1993). Im Einwanderungsland Australien wird auch in der Presse '*foreigner*' nur für kurzfristig anwesende Personen aus dem Ausland verwandt, nicht jedoch für Immigranten (vgl. auch Luchtenberg 1997, 1997a). Immigranten – also die sogenannte erste Generation von Menschen, die noch im Ausland geboren wurden – werden im Allgemeinen als '*migrant*', '*immigrant*', '*new immigrant*' oder unter Bezug auf ihr Herkunftsland '*British* etc. *immigrants*' genannt, während für die zweite Generation oft die Kombination zwischen Herkunftsland und Australien verwandt wird wie zum Beispiel '*Sri Lankan Australians*'. Oft wird auch ein Bezug zur *Community* hergestellt (aus der '*Greek community*') oder das Wort '*ethnic*' benutzt, das geradezu inflationären Gebrauch erfährt und auch auf das Umfeld Anwendung findet wie beispielsweise in '*ethnic food*'; '*ethnic restaurants*' (vgl. Luchtenberg 1997). Die Selbst- oder Fremdreferenz auf die ethnische Gruppe ist nicht abwertend oder in Widerspruch zu der australischen Staatsbürgerschaft bzw. dem politischen Leben in Australien zu sehen, da das australische Multikulturalismus-Konzept die ethnische, sprachliche und kulturelle Vielfalt nicht behindert, sondern vielmehr als Grundstock für Australien versteht (vgl. auch Luchtenberg 1995a). Inzwischen werden auch in den seriösen deutschen Medien häufiger eine Reihe von Begriffen in Anführungsstriche gesetzt, um dadurch eine Distanzierung zum Ausdruck zu bringen.

Es ist allerdings auch der Begriff 'Migrant' und seine Varianten wie 'Zuwanderer', dessen Verwendung aus australischer Sicht nicht unproblematisch ist, denn wie lange ist ein Mensch ein Migrant (vgl. Luchtenberg / McLelland 1998)? Insbesondere die Übertragung auf die nächste Generation wie 'Migrantenkinder', die aus deutscher Sicht durchaus als eine Verbesserung gegenüber 'Ausländerkind' gelten kann, ist bei genauer Betrachtung insofern problematisch, da der Status der Eltern (oder Großeltern) auf das Kind übertragen wird. Die Bezeichnungsschwierigkeiten erweisen sich damit sehr deutlich als Resultat der ungeklärten Einwanderungspolitik, die sich – auch im Mediendiskurs – in letzter Zeit vor allem in der Diskussion des Staatsbürgerrechts dokumentiert.

Verweist der Gebrauch von 'Ausländer' für alle Menschen ohne deutschen Pass unabhängig von der Dauer ihres Aufenthaltes auf Bezeichnungsnot ebenso wie auf Unverständnis für Mehrkulturalität, so stellen viele Metaphern in der deutschen Presse eine Bezeichnung dar, für die es ausreichend Ersatzausdrücke gibt, so dass man davon ausgehen kann, dass dieser Wortgebrauch bewusst gewählt wird. Im deutschen Mediendiskurs lassen sich viele Metaphern nachweisen, die eine Bedrohung ausdrücken. Dies gilt in besonderem Maße für den Einwanderungsdiskurs über Flüchtlinge: So nennt Böke (1997) militärische Metaphorik wie z.B. Sprengstoff, Zeitbombe, Heer von Nichtregistrierten, Ansturm u.ä.; Wassermetaphorik wie z.B. Tamilen–Schleuse, Fremdenwelle, Ausländerflut, Asylantenstrom u.ä. sowie eine Warenmetaphorik, die – im Gegensatz zu den beiden anderen – vorwiegend, aber nicht ausschließlich für Arbeitsmigranten angewandt wird wie beispielsweise Arbeitskräfte–Import, Leiharbeiter, Wohncontainer (vgl. auch Gerhard 1991). Bednarz (1993, 8) hält Journalisten die Schwierigkeit ausgewogener Berichterstattung zugute, fordert jedoch einen *"sensiblen Umgang mit Sprache"* und den Willen, auch über die mehrsprachige und mehrkulturelle Gesellschaft Neues zu lernen: *"Mangelnde Sachkenntnis ist niemandem vorzuwerfen. Wohl aber mangelnde Bereitschaft, sich sachkundig zu machen."* (vgl. auch die Vorschläge in Agenda 1995).

Im Vergleich zwischen australischen und deutschen Printmedien ergibt sich eine bemerkenswerte Differenz in Berichten über kriminelle Delikte, denn das Thema Kriminalität kam bei einem Themenvergleich in mehreren deutschen und australischen überregionalen Zeitungen in den australischen Blättern kaum vor, obwohl zur gleichen Zeit Verbrechen in den Medien behandelt wurden, die bekanntermaßen von Migranten begangen worden waren wie beispielsweise der inzwischen verurteilte Mörder im sog. *Backpacker*–Prozess, der aus einer jugoslawischen Einwanderer–Familie stammt, was in der meist recht ausführlichen Berichterstattung nur eine äußerst marginale Rolle spielte, während sich in den deutschen Zeitungen eine Reihe von Artikeln mit Tätern fanden, die als 'ausländisch', 'türkisch', 'jugoslawisch' bezeichnet wurden (vgl. Luchtenberg 1997a). Hier dürfte Mehreres zusammentreffen: In Australien gibt es eine relativ strikte Anti–Diskriminierungspolitik, die die überflüssige ethnische Kennzeichnung nicht zulässt, aber auch die Vorstellung, dass diese Menschen rechtlich gesehen Australier sind, dürfte hier Einfluss haben. Beide Faktoren sind in der Bundesrepublik Deutschland in dieser Form nicht gegeben. Im Pressekodex des Deutschen Presserats von 1996 (Deutscher Presserat o.J.) wird zwar auch ausdrücklich in Richtlinie 12.1 (S.22) dargelegt, dass "*.. die Zugehörigkeit der Verdächtigen oder Täter zu religiösen, ethnischen oder anderen Minderheiten nur dann erwähnt [wird], wenn für das Verständnis des berichteten Vorgangs ein begründeter Sachbezug besteht*", doch handelt es sich hier letztlich nur um Empfehlungen, deren Missachtung für die betreffende Zeitung nur wenige Folgen mit sich bringt.

Die Bezeichnungen im interkulturellen Diskurs der Medien tragen also einerseits zu einer deutlichen Trennung zwischen Deutschen und Nichtdeutschen bei und schaffen andererseits vielfach ein negatives Bild allein durch die Wahl der Bezeichnungen, was der ungleichen Rechtslage entspricht (vgl. Hoffmann 1992). Beides kann nicht ohne Auswirkungen auf die interpersonale interkulturelle Kommunikation bleiben, in die hierdurch negative Wertungen einfließen können. Es ist zudem zu beachten, dass die Zweiteilung in Deutsche und Ausländer der "Wir–Sie" – Dichotomie entspricht, wie sie sich ebenfalls in vielen Schulbüchern findet (vgl. Kapitel 3).

4.1.2 *Opfer–Täter–Beziehung im interkulturellen Mediendiskurs*

Betrachten wir im Folgenden die Rollen, in denen Migranten und 'Einheimische' in den Medien vorkommen. Dabei greifen wir auf die Ergebnisse einer vergleichenden einwöchigen Analyse seriöser australischer und deutscher Zeitungen vom Frühjahr 1996 zurück (vgl. Luchtenberg 1997a für weitere Einzelheiten): Untersucht man die Darstellung von Arbeitsmigranten, Flüchtlingen und Ausländern (also kurzfristig anwesende Personen), so ergibt sich in den deutschen Medien bei Flüchtlingen mit 12 zu 16 Artikeln ein fast ausgewogenes Verhältnis in der Darstellung als Täter und Opfer, während Arbeitsmigranten weitaus häufiger als Opfer dargestellt werden denn als Täter: 4 zu 14 (vgl. dagegen Ruhrmann 1993, 197). Bei 'echten' Ausländern ist das Verhältnis anders: Hier ergeben sich 39x Täterdarstellungen und nur 10x Opferdarstellungen. Die Täter–Opferrolle ist jedoch nicht immer einfach, denn beide können eng beieinander liegen wie etwa die Berichterstattung im Lübecker Prozess um den Brandanschlag auf ein Flüchtlingsheim gezeigt hat. Auch wenn in Holocaust–Gedenkveranstaltungen deutscher Juden als Opfern gedacht wird, ergibt sich implizit zugleich eine deutsche Täterschaft. Auch Deutsche werden in der Opferrolle beschrieben, wenn beispielsweise bei PKK–Demonstrationen deutsche Einrichtungen beschädigt werden. In vielen Artikeln, in denen Migranten als Opfer vorkommen – Opfer von Brandanschlägen, Überfällen etc. – bleibt die vermutlich deutsche Täterschaft zunächst im Unklaren bzw. es wird von rechtsradikalen oder politischen Motiven gesprochen, was sich allerdings ändert, wenn es zu Festnahmen und Prozessen kommt. Die Täter–Opfer–Beziehung zwischen Deutschen und Zuwanderern gestaltet sich jedoch noch komplizierter, wenn nicht selten eine Verbindung zwischen hoher Zuwanderung, Asylmissbrauch und Gewalttaten hergestellt wird, so dass im Extremfall die – nichtdeutschen – Opfer den – deutschen – Tätern die Ursache für die Gewalttat liefern und damit ihre Täter selbst zu Opfern (der 'Überfremdung') machen und ihnen dadurch zugleich auch eine Entschuldigung liefern. Dieses Argumentationsmuster der Verkehrung wird in der Presse auch nicht selten als Politikerzitation wiedergegeben, so etwa in der *Frankfurter Rundschau* vom 1.6.1993, als der bayerische Ministerpräsident Stoiber zitiert wird mit den Worten: "*.. Der Rechtsradikalismus in Deutschland sei heute stärker denn je .... . Der Staat ist bedroht, sagte Stoiber. Zuwanderung und Asylmissbrauch hätten jedoch auch mit dazu beigetragen, dass heute 'Radikalinskis und Extremisten ihre Suppe kochen*'" (Ruth / Jäger / van Dijk 1993). Diese verbale Zusammenführung von Zuwanderung und gewalttätigen Reaktionen lässt sich in verschiedenen Varianten in der – auch seriösen – Presse wiederfinden, so dass Ruth / Jäger / van Dijk (1993, 12). von einem "*Klassiker unter den alltäglichen rassistischen Redeweisen über Minderheiten*" sprechen, den sie mit einer Redewendung aus dem Alltagsdiskurs in Verbindung setzen: "Ich habe nicht gegen ..., aber ...". So war in der Presse auffällig, wie vor allem bei den ersten größeren Anschlägen zunächst über die (Un)Tat an einem oder mehreren Nichtdeutschen berichtet wird, dann aber nach den Motiven gefragt wird, die oft in der Verunsicherung Jugendlicher gesehen wurden – Jugendliche, die sich wie beispielsweise in Lichtenhagen gegen Frustration und soziale Missstände nicht anders zu wehren wüssten. Durch die Bereitstellung von Erklärungen, die Bedrohung durch Zuwanderung geltenlassen, werden aber Vorurteile verfestigt, denn dann gelten auch 'eine andere Mentalität', 'eine andere Kultur' oder 'ein fremder Kulturkreis' als Ablehnungsgrund (vgl. auch Jäger / Jäger 1993).

Diese Verkehrung der Opfer–Täter–Beziehung, durch die die Opfer durch ihr Hiersein Mitschuld tragen an den Taten gegen sie, findet sich auch in der Berichterstattung nach den Morden von Solingen. Dort war sie allerdings zunächst dadurch erschwert, da es sich bei den Opfern nicht um Flüchtlinge handelte, die in der langwährenden Asyldebatte immer wieder als zu Unrecht Anwesende dargestellt wurden, sondern um eine seit langem ansässige türkische Arbeitsmigrantenfamilie. Dennoch ergab sich auch bei den Solinger Morden eine Ablenkung von der eigentlichen Täterschaft, als es zu – auch gewalttätigen – Demonstrationen von meist jugendlichen Türken kam. Auf den Titelseiten einer der beiden Solinger Lokalzeitungen – dem *Solinger Tageblatt* – finden sich im Zeitraum vom 1. bis 14. Juni folgende Überschriften, wobei es am 1. Juni – dem ersten Tag nach den Morden am Pfingstwochenende, an dem wieder eine Tageszeitung erschien – auf der Titelseite keine anderen Meldungen außer denen über die Morde an der türkischen Familie und die Demonstrationen gab.

1.6.1993: Nach der Solinger Mordnacht: Haftbefehl gegen 16jährigen. Das BKA fahndet nach vier weiteren Tätern des Brandanschlags auf die fünf Türken
Ruhe nach 2 Krawallnächten. Erneut 77 Festnahmen nach Auseinandersetzungen mit der Polizei
BKA sucht vier weitere Täter
Hohe Belohnung für Hinweise. Kohl: Freundschaft zwischen Deutschen und Türken nicht zerstören

2.6.1993: BKA hält Einzeltat für möglich. Fahndungs–Fotos zurückgezogen
Weizsäcker kommt zur Trauerfeier. Warnungen vor Selbstjustiz und Gegengewalt / Diskussion um doppelte Staatsangehörigkeit
Nacht blieb recht ruhig
Million für Opfer

3.6.1993: Solingen im Zeichen der Trauer. Trauerfeiern begannen heute morgen / War der 16jährige ein Einzeltäter?
Spende von einer Million

Dies war die letzte Meldung über den friedlichen Verlauf der Trauerfeier am gleichen Morgen (die Zeitung erschien damals noch als Nachmittagszeitung). Auffällig ist das fast völlige Fehlen von Artikeln zur Asylregelung im Zeitraum bis Mitte Juni, denn noch am 29.5.1993 brachte die Zeitung auf der Titelseite einen Artikel zum Thema "Bundesrat billigt das Asylrecht", in dem es u.a. hieß: *"... Mit der Neuregelung soll der Zustrom von Flüchtlingen deutlich beschränkt werden."*. Bereits in den Überschriften der Artikel auf den Titelseiten unmittelbar nach den Morden am Pfingstwochenende 1993 mischen sich die Themen 'Morde an der türkischen Familie' und 'Krawalle türkischer Jugendlicher'. Das Wort 'Gewalt' wird dementsprechend sowohl für Taten gegen Migranten wie auch für Ausschreitungen bei Demonstrationen verwandt. In der Solinger Zeitung finden sich vom ersten Tag der Berichterstattung an (Dienstag nach Pfingsten) Artikel über die Morde und die Ausschreitungen bei Demonstrationen in Solingen, die in den ersten Tagen nach den Morden vor allem die Innenstadt betrafen. Als drittes Thema finden wir in den Artikeln die Diskussion um eine doppelte Staatsbürgerschaft, die fast wie ein letzter Rettungsanker beschworen wird.

4.6.1993:	Solingen: Drei Skins verhaftet. Mordanschlag doch keine Einzeltat
	79 Festnahmen in der letzten Nacht
	Schuld bei uns allen. Abschied von den Opfern des Brandanschlags
	Abflug in die Türkei
5.6.1993:	Solingen: Drei weitere Täter gefasst. Komplizen in rechtsextremer Szene.
	Bangen vor Großdemo
	Kinkel bittet um Vertrauen. Trauerfeier für die fünf Opfer von Solingen im türkischen Tasova
	Weniger Asylanträge
7.6.1993:	Gewalt hat die Trauer vertrieben. Chaoten sprengten Großdemonstration
	Haftbefehle erlassen
	Erneut Anschläge aus Fremdenhass Tausende bei friedlichen Demonstrationen
8.6.1993:	Familie kehrt bald zurück. Überlebende des Brandanschlags wollen Neuanfang in Solingen versuchen
	Debatte über Ausländer
	Wülfrather Brand kein Anschlag? Attentatsserie gegen Ausländer reißt nicht ab
	Schärfere Strafen. Bohl: "Sicherheitsoffensive" gegen Gewalt
9.6.1993:	Entsetzen über Welle der Gewalt. Brandanschlag in Niederrhein-Ort?
	Suche nach rotem Kadett
	Handball in Freundschaft für die Brandopfer
11.6.1993:	70 Straftaten gegen Fremde. Welle der Gewalt geht weiter / Seiters erneut für schärferes Strafrecht
	Dank vom Polizeichef
12.6.1993:	Appell für doppelte Staatsbürgerschaft. Generalkonsul Aran: Türken leben in Angst
14.6.1993:	Rechtentreff in Tatnacht?
	Anschlag geklärt? 27jähriger Verdächtiger in Wülfrath in Haft.

Was zunächst fehlt, ist die in dem Stoiber–Interview angeführte Verbindung von Gewalttaten gegen Migranten und der hohen Zuwanderung. Ist es also die "Chronisten–Pflicht", die zu der Mischung von Berichten doppelter Gewalt führt und den Journalisten einen schwierigen Balance–Akt abverlangt, zumal die 'Krawallnächte' aktueller waren und zu "Solingen - ein Bild der Verwüstung" geführt hatten? (*Solinger Tageblatt* vom 1.6.1993, S. 4).

Die Vermischung von Opfer–Täter–Rollen ist ein wichtiger Aspekt bei der Betrachtung der Rollen, die Migranten in Medien einnehmen, zumal es die beiden Rollen sind, in denen sie am häufigsten vorkommen. Dies ist in der australischen Presse anders: Migranten kommen zwar auch in den Täter– und Opferrollen vor, jedoch häufiger in diversen anderen Rollen, die sie als Mitglieder der australischen Gesellschaft einnehmen, worunter auch ihre Zugehörigkeit zu ethnischen *Communities* fällt, aber ebenso ihre Rolle als Schüler, Wirtschaftssubjekte oder Künstler. Im Unterschied zu den deutschen Medien kann konstatiert werden, dass Migranten häufiger selbst zu Wort kommen, dass Migranten in thematisch vielseitigeren Nachrichten vorkommen und dass kultureller Differenz mit größerer Selbstverständlichkeit als Teil der Gesellschaft begegnet wird (vgl. Luchtenberg 1997, 1997a). Dies ist möglich, weil sich Australien heute als ein Einwanderungsland *und* als eine multikulturelle Gesellschaft versteht, wobei die politisch gewollte Entwicklung zu einer multikulturellen Gesellschaft erst in den letzten dreißig Jahren erfolgt ist. Das Multikulturalismus-Konzept wurde in Australien von der Bevölkerung weitgehend angenommen und konnte so 1989 auch in einer Nationalen Agenda verankert werden (Collins 1991, 232ff.; Office of Multicultural Affairs 1989). Lässt sich also aus den Unterschieden zwischen deutschen und australischen Medien schließen, dass nicht nur die Medien eine vierte Gewalt sind, sondern ihrerseits auch abhängig von der politisch–gesellschaftlichen Einstellung im Lande? Es bestätigt sich zumindest, dass die Medien in erster Linie die politisch vorgegebene Terminologie und Einstellung übernehmen und keine eigenständige Multikulturalismus–Debatte führen: "*Veränderungen in Hinsicht auf Ausländer, Nicht–Deutsche und internationale Beziehungen – kurz auf Multikulturalität – bedürfen eines politischen Willens. Es ist nicht nur eine Frage von irgendwelchen Veränderungen. Es geht dabei letztlich ... um die Herstellung gesellschaftlicher Normalität.* " (Toker 1995, 65). Diese Normalität ist in Australien aufgrund der Multikulturalismus–Politik ein Stück weiter in den gesellschaftlichen und damit auch in den Medien–Diskurs integriert, während wir für die bundesdeutschen Medien ein weitgehendes Verharren in der Dichotomie zwischen Ausländern und Deutschen entsprechend der offiziellen politischen Linie erkennen können. Jakubowicz (1994, 180) folgert hieraus: "*The media reproduce the power structures of society (even if they challenge performances within those structures so that concerted change has to address those structures directly and indirectly, and not wait hopefully for the structu-*

res to change themselves. ...". Die Macht der Medien liegt darin, dass "*.. die Medienöffentlichkeit ... das Massenbewusstsein (prägt)*" (Butterwegge 1996) und damit eine "*mainstream*-Orientierung" der Medien weiterträgt, die nach (Jäger / Link 1993, 12ff.) die nicht auf Multikulturalismus angelegte Politik verstärken anstatt ihr eigene Konzepte entgegenzusetzen. Dies zeigt sich auch in der Beschäftigung mit der mehrkulturellen und mehrsprachigen Gesellschaft als eine Form medialer interkultureller Kommunikation.

4.1.3 *Multikulturalismus in den Printmedien*

In der oben erwähnten vergleichenden Untersuchung zwischen zwei australischen und zwei deutschen Zeitungen – *Süddeutsche Zeitung* und *Frankfurter Rundschau* – ergab sich in den beiden deutschen Zeitungen ein nicht geringer Anteil an Artikeln, die dem Multikulturalismus-Diskurs zugerechnet werden können, allerdings mit einer klaren Tendenz zur Negativberichterstattung, vor allem zum Themenbereich 'Flüchtlinge'. Dies machte bereits die Titelseitenanalyse in der letzten Märzwoche 1996 deutlich, denn in den beiden deutschen Zeitungen fanden sich zwei dominante, miteinander verknüpfte Themen, die dem Migrations- und Multikulturalismusdiskurs zugerechnet werden können: Kurden (Demonstrationen und Verbindungen zur PKK) und Ausländerabschiebung. Die Titelseiten der beiden deutschen Zeitungen vermittelten dadurch den Eindruck, dass die Thematik 'Ausländer in Deutschland' negativ besetzt ist. Damit bestätigt sich ein schon seit langem bekanntes Bild der Migranten in der Presse, das vorwiegend negativ ist, während in der Außenperspektive häufiger auch positive Berichte vorkommen (vgl. Merten 1986). Normalität einer vielsprachigen und -kulturellen Gesellschaft vermittelt keiner der Artikel auf den Titelseiten. Stattdessen geht es in den meisten Artikeln um ein gestörtes Verhältnis zwischen Mehrheit und Minderheit bzw. um Probleme mit der Türkei, also dem Land, aus dem die meisten der Zuwanderer in die Bundesrepublik stammen. In den beiden australischen Zeitungen – *The Australian* und *The Sydney Morning Herald* – fanden sich im gleichen Zeitraum auf den Titelseiten 6 einschlägige Artikel, von denen zwei ein positives Bild vom Leben im multikulturellen Australien wiedergeben bzw. sie stellen dieses multikulturelle Leben als Normalität dar. In *Frankfurter Rundschau* und *Süddeutschen Zeitung* findet sich zwar ein breiteres Themenspektrum im Multikulturalismusdiskurs, jedoch fast ausschließlich negativ besetzt (vgl. Luchtenberg 1997a; Luchtenberg / McLelland 1998 für eine ausführliche Analyse der vier Zeitungen).

Als Beispiel wollen wir einen Artikel der *Süddeutschen Zeitung* vom 20. Mai 1997 genauer analysieren. Hier geht es um die multikulturelle Gesellschaft, allerdings bereits in der Überschrift unter negativen Vorzeichen, was auch als eine Reaktion auf die *Spiegel*-Titelgeschichte "Gefährlich fremd. Das Scheitern der multikulturellen Gesellschaft" vom 14.4.1997 gewertet werden kann.

Die Hauptüberschrift "Istanbul auf 200 Metern" scheint auf den ersten Blick zwar noch neutral, kann aber auch schon als negativ wertend verstanden werden, denn offensichtlich handelt es sich um ein Istanbul außerhalb der Türkei, was die Maßangabe nahelegt, also um eine "ausländisch-fremde" Meile in Deutschland. Dieser Eindruck wird von der Kopfzeile "*Am Beispiel der Keupstraße in Köln-Mülheim: Gibt es ein friedliches Miteinander von Türken und Deutschen?*" und der Unterzeile "*Woran es liegt, dass immer mehr Menschen von einem Scheitern der multikulturellen Gesellschaft in Deutschland reden*" bestätigt, wobei wir nun wissen, dass es sich tatsächlich um eine Straße in Deutschland handelt. Geschickt wird vermieden, die Negativeinschätzung direkt zu geben, sondern es wird zunächst eine scheinbar neutrale Frage nach dem Miteinander gestellt, die mit einer Feststellung über die Meinung vieler Menschen beantwortet wird. Zugleich ergibt sich eine starke Verengung des Begriffs des multikulturellen Gesellschaft auf das Miteinander von Türken und Deutschen, was nicht nur andere Gruppen ausklammert, sondern auch beide Gruppen als homogen darstellt, obwohl doch zumindest die Negativpresse der letzten Jahre die Existenz von Kurden zum deutschen Allgemeinwissen gemacht hat. Der Artikel macht mit vier ganzseitigen Spalten Zweidrittel der Seite aus, ist aber von einem Bild unterbrochen, auf das zunächst der Blick fällt: Was sehen die Leser? Vorne rechts drei Männer, deren ethnische Zugehörigkeit nicht erkennbar ist, auch wenn die beiden, deren Gesicht man sieht, nicht direkt freundlich schauen. Aber das ist noch kein Indiz für 'türkisch'. Etwas von ihnen entfernt betrachten zwei Frauen das Schaufenster eines Ladens, vor dem auch die Männer stehen. Dieser Laden ist durch türkische Beschriftung eindeutig als türkisches Geschäft auszumachen bzw. – da die meisten Leser der *Süddeutschen Zeitung* vermutlich kaum Türkisch lesen können – eigentlich nur als nicht deutsch. Die beiden Frauen tragen lange Mäntel und Kopftuch und sind dadurch als muslimisch charakterisiert. Weiter fällt nach einem Moment der Betrachtung auf, dass auf dem Boden vor dem Laden etwas Papier herumliegt, wo es nicht hingehört. Die Unterschrift unter dem Bild lautet: "*Im Grunde ist die Integration türkischer Zuwanderer nicht gelungen: Momentaufnahme von der Keupstraße in Köln-Mülheim.*" Wie aber hätte ein Bild gelungener Integration ausgesehen? Im Vergleich zu dem Titelbild des *Spiegel* vom 14.4.1997 könnte man dieses Bild geradezu als gelungene Integration verstehen, denn auf der Fotomontage des Spiegel ist im Vordergrund eine zwar westlich gekleidete Türkin (?) zu sehen, die eine rote (türkische?) Fahne schwingt, links von ihr jedoch eine Koranschule für Kopftuch tragende Mädchen und rechts von ihr türkische (?) Jugendliche, die mit Messern u.ä. bewaffnet sind. Dieses Bild erzeugt Unbehagen und Angst, während das Bild in der *Süddeutschen Zeitung* erst durch die Unterschrift beunruhigt. Liest man den gesamten Artikel und versucht dann aufzulisten, was an Negativa berichtet wird, so gelangt man zu einer Liste sehr unterschiedlicher Dinge, die auch von unterschiedlichen Personen angeführt werden:

- Einige Händler verkaufen noch nach 20h (deutscher Apotheker)
- Türkischer Jugendlicher wirft leere Zigarettenschachtel aufs Trottoir
- Die Straße ist unsicher – Dementi von der Polizei
- Türken wollen sich nicht integrieren, sondern bauen sich eine türkische Welt auf, mit der sie sich gegen die deutsche abschotten
- Der Moscheeverein hat hohe Bedeutung – auch als Geschäftszentrum
- Frauen tragen zunehmend Kopftuch
- Männer sitzen in Cafes und Teehäusern
- Es gibt fünf Moscheen im Umkreis
- Es gibt Menschen, die “zwischen die Kulturen geraten sind”, denn es gibt für sie eine Betreuungsstelle namens interkultureller Dienst
- Türkische junge Männer aus Köln heiraten Türkinnen aus der Türkei, was die Integration stört (Frau Richter, die den interkulturellen Dienst betreut)
- Jugendarbeitslosigkeit trifft junge Türken
- Junge Türken haben nicht die Pflicht, Deutsch zu lernen (Frau Richter)
- Behörden lassen radikale muslimische Gruppen gewähren, weil sie nicht als ausländerfeindlich gelten wollen (Frau Richter)
- Radikale muslimische Gruppen bereiten den Gottesstaat vor
- Die Integration ist nicht gelungen (Frau Richter)

- Die Fehden aus der Türkei – vor allem zwischen Kurden und Türken – werden jetzt hier ausgetragen
- Ein türkischer Steuerberater glaubt, dass sich die Türken von der deutschen Gesellschaft abgewandt haben, und zwar aus drei Gründen: Enttäuschung über zu wenig Anerkennung, Furcht vor Anschlägen und Einfluss der türkischen Medien
- Es fehlt Selbstkritik bei den Türken (türkischer Steuerberater)
- Deutsche versuchen den Zuzug von Türken zu beschränken (türkischer Steuerberater)
- Nur einer von drei Anwohnern hat einen deutschen Pass (Vorsitzende der Interessengemeinschaft Keupstraße)
- Das Zusammenleben ist problematisch (wird aus Aussagen der Vorsitzenden herausgelesen)
- Menschen haben Angst, fremd zu werden in einer Straße, die nicht mehr die ihre ist
- Man lebt nebeneinander
- Die Deutschen verlieren ihren Bäcker.

Dem stehen auch positive Aussagen gegenüber:

- Die Keupstraße ist eine dersicherste in K¨ oln (Polizei)
- Saubere Fassaden; Sanierungsgebiet
- Es gibt einen interkulturellen Dienst
- Es gibt eine Hausaufgabenhilfe für türkische Kinder
- Es gibt eine Beratung für türkische Frauen
- Die Kneipen sind billig
- Es gibt eine Interessengemeinschaft Keupstraße (Deutsche und Türken)
- Die heruntergekommene (deutsche) Geschäftsstraße hat sich zu einer boomenden Geschäftsstraße (überwiegend türkisch) verwandelt
- Durch einen gemeinsamen Kraftakt wurden vor einigen Jahren Nutten und Drogenhändler vertrieben.

Wenn man Bilanz zieht und die negativen wie positiven Kernaussagen des langen Zeitungsartikels noch einmal zusammenstellt, so ergibt sich unvoreingenommen das Bild einer funktionierenden Geschäftsstraße, zumal nicht alle negativen Aussagen bei genauer Betrachtung sehr negativ sind wie beispielsweise der Verkauf nach 20h, Männer in Cafes und Teehäusern oder fünf Moscheen in der Umgebung. Die befragten Bewohner – Deutsche wie Türken – scheinen darin übereinzustimmen, dass "*man hier nebeneinander herlebt*", was angesichts der Interessengemeinschaft aber nicht ganz stimmen kann, denn diese ist mehr als ein Nebeneinander. Außerdem: Wie sieht es denn damit in 'deutschen' Geschäftsstraßen aus? Die eigentliche Befürchtung scheint eher die des Journalisten zu sein, der bereits vor allen Interviews meint: "*.. Mitbürger, die offenbar nichts von Integration halten und statt dessen eine eigene türkische Welt aufbauen.*" Wie Integration aussehen sollte, wird in diesem Bericht nicht diskutiert. Was wollen die – deutschen – Bewohner?: "*Wir wollen nur, dass die Türken sich an unsere Gesetze halten.*" Damit seien auch die vielen ungeschriebenen Gesetze gemeint, die Verantwortung für diese kleine Straße gebieten – so die Interpretation des Journalisten. Da nur wenige Zeilen zuvor beschrieben wurde, dass Deutsche und Türken gemeinsam die Straße zu einer lebenswerten Gegend gemacht hätten, scheinen doch die 'ungeschriebenen Gesetze' befolgt zu werden. Der Artikel endet dennoch mit einer beunruhigenden Feststellung, denn gegen die Hoffnung der Deutschen "*Wenn sie das tun, haben wir gewonnen*" setzt der Autor die Angst: "*Vorderhand aber verlieren die Deutschen erst einmal wieder – ihren Bäcker. Er will seinen Laden dichtmachen.*" Damit entpuppt sich dieser scheinbar objektive Bericht über eine multikulturelle Straße als ein Beitrag, für den das Scheitern feststeht, obwohl die oben aufgelisteten Negativa zum Teil harmlos sind. Die kritischen Punkte – Integration, politische Bindungen, Beeinflussung – werden nicht weiter diskutiert (vgl. auch Huhnke 1997 für Medientextanalysen). Besonders geschickt in diesem Bericht ist, dass Türken zu Wort kommen, was sonst oft nicht der Fall ist, und dadurch hohes Gewicht erhält. Da diese Türken aber im wesentlichen eher kritisch über ihre Landsleute sprechen, hat der Autor nur eine vermeintliche Objektivität hergestellt. Insgesamt gelingt es ihm, eine deutliche "Wir–Sie"–Opposition herzustellen, durch die die Angst deutscher Leser verstärkt werden kann (vgl. auch Dorenbeck 1997).

Die deutschen Medien zeichnen demnach durchweg ein Bild einer Gesellschaft, in der zwar Nichtdeutsche oder Migranten leben, die jedoch nur bedingt Teil der Gesellschaft sind. In letzter Zeit finden sich sogar zunehmend explizit Artikel, die vom Scheitern der multikulturellen Gesellschaft sprechen. Dem stehen in den australischen Medien – in Übereinstimmung mit der Politik des Multikulturalismus – deutlich mehr Artikel gegenüber, die sich positiv mit Multikulturalismus auseinandersetzen, Migranten zu Wort kommen lassen und diese in gesellschaftlich relevanten Situationen zeigen.

Es nehmen aber auch in Deutschland Menschen an interkulturellen Kommunikationen im Privat- und im Berufsleben teil, die in den Printmedien nahezu beständig mit Artikeln konfrontiert werden, die Migranten – also die Partner in interkulturellen Kommunikationen – als Täter darstellen, als Opfer – und damit hilflos – charakterisieren und die Möglichkeit einer mehrkulturellen und mehrsprachigen Gesellschaft wenn überhaupt, dann meistens negativ behandeln. Damit führen die meisten Printmedien nicht nur selbst keinen interkulturellen Diskurs, in der unterschiedliche Stimmen zu Wort kommen, sondern sie beeinträchtigen zumindest eine unvoreingenommene Einstellung zu interkulturellen Kommunikationen als 'normale Kommunikation' in einem mehrsprachigen und mehrkulturellen Land. Es ist noch ein weiterer Aspekt zu berücksichtigen: Die Verwendung der Begriffe 'Integration' und 'kulturelle Identität' lässt die Frage aufkommen, wie eigentlich Anpassung bzw. Anderssein interpretiert werden? Was ist positiv, was negativ? Wenn Anderssein negativ bewertet wird, dann steht dies in der Tradition der monolingualen und monokulturellen Gesellschaft, während eine negative Bewertung von Integration – quasi als Aufgabe der eigenen Identität – auch etwas mit der Zuschreibungspraxis zu tun hat, nach der eine einmal erworbene kulturelle Zugehörigkeit unveränderbar ist.

Was fast völlig fehlt in den deutschen Printmedien sind Berichte vom 'anderen' Alltagsleben, wodurch ein Bild einer 'normalen' Vielfalt entstehen könnte, das auch Grundlage interkultureller Kommunikation ist. Dadurch dass das nichtdeutsche Alltagsleben weitgehend ausgeklammert bleibt, wird es nicht nur zunehmend 'fremder' und unerwünschter, sondern es verfestigt sich auch die Vorstellung von deutscher Homogenität, die dann nur noch durch Anpassung der Zuwanderer zu retten wäre. Auf den Lokalseiten der meisten Zeitungen, die über Taubenzüchtervereine, Schützenfeste oder Konfirmationen und Kommunionen berichten, finden wir nur äußerst selten Berichte über vergleichbare nichtchristliche Feste oder Aktivitäten von Migranten oder ihren *Communities*. Selbst ein einschneidendes Ereignis wie die muslimische Fastenzeit – der Ramadan – wird erst seit wenigen Jahren in einigen Tageszeitungen mitgeteilt. Zu diesem Fehlen eines anderen Alltags in der Berichterstattung der Presse kommt hinzu, dass auch nicht – oder nur selten – wahrgenommen wird, wie viel Alltag in unterschiedlichen Situationen zwischen Angehörigen unterschiedlicher Gruppen geteilt wird, wie fehlende Kindergartenplätze, die Erhöhung der Mehrwertsteuer oder Picknicks im Freien in öffentlichen Parkanlagen. Kritische Journalisten sehen das Dilemma der Berichterstattung (hier am Beispiel Fernsehen):

> "... wir müssen immer wieder berichten. Und zwar nicht nur, wenn Solingen brennt und in München die Lichterkette leuchtet. Die Alltagsgeschichten sind so wichtig – die über den multikulturellen Kindergarten und den ersten türkischen Bürgermeister in Bielefeld. Denn

> das Verständnis für "den Anderen", "den Ausländer" kann viel schneller wachsen, wenn er uns als "Nachbar" begegnet". (Friedrichs / Kullmann 1995, 125).

Wenn man das weitgehende Fehlen von migrantenspezifischer wie gemeinsamer Alltagswelt auf der Folie der vorhandenen negativen Berichte betrachtet, so trägt die Presse kaum dazu bei, das Leben in einem mehrsprachigen und mehrkulturellen Land als nicht ungewöhnlich darzustellen. Die Kommunikation, die hier erfolgt, ist einseitig und trägt wohl auch nicht zur Normalität der interpersonalen interkulturellen Kommunikation bei. Trotz aller Mängel, die auch hinsichtlich der australischen Presse angemahnt werden, kann man doch feststellen, dass gerade im Gegensatz zur deutschen Presse, im Durchschnitt ein ausgewogeneres Verhältnis positiver und negativer Berichte vorhanden ist, dass Migranten in vielfältigeren Kontexten vorkommen und dass sie als Teil des Alltags dargestellt werden. Auch ethnische Viertel werden vielfach als Teil der australischen Gesellschaft verstanden, ohne dass Probleme wie beispielsweise in Cabramatta (Sydney) ausgeklammert werden. Da Migranten in den australischen Medien zudem viel häufiger zu Wort kommen, ist auch eine weniger einseitige und damit eher interkulturelle Kommunikation zu verzeichnen.

Ein interkulturelle mediale Kommunikation behindernder Faktor wird dennoch auch aus Australien beklagt: Es sind anteilmäßig zu wenige Journalisten aus Einwandererfamilien tätig. Dies gilt in gleichem Maße für die Bundesrepublik Deutschland, ist aber letztlich in Australien gravierender, da man dort auf eine längere Einwanderung zurückblicken kann (vgl. Carrasco 1995 für Deutschland). Hiermit verbunden ist ein weiterer Aspekt interkultureller medialer Kommunikation: Das Medienangebot für Migranten. Dies ist nicht unabhängig von der oben diskutierten Frage, ob und wie Migranten in den Medien zu Wort kommen, das heißt, ob sie die *mainstream*-Presse auch als ihre Presse annehmen können. In dieser Argumentation ist allerdings auch die aus den obigen Kapiteln bekannte Gefahr involviert, Menschen als Angehörige ethnischer oder kultureller Gruppen zu klassifizieren. Journalisten nichtdeutscher Herkunft stehen nicht per se als Vertreter "ihrer" Gruppe dafür ein, nun portugiesische, vietnamesische oder kurdische Belange zu thematisieren. Dies ist ein Dilemma der mehrkulturellen und mehrsprachigen Gesellschaft, das sich hier auch bei den Medien zeigt (vgl. auch Busch 1994 für Österreich). Die Notwendigkeit der Auseinandersetzung mit der Aufgabenstellung, die Interessen der zugewanderten Menschen wahrzunehmen, betont auch (Pleitgen 1995).

Für die Printmedien ergibt sich damit, dass sie bislang wenig zu medialer interkultureller Kommunikation beitragen und dadurch auch interpersonale interkulturelle Kommunikation behindern. Dennoch fordert Hess–Lüttich (1992, 26): "*Interkulturelle Kommunikation ist als Gegenstand und als Praxis eine neue wesentliche Aufgabe der Massenmedien, einer Medienkultur der neuen Aufklärung.*"

4.2 Fernsehen in der mehrkulturellen Gesellschaft

Wollte man Fernsehen in der mehrkulturellen Gesellschaft als multikulturelles Fernsehen bezeichnen, so müsste zunächst geklärt werden, was als multikulturelles Fernsehen gelten kann, wozu es unterschiedliche Vorstellungen gibt, zu denen etwa auch die Quotierung ethnischer Zugehörigkeit in Fernsehfilmen (USA) oder ein nach Sprachenproporz der Bevölkerung organisierter staatlicher Sender mit Sendungen in diesen Sprachen (Australien) zu zählen sind. Neben solchen Fragen der quantitativen Darstellung von Migranten bzw. der Verwendung ihrer Sprachen ist jedoch vor allem die Frage zu untersuchen, wie das Miteinander als Leben in der mehrsprachigen und mehrkulturellen Gesellschaft behandelt wird. Ein anderer Aspekt ist der Umgang mit anderen Sprachen, der ebenfalls in der Schulkommunikation eine Rolle spielt (vgl. Kapitel 3). Hierzu zählt neben der lautlichen Korrektheit anderssprachiger Namen und Wörter vor allem die mögliche Beispielfunktion der Präsenz anderer Sprachen und damit verbundener Auswirkungen auf Einstellungen gegenüber ihren Sprechern, aber auch die Selbstverständlichkeit von Dolmetschdiensten.

Die Globalisierung der Medien erzeugt gerade im Fernsehen eine interessante Mischung interkulturell–internationaler Kommunikation mit interkultureller Kommunikation in der mehrsprachigen und mehrkulturellen Gesellschaft wie man etwa an Kriminalfilmen im Fernsehen ablesen kann, die zunehmend auch Produktionen aus anderen vor allem europäischen Ländern sind. Betrachtet man beispielsweise die international ausgestrahlten Serien um die Inspektoren und Kommissare Wexford, Derrick, Sarti oder Moser (bzw. Brandtner), so finden wir in ihnen Muster für Interaktionen in den betreffenden Ländern, die trotz Synchronisation Erwartungen im Hinblick auf eventuelle eigene interkulturell–internationale Kommunikationen wecken. Besonderen Aufschluss würde ein Vergleich zwischen der Originalfassung und der synchronisierten Fassung ergeben, da in der für Deutschland synchronisierten Fassung bereits die deutsche Rezeption mitbedacht wird. Manches, was möglicherweise ursprünglich als individuelle Charakterisierung eines Polizeibeamten gedacht war, kann durch die Übertragung in andere Länder leicht zu nationalen Stereotypisierungen führen und so vorhandene Stereotypen vertiefen, wozu die Synchronisation beitragen kann, da sie aus deutscher Sicht geschieht. Dies berührt die weiterreichende Frage der Rolle von Übersetzern in interkultureller Kommunikation (vgl. z.B. Apfelbaum / Müller 1998; House 1997a; Knapp / Knapp-Potthoff 1985). Von besonderem Reiz sind solche Episoden, in denen es im Film zu interkulturellen oder interkulturell-internationalen Begegnungen und Interaktionen kommt. Interkulturelle Begegnungen und Kommunikationen liegen dann vor, wenn ein Migrant Täter, Opfer oder Zeuge ist, so dass die Polizei mit Migranten kommunizieren muss. Interkulturell-internationale Begegnungen finden sich gerade in Kriminalfilmen häufiger, wenn grenzüberschreitende Verbrechen aufzuklären sind. In solchen Situationen werden nicht selten wechselseitige Stereotypisierungen bewusst eingesetzt, um durch Überspitzung eine gewisse Komik zu erzeugen. Kriminalfilme sind ein Genre des Fernsehens, das allein keine Aussagekraft über den Multikulturalismusdiskurs des Fernsehens besitzt, wenn auch hier besonders häufig unterschiedliche Aspekte der mehrsprachigen und mehrkulturellen Gesellschaft thematisiert werden. Bemerkenswert ist es, dass in einigen Kriminalserien des Vorabendprogramms ebenso wie des Abendprogramms inzwischen Polizisten und Kommissare nichtdeutscher Herkunft explizit ‘im Einsatz’ sind. Sie sind nach einer ersten Einschätzung in dieser Berufsgruppe sogar überrepräsentiert. Ihre Zugehörigkeit zur Gruppe der eingewanderten Menschen macht sich im allgemeinen nahezu ausschließlich an ihren Namen und vereinzeltem Gebrauch der Herkunftssprache fest. Insbesondere in der Tatort-Reihe wird gelegentlich auf die kroatische Herkunft eines der beiden Münchner Kommissare Bezug genommen.

Wie in der Presse lässt sich in einigen Sparten eine Nähe zum Internationalismusdiskurs finden: In der Presse sind dies vor allem Politik, Weltgeschehen, Wirtschaft und zum Teil Feuilleton und Sport, während es sich im Fernsehen vor allem um die Nachrichten- und Magazinsendungen handelt.

Programmzeitschriften dienen dem Fernsehzuschauer zur Auswahl der Sendungen und können daher auch zu einer ersten Analyse des Multikulturalismusdiskurses herangezogen werden. Dies hat zum einen den Vorteil, einen großen Überblick über alle Sender gewinnen zu können, der sonst nur mit Hilfe vieler Zuschauer möglich wäre. Zum anderen ergibt sich aber auch eine Verbindung zu den Analysen der Printmedien, da Programmzeitschriften Zuschauern auch eine positive oder negative Voreinstellung zu Sendungen im Multikulturalismusdiskurs vermitteln können. So ergab ein Vergleich von Ankündigungen der Reportage '*Kopftuch und Minirock*' (ZDF 3.11.98) in drei Programm–Zeitschriften (*HörZu, TV–Today, Hören und Sehen*), dass durch den Bildausschnitt und den Text Vorstellungen über muslimische Mädchen verfestigt oder aber auf Vielfalt in dieser Gruppe hingewiesen werden kann. Programmzeitschriften leiten also nicht nur die Auswahl des Lesers, sondern sie können auch seine Vorstellungen über Sachverhalte – hier muslimische Frauen – bestätigen oder sogar erzeugen. Die folgende Analyse bezieht sich auf eine Auswertung der Programmzeitschrift *HörZu* in der Woche vom 21.-27. Juni 1997. Bereits eine flüchtige Durchsicht ergibt einen hohen Anteil US–amerikanischer Filme und Serien, der beispielsweise an einem Tag – Dienstag – von insgesamt 134 Sendungen (mit nächtlichen Wiederholungen) der vier meist gesehenen Sender ARD, ZDF, RTL und Sat1 23 Sendungen ausmacht, allerdings mit einem deutlich höheren Anteil bei den beiden privaten Fernsehsendern. Aber auch außerhalb der US-amerikanischen Serien und Filme findet sich eine Fülle nichtdeutscher Filme in allen Programmen. Die folgende Tabelle 8 gibt einen Überblick über Sendungen, die sich mit dem Ausland oder mit der Multikulturalität im Inland beschäftigen, wobei die ausländischen Serien und Filme hier nur noch berücksichtigt wurden, wenn sie inhaltlich zum Multikulturalismus–Diskurs zu zählen sind:

Tierfilme	Serien	Europa–Sendungen	Berichte aus anderen Ländern	Mehrsprachigkeit / Mehrkulturalität in der BRD, Österreich und in der Schweiz	Talkshows	Fremdsprachige Sendungen
19	10	4	106	6	1	9

Tabelle 8: Multikulturalismusdiskurs im deutschen Fernsehen: 21-27.6.97 in der HörZu

In dieser Tabelle werden vor allem Sparten dokumentiert, die sich in besonderem Maße dem Multikulturalismus–Diskurs geöffnet haben. Hier muss in Bezug auf die Berichterstattung aus anderen Ländern einschränkend bemerkt werden, dass wegen der damals kurz bevorstehenden Übergabe von Hongkong an China ungewöhnlich viele Berichte sich mit der Situation in Hongkong bzw. China befassten. In der Rubrik 'Mehrsprachigkeit / Mehrkulturalität in Deutschland, Österreich und der Schweiz' wird abweichend vom Spartenschema eine inhaltliche Zuordnung von Sendungen vorgenommen, die sich nicht ins Spartenschema einpassen ließen. Die meisten wurden in 3sat gesendet, also einem Programm der deutschsprachigen Länder. Tabelle 8 zeigt eine herausragende Bedeutung des Internationalismus–Diskurses bzw. der Außenperspektive interkultureller Kommunikation. Zugleich ergibt sich allerdings auch eine bedenkenswerte inhaltliche Einschränkung der Information über andere Länder: Sie kommen zunächst in den Nachrichtensendungen vor, dort allerdings fast ausschließlich als herausragende Katastrophen–*News*. Dies wird 1997/8 besonders deutlich an den Informationen über Afghanistan oder Algerien: Beide Länder befinden sich in einem extremen Ausnahmezustand, aber über beide wird nur immer dann berichtet, wenn der Ausnahmezustand eskaliert. Das Fehlen von Information in der Zwischenzeit lässt die Fernsehzuschauer völlig im Unklaren darüber, dass der Kriegs- bzw. Bürgerkriegszustand nicht beendet ist. Politische Magazine unterstützen diese Art der Information weitgehend, allerdings enthalten sie auch Berichte vom Alltagsleben oder aus Ländern, die zur Zeit nicht in den Schlagzeilen sind. Auslandsberichtserstattung beschränkt sich jedoch nicht auf Nachrichten oder politische Magazine. Unter den aufgeführten 106 Sendungen befindet sich auch eine größere Anzahl von touristischen Informationen über andere Länder. In Verbindung mit der nicht geringen Anzahl von Tiersendungen könnte sich so ein sehr einseitiges Bild anderer Länder ergeben, zumal Kultursendungen oft eher von traditionellen Kulturen denn vom Großstadtleben in Asien oder Afrika berichten. So ist es leicht möglich, dass das Bild eines anderes Landes oder einer Region geprägt ist durch Katastrophen wie Erdbeben, Bürgerkrieg, seltene Tiere und vormoderne Lebensformen. In der Analyse–Woche konnte nur eine Talkshow – laut Programmzeitschrift – gefunden werden, die sich mit der mehrsprachigen und mehrkulturellen Gesellschaft befasst. Während des Zeitraums Oktober 98 bis Februar 99 konnten deutlich mehr einschlägige Themen ausgemacht werden, auch wenn die Programmhinweise aus den Progammzeitschriften nicht immer korrekt waren. Eine weitere Frage in diesem Kontext ist auch die Präsenz von zugewanderten Menschen in diesen Talkshows unabhängig vom Thema.

Die obige Tabelle 8 legt die Vermutung nahe, dass Serien für unsere Fragestellung des Multikulturalismus–Diskurses von besonderem Interesse sein dürften. Eine näherer Blick auf die 10 Serien in Tabelle 9 bestätigt diese Vermutung.

Mit Ausnahme der *Lindenstraße* sind alle Texte Originaltexte aus der *Hör Zu*. Vor allen Dingen die Beschreibungen zu der Serie *Marienhof* sind stereotyp und spiegeln eine Erwartungshaltung der unterdrückten türkischen Frau wider. Gleichzeitig wird jedoch auch ein Zuwanderer als selbständiger Imbissbudenbesitzer dargestellt, der zu einer deutschen Clique gehört. Bei der Serie um die Pfarrerin Lenau ist auffällig, dass als Herkunft der Flüchtlingsfamilie 'Afrika' – nicht jedoch ein bestimmtes Land – angegeben wird.

Marienhof	Sülo nimmt Aishe mit nach Hause und wird von ihrem Bruder massiv bedroht Sülo erklärt sich bereit, Aishes Bräutigam zu mimen. Ein gefährliches Spiel! Aishe teilt Sülo mit, dass sie sich ihrem Vater fügt und in die Türkei zurückkehrt
Praxis Bülowbogen	Swetlana
Lindenstraße	Griechischer Wirt Flüchtlingsfrau aus Nigeria
Aus heiterem Himmel	Bild zeigt Carlos, ein farbiges Kind der Serienfamilie
Pfarrerin Lenau	Das Los der Flüchtlingsfamilie Berri aus Afrika rührt Pfarrerin Lenau. Sie tauft Sarah, quartiert die ganze Familie im Pfarrhaus ein. Es hagelt Proteste! Berris Schwager Salam gerät in die Fänge von Menschenhändlern (mit Bild von der Taufe)
Doppelter Einsatz	Kommissarin Sabrina Nicolaidou verfolgt zwei Unbekannte ...
Der Alte	Erik Falter ist tot. Ehefrau Eva glaubt an einen Racheakt der Drogenmafia

Tabelle 9: Multikulturalismusdiskurs in Fernsehserien: 21-27.6.97 laut HörZu

In dieser Woche sind es vor allem die beiden Serien *Aus heiterem Himmel* und *Doppelter Einsatz*, die ein Bild der Normalität einer mehrprachigen und mehrkulturellen Gesellschaft erzeugen, da der farbige Junge als selbstverständliches Mitglied der Familie auftritt, und die Kommissarin griechischer Herkunft suggeriert, dass Migranten eine berufliche Karriere in Deutschland machen können, ohne jedoch ihre Herkunft zu negieren. In den Serien selbst ist es dann gerade die Darstellung der Mischung aus Zugehörigkeiten, die solche Personen zum Muster gelungener Integration macht, da sie demonstrieren, dass solche komplexen Zugehörigkeiten nicht ungewöhnlich sind. Detailliertere Diskursanalysen können dann Aufschluss über das Sprach- und Sprechverhalten dieser Personen geben, um die ihnen im deutschen Fernsehen zugeschriebene Rolle besser beschreiben zu können. Die in Deutschland produzierten Serien spielen überwiegend in der Bundesrepublik und suggerieren den Zuschauern dadurch überwiegend eine vermeintliche Alltagswelt. Daher kommt der Berücksichtigung von sprachlicher und kultureller Vielfalt in diesen Serien besonderes Gewicht zu, denn Zuschauer beziehen hieraus auch Vorstellungen über interkulturelle Kommunikationen. Besonderes

Gewicht in der Präsentation von Migranten kommt der Frage zu, inwieweit Anderssein mit Akzeptanz und Integration vereint wird, was bislang allerdings eher selten der Fall ist.

Entsprechend der Täter–Opfer–Analyse in den Printmedien stellt sich auch für Fernsehserien, Fernsehfilme und –dokumentationen die Frage, in welchen Rollen Migranten vorkommen. In leitenden Funktionen sind sie weiterhin eher selten anzutreffen, und wenn, dann meistens im Team wie bei der Polizei oder im Krankenhaus–Ärzteteam. In der Lindenstraße wurde zwar ein türkischer Vertretungsarzt in eine Arztpraxis relativ mühelos integriert. Zugleich muss aber beachtet werden, dass in dieser Arztfamilie vor allem in den Serienbeiträgen 1999 etliche stereotypisierte Muster türkischer Familien zu finden sind. In Berufen wie Pizzabäcker, Gemüsehändler oder Gastwirt werden Migranten häufiger in Serien gezeigt, was zwar durchaus stereotypisierend ist, aber zugleich auch verdeutlichen könnte, dass Migranten immerhin auch Unternehmer, wenn auch kleiner Betriebe, sind. In diesen Berufen werden Migranten sowohl als Opfer beispielsweise von rechtsradikalen Anschlägen oder Schutzgelderpressern wie auch als Täter meist familiärer Delikte gezeigt. Kommen Migranten gerade in Serien inzwischen etwas häufiger und in einem etwas breiteren Rollenset vor, so gilt dies nicht unbedingt für ihre Sprachen. Filme, in denen Menschen mit einer gemeinsamen Erstsprache diese sprechen, wenn sie untereinander kommunizieren, sind nicht in der Mehrzahl. Wenn Migrantensprachen wie beispielsweise in der Serie Lindenstraße gesprochen werden, werden sie im Allgemeinen auf Deutsch untertitelt. Selten bleiben die Zuschauer ohne die entsprechenden Sprachkenntnisse wie die im Film anwesenden Deutschen im Unklaren über das Gesagte – eine Situation, die in interkultureller Kommunikation vorkommen kann.

Migrantensprachen spielen in der Presse eine noch geringere Rolle: Eine der seltenen Ausnahmen war das Zeitmagazin 51 vom 12.12.1997, dessen Titelblatt mit Ausnahme der Angabe '*Ein Magazin von und über Türken*' ausschließlich türkisch beschriftet war. Dass es in anderen Kontexten durchaus Möglichkeiten zur Mehrsprachigkeit gibt, zeigte die *Münchner Abendzeitung* am 28.5.97 am Tag eines bedeutenden Pokalspiels zwischen Juventus Turin und Borussia Dortmund, das in München stattfand, mit folgender Blickfangzeile: "*Grüß Gott, Dortmund! Benvenuti, Juventus!*". Dies zeigt, wie Innen- und Außenperspektive auch in solchen Situationen noch eine Rolle spielen, in der die Sportler aus Italien mit ihrer Sprache begrüßt werden, die für die Arbeitsmigranten aus Italien sehr viel seltener bemüht wird. Nach Ruhrmann (1993, 197ff.) ist aber nicht nur eine eingeengte Rollenzuweisung zu bemerken, sondern auch unter den Migrantengruppen selbst gibt es Auswahlprinzipien in den Medien, so dass einige proportional an ihrem Anteil in der Bevölkerung häufiger vorkommen als andere. Dies gilt vor allem für Türken und allgemein für Flüchtlinge. Eine solche Auswahl hat fatale Wirkungen, wenn Migranten zugleich in negativen Kontexten vorkommen.

Das Fernsehprogramm ist auch nach den Ergebnissen der Studie vom Juni 1997 noch kein multikulturelles Fernsehen, auch wenn einige positive Veränderungen zu beachten sind: Migranten sind nicht völlig marginalisiert, allerdings auch noch kein normaler Bestandteil von Filmen oder Dokumentationen. Während sich in Serien gelegentlich ein erster Ansatz zur Wiedergabe einer mehrsprachigen und mehrkulturellen Gesellschaft andeutet, wenn auch oft stereotypisiert, so sind dokumentarische Berichte über Migranten seltener und thematisch eher negativ besetzt (Täter oder Opfer in unterschiedlichen Themen) (vgl. auch Kühne–Scholand (1996). Serien könnten zwar einerseits das Genre sein, über das die Normalität einer differenten Gesellschaft übermittelt werden könnte, aber andererseits stimmt es bedenklich, wenn auch Serien wie die Lindenstraße stark stereotypisieren. Fernsehen ist auch deshalb kein multikulturelles Fernsehen, weil sich Migranten mit speziellen Anliegen kaum wiederfinden, was der Situation in der Presse entspricht: Es gibt keine (oder kaum) Berichterstattung über kulturelle, sportliche oder religiöse Ereignisse, die für Zuwanderer von besonderem Interesse sind noch wird auf solche Veranstaltungen hingewiesen.

Allerdings gibt es im Rundfunk auf regionaler Ebene inzwischen sogenannte Multikulti–Kanäle wie SFB4 in Berlin, deren Programm eben diese Aufgaben der Präsentation und Information übernimmt. Es sollen auch Deutsche einbezogen werden, um fortzukommen vom Konzept der früheren 'Gastarbeitersendungen'. Radio Multikulti wurde sogar inzwischen wegen seiner vielsprachigen Programmgestaltung von der internationalen Medienhilfe der Titel "Rundfunksender des Jahres 1997" verliehen (AiD 1998, 20). Festzustellen ist auch, dass unter den Mitarbeitern im Rundfunk und Fernsehen die Anzahl von zugewanderten Menschen zunimmt. Bemerkenswert ist der hohe Anteil ausländischer Filme und Serien sowie der hohe Anteil an Berichterstattung über das Ausland, wenn auch in der oben diskutierten eingeschränkten Themenwahl. Nicht selten ergeben sich in ausländischen Filmen Aspekte der mehrsprachigen und mehrkulturellen Gesellschaft, auch wenn dies durch die Synchronisation nicht immer deutlich wird.

Für die Normalität interkultureller Kommunikation sind Presse und Fernsehen bislang kein Vorbild, aber sie nehmen beständigen Einfluss auf interkulturelle Kommunikation, indem dass sie – vermeintliche – Informationen über Menschen und Kulturen vermitteln, direkte wie indirekte Einschätzungen über das Zusammenleben geben und mit Bildern und Texten Wertungen vertiefen.

4.3 Werbung in mehrkulturellen und mehrsprachigen Gesellschaften

Zur nichtpersonalen Kommunikation zählt auch die Werbung, die zugleich Teil der Medien ist. Werbung kann jedoch auch als ein eigenständiges Medium angesehen werden, das in sehr unterschiedlichen Genres verbreitet ist. Neben Fernseh- und Rundfunkspots, Kino- und Plakatwerbung sind es vor allem Handzettel, Schaufensterauslagen wie beispielsweise in Apotheken, Bandenwerbung auf Sportplätzen, Trikotwerbung, Fahrzeuge als Werbeträger, Leuchtreklamen und weitere, die Werbung zu einem nahezu unausweichlichen Bestandteil des Alltagslebens gemacht haben. Werbung fließt zu einem beachtlichen Teil auch in die Alltagskommunikation ein, denn der hohe Verbreitungsgrad von Werbung ermöglicht es Gesprächsteilnehmern, auf Slogans, Produktnamen oder auch Szenen aus Werbespots in anderen Zusammenhängen Bezug zu nehmen, da angenommen werden kann, dass alle diese Bezüge verstehen. Hieraus ergibt sich für interkulturelle Kommunikation die Frage, ob dies auch für Menschen nichtdeutscher Erstsprache gilt; eine Frage, die für verschiedene Gruppen und Individuen unterschiedliche Antworten ergeben wird, da sie vom Grad der Deutschkenntnisse, vom Medien- und Einkaufsverhalten und zum Teil auch von der Länge des Aufenthalts abhängig ist. Letzteres spielt vor allem bei Werbung eine Rolle, die einen hohen Anteil soziokultureller Bezüge aufweist. Werbung in mehrkulturellen und mehrsprachigen Gesellschaften betrifft jedoch auch Aspekte interkultureller Werbung, also einer Werbung, in der die Mehrsprachigkeit und Mehrkulturalität eine Rolle spielt, entweder, weil sie sich an Konsumenten nichtdeutscher Herkunft wendet, oder weil sie eine solche Gesellschaft abbildet. Auch diese Aspekte betreffen interkulturelle Kommunikation, da im ersteren Fall eine interkulturelle Kommunikation zwischen Produktherstellern und nichtdeutschen Konsumenten stattfindet, und im zweiten Fall Auswirkungen auf interpersonale interkulturelle Kommunikationen durch Stereotypisierungen und Wertungen nicht auszuschließen sind.

Ist Werbung in besonderem Maße kulturell geprägt, so dass sich kommunikative Schwierigkeiten für Menschen mit anderen sprachlichen und kulturellen Vorerfahrungen vermuten lassen? Diese Vermutung bestätigt sich, wenn man in Betracht zieht, dass deutschsprachige Besucher aus Österreich und der deutschsprachigen Schweiz durchaus Schwierigkeiten erwähnen, die Werbung in Deutschland zu verstehen - eine Erfahrung, die durch deutsche Besucher Österreichs und der deutschsprachigen Schweiz bestätigt wird. Dabei muss betont werden, dass alle diejenigen, die solche Schwierigkeiten bestätigen, zugleich kompetente erstsprachliche Sprecher des Deutschen ihrer Varietät sind, so dass also mangelnde Sprachkenntnisse als Ursache für die Verstehensprobleme ausfallen.

Wir müssen also zunächst nach den kulturellen Spezifika der Werbung fragen. Dies können Hinweise auf nationalspezifische Einrichtungen oder Institutionen sein wie etwa Versicherungen, die deutsche Bundesbahn oder der öffentliche Dienst; regionale Besonderheiten wie Feste oder Dialekte, oder es kann sich um Bezüge zu Sprichwörtern, Liedgut oder Sitten handeln. Die Beispiele in Tabelle 10 verdeutlichen die Breite der Anspielungen. Sie zeigen aber auch eine vom Standpunkt der mehrsprachigen und mehrkulturellen Gesellschaft aus eher monokulturelle Orientierung am Deutschen, wenn auch - und dies verdient festgehalten zu werden - in relativ großer regionaler Vielfalt. Auch hierhinter verbirgt sich letztlich eine kulturelle Besonderheit, denn es sind vor allem Getränke wie Bier und Mineralwasser und zum Teil Schnäpse, für die in einem regional engen Raum geworben wird und die sich daher die regionalen Bezüge leisten können. Dies hat wiederum mit der Struktur der Herstellung und Distribuierung dieser Produkte zu tun.

Institutionen	Regionales	Kulturelles
Mensch, ist das ein Ding - geregelt wird's vom Ring	Okertaler. Meine Heimat ist die Natur	Der Kölner braucht ab und zu eins auf den Deckel
Rail and Fly	Auf der Wies'n als gut erwiesen	Die Skatbrüder anrufen, weil's doch Bier auf Hawaii gibt
Sparda-Bank - speziell für den öffentlichen Dienst	Sachsen ist gut. Ich find die Dresdner besser	Trau keiner über Drei Mark Siebzig
Bei ARD und ZDF sitzen Sie in der ersten Reihe	Handy Se nog all?	Oh, du fröhliche Krönungszeit

Tabelle 10: Soziokulturelle Bezüge in der Werbung

Diese Beispiele aus der Plakatwerbung bedeuten für alle, die mit den Institutionen, regionalen Besonderheiten und kulturellen Bezügen nicht oder nur wenig vertraut sind, eine Verständigungsbarriere, die vor allem für die Beispiele zu kulturellen Bezügen hoch ist (vgl. auch Glück

1994). Zwar bezieht sich "*Der Kölner braucht ab und zu eins auf den Deckel*" auf die in Deutschland übliche Sitte, die getrunkenen Biere mit Strichen auf dem Bierdeckel anzugeben, doch wird der Bezug in dieser Kölsch-Werbung durch das Sprachspiel mit "*eins auf den Deckel bekommen*" verdunkelt (vgl. auch Ulrich 1998 zu Sprachspielen in der Werbung). "*Die Skatbrüder anrufen, weil's doch Bier auf Hawaii gibt*" ist nur verständlich, wenn der deutsche Schlager "*Es gibt kein Bier auf Hawaii*" bekannt ist. Das Produkt – eine Telecard – erklärt zwar den Bezug zum Telefonieren, aber die Erklärung macht wörtlich keinen Sinn, da die Abtönungspartikel "*doch*" auf den Gegensatz hinweist, der eben im Schlager zu finden ist. "*Trau keiner über Drei Mark Siebzig*" wird möglicherweise inzwischen auch von jüngeren Deutschen nicht mehr ohne weiteres in seinem Bezug zum Slogan der frühen Siebziger Jahre "*Trau keinem über dreißig*" erkannt, während dies für die über Vierzigjährigen den Witz dieser Zigarettenanzeige ausmacht. Sie ist allerdings ein Beispiel dafür, dass manche Werbung auch ohne Verständnis des Gags einen Sinn ergeben kann, denn auch wer "*Trau keiner über Drei Mark Siebzig*" ausschließlich auf den Zigarettenpreis bezieht, versteht die 'Botschaft', diese – preiswerte – Zigarette zu kaufen. Der verborgene Witz entgeht diesem Leser zwar, aber er wird die Werbung nicht als sinnlos empfinden. Dies gilt bis zu einem gewissen Grad auch für die Werbung "*Oh, du fröhliche Krönungszeit*" von Jacobs Kaffee, dessen Marke Krönung hier mit dem Weihnachtslied "*Oh du fröhliche*" verknüpft wurde, aber auch als Hinweis auf die Marke allein zumindest nicht unverständlich ist. Werbung als indirekte Kommunikation, die notwendigerweise Hörer und Leser, aus denen dann Konsumenten werden sollen, zur Kommunikation braucht, nimmt offensichtlich interkulturelles Nichtverstehen in Kauf. Dies lässt zumindest die zur Zeit stark zunehmende Tendenz zu Sprachspielen und Anspielungen auf Ereignisse, Phraseologismen oder Alltagsleben vermuten. Auch die Beispiele zu regionaler Werbung enthalten Verständnisbarrieren, die auch schon für Menschen aus anderen Regionen gelten können. Während die Okertaler-Werbung durch ein Bild erläutert wird, muss der Leser *Wies'n* als das bayrische Volksfest verstehen, denn anderenfalls ist die Kopfschmerzwerbung nicht verständlich. Bei der Werbung aus Sachsen liegt eine etwas andere Situation vor: Es ist relativ leicht verständlich, dass für ein Produkt 'Dresdner ???' geworben wird. Für Ortsfremde liegt die Vermutung *Dresdner Bank* nahe als einem in ganz Deutschland bekannten 'Produkt', aber tatsächlich geht es um die *Dresdner Zeitung*, die der ebenfalls in Dresden produzierten *Sächsischen Zeitung* gegenübergestellt wird in einer Weise, die das Verbot der direkten Vergleichswerbung geschickt umgeht. Dieses Beispiel zeigt besonders deutlich, dass solche regionalen Verständnisschranken nicht an die deutsche Erstsprache, sondern vielmehr an örtliches Alltagswissen gebunden sind, so dass möglicherweise ein in Dresden lebender Vietnamese diese Werbung versteht, ein neuzugezogener Rheinländer jedoch nicht. Das letzte Beispiel in der Reihe ist nur mit Dialektkenntnissen zu verstehen. Es war daher auch auf den Kölner Raum begrenzt, in dem für ein Preisausschreiben mit Mobiltelefonen geworben wurde. Im Standarddeutschen bedeutet der Satz: 'Sind die noch ganz gescheit' – wörtlich: *Haben die sie noch alle?*, wobei auch für Dialektsprecher die Schwierigkeit zu überwinden ist, dass die Wortgrenzen neu gesetzt werden müssen: 'Han die .....', ohne die englische Aussprache aufzugeben. Die wenigsten Probleme im Verstehen bereitet die erste Sparte für Menschen, die in der Bundesrepublik leben, denn hier wird lediglich Kenntnis von Versicherungen, Bundesbahn, Öffentlichem Dienst und dem Fernsehen vorausgesetzt, also Institutionen, mit denen auch Menschen nichtdeutscher Erstsprache zu tun haben können.

Die letzten Beispiele haben aufgezeigt, dass Werbung soziokulturelle Muster verarbeitet und dadurch vor allem von nur kurzfristig anwesenden Ausländern nicht leicht verstanden wird. Diese Verstehensschwierigkeiten sind an Sprachkompetenz, aber vor allem an die Vertrautheit mit der Gesellschaft geknüpft. Zu fragen bleibt, ob seitens der Werbung bewusst in Kauf genommen wird, dass die Zielgruppe zugewanderter Menschen, die auch Konsumenten sind, durch stark kulturell geprägte Werbung weniger oder nicht angesprochen wird. Dies gilt vor allem für Plakatwerbung, die nicht wie Zeitschriften- oder Fernsehwerbung zielgruppenorientiert arbeiten kann.

Wie steht es mit der zweiten Überlegung zu Werbung in mehrkulturellen und mehrsprachigen Gesellschaften? Bildet Werbung Mehrsprachigkeit und Mehrkulturalität ab? Diese Frage muss zunächst verneint werden, denn die Menschen in der Werbung entsprechen nicht der mehrsprachigen und mehrkulturellen Umgebung, in der sich beispielsweise die Plakate befinden. Menschen in der Werbung entsprechen bestenfalls einem kleinen Ausschnitt der deutschen Gesellschaft bzw. deren Wunschvorstellungen. Migranten kommen hier (fast) nicht vor. Dennoch ergeben sich Bezüge zur interkulturellen Kommunikation, da die Werbung auf Plakaten und im Fernsehen partiell durchaus Menschen aus anderen Ländern als Motiv und Werbeträger verwendet. Dabei handelt es sich allerdings meistens um Europäer, die in stereotypisierter Weise dargestellt werden und auch sprechen, indem sie einen 'typischen' Akzent haben. Auch die Produkte, für die sie werben, sind im Allgemeinen solche, die "typisch" für das betreffende Land sind wie Käse für Frankreich und die

Niederlande oder Espresso und Nudeln für Italien. Gelegentlich werden auch Ereignisse in anderen Ländern zum Anlass für eine Werbung für ein Produkt genommen, das nichts mit dem Land zu tun hat wie beispielsweise Reinigungsmittel, die bei einem riesigen Abwasch nach einem lokalen Fest ihre Kraft beweisen sollen. Nichteuropäer sind – soweit es sich nicht um die amerikanischen Cowboys der Zigarettenreklame handelt – vorwiegend exotisch – exotisch schön, exotisch wild und exotisch fremd (vgl. Howe / Krüger 1996). Nur in wenigen Beispielen – wie für Kaffeewerbung im Fernsehen – wird eine Gemeinsamkeit über viele Länder hergestellt, auch wenn hierbei die unterschiedlichen Gewinnanteile übergangen werden. In der Fernsehwerbung wird häufiger versucht, deutsche Produkte wie Brillen, BahnCard oder Telekom mit Menschen in anderen Ländern in Verbindung zu bringen, die mit dem Produkt weder zu tun haben noch es konsumieren können. Während die Öffnung zu den europäischen Ländern und auch die exotischen Einschübe zumindest partiell mit der Globalisierung der Medien und der Europäisierung auch des Alltags erklärt werden können, ist die Verweigerung eines interkulturellen Dialogs im Inland nicht direkt nachvollziehbar. Ein Aspekt könnte sein, dass die Stereotypisierung, wie sie gegenüber den europäischen Ausländern angewandt wird, in diesem Maße nicht für in Deutschland lebende Menschen möglich ist bzw. neue Strukturen verlangen würde, um die türkische Hausfrau in einer Weise darzustellen wie die durchaus auch stereotypisierte deutsche Hausfrau. Ein Weg hierzu deutet sich in letzter Zeit an, wenn auch italienische Eisdielenbesitzer mit weißen Tischdecken für ein Reinigungsmittel werben: Hier bleibt die deutsche Sicht gewahrt, denn Eisdiele ist ein gängiges Stereotyp für Italiener in Deutschland, so dass auch die Einbuße des Klischees der nicht ganz so sauberen Italiener keine Rolle spielt. Zugleich wird aber ein Stück der mehrkulturellen Geellschaft in die Werbung einbezogen.

Betrachtet man nicht die Personen, sondern die Sprache der Werbung, so ergibt sich ein auf den ersten Blick anderes Bild, denn die Werbung in Deutschland ist mehrsprachig. Diese ist zwar in erster Linie durch einen hohen Anteil des Englischen bestimmt, aber es werden auch andere Sprachen – produktabhängig – gebraucht wie etwa Französisch in der Gauloises–Werbung ebenso wie in der Werbung für französische Käse oder Italienisch in der Espresso–Werbung oder auch für Parfums. Der Anteil nichtdeutscher Wörter und Texte ist dann besonders hoch, wenn auch Produktnamen wie *Speedies*, *Perrier* oder *Kerrygold*, Produktbezeichnungen wie *Portable Computer*, *Jeans* oder *BahnCard* sowie auch in der Alltagssprache verwendete Entlehnungen aus anderen Sprachen wie *First Class*, *High-tech* oder *Fast Food* mitgezählt werden. Die Verwendung nichtdeutscher Wörter oder Texte findet sich in allen Formen der Werbung – Anzeigen, Plakate, Radio-, Kino- und Fernsehwerbung – sowie in allen Teilen der Werbung, also im Slogan ebenso wie im eigentlichen Text. Besondere Aufmerksamkeit gilt dem Mengenanteil der nichtdeutschen Sprache sowie ihrem Grad der Integration ins Deutsche: So kann der Anteil der nichtdeutschen Sprache von einem einzigen Wort bis hin zum gesamten Text reichen:

- *So fresh kann Joghurt sein*
- *Take that*
  Mississipi Box
  Da ist Meer drin. Nordsee
- *Chivas Regal: You either have it or you don't.*

Die beiden ersten Beispiele zeigen unterschiedliche Formen der Integration, indem im ersten Fall ein englisches Wort ein deutsches ersetzt, während im zweiten Beispiel der erste Teil des Textes in Englisch, der zweite aber in Deutsch geschrieben ist. In einigen Beispielen ist das Verhältnis verdreht, indem nun ein deutsches Wort in einen anderssprachigen Text integriert zu sein scheint:

- *Perrier, s'il vous plaît. Tout de suite. Perrier. Weltweit à la carte.*

Die Mischungen können auch als Komposita gebildet werden: So wirbt Enna Mehrkornbrot mit der Schlagzeile '*Happy Brot-Day*' und holländischer Gouda mit '*Kaaskunst*'. Seltener sind Wortmischungen wie bei einer Teewerbung: '*Partea*', wo eine Kompositumbildung vorgetäuscht wird. Zum Teil wird auch die andere Sprache "erfunden" wie beispielsweise in der McDonalds-Werbung für asiatische, griechische oder lateinamerikanische Spezialitätenwochen. Für mexikanische Burger wird mit '*Los Wochos*' geworben und für asiatische Gerichte mit *Take-Wan-Home* oder *Ess-Ma-Pur*. Ein Beispiel hierfür findet sich auch in folgender Werbung, in der durch Analogien und eine kleine orthographische Änderung 'Taxi' zu einem 'chinesischen' Wort umgebildet wurde:

Zu Ihrer Sicherheit gibt's:
Jiu-Jitsu, Kung-Fu,
Tae-Kwom-Do oder Ta-Xi.
Taxi. Mach's Dir bequem.

Trotz der überraschenden Vielzahl von Werbetexten in anderen Sprachen handelt es sich hierbei nicht um ein Aufnehmen einer interkulturellen Kommunikation, denn eine interkulturell–internationale Kommunikation kann nicht intendiert sein, da die Werbung im Inland rezipiert wird. Interkulturell in Bezug auf die mehrsprachige und mehrkulturelle Gesellschaft ist sie jedoch auch nicht, da weder die Sprachen noch die Gesprächssituationen inländisch ausgerichtet sind bis auf wenige Ausnahmen, bei denen es um italienische Lokale geht.

Man könnte geneigt sein, das weitgehende Fehlen einer interkulturellen Kommunikation, die sich auf die mehrsprachige und mehrkulturelle Bundesrepublik bezieht, der offiziellen deutschen Ablehnung von Einwanderung und kultureller Diversität zuzuschreiben, wenn nicht ein Blick auf die Werbung im auch politisch gewollt multikulturellen Australien ein sehr ähnliches Bild ergeben würde, das zudem noch zusätzlich auch von einer extremen Einsprachigkeit in Englisch geprägt ist und sich in dieser Hinsicht noch von der deutschen Werbung unterscheidet (zu vergleichenden Analysen deutscher und australischer Werbung vgl. Luchtenberg / Gardner 1997, 1998). Für die australische Werbung gibt es allerdings ein Erklärungsmuster, das in Deutschland nicht zutrifft: Es gibt nicht nur eine Multikulturalismus–Politik in Australien, sondern auch eine Anti–Diskriminierungspolitik, die bereits mehrfach erreicht hat, dass Werbung wegen zu stereotypisierender Darstellung von Menschen nicht–weißer Hautfarbe und anderer ethnischer Zugehörigkeiten zurückgenommen werden musste. Angst vor solchen Maßnahmen wird daher in Australien durchaus als ein Motiv für die fehlende Integration der nicht–weißen Einwanderer in die Werbung angesehen. Es reicht aber wohl nicht aus, um diese Abstinenz ausreichend zu erklären, denn auch hier sind die Einwanderer – wie auch die Aborigines – potentielle Kunden. Das Fehlen einer solchen Werbung – und damit der interkulturellen Kommunikation im Bereich der Werbung – ist in Australien auch deshalb erstaunlich, da es durchaus intensive Bemühungen um diesen Sektor gibt. So werden *"Multicultural Marketing Awards"* verliehen, die jedoch entgegen ihrer Bezeichnung für eine Fülle von Umsetzungen stehen (vgl. z.B. Ethnos 1990, 1993), denn der Preis wird für so unterschiedliche Werbekampagnen wie eine Lotterie, die durch spezielle Angebote chinesische und vietnamesische Kunden anspricht, verliehen wie auch vor allem für Institutionen, die durch Werbemaßnahmen Migranten ansprechen (hierzu zählen beispielsweise Krankenhäuser und Fortbildungsinstitutionen). Das Spektrum ist jedoch breit, da zum Beispiel auch die Beiträge von Immigranten zur australischen Wirtschaft berücksichtigt werden. Damit wird zugleich deutlich, dass im australischen interkulturellen Diskurs die

Mischung von Angeboten von 'Australiern' für Immigranten, von Immigranten für Immigranten sowie von Australiern für ein internationales Publikum sich bereits stärker mischen als dies in der Bundesrepublik der Fall ist.

Es bleibt jedoch die Frage, warum weder im offiziell multikulturellen Australien noch im mehrsprachigen und mehrkulturellen Deutschland eine interkulturelle Kommunikation durch die Werbung bislang zustandegekommen ist.

Diesen negativen Ergebnissen kann mit einer nicht-kommerziellen Werbung zumindest ein Stück positiver Aktivitäten entgegengesetzt werden, denn nicht nur im multikulturellen Australien unterstützt das Office of Multicultural Affairs die Produktion von multikulturellen Plakaten, die vor allem in Behörden, Universitäten und Schulen ausgehängt werden, sondern auch in Deutschland veranlassen die Ausländerbeauftragten in einigen Bundesländern die Herstellung und Verteilung solcher Plakate. Diese Plakate werben für die mehrsprachige und mehrkulturelle Gesellschaft, sind also in diesem Sinne nichtkommerziell. Sie sind jedoch Teil des interkulturellen Diskurses in beiden Ländern, wenn auch weitgehend begrenzt auf Angestellte oder Besucher dieser öffentlichen Einrichtungen.

Es ergibt sich insgesamt kein klares Bild interkultureller Kommunikation in der Werbung in Deutschland, da sie sich offensichtlich der neueren Vielfalt zwar verweigert, aber auf der anderen Seite deutliche Tendenzen in Richtung kultureller und sprachlicher Vielfalt aufweist. Jedoch muss zur Zeit von einer an mehrsprachigen und mehrkulturellen Prozessen interessierten Werbung ausgegangen werden, die sich innergesellschaftlicher interkultureller Kommunikation durch Fokussierungen auf europäische, exotische oder mehrsprachige Aspekte zu entziehen sucht.

4.4 Zusammenfassung

Betrachten wir Mediendiskurs und Werbung zusammenfassend in ihrer Bedeutung für interkulturelle Kommunikation, so ergibt sich:

- Alle Medien haben Teil am Multikulturalismusdiskurs durch die Art, wie sie Migranten, Migration und mehrsprachige / mehrkulturelle Gesellschaft thematisieren bzw. wie sie es nicht tun
- Dieser Multikulturalismusdiskurs der Medien wird von Lesern / Zuschauern rezipiert und in ihre eigenen kommunikativen Vorstellungen meist unbewusst eingebunden. Dabei ergeben sich Unterschiede je nach Selbstwahrnehmung und kultureller Zugehörigkeit. Wer sich in erster Linie über eine bestimmte Religion definiert,

reagiert anders auf die (Nicht)Berichterstattung als jemand, für den diese Religion ohne Interesse ist oder der ihr ablehnend gegenübersteht. Es muss jedoch davon ausgegangen werden, dass Menschen, die in der Bundesrepublik leben, und spezifische sie betreffende Fragen und Interessen nicht in den deutschsprachigen Medien finden, dies als Verweigerung interkultureller Kommunikation ansehen könnten

- Der Multikulturalismusdiskurs der Medien kann bei ethnischer und kultureller Zuschreibung mitwirken, da Printmedien und Fernsehen Menschen oft in wenigen Funktionen und in bestimmten ethnisch-kulturellen Konstellationen darstellen. Dies gilt auch für die Werbung, sofern in ihr Migranten überhaupt eine Rolle spielen
- In den Medien und insbesondere der Werbung ergibt sich ein differenzierter Umgang mit nichtdeutschen Sprachen: Während Werbung großzügigen Gebrauch von anderen Sprachen macht, die allerdings überwiegend keine Migrantensprachen sind, tun sich Fernsehen und Printmedien eher schwer mit dem Umgang mit fremden Sprachen. Liegt ein Grund hierfür in der Verstehbarkeit, so spielt Werbung gerade mit dem – partiellen – Nichtverstehen
- Auch im Mediendiskurs lässt sich die Innen- und Außenperspektive interkultureller Kommunikation wiederfinden, wobei sich eine deutliche Dominanz der Außenperspektive festmachen lässt.

Die Betrachtung interkultureller Kommunikation in den Medien ist wesentlicher Bestandteil interkultureller Kommunikation, weil sich hier zum einen gesellschaftliche Einschätzungen dokumentieren, zum anderen aber wegen ihrer Wirkung auf interpersonale interkulturelle Kommunikation. Dies gilt partiell auch für internationale interkulturelle Kommunikation, da viele Medien entweder aus dem Ausland stammen oder aber sich damit beschäftigen. Sie tragen zum Bild über andere Länder bei und können sich entsprechend auf interkulturelle internationale Kommunikation auswirken. Ein hoher Anteil von Medienberichten mit Außenperspektive kann aber auch zur Marginalisierung interkultureller Kommunikation in einer mehrsprachigen und mehrkulturellen Gesellschaft beitragen.

Kapitel 5
Literatur als Teil interkultureller Kommunikation

Wie in Kapitel 4 zu interkultureller Kommunikation in den Medien, wird auch mit der Einbeziehung von Literatur der Begriff der interkulturellen Kommunikation auf indirekte oder verzögerte Interaktion erweitert, da sowohl die Massenmedien wie auch Literatur zwar jeweils eine Seite eines Dialogs darstellen, aber die Reaktion i.a. eine nicht-öffentliche ist und insofern nur durch Umfragen und ähnliche Methoden ermittelt werden kann.

Es geht also nun um den Multikulturalismusdiskurs in der Literatur. Zusätzlich ergibt sich die Frage nach der Präsentation und Akzeptanz im Verlags- und Buchhandlungsbereich wie auch nach der Integration in Schulen und Curricula. Ein dritter, nicht minder wichtiger Teil der Betrachtung von Literatur als interkulturelle Kommunikation ist es danach zu fragen, wie hier interkulturelle Kommunikation dargestellt wird. Wir beschränken uns in diesem Kapitel auf Migrantenliteratur und interkulturelle Kinder- und Jugendliteratur, obwohl auch Literatur deutscher Schriftsteller und ihre Darstellung des Zusammenlebens in einer mehrsprachigen und mehrkulturellen Gesellschaft aufschlussreich für interkulturelle Kommunikation sein kann. Unter Migrantenliteratur verstehen wir die Literatur von in Deutschland lebenden Menschen nichtdeutscher Herkunft, die auf Deutsch geschrieben oder veröffentlicht wird. Weitere Einschränkungen des Alters oder Geburtsorts, Migrationshintergrund, Gruppenzugehörigkeit oder Thematik werden jedoch nicht gemacht (vgl. auch Biondi / Schami 1981; Chiellino 1995; Esselborn 1997; Rösch 1995; Weigel 1992). Interkulturelle Kinder- und Jugendliteratur bezeichnet – unabhängig von der ethnischen Zugehörigkeit der Autoren – solche Bücher oder Geschichten, die sich mit Fragen der Migration und / oder dem Leben in einem Einwanderungsland beschäftigen, so dass hier solche Bücher keine Berücksichtigung finden, die sich mit dem Leben in anderen Ländern im weiteren Sinne wie z.B. sog. Dritte–Welt–Bücher, befassen und auf deren Besonderheiten aufmerksam machen wollen. Für die Fragestellung der interkulturellen Kommunikation interessiert uns, wie in Migrantenliteratur und interkultureller Kinder- und Jugendliteratur solche Interaktionen dargestellt werden, welche Probleme gesehen werden und welche Hilfen zu ihrer Überwindung angeboten werden.

5.1 Migrantenliteratur in der Bundesrepublik Deutschland

Die Untersuchung von Migrantenliteratur im Kontext interkultureller Kommunikation eröffnet die Möglichkeit, die Thematik aus authentischer Migrantenperspektive zu betrachten, während zum anderen die Akzeptanz oder Nicht-Akzeptanz im Literaturbetrieb ein Licht auf die Ernsthaftigkeit eines interkulturellen Diskurses zu werfen vermag. Diese Doppelseitigkeit der Betrachtung erlaubt neue Zugriffe auf interkulturelle Kommunikation. Eine weitere Fragestellung ist die nach Einbeziehung von Migrantenliteratur im Unterricht, wobei vor allem das Fach Deutsch zu untersuchen ist, jedoch auch einige Sachfächer. Damit lässt sich die Verbindung herstellen zur interkulturellen Kommunikation in der Schule, allerdings jetzt auf einer anderen Ebene. Der Begriff Migrantenliteratur wird im Folgenden weit gefasst, indem sowohl Arbeiten mit literarischem Anspruch wie auch solche einbezogen werden, die in erster Linie der individuellen Aufarbeitung der Migrationssituation dienen. In beiden spielt interkulturelle Kommunikation eine große Rolle, was aus der Migrationssituation leicht verständlich ist.

5.1.1 *Darstellung interkultureller Kommunikation*

Vor allem in den frühen Veröffentlichungen von Migrantenliteratur, die nicht selten durch Preisausschreiben zustandekamen, findet man die Darstellung des Verstummens. Migranten berichten von sich oder Verwandten, dass sie in der Migration nicht in der Lage waren, eine Kommunikation mit den Menschen in ihrer neuen Umgebung aufzunehmen. Ein Beispiel ist *Ausländerkind* (Amado Monroy 1983), ein Gedicht, das mit folgenden Worten beginnt:

> "Bin stumm geworden
> durch den Zwang,
> anders zu sprechen.
> Ihr habt mich nicht verstanden
> und wollt mich auch nicht verstehen."

Hier mischen sich zwei häufig wiederkehrende Motive: Unbehagen über die erzwungene Zweisprachigkeit, die vielfach als Bedrohung der Identität empfunden wird, und die Ablehnung durch die Deutschen. Diese Ablehnung wird als umso schlimmer empfunden, je mehr das Erlernen der deutschen Sprache als Aufgabe oder Verlust der ersten Sprache erlebt wird. Hinzu kommt, dass Zweisprachigkeit in den meisten dieser Darstellungen auch als die Gefahr einer kulturellen Entwurzelung angesehen wird. Dies äußert sich auch in weiteren Zeilen des Gedichts *Ausländerkind* (Amado Monroy 1983), wenn es heißt:

> "Keine Sprache erlebe ich ganz:
> meine Kultur bleibt ein Rätsel
> in den Pfützen meiner Seele
> ....
> Ich besitze zwei Sprachen,
> aber dafür keine Heimat.
> Eure Welt ist nicht die meine,
> da ihr mich nicht annehmt.
> ....".

Das Opfer der Zweisprachigkeit wird nicht angenommen, so dass aus Sicht des Migranten nur der Rückzug bleibt. Interkulturelle Kommunikation ist aus dieser Sicht gescheitert, weil sich die deutsche Seite nicht darauf eingelassen hat, jedenfalls nicht in einer akzeptablen Weise (vgl. auch Luchtenberg 1991). Das Scheitern interkultureller Kommunikation entspricht dem Scheitern der Integration, das sich nach Ackermann (1984) in vier Varianten in der Migrantenliteratur wiederfindet: Schildern von Identitätsproblemen, Schildern von Konflikten im zwischenmenschlichen Bereich, Remigrationsprobleme und schließlich Konflikte mit den Integrationsvorstellungen der Deutschen. Das obige belegte Verstummen der Migranten ist manchmal auch ohne direkten Einfluss der deutschen Gesprächspartner erfolgt wie beispielsweise in dem Gedicht *Mutter-Sprache* (Bedregal 1983), in dem eine Mutter sich fragt, in welcher Sprache sie in Deutschland mit ihrem Kind sprechen soll und schließlich resümiert:

> "Der Seiltanz zwischen beiden Welten
> will mir nicht mehr gelingen ...
> Ich verliere das Wort
> und falle
> ins
> Schweigen".

Hier wird die Kommunikation auf Deutsch nicht wegen einer empfundenen Ablehnung aufgegeben, zumal in vorhergehenden Strophen von Gesprächen auf Deutsch mit den Nachbarn die Rede war, sondern hier liegt der Grund ausschließlich in der unverkrafteten Zweisprachigkeit im Migrationskontext. Dies mutet auf den ersten Blick erstaunlich an, denn

Zweisprachigkeit gilt inzwischen doch weitgehend als eine positive Entwicklung, die auch bildungspolitisch innerhalb Europas für möglichst viele Menschen angestrebt wird. Bei der Bewertung dieser Teile der Migrantenliteratur muss daher auch berücksichtigt werden, dass sich die Texte entweder auf die Erlebnisse von erwachsenen Arbeitern beziehen, die sich einer völlig ungewohnten Situation gegenübersahen, oder aber auf die Generation von jungen Leuten, die als Kinder mit ihren Eltern nach Deutschland gekommen waren. Sie sind durch die deutsche Schule geprägt, die ihnen überwiegend keine Hilfestellung im Umgang mit Zweisprachigkeit angeboten hat, sondern von ihnen erwartete, dass sie Deutsch lernten (vgl. Kapitel 3). Somit wirkt auch in den Gedichten und Prosastücken, die sich nur mit der eigenen Zweisprachigkeit auseinandersetzen und auf ihre Identitätskrise verweisen, die partielle Verweigerung interkultureller Kommunikation seitens der deutschen Umwelt im Sinne einer offenen Akzeptanz der anderssprachigen und von anderen Kulturen geprägten Menschen nach.

Einige Autoren befassen sich mit den Reaktionen der Umwelt auf ihr Gastarbeiterdeutsch. So etwa in *Sprachliche Machtlosigkeit* (Biondi 1983), einem Gedicht, in dem zwei deutsche Arbeitskllegen das lyrische Ich – einen Italiener – in einer Kneipe hänseln und schließlich zu einer Reaktion zwingen:

> "Da stammelte ich endlich irgendwas,
> worauf sie losschossen
> ich soll verständliches deutsch babbeln.
> Mir wurde kribbelig im magen
> und versuchte bumerangartig zurückzuschießen
> indem ich ihre sprüche auf sie ummünzte
> sowie ich es sonst in meiner heimatsprache tue
> wenn mir jemand mit so sprachpatronen ankommt,
> aber bis mir die worte in deutsch eingefallen waren
> oder bis ich den satz umformuliert hatte
> hatten meine sprachbrocken an zündung verloren.
> Sie merkten das und wurden verletzender.
> ......".

Franco Biondi – einer der Chamisso-Preis-Träger – vermittelt hier die Angst des Migranten, der sich in der deutschen Sprache nicht auszudrücken vermag und sich deshalb vom Gespräch zurückzieht. Als man ihn zur Kommunikation zwingt, leidet er unter dem Unvermögen, in Deutsch so reagieren zu können wie er es in der Erstsprache gewohnt ist. Aus Sicht interkultureller Kommunikation zeigt dieses Beispiel, dass es auch unerwünschte Kommunikationen gibt, die den deutschen Teilnehmern nur dazu dienen, die Migranten vorzuführen und ihnen dadurch die eigene (deutsche) Machtposition vor Augen zu führen. Dies deutet sich auch im Titel des Gedichts an.

Es gibt jedoch auch andere Reaktionen sowohl auf Zweisprachigkeit wie auch auf die zweifelhaften Gesprächsangebote der Deutschen. Kral (1983) beschreibt in *Supermarkt* eine äußerst souveräne Reaktion osteuropäischer Putzleute auf die Anrede ihres Chefs in Foreigner Talk, also der von Deutschen benutzen Variante eines grammatisch und lexikalisch stark vereinfachten Deutsch:

> "Du nix lesen, du arbeiten, putzen, putzen, putzen", wiederholte er. Ich fühle, wie mein Blut tobt, beiße die Zähne zusammen und suche in meinem Gedächtnis nach den besten Worten. Gleichzeitig sehe ich in seinem Gesicht Triumph, man kann seine Gedanken fast lesen: 'Jetzt habe ich euch erwischt'. Es vergeht ein kleiner Moment, und ich sage voll konzentriert und so deutlich wie ich es kann: "Entschuldigen Sie, aber wie Sie selbst sehen können, sind wir mit allem außer der Wurst- und Obstabteilung fertig. Jetzt warten wir, bis das Geschäft zugeschlossen wird. Früher können wir dort nicht putzen!" Überraschung in seinem Gesicht. Dann fällt mir noch etwas ein, und ich sage ohne nachzudenken: "By the way, if you don't speak German, you can speak English. I understand English."

Er verweist dann noch auf ihre Russischkenntnisse und die von ihnen beherrschten Erstsprachen Polnisch und Tschechisch. Eine solche Reaktion ist allerdings nur dem gebildeten Zuwanderer möglich, der seine sprachliche Vielfalt gegen den einsprachigen Deutschen so ausspielen kann, dass dieser seine vermeintliche Überlegenheit einbüßt. Auch dieses Beispiel interkultureller Kommunikation ist belastet durch das Verhalten des deutschen Gesprächsteilnehmers, der seinem Gesprächspartner keine Kommunikation als gleichwertigen Partner zugesteht. Ein Beispiel für einen positiven Zugang zu Zweisprachigkeit findet sich in *Am Ende eines langen Weges* (Keko 1983), der allerdings auch ausdrücklich seine gegenüber Arbeitsmigranten priviligierte Situation betont. Auch er hat Schikanen und Probleme erlebt, kann aber nun – als Korrektor für Deutsch – zurückblicken:

> "In jener Zeit überlegte ich immer wieder, wie ich von wem in Deutschland akzeptiert oder auch nicht akzeptiert worden war. Es hat eigentlich drei Gruppen von Menschen gegeben. Auf der einen Seite gab es Menschen, die mich von vornherein ablehnten, einfach so, weil ich ihnen fremd war, weil ich ein Fremder war, jemand der ihnen wohl nie das Wasser würde reichen können, jemand, mit dem sich zu beschäftigen oder abzugeben die Mühe nicht lohnte. Auf der anderen Seite, der angenehmeren, gab es die – freilich sehr kleine – Gruppe von Menschen, die mich von vornherein akzeptierten, ungeachtet meines Unvermögens, mich auf Deutsch zu verständigen, und in dem Maße, in dem man jemanden akzeptieren kann, mit dem man nur mit Hilfe von Gesten, Mimik und Freundlichkeit kommuniziert.

> Zahlenmäßig am größten war wohl die dritte Gruppe: Menschen, die mich um so mehr akzeptierten, je mehr sich mein Deutsch verbesserte. das waren offensichtlich zum Teil Leute, die mit mir nichts anfangen konnten, solange keine sprachliche Verständigungsbasis vorhanden war. Je breiter diese Basis aber wurde, desto besser konnten sie mich kennenlernen und verstehen – vorausgesetzt, sie waren überhaupt dazu bereit."

Die Beobachtungen des Autors bestätigen die Bedeutung der deutschen Sprachkenntnisse der Migranten für die deutschen Gesprächsteilnehmer, aber zugleich vertiefen sie auch die Aussagen der anderen Autoren, die sich als nicht akzeptiert und angenommen fühlen, weil sie anders sind und ihre Anstrengungen, sich sprachlich anzugleichen, nicht anerkannt werden.

Unter den bislang besprochenen Texten stellte der von Franco Biondi (1983) insofern eine Ausnahme dar, als er zu den Autoren gehört, die sich explizit als Schriftsteller verstehen und auch als solche anerkannt werden wollen. Hierzu gehört auch Gino Chiellino, der den Chamisso–Preis 1987 zusammen mit Biondi erhielt. Auch in seinen Gedichtbänden lassen sich Phasen interkultureller Kommunikation nachvollziehen. So zeigen zwei Gedichte aus dem Gedichtband *Mein fremder Alltag* (Chiellino 1984) das Spektrum der Möglichkeiten deutlich auf. Während in *Sklavensprache* (Chiellino 1984, 71) das Machtverhältnis, das sich auch in den Sprachen und ihrem Gebrauch äußert, zum Ausdruck kommt, wird in *Wie kannst du hier leben* (Chiellino 1984, 33) gerade das Verständnis für die eigene Situation, das sich in der Frage der deutschen Freunde ausdrückt, als eine postive interkulturelle Kommunikation aufgefasst:

"Sklavensprache
mit mir willst
du reden
und
ich
soll
deine Sprache
sprechen".

"Wie kannst Du hier leben?
Schon allein deswegen
weil ihr
um mich besorgt
euch die Frage stellt."

Chiellino (1984, 12) verweist auch auf ein mögliches Missverständnis in der Kommunikation zwischen deutschen Frauen und migrierten Männern (vgl. auch Rösch 1995):

"Es Liebe
sie hatten sich in einer Kneipe
kennengelernt
er sprach ein singendes Deutsch
sie war freier als er
zu hoffen gewagt hatte
beide fanden es toll

später nannten sie es Liebe
taten viel zusammen
als es zu Ende war
ahnten sie nicht dass
ihre Liebe
ein wenig Exotik gegen
ein bisschen Integration
gewesen war."

Im Titel seines bislang letzten Gedichtbandes *'Sich die Fremde nehmen'* (Chiellino 1992) deutet sich eine neue wesentlich selbstbewusstere Haltung an, die als Grundhaltung auch in interkulturellen Kommunikationen die Position der Migranten verändert. Eine solche selbstbewusstere Haltung lässt sich auch im Umgang mit der Zweisprachigkeit in der Migrantenliteratur nachweisen (vgl. auch Luchtenberg 1997c, 1997d). Chiellino (1993, 267) betont *"die Gegenwart der Fremden innerhalb der bundesdeutschen Realität"* als Ausgangsposition für eine Migrantenliteratur, die sich in einer gebotenen Langsamkeit der Akzeptanz der multikulturellen Lebenssituation entwickelt und auch das Wachsen interkultureller Kommunikation begleitet.

In den Texten von Autoren, die zur Migrantenliteratur zählen, findet sich noch eine weitere Art interkultureller Kommunikation: Es sind Erzählungen oder Satiren, in denen Missverständnisse in der Kommunikation beschrieben werden, die auf unterschiedliche Kultureme oder unterschiedliches kulturelles Wissen zurückgehen. So schildert Chen (1983) einen Abend bei Familie Herz, die ihn zum Abendessen eingeladen hat. Das Essen schmeckt ihm sehr gut, aber dennoch lehnt er einen Nachschlag ab, denn: *"Es gehört sich bei uns zu Hause nicht, schon auf die erste Aufforderung zuzugreifen"*. Da es aber weder beim Gulasch noch beim Nachtisch eine zweite Aufforderung gibt, verlässt er seinen Gastgeber noch ziemlich hungrig, aber im Bewusstsein, sich korrekt verhalten zu haben, während die deutschen Gastgeber in der Meinung zurückbleiben, das falsche Essen ausgewählt zu haben. Auch der Satire *Seltsame Sitten* (Engin 1985) liegt ein unterschiedlich realisiertes Kulturem zugrunde: Nach ihrem Umzug in die Bundesrepublik erwartet Familie Engin den aus der Türkei gewohnten Besuch der Nachbarn und deren Begrüßungsgeschenke. Entsprechend freundlich wird ein deutscher Besucher empfangen, der nach einer Woche kommt und eine Reihe von Haushaltsgeräten auspackt und schließlich fragt: *"Du alles haben wollen?"*, was bestätigt wird, da solche vermeintlichen Gastgeschenke nicht zurückgewiesen werden dürfen. Der Vertreter für Haushaltswaren hat vermutlich die Situation durchschaut und ausgenutzt; es könnte sich aber auch um ein doppeltes Missverständnis handeln, bei dem jede Seite ihr vertraute Muster wiedergefunden hat und sie als Signal für Fortsetzen des vermeintlichen Verkaufs- bzw. Begrüßungs–Dialogs genommen hat. Es dürfte kein Zufall sein, dass solche missglückten interkulturellen Kommunikationen nahezu ausschließlich in einer Weise geschrieben werden, dass sie die Leser zum Lachen bringen.

Interkulturelle Kommunikationen finden also in der Migrantenliteratur einen breitgestreuten thematischen Niederschlag, indem dass sowohl kulturell bedingte Unterschiede, die in Kommunikationen einfließen, thematisiert werden wie auch vor allem das belastete Verhältnis zwischen Deutschen und Migranten.

5.1.2 *Sprachliche Realisation interkultureller Kommunikation*

Die bisher diskutierten Beispiele interkultureller Kommunikation in der Migrantenliteratur belegen die Verwendung verschiedener Varietäten des Deutschen. Zwar findet man in Texten der Migrantenliteratur im Allgemeinen eine mittlere bis gehobene Variante der deutschen Sprache, doch gibt es auch Beispiele für Formen des Sprachgebrauchs, die durch erstsprachliche Einschübe unmittelbar auf die Zweisprachigkeit des Autors hinweisen (wollen) bzw. auf Lernersprachen als Varietäten des Deutschen verweisen. Es ergeben sich vor allem die folgenden Muster:

- Verwendung der Erstsprache im deutschsprachigen Text:
  - Wahl der Eigennamen wie z.B. *Selma, Tülay*
  - Beibehaltung einzelner Bezeichnungen, z.B. von Lebensmitteln
  - Aus der Erstsprache übertragene Begriffe oder Wendungen wie z.B. die Anrede "*Nachbar*" in *Seltsame Sitten* (Engin 1985, 22)
- Verwendung von Gastarbeiterdeutsch
- Gebrauch falscher Varietäten, z.B. eine überzogen hochsprachliche Variante im Alltagsgespräch wie z.B. bei Chen (1983, 100ff.)
- Wort- Phrasenneubildungen im Deutschen wie z.B. die Buchtitel *Der Deutschling; Sich die Fremde nehmen.*

Neben Beispielen interkultureller Kommunikation findet man in der deutschsprachigen Migrantenliteratur auch das Thema "Sprache", wobei es in vielen Fällen um zwei Sprachen geht, das Deutsche und die Herkunftssprache. Das Verhältnis dieser beiden Sprachen als Zweisprachigkeit auf individueller Ebene und als Mehrsprachigkeit auf gesellschaftlicher Ebene steht im Mittelpunkt, wenn Sprache zum Thema wird. Auffällig ist in den Texten der frühen Migrantenliteratur ein eher zögerlicher Rückgriff auf die Erstsprache, was sich in neueren Beispielen zugunsten eines selbstbewussteren Umgang mit zwei (oder mehr) Sprachen ändert. Dies korrespondiert mit der anfangs eher negativen Einschätzung der Möglichkeiten der Entwicklung von Zweisprachigkeit und der Situation zweisprachiger Menschen in einem sich als einsprachig verstehenden Deutschland. Auch dies hat sich in den neueren Texten der Migrantenliteratur geändert, was sowohl an der Länge des Aufenthalts liegen kann wie auch daran, dass das Bild vom "Leben zwischen zwei Sprachen und Kulturen" inzwischen auch in der einschlägigen Fachliteratur der Erziehungswissenschaft und Migrationssoziologie als statisch gilt und damit als ein Konzept, das die Chancen von Mehrsprachigkeit und Mehrkulturalität unberücksichtigt lässt. Neuere Migrantenliteratur zeichnet kein Assimilationsmuster und leugnet auch nicht die Anstrengungen, derer es bedarf, um ein Leben mit mehreren Sprachen und kulturellen Zugehörigkeiten zu meistern. Es werden aber zum Beispiel durch den Gebrauch mehrerer Sprachen nicht nur Wege hierzu gewiesen, sondern auch eine positive Haltung hierzu aufgezeigt (vgl. auch Luchtenberg 1997c, 1997d).

5.1.3 *Rezeption von Migrantenliteratur*

Die Darstellung interkultureller Kommunikation in der Migrantenliteratur belegt Skepsis der Autoren, inwieweit eine solche interkulturelle Kommunikation als gleichberechtigte Kommunikation unter gegenseitiger Respektierung sprachlicher oder kultureller Differenzen möglich ist. Diese Skepsis ist bei vielen Autoren auch bedingt durch die Schwierigkeiten, ihre Arbeiten überhaupt veröffentlichen zu können – abgesehen von Sammelbänden in Folge von Preisausschreiben. Es ist auffällig, dass viele Autoren kleine Verlage bevorzugen oder auf sie zurückgreifen müssen. Die Marginalisierung dieser Literatur bzw. ihre Nichtakzeptanz als deutschsprachige Gegenwartsliteratur lässt sich ohne weiteres an Literaturbesprechungen großer Zeitungen und dem Sortiment großer Buchhandlungen ablesen (vgl. hierzu auch Chiellino 1991, 237). In vielen Buchhandlungen stößt man auch nach wie vor auf Unverständnis, wenn man nach Migrantenliteratur fragt – ein Phänomen, das in ähnlicher Weise auch für interkulturelle Kinder- und Jugendliteratur gilt (vgl. unten). Damit findet die Schwierigkeit interkultureller Kommunikation, die in vielen fiktiven Beiträgen zum Ausdruck gebracht wird, eine Entsprechung in der realen Kommunikation zwischen vielen Migrantenautoren und Verlagen bzw. Zeitungen und Zeitschriften. Das gleiche Phänomen ergibt sich auch in der germanistischen Fachliteratur, in der

Migrantenliteratur nur sehr am Rande zur Kenntnis genommen wird. Wie Grünefeld (1995, 110f.) zu Recht betont, ist die Wahrnehmung von Migrantenliteratur fast immer zugleich auch eine Zuweisung als Außenseiterliteratur bzw. als eine Form von Sonderliteratur, was sich in den verschiedenen Bezeichnungen von Gastarbeiterliteratur über Migrantenliteratur bis zu Wahlheimatliteratur (so Grünefeld 1995, 110) immer wieder dokumentiert. Diese Zuweisung einer bestimmten Position innerhalb der deutschsprachigen Literatur, die sich an der Herkunft oder den Themen der Migrantenliteratur orientiert, wird immer dann deutlich problematisch, wenn diese Autoren andere Themen besetzen wie etwa Liebeslyrik.

Akzeptanz von Migrantenliteratur lässt sich auch in einem anderen Sektor nachverfolgen: Wenn deutschsprachige Migrantenliteratur als Teil deutscher Gegenwartsliteratur anerkannt würde, müsste sie sich auch in den Curricula für den Deutschunterricht unterschiedlicher Schulstufen wiederfinden und / oder in Deutschlesebüchern einen Platz finden. Beides ist jedoch bislang höchstens in Einzelfällen vorgekommen. Es gibt allerdings einige Beiträge in der didaktischen Literatur, die für eine Aufnahme von Migrantenliteratur in den Unterricht plädieren (vgl. Lange 1996; Rösch 1995, 1997; Zielke–Nadkarni 1997). Wenn Migrantenliteratur in den Deutschunterricht integriert wird, ergibt sich eine doppelte Form interkultureller Kommunikation, da die Kinder oder Jugendlichen in dieser Literatur vielfach mit interkultureller Kommunikation konfrontiert werden, aber durch ihr Gespräch über diese Literatur ihrerseits eine interkulturelle Kommunikation beginnen, die noch dadurch komplexer wird, dass ja auch ihr Klassengespräch vielfach ein interkulturelles ist. Dies gilt auch für Deutsch als Fremdsprache (vgl. Tuk 1998).

5.2 Kinder- und Jugendliteratur und interkulturelle Kommunikation

In Kinder- und Jugendliteratur finden sich wichtige gesellschaftlich relevante Fragen wieder, die auch unmittelbar im Leben von Kindern und Jugendlichen eine Rolle spielen wie die Situation von Mädchen, Drogen oder eben auch die Anwesenheit von Migranten in Schule und Gesellschaft bzw. aus Sicht der Migrantenkinder das Leben im Migrationskontext. Ein kleiner Teil der Kinder- und Jugendliteratur kann als interkulturell bezeichnet werden. Diese umfassen Kinder- und Jugendbücher, die das Leben von Migrantenkindern schildern, das Miteinander von deutschen und nichtdeutschen Kindern oder auch deutsche Kinder in Fremdheitssituationen meistens im Ausland. Die Bücher umfassen eine breite Palette von Kindern aus verschiedenen Ländern und mit verschiedenen Interessen und – vorwiegend – Problemen. Die Bezeichnung 'interkulturell' ergibt sich demnach zunächst nur aus dem Themenspektrum Migration, Fremdheit und Zusammenleben. Darüberhinaus können solche Kinder- und Jugendbücher, die sich mit dem Umgang mit Vielfalt und Differenz auseinandersetzen, als im engeren Sinne interkulturell charakterisiert werden. Interkulturelle Kinder- und Jugendliteratur kann in dreifacher Hinsicht in Bezug auf interkulturelle Kommunikation untersucht werden: Die Darstellung von Zwei- und Mehrsprachigkeit, Kommunikationssituationen interkultureller Art und schließlich die Berücksichtigung von interkultureller Kinder- und Jugendliteratur im Unterricht.

5.2.1 *Mehrsprachigkeit in Kinder- und Jugendliteratur*

Da in den meisten Büchern interkultureller Kinder- und Jugendliteratur mit Migrantenkindern Kinder oder Jugendliche bzw. ihre Verwandten nichtdeutscher Herkunft im Mittelpunkt stehen, stellt sich die Frage nach Berücksichtigung ihrer Herkunftssprachen. In Luchtenberg (1997b) haben wir folgende Möglichkeiten zusammengestellt:

1. Das Buch selbst ist zwei- oder mehrsprachig
2. Im Buch werden einzelne Wörter oder Passagen in zwei oder mehr Sprachen wiedergegeben
3. Zwei- oder Mehrsprachigkeit wird thematisiert
    (a) Die zwei- oder mehrsprachige Umgebung wird beschrieben oder ist Ausgangspunkt einer Begebenheit in der Handlung
    (b) Aus der – oft noch unvollständigen – Zweisprachigkeit ergeben sich Schwierigkeiten: Missverständnisse, Ablehnung durch einsprachige Kinder der Mehrheit, Konflikte mit den Eltern, etc.
4. Die Rolle der Sprache bei der Entstehung und Verbreitung von Vorurteilen und Diskriminierungen wird direkt oder indirekt thematisiert.

Damit ergibt sich ein breites Spektrum von Grundlagen interkultureller Kommunikation. Am Umgang der Kinder- und Jugendliteratur mit den Sprachen der Migranten lassen sich verschiedene erziehungswissenschaftliche Konzepte wie Ausländerpädagogik, interkulturelle Pädagogik, antirassistische Pädagogik wiedererkennen, aber auch unterschiedliche Formen interkultureller Kommunikation.

Konzepte	Funktionen
Ausländerpädagogik (Defizitorientiert)	Wecken von Hilfsbereitschaft
Integration	Gleichwertigkeit durch zweisprachige Texte
Interkulturelles Lernen	Einsicht in Normalität von Zwei- und Mehrsprachigkeit
Antirassistische Erziehung	Sprachliche Diskriminierung

Tabelle 11: Funktionen der Kinder- und Jugendliteratur und erziehungswissenschaftliche Konzepte

Seit den siebziger Jahren richteten sich viele Kinder- und Jugendbücher an deutsche Kinder und versuchten, ihr Mitgefühl für die Situation von Migrantenkindern zu wecken und sie zur Hilfsbereitschaft anzuregen. Dazu war es beispielsweise nötig zu erklären, warum die zugewanderten Kinder so schlecht Deutsch sprachen und wie man ihnen helfen könnte, ihr Deutsch zu verbessern. Ein Beispiel hierfür ist vor allem in den ersten Episoden das Buch *Komm wieder, Pepino* (Hasler 1985), in dem ein deutsches Mädchen beginnt, Pepino beim Sprachlernen zu unterstützen. Eine Variante zum Wecken der Hilfsbereitschaft sind Geschichten, in denen deutsche Kinder einer fiktiven oder realen Situation ausgesetzt werden, die der von Migrantenkindern in Deutschland insofern ähnelt, als dass sie sich in einem fremden Land nicht verständigen können, was annäherungsweise auch in *Komm wieder, Pepino* der Fall ist, als die deutschen Kinder mit Pepino in Italien sind. Ein ausführlicheres Beispiel hierfür ist die fiktive Erzählung *Die Reise nach Tamerland* (Mechtel 1987). Es entstanden auch eine Reihe zweisprachiger Kinderbücher, in denen die gleiche Geschichte in Deutsch wie in einer Herkunftssprache wiedergegeben wird. Dies kann insofern als integrativer Ansatz bewertet werden, als die Erstsprache zumindest als Hilfsmittel auf dem Weg zur deutschen Sprache anerkannt wurde. Außerdem erzeugen solche Bücher wie beispielsweise *Selim und Susanne* (Kirchberg 1978/82) den Eindruck von Gleichwertigkeit zweier Sprachen. Interkultureller Erziehung entsprechen erst solche Kinder- und Jugendbücher, in denen die Zweisprachigkeit – ebenso wie die Mehrkulturalität im Lande – als Normalität dargestellt wird. Hierzu sind vor allem die Bücher der Schweizer Autorin Silvia Hüsler zu nennen wie beispielsweise *Arzu* (Hüsler 1990), eine Geschichte, in der deutsche und türkische Kinder mit dem Vater des türkischen Mädchens Arzu Drachen fliegen lassen. Hier wie auch in einer späteren Traumgeschichte, in der die Kinder zusammen in die Türkei fliegen, werden im deutschen Text einige Wörter in Türkisch gebraucht, darunter vor allem auch emotional wichtige. Dem Gebrauch dieser Wörter haftet nichts Defizitäres an, sondern er erscheint den übrigen Personen wie den Lesern selbstverständlich. Den Lesern wird zudem noch eine Übersetzungs- und Lesehilfe angeboten. Grundsätzlich stehen Kinder- und Jugendbücher vor dem gleichen Dilemma wie Serien im Fernsehen: Wie sollen Gespräche von Migranten innerhalb ihrer Sprachgruppe wiedergegeben werden? Eine Übersetzung ins Deutsche widerspricht der zweisprachigen Lebenssituation, aber die Wiedergabe in der Erstsprache schließt deutsche Leser aus. Der Möglichkeit der Untertitelung auf Deutsch steht im Buch kein gleichwertiger Ersatz gegenüber, so dass weitgehend nur Hilfskonstruktionen in Frage kommen wie kommentierende Phrasen *"... sagte er auf Türkisch"* oder einzelne Wörter in der Erstsprache zum Kennzeichen der Mehrsprachigkeit. Vereinzelt erlaubt es die Geschichte auch, die nichtdeutsche Sprache unerklärt stehen zu lassen wie etwa in *Weihnachtszeit oder Heiße Schokolade bei Signora Rosa* (Hüsler 1996), in der eine Gruppe von Kindern ihren jüngeren Spielkameraden Marino sucht und schließlich im Haus einer alten Frau findet, von der sich die Kinder nicht sicher sind, ob sie vielleicht eine Hexe sei. Im Haus kommt es dann zu folgender Szene:

> "Also doch, dachte Betty. Dann hörte sie die tiefe Stimme der alten Frau, aber sie konnte kein Wort verstehen. 'Sono i tuoi amici?' Das Schreckliche war passiert! Marino war verhext: Die Stimme war Marinos Stimme, aber er sagte völlig unverständliche Wörter! 'Sono i miei amici, però vanno già a scuola, in terza.' Betty sah mit Schrecken, dass Marino eine große rote Tasse vor sich stehen hatte. Das ist ein Hexentrank! schoss es Betty durch den Kopf. 'Marino, komm schnell', zischte sie. Aber da redete Marino wieder mit seiner richtigen Stimme: 'Die Frau heißt Signora Rosa Beffa. Sie flickt meine Hose, die war am Knie ganz zerrissen.' 'Wollt ihr auch Schokolade?' fragte die Frau. Und tatsächlich roch es nach warmer Schokolade. 'Nein, nein!' wehrten Betty, David, Markus und Laura entschieden ab. 'Sie ist aber sehr gut!' rief Marino. 'So gut wie bei meiner Großmutter in Italien.' Italien! ging es Betty durch den Kopf. 'Hat die Frau mit dir italienisch gesprochen?' Und auf einmal mussten die Kinder lachen, und die alte Frau lachte auch."

Es entspricht der Handlungslogik, dass die fremde Sprache nicht verstanden wird. Es ist auch folgerichtig, dass die alte Frau deutsch und italienisch spricht, da sie als Italienerin schon lange in Deutschland lebt. Und es entbehrt auch nicht der Logik, dass die übrigen Kinder sich nicht sofort daran erinnerten, dass Marino italienisch sprach, da er mit ihnen – einer gemischtsprachigen Kindergruppe – deutsch sprach. Die Situation spiegelt damit eine zweisprachige Lebenssituation wider, deren kurzfristige Bedrohlichkeit – wegen der vermeintlichen Hexe – sofort aufgelöst wird in selbstverständliche Mehrsprachigkeit.

Die meisten interkulturellen Kinder- und Jugendbücher sind eng mit interkultureller Erziehung verbunden. Von interkultureller Erziehung unterschieden wird antirassistische Erziehung mit der expliziten Zielsetzung der Erziehung zu Toleranz und gegen jede Form von Rassismus, obwohl beides auch Ziele von interkultureller Erziehung sind. Auf sprachlicher Ebene geht es vor allem um sprachliche Diskriminierung, die in Kinder- und Jugendbüchern in erster Linie dadurch aufgegriffen wird, dass Beschimpfungen wiedergegeben, kommentiert oder zurückgewiesen werden wie etwa in *Hamide spielt Hamide* (Schwarz 1986, 9), wo die Titelheldin die Beschimpfung als *"blöde Kanakin"* mit den Worten zurückweist: *"Ich bin keine Kanakin! .. Ich bin ein türkisches Mädchen!"*.

5.2.2 *Situationen interkultureller Kommunikation in Kinder- und Jugendliteratur*

Da viele interkulturelle Kinder- und Jugendbücher den Umgang von deutschen und nichtdeutschen Kindern thematisieren oder die Schwierigkeiten von Migrantenkindern in Deutschland zum Inhalt haben, liegt es nahe, dass es zu einer Fülle von interkulturellen Kommunikationssituationen kommt, wenn wir diese hier zunächst daran festmachen, dass Kinder oder Erwachsene verschiedener Erstsprachen miteinander kommunizieren. Auch in der Literatur bleibt im Einzelfall zu klären, ob nicht andere Zugehörigkeiten als sprachliche, kulturelle oder ethnische für die Gesprächsteilnehmer relevanter sind. Im Folgenden sollen anhand von drei Büchern einige Aspekte untersucht werden: *Im Land der Schokolade und Bananen* (Gündisch 1987/90); *Hamide spielt Hamide. Ein türkisches Mädchen in Deutschland* (Schwarz 1986) und *Weihnachtszeit oder Heiße Schokolade bei Signora Rosa* (Hüsler 1996). Wir wollen dabei folgende Fragen in den Mittelpunkt stellen:

1. Wie werden interkulturelle Kommunikationssituationen eingeführt?
2. Wer sind die beteiligten Personen?
3. Welche Sprachen werden genutzt?
4. Welche kulturellen Komponenten spielen eine Rolle?
5. Treten Missverständnisse auf?

Zu berücksichtigen sind hierbei die unterschiedlichen Erzählperspektiven, denn während die Geschichte der Aussiedlerfamilie in *Im Land der Schokolade und Bananen* aus der Sicht des kleinen Mädchens Ingrid in der dritten Person erzählt ist, wird *Hamide spielt Hamide* aus der Ich–Perspektive der Lehrerin von Hamide erzählt. In *Weihnachtszeit oder Heiße Schokolade bei Signora Rosa* dagegen werden die Episoden aus

Sicht eines teilnehmenden Beobachters beschrieben, der jedoch selbst nie in Erscheinung tritt. Für Einführungen finden sich verschiedene Muster. So ist es nicht selten, dass sich erst im Laufe eines Gesprächs die mehrsprachige oder mehrkulturelle Konstellation herausstellt. Dies ist beispielsweise im Eingangskapitel von *Hamide spielt Hamide* der Fall, in der die Lehrerin (als Ich–Erzählerin) von Antje darauf hingewiesen wird, dass Hamide weine. Erst nach einigen Versuchen, diese anzusprechen und einigen Kommentaren deutscher Schüler heißt es dann: *"Hamide hebt endlich den Kopf. Sie sieht mich verweint an, legt dann die Arme um meinen Hals und drückt sich an mich. Voll Vertrauen und ohne Scheu tut sie das, wie ich es von deutschen Schülerinnen nie erlebt habe."* (S. 8). Es schließt sich dann die Szene an, in der sich Hamide gegen die Beschimpfung als Kanakin zur Wehr setzt. Erst ab dieser Stelle sind die Leser über die Identität von Hamide im Bilde. Durch diese Einführung wird den Lesern deutlich, dass Gespräche mit Hamide anders sind als mit deutschen Schülerinnen. Hieraus können Leser schließen, dass auch im Folgenden Gespräche der Lehrerin mit Hamide von ihren Gesprächen mit deutschen Schülern abweichen. Es wird also eine Erwartungshaltung gegenüber diesen interkulturellen Kommunikationen aufgebaut. *Weihnachtszeit oder Heiße Schokolade bei Signora Rosa* beginnt ebenfalls mit einer Unterrichtssituation, einer Mathematikstunde im November, die in ein Gespräch über den diesjährigen Adventskalender umschlägt, als es zu schneien beginnt. Die Kinder dieser Klasse haben Namen, die auf unterschiedliche Herkunft schließen lassen, aber über viele Seiten hinweg wird den Lesern vor allem klar, dass es sich um Kinder einer dritten Klasse handelt, die viele Erlebnisse und Geheimnisse teilen. Nur von Zeit zu Zeit erfahren die Leser aus den Kommunikationen um die Zweisprachigkeit oder Mehrkulturalität einzelner Kinder wie beispielsweise in der Diskussion um die Ausdehnung des Adventskalenders bis zum 6. Januar: *"Wir feiern am 26. Weihnachten. Mein Vater muss bis dahin arbeiten."* Der Vater von Markus ist Pfleger im Spital. *"Und unser Fest ist viel früher", sagt David. "Es fällt dieses Jahr auf Mitte Dezember. Wir feiern Chanukka, das jüdische Lichterfest." "Aber unsere Weihnacht ist am 25.", freut sich Dijana.* Diese Beispiele weisen zugleich auf eine Mehrkulturalität hin, die nicht nur ethnisch oder religiös bestimmt ist. In *Im Land der Schokolade und Bananen* wird häufig durch den Kommentar der Kinder der rumäniendeutschen Aussiedlerfamilie deutlich, dass sie eine Form von Kommunikation in Deutschland kennengelernt haben, die nicht mit ihren bisherigen Erfahrungen übereinstimmt und daher Merkmale interkultureller Art trägt. So ergibt sich beim Sprachtest im Durchgangslager in Rastatt folgender

Dialog im Wartesaal: *"Sprecht leiser, sagt die Mutter [zu den Kindern Ingrid und Uwe]. Ihre Kinder sprechen aber gut Deutsch, sagt ein alter Mann. Ja, sagt die Mutter, wir sprechen zu Hause Deutsch, und die Kinder waren in einer deutschen Schule. Komisch, sagt Uwe. In Rumänien hat man sich gewundert, dass ich gut Rumänisch kann. Hier wundert man sich, dass ich gut Deutsch kann"*. Eine weitere Variante interkultureller Kommunikation findet sich in *Hamide spielt Hamide*, wenn die Schülertheatergruppe explizit interkulturelle Situationen spielt wie etwa deutscher Hausbesitzer und türkische Wohnungssuchende. Es muss allerdings hinzugefügt werden, dass diese Situation eine unter vielen der Konstellation 'Hausbesitzer und Wohnungssuchende' ist. Es werden dennoch einige Besonderheiten dieser Kommunikation deutlich, wenn der deutsche Schüler als türkischer Wohnungssuchender sagt: "*Wir machen keinen Ärger, wir sind saubere Leute. ..*" oder es im weiteren Verlauf dem von einem deutschen Schüler gespielten Türken gelingt, den Mietaufschlag herunterzuhandeln. Immerhin bekommt der Türke die Wohnung trotz diverser deutscher Konkurrenz. Interkulturelle Kommunikationen werden überwiegend nicht eingeführt, sondern durch Hinweise auf Sprache, Herkunft oder Besonderheiten als solche charakterisiert.

Die an interkulturellen Kommunikationen beteiligten Personen schwanken stark über die Kinder- und Jugendbücher. Tabelle 12 zeigt das Bild, das sich in den drei analysierten Büchern ergibt.

'Deutsch' und 'nichtdeutsch' ist hier zur Charakterisierung der Erstsprache verwandt worden. Es sind jedoch durchaus nicht alle Kommunikationen, die nach den beteiligten Personen als interkulturell einstufbar wären, auch solche, in denen sprachliche, kulturelle oder ethnische Zugehörigkeiten ausschlaggebend sind. Umgekehrt gibt es jedoch auch Kommunikationen zwischen Angehörigen einer Gruppe, bei denen andere Zugehörigkeiten deutlich dominant werden. So findet man in *Im Land der Schokolade und Bananen* Kommunikationen zwischen Rumänendeutschen, bei denen der unterschiedliche soziale Status dominanter ist als die gemeinsame Herkunft, während die meisten Gespräche zwischen den Kinder in *Weihnachtszeit* kaum als interkulturelle Kommunikation gelten können, obwohl die Kinder unterschiedliche Nationalitäten und Religionen haben. Der Zusammenhalt in der Kindergruppe ist jedoch viel dominanter als alle anderen Zugehörigkeiten. In den durch ihre Teilnehmer zunächst als interkulturell eingestuften Gesprächen in den drei Kinderbüchern wird überwiegend deutsch gesprochen, teilweise sogar zwischen den türkischen Jugendlichen und zwischen Hamide und ihrem Vater in *Hamide spielt Hamide*.

	Im Land ...	Hamide ...	Weihnachtszeit
Nichtdeutsche Erwachsene / deutsche Beamte	x		
Nichtdeutsche Kinder / Deutsche Lehrer	x	x	x
Nichtdeutsche Eltern / deutsche Lehrer	x	x	
Nichtdeutsche Kinder / deutsche Dialektsprecher	x		
Nichtdeutsche Kinder / deutsche Kinder	x	x	x
Nichtdeutsche Kinder / deutsche Medien	x		
Nichtdeutsche Kinder / deutsche Erwachsene			x
Nichtdeutsche Kinder verschiedener Herkunft	x		x
Nichtdeutsche Händler / deutsche Kunden		x	x
Nichtdeutsche Eltern / deutsche Kinder		x	
Nichtdeutsche Erwachsene / deutsche + nichtdeutsche Kinder		x	x
Nichtdeutscher Brief / deutsche + nichtdeutsche Kinder			x
Simulierte interkulturelle Kommunikation		x	

Tabelle 12: An interkultureller Kommunikation beteiligte Personen

Wenn türkisch gesprochen wird, so wird dies überwiegend nur verbalisiert, die türkischen Äußerungen jedoch nicht wiedergegeben. Nur einmal werden aus Sicht der erzählenden deutschen Lehrerin zwei Wörter auf Türkisch genannt, die sie aus einer türkischen Unterhaltung heraushört. Auch ein deutsch–türkisches Theaterstück wird auf Deutsch aufgeführt, so dass auch in Szenen, in denen eine türkische Familie miteinander spricht, von türkischen Kindern deutsch gesprochen wird. In einer Szene spricht ein türkisches Mädchen, das erst zwei Monate in Deutschland ist, Gastarbeiterdeutsch. In *Im Land der Schokolade und Bananen* ist die Sprachsituation dadurch anders, dass die rumäniendeutschen Familienmitglieder alle gut deutsch sprechen. Einzelne Wörter wie Anredewörter der Großeltern weichen vom Standarddeutschen ab. Es wird in diesem Buch auch über Sprache gesprochen, vor allem über deutsche Varietäten wie Dialekt und Amtsdeutsch. Den größten Anteil nichtdeutscher Wörter und Sätze findet man in *Weih-*

nachtszeit, obwohl alle vorkommenden Personen flüssig deutsch sprechen. Marino spricht mit der alten Frau einmal italienisch. Ein Mädchen aus Montenegro spricht in einer Situation ihren Mitschüler Mirko in Serbisch an, was nicht übersetzt wird, sondern aus der Situation erklärt werden muss: *"Außer Dijana ist er der Einzige, der Serbisch, Bosnisch und Kroatisch verstehen kann. Was hat es wohl geheißen?"*. Selbst Marinos Großvater, der zwar als *Nonno* bezeichnet wird, spricht deutsch, was so erklärt wird: *"Er ist zwar Italiener und wohnt in Italien, aber er hat viele Jahre hier gelebt, darum spricht er auch Deutsch."* Wenn er Italienisch verwendet, übersetzt er es auch ins Deutsche. Auch die alte Frau spricht weitgehend deutsch mit den Kindern, lässt aber manchmal italienische Wörter einfließen, die mit der deutschen Entsprechung apostrophiert werden wie beispielsweise *"un topolino, eine Maus ..."*. Andere Sprachen kommen vor allem über Nebenepisoden in die Geschichte, sind aber dann doch Teil interkultureller Kommunikation. So spielen zwei Schülerinnen der dritten Klasse außerhalb des Unterrichts an der Tafel Lehrerin und Schülerin und verlangen jeweils das Anschreiben von Zahlen und anderer Wörter in ihrer eigenen Erstsprache, Serbisch und Swahili. Unter ihren Nikolausgeschenken finden die Kinder der 3. Klasse eine Schachtel Datteln, in der ein Brief in arabischer Schrift liegt, der ihnen von der Mutter eines älteren Schülers übersetzt wird. Hier wie in allen anderen mehrsprachigen Situationen des Buches sind die Erstsprachen kein Verständigungshindernis, sondern eine Fähigkeit, von der die anderen profitieren, was natürlich auch an der Zweisprachigkeit der nichtdeutschen Personen liegt. In allen drei Kinderbüchern fehlen solche Episoden, in denen eine Kommunikation wegen mangelnder Deutschkenntnisse scheitert.

In den interkulturellen Kommunikationssituationen in den drei Kinderbüchern spielen kulturelle Unterschiede eine Rolle, die sich vor allem in *Im Land der Schokolade und Bananen* und *Hamide spielt Hamide. Ein türkisches Mädchen in Deutschland* als Kommunikationsstörung oder doch -irritation erweisen. In beiden Büchern denken die handelnden Personen über Sprache und kulturelle Besonderheiten nach, praktizieren also eine Form von *Languages and Cultural Awareness* (vgl. auch Luchtenberg 1998a). Insbesondere die erzählende Lehrerin in *Hamide spielt Hamide* äußert Kommentare zu Gesprächen, die sich auf die von ihr wahrgenommenen oder vermuteten kulturellen Unterschiede beziehen: Als ein türkisches Mädchen die ihm im Theaterstück zugedachte Rolle einer traditionellen türkischen Mutter ablehnt, kommentiert die Ich-Erzählerin dieses Gespräch folgendermaßen: *"Es nützt nichts, entweder sie kann sich ganz mit ihrer Rolle identifizieren oder sie spielt gar nicht. Eine neue Erfahrung für mich. Da sind deutsche Schüler anders"*. Als ihr wieder eine türkische Schülerin mitteilt, dass sie nicht länger mitspielen darf, kommentiert sie dieses Gespräch mit den Gedanken: "*Sevta, Hamide, Cemal und jetzt auch Melek, sie alle entziehen sich uns. Und ich dachte, sie brauchen mich, brauchen uns, die Theatergruppe. Dachte, wir könnten ihnen helfen, sich uns besser verständlich zu machen, sich mit den deutschen Schülern besser zu verstehen. Ich habe sie offenbar nicht verstanden, habe geglaubt, sie denken und handeln wie die deutschen Schüler. Ich habe sie in Konflikte gestürzt, die sie nicht aushalten konnten.*" Die Lehrerin gibt damit ihre Motivation für die Theatergruppe preis, die letztlich als Helfersyndrom zu charakterisieren ist, denn ein Versuch, die türkischen Schüler oder gar ihre Eltern aus ihrer Sichtweise zu verstehen, findet nicht statt. Die interkulturellen Kommunikationen zwischen Lehrern und türkischen Schülern und türkischen Eltern sind geprägt von Ablehnung bestimmter türkischer Handlungsweisen und dem Versuch, die Schüler stattdessen in die deutsche Klasse zu assimilieren, was die Lehrerin am Ende des Buches zum Teil auch erkennt: "*Ich bin schuld. Weil ich unbedingt wollte, dass Hamide zu uns gehört. Das war der Fehler*", wobei *Zu uns gehören* mit *so wird wie wir* zu umschreiben ist. Kulturelle Irritationen werden auch in Kommunikationen der Aussiedlerfamilie in *Im Land der Schokolade und Bananen* deutlich. So bemerkt die Erstklässlerin Ingrid, dass nur sie sich nach Schulschluss von ihrer Lehrerin verabschiedet und sagt zu ihrer Mutter: "*Ich versteh nicht, warum die anderen Kinder ohne Abschiedsgruß davonrennen*". In mehreren Episoden vergleicht eine der Personen die Ereignisse mit vergleichbaren in Rumänien, so dass auch in Kommunikationen der Aussiedler untereinander ihre mehrkulturelle Lebenssituation deutlich wird. Die Gegensätze zwischen türkischer Lebensart und deutscher in der Wahrnehmung der deutschen Lehrerin und die Gegensätze zwischen Rumänien und Deutschland in der Erfahrung der Aussiedler sind wesentliche Elemente in den interkulturellen Kommunikationen beider Bücher. In *Weihnachtszeit* wird dagegen ein geradezu idealtypisches Bild von Kommunikationsverhalten vorgeführt, das Vielfalt und Gemeinsamkeit harmonisch verbindet: Die Kinder in diesem Buch sind freundschaftlich verbunden und akzeptieren sich gegenseitig wie auch die Erwachsenen. In diesem Klima der gegenseitigen Akzeptanz ist es möglich, Anderssein nicht nur zu zeigen, sondern die anderen sogar daran teilhaben zu lassen. So bastelt der jüdische Junge David zusammen mit seinem Freund Markus einen Chanukka–Leuchter für Davids Mutter. Diese Ausgeglichenheit zwischen Gemeinsamkeit und Verschiedenheit entspricht der in Kapitel 2 dargestellten schwierigen pädagogischen Balance zwischen Differenz und Universalität. *Weihnachtszeit* ist zweifellos ein pädagogisches Buch, aber die Erzählung und die Dialoge sind so lebendig und überzeugend, dass man erkennt, dass so der – auch kommunikative – Umgang zwischen Menschen unterschiedlicher Herkunft und Sprachen, die einen gemeinsamen Lebensmittelpunkt haben, aussehen könnte.

Missverständnisse spielen keine dominante Rolle in den Kommunikationen der drei Bücher. In *Weihnachtszeit* halten die Kinder die alte Frau zwar zunächst für eine Hexe, weil sie unverständlich spricht, aber dieses Missverständnis wird schnell geklärt. Dennoch bleibt die Figur der italienischen *Befana* ein wenig geheimnisvoll. Tieferliegend ist sicher das Missverständnis zwischen der deutschen Lehrerin und den türkischen Jugendlichen und ihren Eltern in *Hamide spielt Hamide*, das nicht auf einer verbalen Ebene liegt, sondern stark geprägt ist von Einstellungen und Erwartungen.

5.2.3 *Interkulturelle Kinder- und Jugendliteratur im Unterricht*

Durch die Einbeziehung interkultureller Kinder- und Jugendbücher wie die drei besprochenen in den Unterricht (auch hier vor allem dem Deutschunterricht, aber auch vereinzelt Sachfächer) ergibt sich eine doppelte Ebene interkultureller Kommunikation, da diese bereits in den Büchern oder Texten (wie auch in der Migrantenliteratur) gegeben ist und nun in eine weitere, unmittelbar interaktive im Unterricht einbezogen wird. Werden interkulturelle Kinder- und Jugendbücher im Unterricht gelesen und besprochen oder auch von Kindern als Lektüre vorgestellt, so geht es nicht oder nicht in erster Linie um die in ihnen vermittelte Art interkultureller Kommunikation, sondern um die Erzählung und die Personen der Geschichte. In mehrsprachigen Klassenzimmern ergeben sich möglicherweise interkulturelle Kommunikationen, wenn sich zweisprachige Kinder durch den Sprachgebrauch in den Büchern angesprochen fühlen oder aber kulturelle Verhaltensweisen von Personen kommentieren oder kritisieren. Welche Ziele verbinden sich mit dem Lesen interkultureller Kinder- und Jugendliteratur im Deutschunterricht? In vielen Fällen können alle Schüler durch literarische Texte erfahren, dass ihre eigenen Erlebnisse keine individuellen Einzelfälle sind, sondern dass auch andere Kinder unter Diskriminierung leiden oder nicht wissen, wie sie mit Kindern anderer Erstsprache umgehen sollen. Schüler können durch die Analyse solcher Kinderbücher aber auch sensibilisiert werden für die verschiedenen Umgangsformen mit Vielfalt, so dass sie auch kritisch werden gegenüber diskriminierenden Merkmalen in solchen Büchern oder auch das Helfersyndrom einzuschätzen lernen (vgl. auch Rösch 1997). Interkulturelle Kinder- und Jugendliteratur ist nicht frei von Stereotypisierungen und Klischees, so dass entweder eine sehr sorgfältige Auswahl getroffen werden muss oder aber genau diese Merkmale im Unterricht berücksichtigt werden müssen. Dies gilt auch für viele Teile der in diesen Büchern wiedergegebenen interkulturellen Kommunikation. Die interkulturellen Kommunikationen in Kinder- und Jugendliteratur bieten auch die Möglichkeit, sich explizit mit dieser Kommunikation auseinanderzusetzen. Eine wesentliche Rolle kann dabei der Sprachengebrauch spielen, der in seinen unterschiedlichen Varianten beschrieben und mit der von den Kindern erfahrenen Realität verglichen werden kann. Die Besprechung interkultureller Kommunikation in Kinder- und Jugendliteratur ist in mehrsprachigen Klassen dann Teil der dort stattfindenden interkulturellen Kommunikation. Da ein Teil der Kinder- und Jugendbücher in der Schule spielt, ist es möglich, auch den Sprachengebrauch in der Schule zum Thema zu machen, sofern die Lehrkräfte sich der Mehrsprachigkeit ihrer Klassen gegenüber offen verhalten. Eine weitere Möglichkeit besteht darin, Migrantenliteratur zusammen mit Kinder- und Jugendliteratur einzubeziehen und so mögliche Gemeinsamkeiten und Unterschiede in der Wiedergabe interkultureller Kommunikationssituationen wie auch anderer Themen herauszufinden. Einige Autoren aus dem Bereich der Migrantenliteratur sind auch als Kinderbuchautoren bekannt geworden wie etwa Rafik Schami, Baykurt oder Alev Tekinay und verdienen schon von daher besonderes Interesse (vgl. auch Rösch 1997). Auch wenn sich zwischen Grundschule und den Sekundarstufen sehr unterschiedliche Vorgehensweisen zur Thematisierung von interkultureller Kommunikation – wie auch anderer Themen – anhand von Kinder- und Jugendliteratur ergeben, so ist doch allen Schulstufen gemeinsam, dass Mehrsprachigkeit einen besonderen Stellenwert einnimmt.

5.2.4 *Akzeptanz interkultureller Kinder- und Jugendliteratur*

Die Überlegungen zur Behandlung von interkultureller Kinder- und Jugendliteratur auch im Hinblick auf die in ihr häufige interkulturelle Kommunikation in all ihren Varianten darf nicht darüber hinwegtäuschen, dass interkulturelle Kinder- und Jugendbücher – ähnlich wie Migrantenliteratur – keinen allzu großen Bekanntheitsgrad besitzt. Schlichte Nachfragen von Studierenden in Buchhandlungen verschiedener Städte, welche interkulturellen Kinderbücher man ihnen empfehlen könne, bringen seit Anfang der achtziger Jahre sehr ähnliche Ergebnisse. Demnach ist einem größeren Teil der Buchhändler der Begriff interkulturelle Kinderbücher unbekannt. Sie verweisen dann oft in die pädagogische Abteilung, wo man Bücher über die 'Ausländerproblematik' finde. Einige Buchhandlungen haben dagegen sogar unter ihren Kinderbüchern eine Abteilung 'interkulturelle Kinderbücher', die jedoch oft sehr breit angelegt ist und vor allem Bücher über andere Länder oder aus anderen Ländern enthält. In einigen Buchhandlungen sind einige 'klassische' interkulturelle Kinderbücher wie *Selim und Susanne* bekannt, allerdings nicht unbedingt die Kritik an ihnen (vgl. hierzu Rösch 1997). Es gibt aber auch einige Buchhandlungen, deren Inhaber oder Angestellte sich sehr intensiv mit der Thematik befasst haben und kompetent beraten können, auch wenn sie in der Minderzahl sind. Die vergleichsweise geringe Beschäftigung der Buchhandlungen mit interkultureller Kinder- und Jugendliteratur findet seine Ursache zum Teil auch darin, dass in vielen Untersuchungen von Kinderliteratur dieser Aspekt weitgehend fehlt. Auch dies hat Auswirkungen auf interkulturelle Kommunikation. Andererseits werden seit Jahren Preise für interkulturelle Kinderbücher beispielsweise von der Ausländerbeauftragten des Berliner Senats verliehen.

5.3 Zusammenfassung

Es ergibt sich eine hohe Bedeutung interkultureller Kommunikation in Migrantenliteratur und interkultureller Kinder- und Jugendliteratur, da die Aufnahme der Migranten in der deutschen Gesellschaft – und damit auch Kommunikation mit ihnen in all ihren Facetten und Schwierigkeiten – ein wesentliches Thema dieser Literatur ist. Auf der anderen Seite kann auch die Rezeption von Migrantenliteratur wie interkultureller Kinder- und Jugendliteratur als Teil einer – indirekten – interkulturellen Kommunikation verstanden werden kann – eine Kommunikation, auf die sich die deutsche Seite in der Literaturwissenschaft, Literaturrezension wie auch im Buchhandel noch nicht voll einzulassen bereit zu sein scheint.

Ein wesentliches Thema der Migrantenliteratur und der interkulturellen Kinder- und Jugendliteratur ist der Erwerb einer Zweitsprache bzw. die Entstehung einer individuellen Zweisprachigkeit mit ihren vielfältigen Fragestellungen. Auch dieses Thema hat enge Bezüge zur interkulturellen Kommunikation, da es nicht zuletzt der Umgang der Mehrheitsbevölkerung mit den Sprachen der Zugewanderten ist, der diesen einen unbelasteten Zweitspracherwerbsprozess bei Erhalt ihrer Erstsprache ermöglicht und so entscheidend zur Zweisprachigkeitsentwicklung beiträgt.

Eine Verbindung zur interkulturellen Kommunikation in der Schule (vgl. Kapitel 3) ergibt sich durch die Möglichkeit, interkulturelle Kinder-

und Jugendliteratur ebenso wie Migrantenliteratur im Deutschunterricht zu behandeln. Im Unterricht ergibt sich dann eine komplexe Kommunikationsstruktur, da es zu einer interkulturellen Unterrichtskommunikation über literarisch aufgearbeitete interkulturelle Kommunikation kommen kann. Gerade der Deutschunterricht hat hier die Chance, über die sog. Betroffenheitsliteratur hinauszuführen und Migrantenliteratur als Teil deutschsprachiger Literatur nahezubringen.

Kapitel 6
Kompetenzerwerb in interkultureller Kommunikation

Die vorangegangenen Kapitel haben die Breite interkultureller Kommunikationsfelder in der mehrsprachigen und mehrkulturellen Gesellschaft der Bundesrepublik aufzeigen können, und zwar sowohl als personale wie auch als indirekte Kommunikation. Es hat sich ergeben, dass Kommunikation in vielfältiger Weise durch unterschiedliche Zugehörigkeiten der Sprecher zu unterschiedlichen Gruppen geprägt ist, was sich auch im medialen Bereich auswirkt. Interkulturelle Kommunikation erweist sich als eine komplexe und dynamische Form von Kommunikation, die sowohl Veränderungen unterliegt wie auch in konkreten Kommunikationssituationen erst konstituiert wird. Im Kontext der im nicht geringen Maße durch Migration geprägten mehrsprachigen und mehrkulturellen Gesellschaft kommt dabei den Kommunikationen zwischen zugewanderten und länger ansässigen Menschen sowie auch zwischen zugewanderten Menschen untereinander eine besondere Bedeutung zu, deren Gelingen im privaten, öffentlichen und institutionellen Kontext wesentlich zu Integration und ungestörtem Zusammenleben beiträgt. Allerdings ist interkulturelle Kommunikation in einer mehrsprachigen und mehrkulturellen Gesellschaft nicht ausschließlich durch Migration geprägt, wie auch umgekehrt die Kommunikation zwischen zugewanderten und länger ansässigen Menschen nicht von vornherein als interkulturell beschrieben werden kann. Die Binnenperspektive auf Kommunikation in einer mehrsprachigen und mehrkulturellen Gesellschaft ergibt ein vielfältiges Bild, so dass die Frage nach den nötigen Kompetenzen sich als außerordentlich wesentlich erweist.

6.1 Kommunikative Kompetenz und interkulturelle Kommunikation

Kommunikation ist grundlegend in jeder Gesellschaft. Dementsprechend gilt kommunikative Kompetenz als wesentliche und unverzichtbare Größe zur erfolgreichen Teilnahme am privaten und öffentlichen Leben und umfasst die Fähigkeiten, die von Kommunikationspartnern als Sprecher und Hörer – in einem erweiterten Verständnis auch als Leser und Schreiber – erwartet werden, um Interaktionen sprachlich, inhaltlich und situativ zu bewältigen, d.h. neben sprachliche und inhaltliche Korrektheit tritt soziale und situative Angemessenheit, die durch Kenntnis und Berücksichtigung soziokultureller Konventionen und Einbeziehung von Inhalts- wie Beziehungsebene in unterschiedlichen Sprechsituationen gewonnen wird (vgl. hierzu Watzlawick / Beavin / Jackson 1971). Dementsprechend wird kommunikative Kompetenz im Rahmen von Deutsch- und Fremdsprachendidaktik als eine komplexe, anzustrebende Fähigkeit angesehen, zu der die sprachliche rollen- und situationsgerechte Bewältigung unterschiedlicher Sprechakte ebenso wie die Vermittlung von eigenen Anliegen zählt. Zur kommunikativen Kompetenz werden i.a. verbale wie nonverbale Anteile gezählt. Durch den Fremdsprachenunterricht gewinnt kommunikative Kompetenz auch Relevanz für Interaktionen zwischen Menschen unterschiedlicher Erstsprache, also interkulturelle Kommunikation in diesem spezifischen Sinne, während diese Fragestellung in der erstsprachlichen Vertiefung kommunikativer Kompetenz im Rahmen des Deutschunterrichts nicht dominant ist. Kommunikative Kompetenz wird bereits in der primären sprachlichen Sozialisation erworben und dann in der Schule vertieft, so dass zu fragen ist, ob diese in der sprachlichen Sozialisation erworbenen Fähigkeiten bereits ausreichend sind zur Bewältigung weiterreichender Kommunikationen – also interkultureller Kommunikationen mit Menschen, die durch andere Gruppenzugehörigkeiten geprägt wurden, oder ob andere Fähigkeiten zumindest ergänzend erworben werden müssen.

Die Entwicklung kommunikativer Fähigkeiten – Sprecher- und Hörerrolle zusammen mit dem Spracherwerb (Ingendahl 1991) – geschieht in den meisten Fällen im Rahmen einer Sprache, wenn auch Varietäten und Varietätenwechsel bereits ab dem Vorschulalter geläufig sind. Auch schon im Vorschulalter lernen Kinder Kultureme, d.h. soziokulturelle Sprachregeln oder Regelbündel, zu realisieren, wenn sie beispielsweise angeleitet werden, Begrüßungsformeln oder Danksagungsformeln zu verwenden. Hierzu müssen sie im Allgemeinen verbale und nichtverbale Regeln beachten wie beispielsweise Handgeben plus einer Begrüßungsformel. Gelernt werden muss hierbei auch, welche Behavioreme – also Realisierungen von Kulturemen – abhängig vom Gesprächspartner und der Situation verwandt werden sollen (Oksaar 1983). Diese Entwicklung kommunikativer Fähigkeiten bleibt im Allgemeinen unbewusst, obwohl bereits im Vorschulalter metakommunikative Fähigkeiten nachgewiesen sind. Kinder und Jugendliche "wissen" zudem um die Bedeutung von Gruppensprachen, die sie jedoch ebenfalls meist verwenden und wechseln, ohne dass ihnen dies bewusst wird. Lediglich im Unterricht werden Kinder und Jugendliche in der Schule unmittelbar zu Reflexion über Sprache angeregt: Im Sprachunterricht, im Fachunterricht wie auch in Lehrerkommentaren zu sprachlichen Äußerungen von Schülern. Der Erwerb kommunikativer Kompetenz ermöglicht sprachliches Handeln in sozialen Kontexten und umfasst neben Sprachfertigkeiten Fähigkeiten auf Inhalts- wie Beziehungsebene, in denen soziales Wissen (Alltagswissen) eine wichtige Rolle spielt. Der schulische Erwerb kommunikativer Kompetenz ist zunächst auf monolinguale Gesellschaften ausgerichtet. Innerhalb dieser Gesellschaft wird der Bedeutung unterschiedlicher Gruppen und ihrer Kommunikationsformen dadurch Rechnung getragen, dass dem Erwerb oder der Kenntnis von Varietäten ausreichend Raum gewidmet wird. Dies wird allerdings im Allgemeinen nicht als interkulturelle Kommunikation verstanden. Vielmehr werden die Varietäten als berufliche, soziale oder themenbezogene Kompetenzen im Rahmen einer Sprache erfahren. Sprachliche Vielfalt innerhalb des Deutschen wird demnach zwar angestrebt, jedoch nicht als innere Mehrsprachigkeit gelehrt. Kommunikative Fähigkeiten sind privat wie beruflich in der heutigen Gesellschaft von hoher Bedeutung, wie sich beispielsweise auch an einer Zunahme von Rhetorikkursen oder sprachlicher Ratgeberliteratur aufzeigen lässt (vgl. auch Neuland 1998). Kommunikative Kompetenz gehört damit zu den Schlüsselqualifikationen, an denen sich Schule und berufliche Ausbildung orientieren.

Ein Blick auf das Einwanderungsland Australien, das seit über 20 Jahren eine explizite Multikulturalitätspolitik betreibt, zeigt eine Erweiterung dieser Schlüsselqualifikationen im Kontext einer multikulturellen Gesellschaft. Zu den Schlüsselkompetenzen schulisch-beruflicher Bildung gehört hier seit kurzem "*Cultural Understandings*", das den zunächst diskutierten Begriff von "*Negotiating Cultures*" (mit Kulturen umgehen) ersetzt hat. Damit trägt die australische Bildungspolitik der Tatsache Rechnung, dass das Land von Mehrsprachigkeit – trotz eindeutiger Dominanz der englischen Sprache – und Mehrkulturalität geprägt ist (vgl. Adams 1993). Es handelt sich in Australien um einer Weiterentwicklung der bereits vorher vorhandenen folgenden sieben Kompetenzen:

1. Communicating ideas and information
2. Working with others and in teams
3. Collecting, analyzing and organising information
4. Planning and organising activities
5. Using mathematical ideas and techniques

6. Using technologies
7. Solving problems.

Dies sind Schlüsselqualifikationen wie sie in den meisten westlichen Industrienationen in ähnlicher Form diskutiert wurden. Sie wurden jedoch in der australischen Diskussion als unzureichend für eine Arbeitswelt angesehen, in der auch die Unternehmen oder Organisationen mehrsprachig und mehrkulturell geworden sind: "*This new vision values diversity not only in terms of the customer or consumer of the product or service, but also as an essential feature of workplace teams.*" (Prince / Solomon 1993, 15). Für eine solche Arbeitswelt müssten also auch Kompetenzen erwartet werden, um an Arbeitsplätzen erfolgreich sein zu können, die durch sprachlich und kulturell unterschiedliche geprägte Menschen gekennzeichnet sind (als Kollegen, Vorgesetzte oder Untergebene) und deren Produkte oder Dienstleistungen ebenfalls für sprachlich und kulturell unterschiedlich geprägte Menschen taugen sollen. Das Fehlen solcher Kompetenzen in einer Liste von Schlüsselqualifikationen wird gleichgesetzt mit Missachtung und Ausschluss eines Teils der australischen Bevölkerung, aber auch mit einem nicht akzeptablem Verzicht auf sprachliche und kulturelle Ressourcen im eigenen Land. Als Ergebnis von Konsultationen zwischen politischen Erziehungs- und Ausbildungsinstitutionen mit Industrie und Wirtschaft wurde 1993 eine achte Schlüsselkompetenz hinzugefügt:

8. Cultural understandings (Negotiating cultures).

Diese Schlüsselkompetenz soll die Notwendigkeit betonen, dass Menschen wie Organisationen in der australischen Wirtschaft in der Lage sein müssen, die Vielfalt der Sprachen und Kulturen in der australischen Gesellschaft zu verstehen und mit ihnen umgehen zu können. Zugleich wird damit auch die Notwendigkeit betont, im heutigen Arbeitsleben und der Wirtschaft mit kulturellen Unterschieden zu rechnen und mit ihnen zurechtzukommen. Ihr werden vier zentrale Aspekte zugeschrieben, die über die Arbeitswelt hinaus Kompetenzen formulieren, die zum Leben in einer kulturell vielfältigen Gesellschaft befähigen sollen (vgl. auch Final Report o.J., 3f.):

1. Beziehungen und Verknüpfungen in der australischen Gesellschaft (und damit auch am Arbeitsplatz) zu erkennen und die resultierende kulturelle Vielfalt zu akzeptieren
2. Soziale, ökonomische und kulturelle wie politisch–demokratische Traditionen mit der Arbeitswelt zu verbinden

3. Wecken von Verständnis, Empathie und Toleranz für andere
4. Kritikfähigkeit und Zivilcourage.

Diese Schlüsselkompetenz basiert damit auf dem Multikulturalismuskonzept der australischen Gesellschaft (Collins 1991, 232ff.; Luchtenberg 1995a). Die kulturelle und sprachliche Vielfalt wird darin als Grundlage des pluralistischen Australien angesehen, so dass nicht nur Individuen und *Communities* das Recht zur Weiterentwicklung ihrer Kultur und Sprache erhalten, sondern diese Vielfalt zur nationalen Ressource erklärt wird, die für das Land von Nutzen ist. Die Förderung der in Australien gesprochenen Sprachen ist aus dieser Sicht nicht nur nützlich für die Migrantengruppen, sondern für alle – z.B. in ökonomischer Hinsicht. Die Schlüsselkompetenz "*Cultural understandings (Negotiating cultures)*" zielt auf das Erkennen kultureller Hintergründe, die Fähigkeit zur Interaktion mit Menschen anderer kultureller Herkunft in unterschiedlichen Situationen und die Berücksichtigung kultureller Vielfalt in unterschiedlichen – auch ökonomischen – Bezügen. Es ist leicht erkennbar, dass diese neue Schlüsselkompetenz nicht losgelöst von den übrigen steht, sondern z.B. auch zu einer Ergänzung oder Neu-Interpretation der übrigen beiträgt, da in Kommunikation (1.) kulturelle Unterschiede zum Tragen kommen oder Teamwork (2.) verbessert wird, wenn die kulturellen Hintergründe bewusst sind. Zugleich kann dadurch aber auch die Kreativität erhöht werden. Auch Mathematik und Technologie sind nicht losgelöst von einem kulturellen Kontext, so dass die bewusste Einbeziehung kultureller Unterschiede auch zu einer erhöhten Zahl von Lösungen führen kann. Die Akzeptanz der Diversität führt hier also zu neuen Schlüsselkompetenzen (vgl. hierzu Final Report o.J., 23ff.). Diese Sichtweise dokumentiert sich auch in Projekten und Vorschlägen unter dem neuen Schlagwort der "*Productive Diversity*". Auch wenn hier ökonomische Fragestellungen dominieren und es vor allem um die Relevanz der kulturell-sprachlichen Vielfalt für Geschäftsverbindungen im In- und Ausland geht, so werden doch die Chancen mehrsprachig / mehrkultureller Belegschaften herausgestrichen – auch, aber nicht nur für die Produktivität (vgl. Cope / Kalantzis 1997; Office of Multicultural Affairs 1994).

Es wird allerdings auch deutlich, dass es sich bei dieser neuen Sicht auf Schlüsselqualifikationen nicht ausschließlich um eine Erweiterung kommunikativer Kompetenz handelt, sondern um eine sehr stark auch außersprachliche Aspekte berücksichtigende Qualifikation. Ist also interkulturelle Kommunikative Kompetenz nicht notwendig eine Erweiterung kommunikativer Kompetenz, sondern umfasst eher interkulturelle Kompetenzen in einem allgemeineren Sinne? Betrachtet man allerdings die von Cope u.a. (1995, 10) genannten drei Wissensbereiche, so tritt doch eine starke sprach- und kommunikationsorientierte Tendenz zutage:

- Diverse language and communicative skills;
- Rights and responsibilities;
- Community participation and interaction in culturally diverse contexts.

Eine konkrete Umsetzung bedeutet beispielsweise auf einer einfachen Ebene die Befähigung, sich kommunikativ auf Unterschiede in Bezug auf Alter, Ethnizität und Geschlecht einzustellen, anderen Ratschläge in Bezug auf ihre Rechte geben zu können und Geschichte und Praktiken der eigenen und anderer Kulturen zu kennen und diese gemäß der Anforderungen eines Unternehmens oder einer Organisation (auch Schule) anwenden zu können. Dadurch sollen beispielsweise potentielle Missverständnisse durch verändertes kommunikatives Verhalten vermieden werden oder andere bewegt werden, Diskriminierungen auf Grund von kultureller Verschiedenheit zu unterlassen und dazu beigetragen werden, Stereotypen und kulturelle Übergeneralisierungen zu verhindern (Cope u.a. 1995, 11). Cope / Kalantzis (1997, 275ff.) gehen davon aus, dass das Arbeiten in mehrkulturellen Kontexten ebenso wie das Leben in einer mehrkulturellen Gesellschaft eine neue Art der Kompetenz erfordere, die sie *'civic competence'* nennen. Hierzu gehört die Fähigkeit interkultureller kommunikativer Kompetenz als Dialogbereitschaft auf der Basis der Verschiedenheit.

Über Kommunikation als Schlüsselqualifikation auf gesellschaftlicher, beruflicher, politischer und individueller Ebene gibt es auch in der Bundesrepublik Deutschland Übereinstimmung. Diese Schlüsselqualifikation umfasst vor allem situationale, mediale und interaktionale Komponenten der Kompetenz. Zu den medialen Kompetenzen gehören zunehmend auch die technologischen Weiterentwicklungen wie Computerkommunikation. Dies zeigen auch die Lehrpläne für den Deutschunterricht als dem Ort der schulischen Vermittlung kommunikativer Schlüsselkompetenzen: Bereits die Richtlinien für die Grundschule in NRW (Der Kultusminister 1985) betonen die Bedeutung der Medien und der vielfältigen Ausdrucksformen von Sprache und Literatur und unterstreichen die Bedeutung der Kommunikation auch dadurch, dass im Lehrplan "Sprache" herausgestellt wird, dass jeder Unterricht Sprachunterricht ist. Nach den Richtlinien für die Hauptschule (Der Kultusminister 1989) sollen die Schüler befähigt werden, gesellschaftliche Verhältnisse zu analysieren und soziale Beziehungen zu anderen aufzubauen, politische Handlungsfähigkeit zu erwerben und an der kulturellen Welt teilnehmen können – alle diese Ziele sind unmittelbar mit einer Schlüsselqualifikation "Kommunikation" verbunden, was in gleicher Weise auch für die für das Gymnasium formulierten Ziele gilt (vgl. Der Kultusminister 1993). In den nordrhein-westfälischen Lehrplänen werden die kommunikativen Kompetenzen auch mit der mehrkulturellen und mehrsprachigen Wirklichkeit in der Gesellschaft verknüpft, wenn das Zusammenleben und -lernen "*mit Schülern und Schülerinnen unterschiedlicher ethnischer bzw. nationaler Herkunft*" in Grund- und Hauptschule betont wird (Der Kultusminister 1985, 1989) und die "*Beschäftigung mit Grundstrukturen der Kultur – auch der Kultur der ausländischen Mitbürgerinnen und Mitbürger*" als Zielsetzung für den Deutschunterricht des Gymnasiums herausgestellt wird, denn in allen drei Schultypen verlangen diese Aufgabenstellungen vornehmlich kommunikative Fähigkeiten. Der Begriff interkultureller kommunikativer Kompetenzen, der hier zutreffend wäre, wird in den Richtlinien und Lehrplänen allerdings nicht benutzt. Auch werden die genannten Ziele und notwendigen Kompetenzen nicht unmittelbar mit beruflicher Qualifikation in Verbindung gesetzt.

Der Blick auf die australische Diskussion macht deutlich, dass Schlüsselqualifikationen wie kommunikative Kompetenz in einer mehrsprachigen wie mehrkulturellen Gesellschaft des Ausbaus bedürfen, um konkret eben diese Vielfalt berücksichtigen zu können. Das Beispiel zeigt darüberhinaus, dass auch Aspekte von Gleichberechtigung und Zugang zu allen Ressourcen eines Landes angesprochen werden, ohne die eine gleichberechtigte Kommunikation zwischen den Mitgliedern eines Staates – 'Einheimischen' und Zuwanderern – nicht möglich ist. Die australische Diskussion um die Schlüsselqualifikation macht allerdings auch deutlich, dass sich die hiermit verbundenen Kompetenzen nicht ausschließlich auf die Situation im Lande selbst beziehen, sondern dass es Kompetenzen sind, die – vor allem im Berufsleben – auch nach außen gerichtet sind bzw. auf Mischformen wie Tourismus. Für die Migrantenpopulation ergibt sich eine weitere, besondere Form der interkulturellen Kommunikation, wenn sie in die Herkunftsländer reisen oder mit Menschen ihrer Sprache in weiteren Ländern kommunizieren. Auch hierbei handelt es sich um eine Außenperspektive, die über die Kommunikation in einer mehrsprachigen und mehrkulturellen Gesellschaft hinausweist. Diese Form der Kommunikation steht in enger Verbindung mit Identitätsentwicklungen, denn gerade in der Kommunikation im Herkunftsland der Familie kann die Prägung durch das Einwanderungsland zu Brüchen und Störungen führen, die das eigene Selbstverständnis in Frage stellen können. Andererseits kann die Bewältigung der Kommunikationssituationen im Herkunfts- wie im Aufnahmeland auch die bilinguale Kompetenz betonen. Die Frage der kommunikativen Kompetenz innerhalb einer Sprachgemeinschaft rührt hier an die Diskussion transnationaler *Communities* oder globaler Diasporas, ein Modell, das bis zu einem gewissen Grad die Vorstellung der mehrsprachigen und mehrkulturellen Gesellschaft aufhebt, da nach diesem Modell Menschen sich durch ihre Zugehörigkeit zu einer ethnischen Gruppe definieren. Diese Zugehörigkeit verbindet sie demnach weltweit (vgl. Cohen 1998). Schließlich lässt sich hieran ablesen, dass interkulturelle kommunikative Kompetenzen nur dann als eine Erweiterung kommunikativer Kompetenzen verstanden werden können, wenn hierunter die Fülle sozialen und kulturellen Verstehens und Handelns mit erfasst wird. Allerdings zeigt sich ebenfalls sehr deutlich, dass die auf Diversität ausgerichtete erweiterte Kompetenz weder eng auf Kommunikationen zwischen Menschen unterschiedlicher Erstsprachen noch auf Menschen unterschiedlicher ethnischer Zugehörigkeit ausgerichtet ist, sondern vielmehr die Fülle der Gruppenzugehörigkeiten in ihren komplexen Verflechtungen angesprochen ist.

Da Kommunikation als Schlüsselqualifikation in der Bundesrepublik Deutschland als Konsens gilt, würde interkulturelle Kommunikation zur Schlüsselqualifikation werden, wenn auch Konsens über eine 'multikulturelle Gesellschaft' – wie in Australien – vorhanden wäre, was allerdings bislang nicht der Fall ist. Dennoch ist interkulturelle Kommunikation als Begriff und Unterrichtsziel akzeptiert. Dies ist möglich, da interkulturelle Kommunikation in der bundesdeutschen Diskussion nach außen gerichtet ist. Fremdsprachenlerner sollen in der Zielsprache in Kommunikationen mit Sprechern dieser Sprache in deren Heimatland kommunizieren können und zwar unter Berücksichtigung der kulturellen Gegebenheiten des betreffenden Landes (vgl. Luchtenberg 1998b, 1998d). Interkulturelle kommunikative Kompetenz meint demnach die Befähigung zur Bewältigung von Kommunikationssituationen im Ausland. Demgegenüber hat die Schlüsselkompetenz "*Cultural understandings (Negotiating cultures)*" in Australien eine Innen- und eine Außenperspektive, da sowohl die Globalisierung in der Wirtschaft berücksichtigt wird wie auch die Zusammenarbeit mit Menschen anderer Sprache und Herkunft am Arbeitsplatz (vgl. Cope 1995; Final Report o.J.). Interkulturelle kommunikative Kompetenz ist allerdings in der Bundesrepublik Deutschland gerade im Kontext der Fremdsprachendidaktik stark kritisiert worden, da es weniger um sprachliche Kompetenzen gehe als den eigentlich fremdsprachendidaktischen, sondern zu stark um kulturelle Verstehensleistungen (House 1997; vgl. auch unser Kapitel 3).

Vermittlung interkultureller (kommunikativer) Kompetenz ist in der Bundesrepublik Deutschland in den letzten Jahren weder im Fremdsprachenunterricht noch in der interkulturellen Erziehung so dominant gewesen wie in der Wirtschaft. "Interkulturelle Wirtschaftskommunikation" ist eine nach außen gerichtete Kommunikation, die vor allem im Geschäftsverkehr mit Firmen im Ausland von Bedeutung ist. Interkulturelle Wirtschaftskommunikation beschäftigt sich "*mit sprachlich und kulturell bedingten Kommunikationsproblemen bei internationalen Wirtschaftsbeziehungen*" (Müller 1991, 9) und will hierfür die notwendigen Kompetenzen vermitteln, die wiederum für erfolgreiches Management im internationalen Geschäftsverkehr von Nutzen sein sollen. Zielgruppen sind jedoch nicht nur Manager, sondern Firmenangehörige auf unterschiedlichen Ebenen, sofern sie mit den ausländischen Kunden bzw. Geschäftspartnern direkten Kontakt haben. In diesem Bereich finden sich bislang die meisten Trainingsangebote zur Vermittlung interkultureller Kompetenzen. Damit sind die Bereiche, in denen bislang vor allem Anstrengungen zur Kompetenzentwicklung durch Training oder Unterricht unternommen wurden, interkulturelle Kommunikation im Fremdsprachenunterricht und interkulturelle Wirtschaftskommunikation, wobei in beiden Fällen die als notwendig erachteten Kompetenzen über im engeren Sinne sprachlichen hinausgehen und in beiden Fällen nach außen gerichtet sind.

Im schulischen Bereich gilt interkulturelle Erziehung als Reaktion auf Vielfalt. Ihre Aufgaben sind einerseits auf die Verbesserung der schulischen Karrieren von Migrantenkindern gerichtet, aber vor allem auf die Vorbereitung aller Kinder auf ein Leben in einer mehrsprachigen und mehrkulturellen Gesellschaft und damit der Begegnung und dem Zusammenleben von Menschen unterschiedlicher kultureller und sprachlicher Prägungen in der Bundesrepublik Deutschland. Interkulturelle Erziehung betrifft demnach auch die Vermittlung entsprechender Kompetenzen, die im Gegensatz zu den beiden anderen Bereichen vorwiegend auf die Situation im Inland ausgerichtet sind. Interkulturelle Kompetenzen, die in interkultureller Erziehung vermittelt werden sollen, werden nicht in erster Linie als kommunikative Kompetenzen verstanden, sondern vor allem als soziale. In Bezug auf Sprache und Kommunikation lässt sich immer noch eine starke Dominanz der Sprachvermittlung des Deutschen an Migrantenkinder (Deutsch als Zweitsprache) feststellen, so dass aus Sicht der Vermittlung interkultureller kommunikativer Kompetenzen im sprachlichen Sektor eine ungleiche Gewichtung der Zielgruppen auszumachen ist, während pädagogische oder sprachdidaktische Konsequenzen für alle in der Schule noch weitgehend fehlen.

In der Erwachsenenbildung sind erste Ansätze erkennbar wie beispielsweise in einem Kommunikationstraining für städtische Bedienstete (vgl. Amt für Multikulturelle Angelegenheiten 1993) oder in Anforderungen an die Berufsberatung (vgl. Boos-Nünning / Reich 1993). Diese Ungleichgewichtung spiegelt eine implizite Haltung wider, nach der von Migranten und ihren Nachkommen erwartet wird, dass sie zur Kommunikation mit Menschen ihrer Sprache ebenso fähig sein müssen wie zur Kommunikation mit der deutschen Mehrheit. Dadurch erlangen sie interkulturelle kommunikative Kompetenz, was implizit von ihnen erwartet wird, während für die deutsche Mehrheitsbevölkerung eher eine nach außen gerichtete interkulturelle kommunikative Kompetenz angestrebt wird (vgl. auch Marburger u.a. 1998). Die Notwendigkeit der interkulturellen Kommunikation und damit verbundener Kompetenzen für alle innerhalb der Gesellschaft wird weitgehend noch nicht gesehen oder auf bestimmte Berufszweige verengt.

Der Begriff der "interkulturellen kommunikativen Kompetenz" erweitert den seit langem etablierten Begriff der kommunikativen Kompetenz – also über semantisch-strukturelle Kenntnisse hinausgehende Fähigkeiten sozialer und situativer Angemessenheit, die zum Kommunizieren nötig sind – auf Kommunikationssituationen, in denen die Gesprächspartner aufgrund ihrer Sozialisation in einem anderen Land oder einer ethnischen *Community* einen unterschiedlichen kulturellen Hintergrund haben, der in den meisten Fällen auch mit unterschiedlichen Erstsprachen verbunden ist (vgl. Rehbein 1985a). Wir beziehen diese Kompetenzen hier in erster Linie auf die Kommunikation innerhalb einer durch Vielfalt geprägten Gesellschaft, die durch Menschen unterschiedlicher sprachlicher und kultureller Zugehörigkeiten charakterisiert ist. Ein verbindendes Glied stellt – im Gegensatz zur nach außen gerichteten interkulturellen Kommunikation – für alle die gemeinsame Alltagserfahrung soziokultureller Inhalte dar. Grundsätzlich ist zu berücksichtigen, dass kulturelle Zugehörigkeiten sehr komplexer Natur sein können wie auch zugeschrieben sein können. Interkulturelle kommunikative Kompetenz kann hier als die Fähigkeit verstanden werden, die benötigt wird, um in Kommunikationssituationen in der mehrsprachigen und mehrkulturellen Gesellschaft erfolgreich kommunizieren zu können. Es hat sich ergeben, dass der Begriff zunehmend in Konkurrenz zu dem Begriff der interkulturellen Kompetenz gerät, der über den kommunikativen Aspekt hinaus die Befähigung zum Miteinanderleben in den Mittelpunkt stellt (vgl. Jakubeit / Schattenhofer 1996).

6.2 Kompetenzen für interkulturelle Kommunikation

Zur Kommunikation sind Kompetenzen des Sich-Vermittelns und des Verstehens nötig, die für interkulturelle Kommunikation entsprechend erweitert werden müssen. Die für erfolgreiche interkulturelle Kommunikation nötigen Kompetenzen zu beschreiben, ist allerdings kaum weniger schwierig als eine Beschreibung interkultureller Kommunikation, da auch hier ein äußerst komplexes Gefüge zu berücksichtigen ist an persönlichen Einstellungen, Wissen über andere Normen und Verhaltensweisen sowie Flexibilität und die Fähigkeit, sich auf andere und anderes einzulassen bzw. einzustellen (vgl. auch Baker 1992; Schönbach 1970). Entsprechend schwierig ist es auch, entsprechende Kompetenzen zu vermitteln, da eine solche Vermittlung immer die Vielschichtigkeit der Kompetenzen in der Interaktion zwischen den Beteiligten berücksichtigen muss. Wie in allen Kommunikationen muss auch der Kommunikationsprozess selbst beachtet werden, denn jeder Schritt in einer Kommunikation kann wiederum Auswirkungen auf den nächsten nach sich ziehen, so dass sich Dependenzen ergeben, die nicht vorhersagbar sind.

Auch wenn in den Analysen stattgefundener interkultureller Kommunikationen die Beschäftigung mit Missverständnissen dominiert, lassen sich doch aus diesen Interaktionen eine Reihe von Einsichten in notwendige Kompetenzen gewinnen, wobei auch zu berücksichtigen ist, dass interkulturelle Kommunikationskompetenzen nicht immer gleichermaßen zu erfolgreichen Kommunikationen führen, denn die individuelle Gesprächspartnerkonstellation kann ausschlaggebend sein, in die auch Sympathien und Antipathien einfließen können (vgl. auch Rost-Roth 1994). Außerdem können in interkulturellen Kommunikationen auch andere Gruppenzugehörigkeiten dominant werden wie eine hierarchische Beziehung, Geschlechtszugehörigkeit oder Alter. Trotz dieser notwendigen Einschränkungen zeigt sich in vielen Analysen erfolgreicher interkultureller Kommunikationen ebenso wie in Analysen der potentiellen Ursachen für Missverständnisse und Nichtverstehen eine hohe Bedeutung von Kooperation bzw. dem Willen zu Kooperation. Nach Loenhoff (1992, 203f.) ist der Verständigungs- und Kooperationswille von Kommunikationspartnern die entscheidende Größe von jeglicher Kommunikation, eine Größe, die über alle möglichen Hindernisse oder Beeinträchtigungen Bedeutung hat – also auch über die Habermas'sche Annahme (Habermas 1981) einer gemeinsamen Lebenswelt als Voraussetzung für das Gelingen von Kommunikation (vgl. auch Luchtenberg 1994; Young 1996). In Kommunikationen muss jedoch – insoweit gilt auch die Habermas'sche Annahme – eine Grundlage für Verständigung geschaffen werden, was im Idealfall Übereinstimmung in den in der betreffenden Situation bedeutungsvollen Inhalten und Normen wie auch Selbstverständlichkeiten der Interaktion entspricht und im Minimalfall die Verständigung darüber ist, dass die Gesprächspartner wechselweise Irritationen erfahren, die sie jedoch aufgrund ihres Verständigungs- und Kooperationswillens überwinden wollen. Ausgehend von der Kommunikation in einer mehrkulturellen und mehrsprachigen Gesellschaft erweist sich die Zugehörigkeit zu dieser Gesellschaft – wenn auch in so unterschiedlichen Größen und damit durchaus auch in Abstufungen wie Arbeitsmigrant, deutsche Geschäftsfrau oder französische Studentin – als ein verbindendes Merkmal. Hieraus ergibt sich ein gewisses Set an gemeinsamem Alltagswissen, das zwar variieren kann, aber im Allgemeinen auch kulturelle Selbstverständlichkeiten umfasst wie die in Kapitel 1 angesprochenen Schulferien oder Ladenöffnungszeiten, auch wenn die konkrete Einschätzung und Nutzung der Schulferien und Ladenöffnungszeiten unterschiedlich sein mag. Der Wille zu Kooperation resultiert aus dem Willen zur Kommunikation, zu deren Gelingen kooperatives Vorgehen unerlässlich ist. Umgekehrt gibt das Konzept der Kooperation als Grundlage von Kommunikationen den Beteiligten einen Interpretationsrahmen, innerhalb dessen sie Äußerungen des Gesprächspartners verstehen und interpretieren können, da unter der Annahme von kooperativem Gesprächsverhalten jede Antwort einen Sinn ergeben muss und daher auf ihre unterschiedlichen Interpretionsmöglichkeiten hin so lange variiert werden kann, bis sich ein passender Sinn ergibt, wobei in diese Sinngebung nicht selten auch kontextuelles und kulturelles Wissen einfließt, wie in der zunächst scheinbar sinnlosen Kommunikation: A: "Ich will nachher mal zum Arzt." – B: "Heute ist doch Mittwoch", die sich nur aus dem Wissen entschlüsseln lässt, dass Arztpraxen in Deutschland mittwochs üblicherweise geschlossen sind. Eine Interpretationshilfe gibt hier die Abtönungspartikel 'doch' insofern, als sie hier zurückweisenden Charakter hat und der erste Sprecher sich fragen kann, was sein Gesprächspartner zurückweist. Es ist letztlich denkbar, dass es zwar wegen unterschiedlichen Vorwissens zu Fehlinterpretationen kommen kann, diese aber aufgefangen werden können in dem wechselseitigen Bemühen um Verständigung. Interkulturelle kommunikative Kompetenz erfordert in diesem Sinne eine Ausdehnung des Kooperationsprinzips durch Einsichten in mögliche Fehlinterpretationen (vgl. auch Goffman 1981, 92ff.). Das Kooperationsprinzip lässt sich auf Grice (1975) zurückführen, der hierzu die Fähigkeit des Hörers zählt, aus der Kommunikation die richtigen Interpretationen abzuleiten (vgl. auch Lüger 1998, 56ff.). Grice (1975) verbindet sein Kooperationsprinzip mit den vier Maximen der Quantität, Qualität, Relation und Modalität:

1. Maximen der Quantität
   (a) Mache deinen Beitrag so informativ wie nötig
   (b) Mache deinen Beitrag nicht informativer als nötig
2. Maximen der Qualität
   (a) Versuche deinen Beitrag so zu machen, dass er wahr ist
      i. Sage nichts, was du für falsch hältst
      ii. Sage nichts, wofür dir angemessenes Wissen fehlt
3. Maxime der Relation
   (a) Sei relevant
4. Maximen der Modalität
   (a) Vermeide Dunkelheit und unklare Ausdrucksweise
   (b) Vermeide Mehrdeutigkeit
   (c) Sei kurz
   (d) Der Reihe nach!

Nun erhebt sich allerdings aus Sicht interkultureller Kommunikation die Frage, ob diese Maximen tatsächlich universale Geltung haben und damit zu den grundlegenden und notwendigen Kompetenzen für jede Kommunikation gehören, oder ob im Kontext interkultureller Kommunikation Modifikationen nötig sind (vgl. auch Zöllner 1997, 79ff.). So nimmt Clyne (1994, 12ff.) eine anglozentrische Grundlage der Grice'schen Maximen und des Kooperationsprinzips an, da zumindest geklärt werden müsse, was 'Kooperation' in unterschiedlichen kulturellen Kontexten bedeute. Es kommt hinzu, dass auch der alltagssprachliche Begriff der Kooperation nicht notwendig mit dem kommunikationswissenschaftlichen ganz übereinstimmt (Ehlich 1987). Ferner bleibt zu fragen, ob bzw. in welcher Weise das Kooperationsprinzip auf alle Formen der Kommunikation anzuwenden ist, denn zwischen der Kooperation in einem Streitgespräch und einer Wegauskunft ergeben sich unterschiedliche Grundlagen, auch wenn in beiden Fällen der Wille zu einem – sehr unterschiedlichen – Gespräch vorhanden sein muss. Formale Kooperation beim sprachlichen Handeln könnte demnach als eine Elementarform kooperativen Handelns betrachtet werden, da sprachliches Handeln nur möglich ist, wenn Sprecher und Hörer in ihren wechselnden Rollen gewillt sind, eben diese Rollen einzunehmen. Diese Elementarform der Kooperation liegt dann jedem Gespräch – auch dem Streit – zugrunde (Ehlich 1987). Dieses Prinzip formaler Kooperation lässt sich auf interkulturelle Kommunikationssituationen gut anwenden, wenn die beteiligten Gesprächspartner beispielsweise nur über sehr geringe Kenntnisse einer ihnen gemeinsamen Sprache verfügen. Damit kommen wir zurück auf die Bedeutung des Verständigungswillens auch unter schwierigen Bedingungen. Eine Einschränkung der Universalität des kommunikativen Kooperationsprinzips hätte sofort auch Auswirkungen auf Kommunikationen aller Art, da ein nicht-universales Prinzip immer auch Änderungen in der Zeit unterliegt. Keller (1995) versteht das Kooperationsprinzip als Rationales Handeln, ein Begriff, der wiederum kulturelle Änderungen auch innerhalb einer Gruppe denkbar erscheinen lässt (vgl. Liedtke 1987). Keller (1995) schlägt folgerichtig vor, das Kooperationsprinzip zugunsten eines Rationalitätsprinzips aufzugeben. Rationales Handeln versteht er als die Auswahl der Handlungsalternativen, die den höchsten "*subjektiv erwarteten Nettonutzen verspricht*" (Keller 1995, S. 11). Eine solche aus der Ökonomie entlehnte Kosten-Nutzen-Maximierung bedeutet dann beispielsweise die Auswahl der sprachlichen Mittel und kommunikativen Strategien im Hinblick auf das angestrebte Ziel. Hiermit ließe sich beispielsweise die Wahl von Registern und Stilen partiell erklären. Ein Zusammenhang mit dem Kooperationsprinzip ergibt sich aus der Frage, ob nicht kooperatives kommunikatives Handeln im Allgemeinen auch zweckgerichtet am rationalsten ist?

Clyne (1994) unternimmt auf Basis seiner Untersuchungen zur interkulturellen Kommunikation und der dazu benötigten Kompetenzen am australischen Arbeitsplatz in einer Reihe von Firmen einen Versuch, die Grice'schen Maximen interkultureller Kommunikation anzupassen. Demnach sind die Maxime der Quantität und die mit ihr verbundenen Forderungen weitgehend unproblematisch, auch wenn das intendierte Zurückhalten von Information um der gebotenen Kürze willen zu Irritationen führen könne. Die Maxime der Qualität betrifft den Umgang mit der Wahrheit, was in Konflikt mit Geboten des Respekts, der Harmonie oder des Mitleids geraten könne. Die Relevanz-Maxime betrifft die Inhalte, die in wesentlichem Zusammenhang mit der gestellten Frage oder dem Thema des Gesprächs stehen, und ist relativ offen. Besonders kulturspezifisch ist dagegen die Maxime der Modalität, denn Unklarheit kann in vielen Fällen dazu dienen, Gesichtsverluste zu verhindern, was für viele Gruppen von hoher Bedeutung ist. Clyne (1994) verändert die Maximen in folgender Weise:

1. Maximen der Quantität
   (a) Mache deinen Beitrag so informativ wie für den Zweck nötig – im Rahmen der Diskursregeln und der gegebenen Kultur
2. Maximen der Qualität

(a) Versuche deinen Beitrag zu einem zu machen, für den Du im Rahmen Deiner kulturellen Normen gerade stehen kannst
   i. Sage nichts, das nach Deinem Dafürhalten im Widerspruch zu Deinen kulturellen Normen über Wahrheit, Harmonie, Mitleid und / oder Respekt steht
   ii. Sage nichts, wofür dir angemessenes Wissen fehlt

3. Maximen der Modalität

(a) Mache das Verständnis nicht schwieriger als es möglicherweise Gesichtsbewahren und Autorität verlangen
(b) Vermeide Mehrdeutigkeit, es sei denn, sie ist aus Höflichkeitsgründen oder zum Erhalt kultureller Kernwerte wie Harmonie unerlässlich
(c) Mache Deinen Beitrag in der Länge, wie sie vom Zweck des Gesprächs und Deinen kulturellen Diskursregeln verlangt wird
(d) Strukturiere Deinen Beitrag nach den Regeln Deiner Kultur.

Durch solche Modifikationen ist es zwar möglich, die Grice'schen Maximen weitgehend kulturübergreifend zu formulieren, aber es bleibt zu klären, welche Kompetenzen dies für interkulturelle Kommunikation beinhaltet, denn ein Handeln nach der je eigenen Kultur und den in ihr erworbenen Diskursregeln führt uns zurück zur Bedeutung der Kooperation, mit deren Hilfe sowohl das Verständnis für unerwartete kommunikative Verhaltensweisen erzeugt und wachgehalten werden kann, wie auch die wechselseitige Bereitschaft zu einer zumindest partiellen Anpassung. Dem trägt Clyne (1994) durch die Erweiterung der Grice'schen Maxime der Modalität um einen weiteren Punkt und die Einschränkung des obigen zweiten Punktes Rechnung:

- Berücksichtige in Deinen Beiträgen alles, was Du weißt oder annehmen kannst über die kommunikativen Erwartungen Deines Gegenübers.
- Mache deine kommunikativen Absichten so klar, wie es die Bedürfnisse der Höflichkeit zulassen.

Die von Clyne (1994) vorgenommenen Erweiterungen sind sowohl mit dem ursprünglichen Grice'schen Kooperationsprinzip verträglich wie auch mit dem Rationalitätsprinzip, denn sie führen jeweils mit größter Wahrscheinlichkeit zum Ziel einer gelungenen Kommunikation (vgl. auch Erndl 1998 zu Überlegungen zu Konversationsmaximen und Höflichkeit). Allerdings bedarf auch der Clyne'sche Ansatz noch einer

Erweiterung auf die durch Vielfalt geprägte Gesellschaft, in der die einzelnen nicht mehr nur durch eine kollektive Bindung an die ethnische Gruppe geprägt sind.

Die Diskussion der Grice'schen Annahmen im Licht interkultureller Kommunikation und der hierfür notwendigen Kompetenzen ist nur ein Ausschnitt aus einer weiterreichenden Fragestellung, ob denn linguistische Kommunikationsmodelle mit überwiegend europäischem bzw. angelsächsischem Ursprung geeignet sind, ausreichende Erklärungen für interkulturelle Kommunikationen zu liefern. Hagemann (1997) weist im Deutschen nach, dass Sprecher ihre Äußerungen oft durch alltagssprachliche Floskeln wie kurzum, offen gesagt, mit anderen Worten etc. erweitern und dadurch dem Hörer helfen zu interpretieren, was mit den Grice'schen Maximen in Einklang gebracht werden kann. Ein anderer Weg zum Verständnis interkultureller Kommunikation und der Vermittlung der notwendigen Kenntnisse könnte demnach auch im – vergleichenden – Studium solcher Hilfsmittel liegen, was insbesondere für die Deutschvermittlung bedacht werden müsste.

Die Analyse von Missverständnissen in interkultureller Kommunikation führt stets zur Notwendigkeit des Willens zur Kooperation (vgl. auch Hinnenkamp 1998 zu einer Typologie von Missverständnissen). In einer mehrsprachigen und mehrkulturellen Gesellschaft ist dieser Kooperationswille für interkulturelle Kommunikationen grundlegend für die Bewältigung von Beruf und Alltag. Das in Kapitel 2 angeführte Beispiel aus dem Berufsleben (Hinnenkamp 1989, 76.ff.) hat in besonders krasser Form gezeigt, dass dieser Wille zur Kooperation auch dann dazu führen kann, ein Gespräch zu Ende zu führen, wenn kaum mehr als ein Aneinandervorbeireden zu konstatieren ist. Trotz der konstatierten Kooperationsbereitschaft stellt Hinnenkamp (1998, 196) allerdings auch fest, dass der Meister in diesem Gespräch die Reziprozitätsgrundlage des Gesprächs verletzt hat, was Njemi allerdings nicht bemerkt (und wohl auch nicht bemerken soll). Das Beispiel ergibt auch Hinweise auf die Möglichkeit, durch Analysen von Missverständnissen zu weiteren Aussagen darüber zu gelangen, welche Kompetenzen zur Verhinderung von Missverständnissen und damit zum Gelingen von interkulturellen Kommunikationen beitragen und daher anstrebenswert sind. Luchtenberg (1994) hat hierdurch folgende Kompetenzen ermittelt:

- Konfliktvermeidende oder -abwehrende Fähigkeiten (vgl. auch Hinnenkamp 1989, 58ff.)
- Formen der Verständnissicherung
- Reparative Fähigkeiten
- Akzeptanz sprachlicher Fehler

- Fähigkeit, Alternativformulierungen und Verhaltensmuster auszuprobieren
- Metakommunikative Fähigkeiten zur Verständnissicherung
- Einbeziehung auch außersprachlicher Interaktionsstrategien und -deutungen
- Empathie und Bereitschaft, sich auf ungewohnte Deutungsmuster einzulassen.

Diese Kompetenzen umfassen zum einen den engeren Bereich der Verständigung und des Ausgleichs sprachlich-kulturell bedingter Schwierigkeiten im Verstehen und zum anderen die Einstellung einer grundsätzlichen Kommunikations- und damit auch Kooperationsbereitschaft. Beides sind Kompetenzen, die für jede Kommunikation notwendig sind, sich aber in interkulturellen Kommunikationen aufgrund der höheren Störanfälligkeit als besonders wichtig erweisen. Interkulturelle Kommunikation braucht also in erhöhtem Maße empathisch–kooperative, kommunikationsunterstützende, metakommunikative und empathische Fähigkeiten, um auftretende Verständigungsschwierigkeiten in einem gemeinsamen Verständigungsprozess aushandeln zu können (vgl. Blommaert 1991, 23ff. für ein Beispiel). Hinzu kommen *Rollendistanz* und *Ambiguitätstoleranz*, um Situationen aushalten zu können, die vom Gewohnten abweichen, als Schlüsselkompetenzen für eine erfolgreiche Kommunikation auf Deutsch zwischen Sprechern deutscher und nichtdeutscher Erstsprache bzw. Menschen, deren Kommunikation durch andere Gruppenzugehörigkeiten als interkulturell gelten kann (vgl. auch Vester 1996, 107ff.). Die beiden letztgenannten Fähigkeiten sind solche, die bereits in der ausländerpädagogischen Diskussion als für Migranten(jugendliche) als nötig zur Teilhabe an mehreren Kultursystemen erachtet wurden, um die Spannungen zwischen Elternhaus und Gesellschaft zu meistern (vgl. auch Boos-Nünning 1983). Wenn sie nun für alle Beteiligten an interkulturellen Kommunikationsprozessen von Bedeutung sind, so erklärt sich dies aus den Besonderheiten der Kommunikation unter dem Bedingungen mehrsprachiger und mehrkultureller Gesellschaften, in denen Anstrengungen von 'Zugewanderten' wie 'Einheimischen' zum Gelingen der Kommunikation nötig sind. Dies gilt auch dann noch, wenn die sprachbezogenen Kompetenzen an Bedeutung verlieren, weil alle Gesprächspartner über ausreichende Deutschkenntnisse verfügen. So nennt Boos-Nünning (1991, 36) für die Berufsberatung von Jugendlichen nichtdeutscher Herkunft drei Problemfelder, für deren Bewältigung Kompetenzen erworben werden müssen: Sprachliche Verständigungsschwierigkeiten, unterschiedliche kulturspezifische Wissenssysteme bei Beratenden und Beratenen sowie Akzeptanz vordergründiger Erklärungen ohne Nachfragen, die Missverständnisse gar nicht erst ins Bewusstsein kommen lassen. Gerade solche Missverständnisse ergeben sich dann, wenn keine unmittelbaren sprachlichen Schwierigkeiten erkennbar sind. Berufsberatung ist zugleich institutionelle wie berufliche Kommunikation und zeigt die Notwendigkeit der genannten Kompetenzen auch zur Bewältigung interkultureller Kommunikation in beruflichen Situationen, die in viel stärkerem Maße als Alltagskommunikation von Sachzwängen, Kommunikationsvorgaben und nicht zuletzt auch Stress gekennzeichnet sind oder zumindest sein können.

Interkulturelle Kommunikation unterliegt auch deshalb der Gefahr von Missverständnissen, weil viele 'Selbstverständlichkeiten' in Kommunikationen auch innerhalb der Bundesrepublik nicht mehr gegeben sind, was von einer gemeinsamen, gleichermaßen beherrschten Sprache als Kommunikationsmittel über unerwartete Konnotationen bis hin zu ungewohnten Anredeformen oder Höflichkeitsgesten reicht. Ehlich (1992, 72f.) sieht gerade im Infragestellen des Selbstverständlichen eine Chance zur Gewinnung einer komplexeren Identität, in der Distanz als Erfahrung von Differenz dazu führt, aus fremdem Kommunikationsverhalten und Normen positive Möglichkeiten für das eigene kommunikative Handelns abzuleiten. Dies ist aber nur dann möglich, wenn die erforderlichen Kompetenzen dazu verhelfen, interkulturelle Kommunikationen bewältigen zu können. Es sind neben den empathiebezogenen Aspekten vor allem metakommunikative, gesprächserhaltende und -sichernde Fähigkeiten, die in solchen Kommunikationssituationen in mehr als üblichem Maße erforderlich sind (vgl. auch Knapp / Knapp–Potthoff 1990, 84f.). Dies sind Fähigkeiten, die bis zu einem gewissen Grad in jeder Kommunikationssituation gebraucht werden und daher auch erworben wurden, allerdings möglicherweise kaum geübt wurden. Es sollte allerdings berücksichtigt werden, dass auch Aussprache–Besonderheiten von nichtdeutschsprachigen Zuwanderern kommunikationsbehindernd wirken können, so dass Aussprache–Kompetenzen ebenso wie Verstehenskompetenzen zu den interkulturellen kommunikativen Kompetenzen zu zählen sind (vgl. Slembek 1997, 100ff.).

Aus den am häufigsten genannten Fähigkeiten, die für interkulturelle Kommunikation als notwendig erachtet werden – Empathie, Solidarität und Konfliktfähigkeit – ergibt sich eine Verbindung zwischen interaktiven Kompetenzen und solchen für das Miteinander in einer mehrkulturellen und mehrsprachigen Gesellschaft (vgl. Auernheimer 1995, 175ff.). Interkulturelle Kompetenz und interkulturelle kommunikative Kompetenz stehen demnach in einem engen Verhältnis zueinander, auch wenn sie nicht gleichzusetzen sind (vgl. Jakubeit / Schattenhofer 1996). Dies gilt auch für die Vorstellung, dass die Beschäftigung mit dem "Fremden, Anderen" auch – oder sogar vor allem – die Beschäftigung mit dem "Eigenen" umfassen müsse (vgl. Nestvogel 1992). Demnach ist es für interkulturelle Kommunikation neben dem Verstehen anderer kommunikativer Strukturen und Verhaltensweisen vor allem auch wichtig, sich über die eigenen kommunikativen Verhaltensweisen und die der eigenen Gruppe(n) klar zu werden (vgl. Amt für Multikulturelle Angelegenheiten 1993; Gembries 1994, 56ff.; Stadt Dortmund o.J.). Allerdings liegt in dem dualen Konzept des Eigenen und des Fremden stets auch die Gefahr, das Trennende zu betonen und die Gemeinsamkeiten ebenso wie die vielfältigen, dynamischen und komplexen Zugehörigkeiten zugunsten einer schablonenhaften Zweiteilung zu vernachlässigen (vgl. auch Hu 1998).

Wer heute einen Beruf ausübt oder erlernt, kann damit rechnen, beruflich mit Menschen anderer ethnischer und sprachlicher Herkunft zu tun zu haben, so dass auch interkulturelle kommunikative Kompetenzen gegeben sein müssen. In einigen Berufsfeldern wie Schule, Medizin oder Gericht ist dies aus eigener Anschauung für die meisten Menschen Teil des Alltagswissens, wenn auch häufig in einer einseitigen, problemorientierten Sichtweise der eingeschränkten Kommunikation Deutscher mit Menschen nichtdeutscher Erstsprache. Es lässt sich jedoch ohne weiteres auch auf Dienstgewerbe, Verwaltung oder Industrie, aber auch auf die Landwirtschaft, wenn man an Saisonarbeiter denkt, übertragen, wobei sich gewiss regionale Unterschiede ergeben. Nur in wenigen inländischen Berufen erfolgt jedoch eine Vorbereitung hierauf wie etwa in der Sozialpädagogik oder auch der Tourismus-Branche. Zum Teil finden Fortbildungen statt, um Mitarbeiter in Verwaltungen oder im psycho-sozialen und medizinischen Bereich auf eine nichtdeutsche Klientel vorzubereiten, wodurch aber eine hierarchische Struktur zugrundegelegt wird, da die Menschen anderer Sprache in der Rolle der zu Beratenden und zu Versorgenden bleiben. Zielgruppe sind die Deutschen, denen der Umgang mit 'Fremden' erleichtert werden soll. Reaktionen auf Diversität werden hierbei zwar als notwendig anerkannt, aber Vielfalt selbst ist damit noch nicht akzeptiert oder gar als Ressource verstanden. Auch fehlt in den meisten Fällen eine wechselseitige Blickrichtung, die einbezieht, dass in einer mehrsprachigen und mehrkulturellen Gesellschaft Zuwanderer auch Kollegen oder Vorgesetzte sein können. Berücksichtigt werden muss auch, wie sich die denkbaren Konstellationen interkultureller Kommunikationen auswirken, denn je nachdem, ob ein oder beide Gesprächspartner "monokulturell / monolingual" oder "bikulturell / bilingual" Ist / sind, ergeben sich andere Diskrepanzen und Wege ihrer Überwindung (vgl. Boos-Nünning / Reich 1993, 308ff.). Die zunehmende Zweisprachigkeit in der Migrantenpopulation – vor allem der zweiten und dritten Generation – wirft weitere Fragen im Hinblick auf Kommunikation und die notwendigen Kompetenzen auf: Können Menschen, die beide Sprachen beherrschen und im soziokulturellen Kontext der Bundesrepublik ebenso wie in der betreffenden ethnischen Gruppe aufgewachsen sind, Kommunikationen mit Angehörigen beider Sprachgruppen leichter erfolgreich führen als einsprachige Angehörige einer ethnischen Gruppe? Eine genauere Untersuchung müsste vor allem der Frage nachgehen, ob aus der doppelten Teilhabe die interkulturellen interaktiven Kompetenzen ohne weitere Anleitung erschlossen werden können oder ob auch dieser Gruppe eine verstärkte Unterweisung in den zur interkulturellen Kommunikation nötigen Interaktionsmustern gegeben werden muss.

Die oben zusammengestellten interkulturellen kommunikativen Kompetenzen gelten mit Modifikationen also für die Alltagskommunikation ebenso wie für das Berufsleben innerhalb der deutschen Gesellschaft. Alltags- und Berufsleben überschneiden sich vielfach in Bezug auf Kommunikationen in Institutionen. Institutionelle Kommunikation ist in intra- wie interkulturellen Kontexten durch die hierarchische Struktur belastet. Man könnte sogar teilweise annehmen, dass Kommunikation zwischen Institutionenvertretern und ihren 'Kunden' aufgrund der Distanz und Fremdheit zwischen ihnen bereits als interkulturell in diesem Sinne gelten könnte. Fremdheit und Distanz vertiefen sich in vielen Fällen, wenn zusätzlich sprachliche oder kulturelle Unterschiede hinzukommen, wobei im Allgemeinen in der derzeitigen Gesellschaft die institutionelle Rolle von Einheimischen eingenommen wird (Ausnahmen dürften am ehesten im medizinischen Bereich zu finden sein – vgl. Kapitel 2). Reichen die oben angeführten Kompetenzen auf beiden Seiten zur Bewältigung solcher Gespräche? Eine weitere Frage stellt sich nach den empathischen Kompetenzen verbunden mit der Bereitschaft, sich auf ungewohnte Deutungsmuster einzulassen und ihrer Kompatibilität mit dem Selbstverständnis von Mitarbeitern in Institutionen, ihrem professionellen Handeln und der hierarchischen Ordnung, in die sie eingebunden sind. Andererseits bietet die Institution auch einen Schutzrahmen, aus dessen Sicherheit heraus es leichter als in einem offenen Alltagsgespräch sein könnte, sich auf ungewohnte Kommunikationsstrukturen einzulassen, da der Rückzug in die institutionelle Ordnung offenbleibt. Dem stehen allerdings im beruflichen Alltag Arbeitsbelastung, Stress und möglicherweise auch kollegialer Druck und Gruppenkodices entgegen.

Jakubeit / Schattenhofer (1996, 402ff.) unterscheiden Fremdheitskompetenz in verschiedenen Bereichen: Auf individueller Ebene, in Gruppen und Teams sowie in Organisationen: *"Fremdheitskompetenz bedeutet auch den Umgang mit Unterschieden und den verschiedenen Seiten"*, was eine Grundlage auch interkultureller kommunikativer Kompetenz darstellt.

In Kapitel 4 haben wir den interkulturellen Diskurs in den Medien untersucht, so dass wir hier nun auch danach fragen müssen, welche medialen Kompetenzen in einer mehrsprachigen und mehrkulturellen Gesellschaft vonnöten sind (oder sein sollten). Nicht zuletzt über die Medien wird das Bild von der Vielfalt in der Gesellschaft geprägt, das wiederum für das Klima und die Kommunikation am Arbeitsplatz und im Privatleben nicht unerheblich ist. Weitergefasst ergibt sich die Frage, ob und inwieweit Medien einen Beitrag zur Vermittlung interkultureller kommunikativer Kompetenz leisten (können)? Einzelne Programme für Migranten – auch für Kinder – sind in der Bundesrepublik unter diesem Anspruch entstanden, so dass die gleiche Möglichkeit für alle Mediennutzer nicht von vornherein auszuschließen ist. Die meisten Medienbeiträge, die von den Rezipienten interkulturelle kommunikative Kompetenz erwarten (müssten), beziehen sich auf internationale Bereiche, haben also eine Außenperspektive. In dieser Rezipientenrolle sind ebenfalls Empathie, Rollendistanz und vor allem Ambiguitätstoleranz nötig, um die Handlungen von Menschen in einem nicht vertrauten kulturellen Umfeld beispielsweise in einem Film oder einer Dokumentation verstehen zu können. Die Binnenperspektive – Zusammentreffen von Menschen unterschiedlicher Herkunft nicht nur im Berufsleben der Bundesrepublik – ergibt sich über die aktuelle Berichterstattung hinaus gelegentlich in Dokumentationen oder Fernsehserien (vgl. Kapitel 4). Eine Berücksichtigung dieser Möglichkeiten interkultureller Kommunikation in den Medien stellt einen Beitrag zum Umgang mit Diversität in einer Gesellschaft dar, denn – so Hess-Lüttich (1992, 27): "*... die Rolle der Medien in der interkulturellen Kommunikation* ist *kaum zu überschätzen, wenn ihr konkreter Beitrag sich bislang auch noch bescheiden ausnehmen mag*". Entsprechend haben wir in Kapitel 4 die Medien in unsere Untersuchung interkultureller Kommunikation einbezogen, müssen nun aber auch fragen, welche Kompetenzen hier erforderlich werden. Dies betrifft einerseits die mit der Produktion der Medien befassten Menschen, aber andererseits auch die Konsumenten, die in dieser Form indirekter interkultureller Kommunikation auch Absichten und Wirkungsweisen erkennen können müssen. Hieraus lässt sich ableiten, dass die Teilnahme an indirekter – nicht interpersonaler – interkultureller Kommunikation weitere Kompetenzen der Bewertung erfordert, die es ermöglichen, Stereotypen, Fehlinformationen und andere Beeinflussungen zu erkennen ebenso wie Formen der Diskriminierung zu durchschauen. Diese Kompetenzen gehen über die bislang genannten deutlich hinaus und sind zudem auf einer anderen Ebene angesiedelt, so dass es sich anbietet, von einer interkulturellen Medienkompetenz zu sprechen (vgl. auch Schorb 1995).

Die genannten Kompetenzen im sprachlichen, gesprächsstrategischen, (medial)rezeptiven und Einstellungsbereich stellen zunächst ein Bündel an Fähigkeiten dar, das zur Bewältigung interkultureller Kommunikationen führt. Es muss jedoch auch berücksichtigt werden, dass durch interkulturelle Kommunikationen Lernvorgänge initiiert werden, die die genannten Kompetenzen weiterentwickeln oder auch blockieren können. Eine Blockade kann sich beispielsweise dadurch entwickeln, dass die Kommunikation nicht den Vorerwartungen gemäß verläuft, weil auch der Gesprächspartner über interkulturelle kommunikative Kompetenzen verfügt und sich ebenfalls an sprachlichen und gesprächsstrategischen Mustern orientiert. Hieraus ergibt sich unmittelbar die Bedeutung, die einer offenen Haltung in Gesprächen zukommt. Abweichungen von Vorerwartungen können sich auch dadurch ergeben, dass Sprecher sich in als interkulturell eingestuften Gesprächen 'kulturspezifischer' als sonst verhalten, um dem Gesprächspartner ein vermeintlich authentischeres Gegenüber zu bieten – eine Haltung, die allerdings eher in Gesprächen mit kurzfristig anwesenden Ausländern bzw. im Ausland – also in der Außenperspektive – anzutreffen ist als im Inland im mehrkulturellen Kontext (vgl. Luchtenberg 1994). In Gespräche fließen in hohem Maße auch Vorstellungen über die Kompetenzen des Gegenübers ein, der wiederum hierauf reagieren kann, wenn er sich durch diese Kompetenzvorstellungen diskriminiert oder zumindest unverstanden fühlt. Dies gilt im besonderen Maße für die gesprächsstrategischen Kompetenzen, so dass das Angebot von Alternativformulierungen beispielsweise in medizinischen Beratungen auch zu Verwirrungen oder Unsicherheit über die inhaltliche Kompetenz des Sprechenden führen kann oder Reparaturen sich ausschließlich auf den Inhalts- und nicht den Beziehungsaspekt beziehen oder Fremdkorrekturen Selbstkorrekturen vorgreifen (vgl. Hinnenkamp 1998, 207ff.). Auch die Verwendung einer langsameren Sprechweise kann vom Gegenüber negativ bewertet werden als Abwertung seiner Sprachkenntnisse, selbst wenn es als Entgegenkommen gemeint ist, so dass neue gesprächssichernde und aufbauende Strategien erforderlich werden können. Die sprachlichen und gesprächsstrategischen Kompetenzen erfahren also Brechungen, Veränderungen und Erweiterungen in der jeweiligen Gesprächssituation und -konstellation, die durch Vorerwartungen, interkulturelle Kompetenzen auf Sprecher- und Hörerseite wie auch die konkreten Einflüsse des jeweiligen Gesprächs und seines Verlaufs bedingt sein können (vgl. auch Knapp-Potthoff 1997). Kompetenzen werden in jedem Gespräch auf Hörer- wie Sprecherseite – bzw. in ihren wechselnden Rollen – verändert und – im günstigen Fall – erweitert.

Welche Rolle spielt kulturelles Wissen, das wir in unserer Zusammenstellung bislang nicht aufgeführt haben, als Kompetenz in interkulturellen Gesprächen? Wir können davon ausgehen, dass Einsichten in die Vielfalt sprachlicher und kultureller Verhaltensweisen zu Offenheit gegenüber vom Gewohnten abweichenden Verhaltensweisen führen und somit zu Empathie, Rollendistanz und Ambiguitätstoleranz beitragen können (so auch Erndl 1998, 105ff. in Bezug auf vermeintliche Unhöflichkeiten). In diesem Sinne würde sich kulturelles Wissen mit den Einstellungskompetenzen verbinden. Kulturelles Wissen erweist sich aber immer dann als hemmend für alle interkulturellen kommunikativen Kompetenzen, wenn es als unveränderbar aufgenommen wird, denn dann können sich sofort Konflikte auf verschiedenen Ebenen ergeben, die nur mit entsprechender Flexibilität und Offenheit zu beheben sind:

- Kulturelles Wissen bezieht sich oft nur auf eine stark vereinfachte gruppenübergreifende 'Kultur' wie beispielsweise: die türkische Kultur. Hierbei werden Stadt-Land-Unterschiede ebenso wie soziale und regionale Unterschiede vernachlässigt, die aber in einer konkreten Interaktion sehr wohl relevant sind
- Kulturelles Wissen bezieht sich oft nur auf die Herkunftsländer unter Vernachlässigung der in der Migration veränderten Gruppenkulturen und den sich hieraus ergebenden Abweichungen. Gerade in der Migration ergeben sich vielfältige Formen kultureller Zugehörigkeiten und kultureller Ausprägungen, zu denen eine Orientierung an einer als statisch gedachten Herkunftskultur ebenso gehören kann wie eine Anpassung an eine als ebenso statisch gedachte Aufnahmekultur sowie jede Art hybrider Kulturformen (vgl. Bronfen / Marius 1997 zur Begrifflichkeit)
- Kulturelles Wissen dominiert konkrete Erfahrung und erweist sich damit oft als Zuschreibung. Dies tritt immer dann ein, wenn die durch kulturelles Wissen erlangten Vorerwartungen nicht mit Offenheit und Flexibilität in konkreten Interaktionen verbunden werden
- Kulturelles Wissen führt im Extremfall auch dazu zu übersehen, dass alle Beteiligten über kulturelles Wissen verfügen können und

dieses auf den konkreten Fall mit seinen individuellen Abweichungen übertragen müssen.

Kulturelles Wissen ist jedoch hilfreich und kommunikationsfördernd, wenn es dazu verwandt wird, konkret vorgefundene Verhaltensmuster deuten zu helfen, wobei ein breites kulturelles Wissen auch erlaubt, verschiedene Möglichkeiten anzunehmen. Hieraus ergibt sich, dass kulturelles Wissen sehr wohl eine nützliche Kompetenz für interkulturelle Kommunikationen darstellt, wenn es mit Offenheit für Abweichungen und komplexe Zugehörigkeiten verbunden wird. Scollon (1997) zeigt am Beispiel von Handzettelverteilern in Hongkong, wie sehr Einstellungen und kulturelle Erwartungen selbst solche äußerst flüchtigen Kommunikationen beeinflussen. Hier mischt sich kulturelles Wissen beispielsweise über Sprachen mit zum Teil stereotypen Vorerwartungen. Zur Erweiterung interkultureller Kommunikationskompetenzen würde hier eine Beschränkung auf kulturelles Wissen nicht ausreichen, da die nötige Offenheit fehlt.

In interkulturellen Kommunikationen verlangt die Kompetenz der Empathie auch eine Regelung der gegenseitigen Anpassungsprozesse: Gehen wir davon aus, dass in einer Kommunikation Menschen mit deutlich verschiedenen Begrüßungsnormen aufeinander treffen, so gehört es zu den ersten kommunikativen Aufgaben, Regeln hierfür so auszuhandeln, dass niemand sich dominiert fühlt. Es ergeben sich unterschiedliche Konstellationen, die eine Regelung verlangen, wenn beispielsweise für einen Teilnehmer Verbeugen ohne Berührung adäquat erscheint, während für das Gegenüber Handeschütteln als üblich gilt:

- Begrüßungsform A oder B wird gewählt
- die Begrüßung scheitert, da jeder auf seiner Begrüßungsform insistiert, die aber zumindest im Falle des Händeschütteln nicht ohne den anderen durchführbar ist
- die Begrüßung findet zwar mit beiden Formen statt, belastet aber das folgende Gespräch aufgrund der entstandenen Unsicherheit.

Es bleibt zu fragen, mit Hilfe welcher Kompetenz hier eine Situationsbewältigung erreicht werden kann und welche Regel die Wahl der Verhaltensform bestimmen könnte. Sicher dürfte im Ausland eher davon auszugehen sein, dass die landesübliche bzw. gruppenspezifische landesübliche Begrüßungsform dominiert, was dann entsprechend auch für kurzfristig anwesende ausländische Gäste in der Bundesrepublik gelten würde. Diese Regel kann aber innerhalb einer mehrsprachigen und mehrkulturellen Gesellschaft kaum greifen. Sie wird zudem oft durch hierarchische Regeln durchbrochen oder aber auch durch Höflichkeitsverhalten gegenüber anderen Bräuchen, über die kulturelles Wissen erworben wurde, das sich hier also auch als kommunikationsstörend erweisen kann. Wir müssen konstatieren, dass es keine festen Regeln für den Gebrauch unterschiedlicher kommunikativer Verhaltensmuster gibt, sondern dass hier ein hohes Maß an Empathie und Kooperationswillen vonnöten ist, um diese Situation zu erkennen, richtig einzuschätzen und dann zu einer – auch stillschweigenden – Übereinkunft zu gelangen. Paradoxerweise dürften solche Situationen am leichtesten zu bewältigen sein, wenn nur ein Teilnehmer sich über die Interkulturalität der Situation im Klaren ist und seine Verhaltensweisen anpasst. Wenn beide dies versuchen, ergeben sich trotz der eigentlich wünschenswerten interkulturellen Kompetenzen zunächst Schwierigkeiten in der Kommunikation, da kulturelles Wissen und Anpassungsbereitschaft offensichtlich unzureichend sind zur Bewältigung dieser Situation. Vonnöten sind hier vielmehr metakommunikative Kompetenzen in einem besonders breiten Sinne. Eng mit dieser Thematik verknüpft ist die Frage, inwieweit interkulturelle Kommunikationen ein Aufgeben persönlichkeitsbezogener sprachkultureller Verhaltensnormen verlangt bzw. inwieweit die Teilnehmer an interkulturellen Kommunikationen nicht auch ein aus ihrer Sicht adäquates Verhalten beibehalten können, ohne die Kommunikation als solche zu gefährden. Können sie also Signale geben, um ihre Kooperationsbereitschaft zu erklären bei gleichzeitiger Beibehaltung ihrer Verhaltensnormen, wie beispielsweise Beendigung der Mahlzeit ohne weitere Signale wie eine bestimmte Ordnung der Bestecke etc.? Solche Signale müssten zugleich als eine weitere Kompetenz gewertet werden, die es ermöglicht, Kooperationswillen bei gleichzeitiger Eigenständigkeit zu vermitteln. Es ergibt sich damit, dass fremdkulturelles Verstehen nicht ausreichend ist zur interkulturellen Kommunikation, sondern dass es vielmehr darum geht, wie zwei – oder mehr – Menschen die Voraussetzungen für eine Kommunikation aushandeln können unter Wahrung von Höflichkeit, aber auch von Eigenständigkeit, zumal grundsätzlich auch beide Seiten sich aufeinander einstellen könnten, was wiederum ein neues Aushandeln erforderlich macht (vgl. auch Knapp-Potthoff 1997, 191). Alle diese Kompetenzüberlegungen beziehen sich auf Situationen, in denen von beiden Seiten eine kooperative Kommunikation gewünscht wird – betrügerische oder diskriminierende Absichten bleiben hier grundsätzlich ausgeklammert.

Zusammenfassend ergibt sich also ein vielschichtiges Bild der zur interkulturellen Kommunikation notwendigen kommunikativen Kompetenzen, die weit über Kommunikation im engeren Sinne und kognitives Wissen hinausgehen, sondern vielmehr Einstellungen, aber auch Offenheit und Flexibilität umfassen. Auch die Vorstellungen über notwendige Kompetenzen können in unterschiedlichen kulturellen Gruppen variieren (vgl. Martin 1993, 20).

6.3 Vermittlung interkultureller kommunikativer Kompetenzen

Interkulturelle kommunikative Kompetenz stellt eine gesellschaftlich wie beruflich zu vermittelnde Schlüsselqualifikation für Leben und Arbeit in der Bundesrepublik Deutschland dar, die allerdings in sich als sehr komplex anzusehen ist. Im Gegensatz zu kommunikativer Kompetenz ist interkulturelle kommunikative Kompetenz – mit Ausnahme des Konzepts interkulturellen Lernens in den Fremdsprachenfächern – in den Lehrplänen bislang noch kaum verankert. Da sich jedoch zwischen interkultureller kommunikativer Kompetenz und interkultureller Kompetenz Überschneidungen ergeben wie beispielsweise die Forderung nach Offenheit, Flexibilität oder Empathie, können Teile der Kompetenzvermittlung auch im Rahmen interkultureller Erziehung erfolgen, auch dort wenn die Vermittlung kommunikativer Fähigkeiten nicht im Mittelpunkt steht, obwohl unter *interkultureller Kompetenz* oft die Bedeutung von Kommunikation herausgestrichen wird: *"Die Fähigkeit, mit kultureller Fremdheit umzugehen und mit Menschen fremder Kultur erfolgreich zu kommunizieren und zu interagieren, wird interkulturelle Kompetenz genannt."* (Roth 1996a, 71; vgl. auch Kalpaka 1998). Fritzsche (1997) sieht ein vorrangiges Ziel interkultureller Kompetenz in der Vermittlung und Erlangung von Multiperspektivität, die durch Empathie und Perspektivenwechsel den Umgang mit Vielfalt erleichtert (vgl. zum Perspektivenwechsel auch Luchtenberg 1995). Kompetenzvermittlung für interkulturelle Kommunikation ist jedoch vor allem in wirtschaftlichen Kontexten inzwischen verbreitet, oft sogar als Wirtschaftskommunikation oder doch in enger Verbindung mit ihr. Für die Vermittlung interkultureller Kompetenzen ergeben sich daher mehrere Instanzen, die zum Teil nur wenig miteinander verbindet:

1. Fremdsprachenunterricht
2. Interkultureller Unterricht in verschiedenen Schultypen und Fächern
3. Kurse in interkultureller Wirtschaftskommunikation
4. Kurse in interkultureller Kommunikation
5. Fortbildungen für Mitarbeiter in solchen Institutionen, die verstärkt mit Migranten zu tun haben (Berufsberatung, Kranken-

kassen, städtische Behörden wie Sozialämter, Ausländerbehörden, Polizei, Schulen und Weiterbildung etc.)

6. Fortbildungskurse allgemeinerer Art.

Es zeigt sich, dass in erster Linie interkultureller Unterricht und Fortbildungen für Mitarbeiter in Institutionen auf die Situation in der mehrsprachigen und mehrkulturellen Gesellschaft ausgerichtet sind, während in allen anderen Kursen die Außenperspektive dominiert. Fortbildungskurse allgemeinerer Art können sich auf Binnen- wie Außenperspektive beziehen. Die Außenperspektive steht also deutlich im Vordergrund. Da die Mehrzahl solcher Kurse kulturspezifischen Ansätzen verpflichtet ist, ergibt sich auch die Gefahr, interkulturelle kommunikative Kompetenz ausschließlich und damit fälschlicherweise als kulturspezifische Kompetenz zu verstehen. Nicht selten wird in solchen Kursen vermittelt, wie Angehörige anderer Kulturen in bestimmten Situationen kommunizieren und welche Verhaltens- und Gesprächsmuster sie erwarten. Solche Rezepte statischer Kulturvermittlung können in 'echten' Gesprächen leicht zu Verunsicherungen führen, wenn sich die Gesprächsteilnehmer nicht entsprechend verhalten. Knapp / Knapp-Potthoff (1990, 86) betonen daher mit Recht, dass kulturspezifische Ansätze nur haltbar sind, wenn sie durch analytisch-strategische Fähigkeiten ergänzt werden, die *"eine Differenzierung und Modifizierung dieses Wissensbestandes in aktuellen Kontaktsituationen ermöglichen"*. (Müller 1991, 37ff.) verweist auf "abschreckende" Beispiele aus solchen Trainingsmaterialien, die meist Situationsbeispiele interkultureller Kommunikation mit Multiple Choice Aufgaben verbinden. Allerdings muss betont werden, dass solche kulturspezifischen Konzeptionen in interkulturellen Fortbildungen zwar außenperspektivisch näherliegen wegen der bekannten und damit - vermeintlich - eingrenzbareren - Zielkultur (z.B. im internationalen Jugendaustausch, in Arbeitsaufträgen im Ausland, in Geschäftsbeziehungen, für Entwicklungshelfer, etc.), aber dennoch auch in Aus- und Fortbildungen anzutreffen sind, die Deutsche auf den Umgang mit Migranten im beruflichen Kontext vorbereiten. Im Kontext der Lehrerausbildung ist dies beispielsweise im Rahmen der Ausländerpädagogik durch eine starke Herkunftslandfixierung nicht selten gewesen, so dass Lehrkräfte zum Teil eine - falsche - Erwartungshaltung gegenüber ihren Schülern nichtdeutscher Herkunft aufgebaut haben. Ein ähnlicher Fortbildungsansatz der Länderinformationen galt über längere Zeit auch für Mitarbeiter in sozialen Berufen als geeignete Vorbereitung auf nichtdeutsche Klientel (vgl. Jakubeit / Schattenhofer 1996). Nach Young (1996, 182) kann interkulturelle Kommunikationsfähigkeit dagegen nur erworben werden, wenn nicht auf Regeln, sondern auf Strategien und Kritik fokussiert wird.

Zwischen den beiden Polen der Respektierung fremdkulturellen Verhaltens in Kommunikationen als Ziel und der Einsicht in den Prozesscharakter interkultureller Kommunikationen muss in Fortbildungskursen eine Balance gefunden werden, die zur interkulturellen kommunikativen Kompetenz führt (vgl. auch Hofstede 1989, 1992 sowie Holzmüller 1995).

Für Untersuchungen von interkulturellen Kommunikationsvorgängen ebenso wie für die Vorbereitung auf solche interkulturellen Kommunikationssituationen sind Anpassungsprozesse der einzelnen ein schwieriges Problem, da beide Partner im Verhalten des Gegenüber stets mit kulturell geprägtem oder mit angepasstem Verhalten rechnen müssen – was allerdings eine weitere deutliche Absage an mechanistisches Einüben von interkulturellen Kommunikationssituationen darstellt und zugleich Offenheit und Flexibilität ebenfalls zu Kompetenzen in interkultureller Kommunikation erhebt (vgl. auch Clyne 1993, 16f.; Müller 1986, 48ff.).

Vermittlung interkultureller kommunikativer Kompetenzen ist bislang weder in beruflicher noch in schulischer (Aus)bildung verankert, sondern findet vor allem in Fort- und Weiterbildungskursen, in betrieblichen Kursen und – in wenigen Fällen – an Hochschulen statt. Noch selten sind auch Kurse zur interkulturellen Behördenkommunikation (vgl. hierzu Amt 1993; Pädagogisches Institut Uni Mainz; Seifert 1996). Obwohl gerade Schulen durch interkulturelle Kommunikation geprägt sind, stellt die Lehrerausbildung keinen besonders ausgeprägten Teil einer solchen Kompetenzvermittlung dar. Auch Schulen selbst werden bislang nur selten mit einer frühen Beschäftigung mit interkultureller Kommunikation und ersten gezielten Vermittlungen notwendiger Kompetenzen in Verbindung gebracht – mit Ausnahme des Fremdsprachenunterrichts und seiner spezifischen Ausrichtung.

Es gibt unterschiedliche Ansätze zur Vermittlung interkultureller kommunikativer Kompetenz (vgl. auch die Rezension von Edwards 1997). Müller (1991) unterscheidet drei Trainingstypen (vgl. Luchtenberg 1998b):

1. Maßnahmen mit eingeschränkter Zielperspektive. Hierzu gehören: Kulturelles Training; Sprachkurse und Planspiele zu vorwiegend beruflichem Sachwissen
2. Kulturbezogene Sensibilisierung. Hierunter fallen: Fremdkulturelles Training (Reflexion der Wirkungen und Reaktionen beim Adressaten) und kulturorientierter Fremdsprachenunterricht
3. Fremdkulturelle Simulationen mit Planspielen in bi/–multinationalen Gruppen und Training per Video–Konferenz.

Fast alle diese Kurse und Trainingsformen sind auf die Beschäftigung mit einer Sprachgruppe und ihrer Kultur ausgerichtet, auch wenn zunehmend aus den Fehlern früherer kulturspezifischer Kurse gelernt wird (vgl. auch Bolten 1992; Kotthoff 1989). Zaninelli (1994) unterscheidet zwischen kognitiven, affektiven und verhaltensorientierten Ansätzen (vgl. auch die Beispiele in Amt 1993; Losche 1995). Ein Dilemma der meisten dieser Kurse bleibt ihre kulturspezifische Ausrichtung, die nicht nur kommunikative Aspekte vernachlässigt, sondern auch durch ihre vereinfachte Sichtweise auf Sprachen und Kulturen die sprachliche und kulturelle Vielfalt in den meisten Ländern übersehen lässt. Es kommt hinzu, dass in vielen interkulturellen Programmen der sprachliche Anteil eher gering ist (vgl. auch Knapp / Knapp-Potthoff 1990, 87ff.). Eine einfache Form der Fortbildung ist ein australisches Video zur Kommunikation am Arbeitsplatz, in dem zunächst schwierige Situation vorgestellt und erklärt werden. Danach werden alternative Kommunikationsverläufe vorgeführt (Language and Society Centre 1995).

Zur Vermittlung interkultureller kommunikativer Kompetenz wird ferner eine kontrastive Vermittlung von Interaktionsformen und Wortbedeutungen, das Betonen von Gemeinsamkeiten in der Interaktion und Kultur von einem universalistischen Ausgangspunkt oder auch eine interkulturelle Kommunikationskunde im Sinne einer allgemeinen Sensibilisierung für Kommunikationsphänomene mit Beispielen aus Kulturen und Sprachen weltweit vorgeschlagen (vgl. Hüllen 1992). Auch wenn Sensibilisierung für Vielfalt und Offenheit ihr gegenüber nicht unmittelbar vermittelt werden kann, suchen doch viele interkulturelle Kommunikationstrainings hier anzusetzen, indem beispielsweise die zugrundeliegenden Muster von Deutungen von Kommunikationsverhalten aufgedeckt werden und andere erprobt werden (vgl. z.B. Beneke 1994). Zu unterscheiden ist auch, ob der Schwerpunkt auf dem Umgang mit 'fremden' Kulturen und ihren Sprechern oder in der Auseinandersetzung mit eigenen Vorurteilen, Stereotypen und Befangenheiten liegt (vgl. z.B. Gudykunst 1994, 73ff.) Bislang kaum diskutiert wird die Frage der Überprüfung interkultureller kommunikativer Kompetenzen aus binnenperspektivischer Sicht, während für den Fremdsprachenunterricht erste Ansätze entwickelt wurden, bei denen auch zwischen Fähigkeiten und Einstellungen unterschieden wird (vgl. Byram 1997).

Sensibilisierung für sprachliche und kulturelle Besonderheiten (wie auch Gemeinsamkeiten) ist auch Inhalt von *Language Awareness*-Konzeptionen, wie sie vor allem in Großbritannien entwickelt, aber dann auch in der Bundesrepublik aufgegriffen wurden, so dass zu überlegen ist, ob und inwieweit sie mit der Vermittlung interkultureller kommunikativer Kompetenz verbunden werden könnten (vgl. auch Hermann-Brennecke 1993; Luchtenberg 1994b, 1998a; Wolff 1993). Ein Vorteil von *Language Awareness* im schulischen Bereich ist die fächerübergreifende Beschäftigung und Sprachen und ihren kulturellen Implikationen. Beispiele für Themen in *Language Awareness*–Kursen zur Vertiefung von Einsichten in interkulturelle Kommunikation sind Erwartungshaltungen, wie lange im Gespräch jeder Teilnehmer redet, Routineformeln und ihr missverständliches Ernstnehmen wie beispielsweise "Wie geht's, How are you? oder südostasiatisches "Where are you going?" (Clyne 1989, 41), oder unterschiedlicher Gebrauch von Sprechakten wie indirekten Aufforderungen oder Entschuldigungen. Auch die mit Eigennamen verbundenen Regeln bieten sich in solchen *Language Awareness*–Konzeptionen zur Diskussion an, zumal der Gebrauch von Eigennamen auch im beruflichen Kontext Konventionen unterliegt (vgl. Kapitel 2). Der Umgang mit Eigennamen in mehrkulturellen und mehrsprachigen Gesellschaften schließt Kenntnisse über die Namenreihenfolgen, die Anrederegeln für Ehefrauen und Töchter oder Titelverwendungen ein (vgl. auch Clyne 1989). Insgesamt erlauben die *Language Awareness*–Konzeptionen einen breiten Zugang zu interkultureller Kommunikation, da sie sprachliche und außersprachliche Aspekte verbinden. Sprach- und kulturkontrastive Methoden können hier besonders leicht mit sprachpragmatischen verbunden werden. Dies gilt auch für den Bereich der Tabus in interkultureller Kommunikation, was z.T. auch kritischer *Language Awareness* nahekommt (vgl. Fairclough 1992). Roberts (1998) versucht, *Language Awareness* unmittelbar auf interkulturelle Kommunikation zu beziehen, indem sie zunächst die Aufmerksamkeit auf metapragmatisches Wahrnehmungsvermögen richtet. Über *Language Awareness* hinaus bedarf es allerdings der Vermittlung weiterer Inhalte, zu denen u.a. auch gehört, sich über die eigenen Vorstellungen über Kommunikationsverhalten und kultureller Einschränkungen von Menschen anderer ethnischer Herkunft oder kultureller Prägung und deren Einfluss auf die Kommunikation klarzuwerden (vgl. Pauwels 1990). Clyne (1994, 210) hält interkulturelle Kommunikation für einen unverzichtbaren Bestandteil des Sprachunterrichts an Schulen, warnt aber:

> "Such programmes can obviously not teach everything about the discourse patterns of a particular culture. An attempt to do so would most likely end up in merely a series of stereotypes. The most valuable exercise of the programmes might be to equip students with a set of options of discourse patterns and expectations. The students should at least be able to ask questions, the responses to which could contribute to an understanding of the pragmatic on discourse rules and the reasons behind them."

Die oben vorgestellte australische Schlüsselqualifikation "*Cultural understandings (Negotiating cultures)*" umfasst auch interkulturelle Kommunikation im beruflichen Sektor. Sie basiert auf der Tatsache, dass das Land um seine Multikulturalität weiß und sie auch im beruflichen Leben akzeptiert und sogar Nutzen aus ihr zu ziehen vermag. Auch wenn eine solche Grundlage gesellschaftspolitisch in der Bundesrepublik noch nicht konsensfähig ist, macht die Pluralität auch unserer Gesellschaft im europäischen Kontext die Beschäftigung mit interkultureller kommunikativer Kompetenz auch als Vorbereitung auf das Berufsleben nötig. Interkulturelle Kommunikation findet in mehrkulturellen und mehrsprachigen Gesellschaften wie der Bundesrepublik Deutschland auf verschiedenen Ebenen statt, an denen der einzelne in unterschiedlichem Umfang Anteil hat.

6.4 Lehrerausbildung

In Kapitel 3 sind Schule und Unterricht als Beispiele für interkulturelle Kommunikation untersucht worden. Daher ist es bei der Behandlung der Kompetenzen nötig, die Lehrerausbildung vorrangig einzubeziehen. Welche Kenntnisse werden Lehrkräften in ihrem Studium vermitteln, die sie auf die interkulturelle Situation – auch im Hinblick auf Interaktion – vorbereiten? Diese Fragestellung verbindet interkulturelle Kommunikation mit interkultureller Erziehung (vgl. auch J. Roth 1996 für einen neuen Studiengang). Aus Kapitel 3 lassen sich mehrere Arbeitsfelder zusammenstellen, für die Lehrkräfte Kompetenzen in interkultureller Kommunikation erwerben müssen:

- Unterrichtsgespräche in mehrsprachigen Klassen
- Außerunterrichtliche Gespräche mit Kindern nichtdeutscher Erstsprache
- Kommunikation mit Kollegen nichtdeutscher Herkunft
- Elternkommunikation mit Eltern nichtdeutscher Herkunft
- Vermittlung in interkulturellen Gesprächen (in der Klasse, im Kollegium oder bei Elternsprechtagen)
- Umgang mit Mehrsprachigkeit
- Bewertung von Medien.

Hieraus ergeben sich zunächst die allgemeinen Fähigkeiten zur Kommunikation in einer mehrsprachigen und mehrkulturellen Gesellschaft, wie sie oben diskutiert wurden. Allerdings sind Lehrkräfte Teil der Institution Schule und stehen dadurch in einem hierarchischen Gefüge. Sie nehmen eine Rolle ein, die sie auch im 'privaten' Gespräch mit ihren Schülern und deren Eltern nicht völlig ablegen können. Kooperationswille mit seinen Implikationen beinhaltet für Lehrkräfte in besonderem Maße auch die Akzeptanz anderer Sprachen, denn sie müssen vermehrt Situationen bewältigen können, in denen sie sprachliche Vielfalt auch entgegen ihrer – vermeintlichen – Lehrerrolle zulassen, obwohl sie sie selbst nicht beherrschen. Für Lehrkräfte nimmt damit unter den erforderlichen kommunikativen Kompetenzen Empathie und die Bereitschaft, sich auf ungewohnte Deutungsmuster einzulassen, eine besondere Rolle ein. Wie in interkultureller Lehrerbildung insgesamt, ergibt sich auch in der Vermittlung interkultureller kommunikativer Kompetenz eine Zweiteilung in vermittelbare Kompetenzen, die sich auch trainieren lassen, und solche, die von der Einstellung abhängen. Zu den ersteren gehören vor allem sprachliche Kompetenzen im Umgang mit Menschen, die Deutsch nicht oder nur eingeschränkt beherrschen. Zu den letztgenannten zählt die Akzeptanz von Mehrsprachigkeit auch im Klassenzimmer.

Zu den für Lehrkräfte notwendigen Kompetenzen interkultureller Kommunikation gehören zusätzlich auch fachliche Fähigkeiten und Kenntnisse, wozu sprachvermittelnde Fähigkeiten ebenso gehören wie solche in Konzepten zur Mehrsprachigkeitserziehung und *Language Awareness*. Solche Kompetenzen sind für Sprachlehrkräfte und Lehrkräfte im Fach Deutsch zwar auch neu, aber doch vom Fach her leichter erschließbar und damit zugänglich. Die mehrsprachigen und mehrkulturellen Klassen machen aber interkulturelle kommunikative Kompetenzen für alle Lehrkräfte erforderlich. Gerade in der Lehrerausbildung stellt sich die Frage, ob interkulturelle und interkulturelle kommunikative Kompetenzen neben den durch die mehrsprachigen und mehrkulturellen Klassen erforderlichen Kompetenzen in der Binnenperspektive nicht auch die Außenperspektive berücksichtigt werden müsste? Lehrkräfte könnten zukünftig innerhalb Europas zunehmend auch außerhalb ihres Herkunftslandes Beschäftigung finden, was insbesondere durch erhöhten Fremdsprachenunterricht durch erstsprachliche Lehrkräfte angeregt wird. Eine doppelte Qualifikation zur Berücksichtigung der Innen- und Außenperspektive interkulturellen Lernens und interkultureller Kommunikation wäre demnach für die Lehrerausbildung wünschenswert.

Auch in der Lehrerausbildung bieten sich – wie im Sprachunterricht – Konzeptionen von *Language-Awareness* an, da sie (meta)kommunikative, pragmatische und sprachkontrastive Aspekte verbinden und so auch sicherstellen können, dass sprachliche Fragen ausreichend Berücksichtigung finden (vgl. Müller 1980 sowie Luchtenberg 1997f zu *Language Awareness* in der Lehrerausbildung). Slembek (1997, 96) verweist auf die Notwendigkeit, die Vorerwartungen der Lehrkräfte auf interkulturelle Kommunikationssituationen hin zu trainieren, um Missverständnissen durch Falschverstehen vorzubeugen. Damit verweist sie auf eine oft vernachlässigte Größe der interkulturellen Kommunikation: Zuhören und Verstehen. 'Verstehen' findet auf verschiedenen Ebenen statt, die von phonetischer Wahrnehmung über Gestik und Mimik bis zu Wort- und Inhaltsverstehen reichen. In interkulturellen Kommunikationen spielen auf der Wort- und Inhaltsebene auch Metaphorik, Konnotationen wie auch versprachlichte Weltsichten eine Rolle (vgl. auch die Schlüsselwort–Theorie von Wierzbicka 1997). Solchen im Hinblick auf mehrsprachige und mehrkulturelle Schulen nicht unberechtigten Forderungen nach Verankerung von interkultureller Kommunikation in die Lehrerausbildung steht die derzeitige Lehrerausbildung entgegen, in die interkulturelle Inhalte nur an wenigen Hochschulen verbindlich eingehen (vgl. Luchtenberg 1998c). Andererseits besteht gerade durch die Verbindung interkultureller Kommunikation in der Binnenperspektive mit solchen der – europäischen – Außenperspektive wohl die größte Chance einer ausreichenden Einbeziehung. Bukow (1997) entwickelt ein Konzept zur Erziehung zu kultureller Kompetenz, das auch für die Lehrerausbildung von Bedeutung ist, zumal es mit sprachlichen Aspekten verbunden werden kann. Ein Bild des Profils eines *"interkulturellen Lehrers"* entwickelt Krumm (1992). Hierin verbindet er pädagogische, interkulturelle und sprachliche Anforderungen (vgl. auch Luchtenberg 1994a zu den Anforderungen in Deutsch als Zweitsprache). Rey (1986) legt die Position des Europarats hierzu dar, der maßgeblich zur Überwindung ausländerpädagogischer Positionen und der Entwicklung interkultureller Pädagogik beigetragen hat.

Bei der Lehrerausbildung ist zu berücksichtigen, dass Lehrkräfte nicht nur selbst befähigt werden müssen, erfolgreich interkulturell zu kommunizieren, sondern diese Fähigkeiten auch vermitteln sollen. Dies gilt für den Fremdsprachenunterricht, aber ebenso für den Deutschunterricht (vgl. Byram 1997 zum Fremdsprachenunterricht sowie Luchtenberg 1994b).

6.5 Learning by doing?

Lehrerbildung und Unterricht an Schulen erlauben es, zumindest für die jüngere Generation eine systematischere Auseinandersetzung mit interkultureller Kommunikation in die Wege zu leiten, ebenso wie entsprechende Kurse in der Lehrerausbildung im Rahmen interkultureller Erziehung eine grundlegende Beschäftigung mit interkultureller Kommunikation ermöglichen könnten. Was aber ist mit den übrigen Menschen, von denen viele ebenfalls tagtäglich an interkulturellen Interaktionen – z.B. im Arbeitsleben – teilnehmen? Hier stellt sich die Frage nach einem Lernprozess während des Kommunizierens selbst, bei dem vor allem den bereits erwähnten Missverstehensprozessen eine Bedeutung zukommt, da diese zu einer Revidierung der verwandten Strategien führen könnten – allerdings auch zur Aufgabe solcher Kommunikationsversuche. Hier muss die Rolle der Medien erneut befragt werden, aber auch Möglichkeiten beruflicher Bildung in Betracht gezogen werden. Während berufliche Bildung eher berufsbezogene Kommunikation in den Mittelpunkt stellen wird und damit eine ähnliche Funktion wie Kurse in Wirtschaftskommunikation übernehmen kann, stellt sich in Bezug auf Medien die Frage nach Metakommunikation und Bewusstmachung von Stereotypisierungen und Ursachen von interkulturellen Missverständnissen, was insbesondere in Fernsehserien eine Rolle spielt, die in vielen Fällen zugleich auch Beispiele interkultureller Kommunikation geben und damit zugleich auch Kompetenzen erweitern (können).

Einen gesonderten Aspekt interkultureller Kommunikation im Beruf stellen die Fachsprachen bzw. die fachsprachliche Kommunikation dar. Zwar gibt es eine ganze Reihe von Untersuchungen über Unterschiede in Fachsprachen oder auch der wissenschaftlichen Fachsprache von Veröffentlichungen, aber die meisten dieser Studien sind kontrastiv und nicht interaktiv angelegt. Eine Einbeziehung von Fachsprachen in eine berufliche interkulturelle Kompetenz muss aber auch die Auswirkungen in der Interaktion berücksichtigen, vor allem auch in der Innenperspektive. Allerdings muss hier genauer nach den Bedingungen interkultureller Fachsprachenverwendung gefragt werden, da zumindest bei Kommunikationen zwischen Angehörigen der 2. Migrantengeneration, die in Deutschland ihre Schulbildung erhalten hat, und Deutschen bzw. anderen Migranten, davon auszugehen ist, dass Fachsprachenkompetenz nur in Deutsch erworben wurde. Dennoch dürften metaphorische Elemente in der Fachsprache (vgl. z.B. Schattenkabinett, Schwarzarbeit bei Oksaar 1983a), Konnotationen auch fachsprachlicher Ausdrücke wie z.B. der unterschiedlichen Ausdrücke für Besprechungen zwischen Vorgesetzten und ihren Mitarbeiter (Dienstbesprechung, Mitarbeiterbesprechung) im Rahmen interkultureller Kommunikation zu beachten sein (vgl. auch Baumann 1998). Oksaar (1988, 220ff.) schlägt darüberhinaus vor, weitere Aspekte als extrasprachliche Faktoren einzubeziehen: *"Auch für die Fachsprache gilt die Tatsache, dass Sprache nicht nur Mittel zum*

Zweck ist – sie ist auch ein Darstellungsmittel des Sprechers, seiner Identität und sozialer Zugehörigkeit." Dies relativiert die Feststellung, dass Migrantenangehörige der zweiten und dritten Generation ihre Fachsprachenkompetenz in Deutschland erworben haben, denn auch dann könnten sie in die Fachsprache ihre erstsprachlich erworbenen Konnotationen einbringen. Insbesondere bei geschriebener Fachsprache ist auch zu berücksichtigen, dass die kulturellen Bezüge verfestigt sind.

Learning by doing ist für die meisten Menschen beruflich wie privat die üblichste Form der Auseinandersetzung mit interkultureller Kommunikation. Dies gilt in gleicher Weise auch für andere Formen von Kommunikation, die nur selten in Unterricht oder Kursen erlernt oder vertieft wird. Ein Vergleich zwischen Kursen in interkultureller Kommunikation und einem *Learning by doing* steht noch aus. Eine interessante Frage ergibt sich in Bezug auf Kulturspezifik: Die meisten Kurse tendieren zu einem kontrastiven Vergleich zwischen der deutschen und der Zielkultur und bleiben dadurch weitgehend einem statischen Kulturverständnis verhaftet. Wie aber werden interkulturelle Kommunikationen erfahren, welche kulturellen und sprachlichen Schlüsse werden hieraus gezogen, die dann in weitere Kommunikationen einfließen? Letztlich ergibt sich hier wiederum eine hohe Verantwortung von schulischen Bildungseinrichtungen, die einem späteren oder begleitenden *Learning by doing* notwendige Vorgaben der Flexibilität und Offenheit zugrundelegen könnten (vgl. Roberts 1998, 125). Vergleichen gilt auch in interkultureller Erziehung als eine wesentliche Tätigkeit, zu der auch im Unterricht – nicht nur sprachlich – angeleitet werden soll. Sie gilt als erster Schritt zur Wahrnehmung von Multiperspektivität und Perspektivenwechsel und ist stets eng mit Empathie verknüpft, so dass eine ethnozentrische Vergleichsgrundlage abgebaut wird. Interkulturelles Vergleichen geht im Gegensatz zu kulturkontrastivem Vorgehen von konkreten Situationen und Erfahrungen aus (vgl. auch Müller 1986).

6.6 Sprachnorm, Sprachpragmatik und Verständigung

Interkulturelle Kommunikationen sind auch in mehrsprachigen und mehrkulturellen Gesellschaften oft noch geprägt durch unterschiedliche Beherrschung der Landessprache. Es bleibt demnach zu fragen, welchen Anteil fehlende oder eingeschränkte Deutschkenntnisse der nichtdeutschen Gesprächspartner beim Fehlschlagen interkultureller Kommunikationen haben oder – positiv gewendet – inwieweit und mit Hilfe welcher Kompetenzen dennoch Verständigung möglich ist. Ein besonders krasses Beispiel ist das folgende kurze Telefonat:

Nix – kein Deutsch – falsch das – Tschüss:

Es handelt sich um eine Variante von "Falsch verbunden" einer nichtdeutschen Sprecherin auf die Frage des Anrufenden, ob dort die Universität Hannover sei. Auf Wort- und Satzebene ist die kurze Sequenz völlig falsch, und auch die Schlussformel *Tschüss* ist eher unangemessen gegenüber einem Fremden. Dennoch beinhalten die vier Teile *"Nix – kein Deutsch – falsch das – Tschüss"* die zu erwartenden Informationen, indem dass die Sprecherin zunächst den negativen Ausgang des Gesprächs vorwegnimmt, dann auf die Problematik der eingeschränkten Kommunikation verweist, danach die notwendige Information gibt und schließlich das Gespräch von sich aus beendet. Man kann ihr also Kooperationswillen trotz der auch von ihr als schwierig empfundenen Kommunikation unterstellen, denn sie begnügt sich nicht mit der Abwehr *"Nix"*, sondern bemüht sich zweifach, dem Anrufer eine Erklärung zu geben – in Bezug auf ihre ein Gespräch nicht zulassenden Deutschkenntnisse sowie auf die falsche Verbindung –, um dann das Gespräch mit einer Routineformel zu beenden. Insofern ist *"Nix"* hier auch weniger als Abwehr, denn als vorwegnehmende Zusammenfassung zu werten, während *"kein Deutsch"* als eine Entschuldigung für die eingeschränkte Kommunikation interpretiert werden kann. Da sie ihre Antwort in einer bei Falsch–Verbunden–Kommunikationen zu erwartenden Sequenz – Bedauern, Information, Verabschiedung – aufgebaut hat, konnte auch der Anrufer alle nötige Information entnehmen. Es wurde ihm lediglich abverlangt, die Abweichungen vom Standarddeutsch, das er vermutlich erwartet hatte, zu interpretieren. Es handelt sich also hier um eine gelungene interkulturelle Kommunikation trotz erheblicher Einschränkungen in der Beherrschung der Kommunikationssprache bei einem der Teilnehmer. Zum Gelingen der Kommunikation trägt hier vor allem bei, dass es sich um eine Standardsituation handelt, deren Erwartungen dadurch erfüllt wurden, dass die Angerufene die situativen Normen entsprechend der Regeln des Einwanderungslandes übernommen hatte, also eine Form sprachlicher Assimilation akzeptiert hatte, auch wenn die Sprachnormen nicht erfüllt wurden. Wir können davon ausgehen, dass solche sprachpragmatischen Anpassungsprozesse innerhalb mehrsprachiger und mehrkultureller Gesellschaften in der Regel zugunsten der Aufnahmegesellschaft vollzogen werden. Diese Anpassungsprozesse werden von jeder neuen Einwanderergruppe erfahren und münden im Idealfall in zweisprachiger Kommunikationskompetenz, indem die sprachpragmatischen Anforderungen in zwei Sprachen bzw. zwei Gesellschaften beherrscht werden – hier unter Vernachlässigung sprachpragmatischer Kleingruppen mit ihren verschiedenen Anforderungen. Ein großer Teil der Lernprozesse interkultureller Kommunikation werden in mehrsprachigen und mehrkulturellen Gesellschaften also von den Zuwanderern getragen, die nicht nur die Sprache lernen, sondern auch die sprachpragmatischen Normen übernehmen. Damit entfällt in interkulturellen Kommunikationen in mehrsprachigen und mehrkulturellen Gesellschaften ein Teil des Aushandelns der Gesprächsbedingungen, wodurch interkulturelle Kommunikationen oft gekennzeichnet sind. Allerdings gibt es keine Selbstverständlichkeiten, denn der Grad der sprachpragmatischen und sprachlichen Adaption kann variieren, so dass Empathie und Kooperationswille entscheidende Größen zum Gelingen solcher Gespräche bleiben.

Auf der Oberfläche spielen die Sprachkompetenzen in der Landessprache die wichtigste Rolle in der Verständigung bzw. ihrer Wahrnehmung und Bewertung. Dies wird in Situationen besonders deutlich, in denen die Verständigung zwingend ist. Ein Beispiel hierfür geben Taxifahrer nichtdeutscher Erstsprache in Deutschland oder auch nichtenglischer Erstsprache in Australien. Taxifahrer und Fahrgast stehen in einem besonderen Verhältnis zueinander, da der Fahrgast zwar Auftraggeber ist, aber in vielen Situationen abhängig von der Ortskundigkeit des Fahrers. Eingeschränkte Sprachkompetenz des Taxifahrers im Deutschen (oder Englischen) lässt den Fahrgast nicht selten im Unklaren, ob der Fahrer das Fahrziel richtig verstanden hat bzw. inwieweit auch Modifikationen wie beispielsweise ein gewünschter Weg oder ein Zwischenstopp möglich sind. Die Erfahrung eingeschränkter Kommunikationsmöglichkeiten führt zu Verunsicherung beim Fahrgast, der nun auch leicht sprachliche Probleme mit sprachpragmatischem Verhalten oder sogar ethnisch-kultureller Zuschreibung mischt, wenn er annimmt, dass der Fahrer nicht verstehen will oder aufgrund kultureller Sozialisation das Gespräch verweigert. Äußere Komponenten wie Zeitdruck können in solchen Kommunikationssituationen die Kooperationsbereitschaft einschränken, zumal Vorerfahrungen als negative Erwartungen in jedes weiteres Taxigespräch einfließen. Dies erklärt eine nicht seltene stereotype Einstellung gegenüber Taxifahrern nichtdeutscher Erstsprache, die oft auch von deutschsprachigen Kollegen übernommen wurde.

Zu den sprachlichen Adaptionsleistungen der Zuwanderer in interkulturellen Kommunikationen in mehrsprachigen und mehrkulturellen Gesellschaften kommen Empathie und Kooperationswillen der 'Einheimischen' zum Gelingen interkultureller Kommunikationen.

In diesem Kontext stellt sich auch die Frage nach Gastarbeiterdeutsch und *Foreigner Talk* und ihre Auswirkungen auf interkulturelle Kommunikation – ein Frage, die nur in Verbindung mit weiteren kommunikationsbedingenden Faktoren betrachtet werden kann: Das obige Telefonat ist ein Extrembeispiel für die Möglichkeit, mit sehr eingeschränktem Gastarbeiterdeutsch noch sinnvoll zu kommunizieren. Zu einer gelungenen Kommunikation mit Gastarbeiterdeutsch tragen folgende Faktoren bei, die zum Teil auf Seiten des Gastarbeiterdeutsch-Sprechenden, zum Teil auf Seiten des Standarddeutsch Sprechenden liegen bzw. - wie die ersten beiden – auf Seiten beider:

- Wille zur Kooperation
- Interesse an den zu vermittelnden Inhalten
- Berücksichtigung gesprächpragmatischer Regeln
- Bereitschaft, Korrekturen und Nachfragen hinzunehmen
- Bereitschaft, Korrekturen und Nachfragen vorzunehmen
- Akzeptanz der migrationsbedingten Sprachsituation.

Foreigner Talk ist in seinen Auswirkungen auf interkulturelle Kommunikationssituationen weitaus schwerer einzuschätzen, da es sich hier um eine Veränderung der Sprechweise eines Menschen handelt, der die verwendete Sprache ansonsten korrekt spricht. Demzufolge ist es vor allem die Bewertung dieser Sprachveränderung, die sich auf die interkulturelle Kommunikation fördernd oder blockierend auswirkt: Wird *Foreigner Talk* als diskriminierend wahrgenommen oder als eine Hilfe für den Gastarbeiterdeutsch-Sprechenden? Im ersten Fall wird das Gespräch negativ beeinflusst, im zweiten Fall positiv, ohne dass die Einschätzung korrekt sein muss. Auch wenn der Verwendung von *Foreigner Talk* immer die Signalwirkung anhaftet, dass derjenige, der *Foreigner Talk* verwendet, die Deutschkenntnisse des Gegenübers als zu gering einschätzt, um in der üblichen Varietät mit ihm zu reden, so kann die Verwendung von *Foreigner Talk* subjektiv auch als Hilfestellung gemeint sein. Die tatsächlich stattfindende Kommunikation wird hier also auf einer tieferliegenden Ebene der Einschätzung und Bewertung wahrgenommen und entsprechend beeinflusst.

Gastarbeiterdeutsch hat – ebenso wie *Foreigner Talk* – weitgehend eher negative Bewertungen erfahren und galt / gilt vielfach als ein Zeichen mangelnder Integration. Um so erstaunlicher ist der 'Fall' Trapattoni, denn "*'Trap-Deutsch' ist angesagt.*" (Neue Westfälische am Montag, den 23.3.98). Was war geschehen: In einer Pressekonferenz machte sich der aus Italien stammende Trainer des FC Bayern München, Giovanni Trapattoni, Luft und hielt seiner Mannschaft nach etlichen Niederlagen und schlechten Spielen eine Standpauke. Während er bislang in Interviews und Pressekonferenzen fast immer auf Italienisch gesprochen hatte und übersetzt werden musste, sprach er auf dieser Pressekonferenz deutsch, so wie er es bislang gelernt hatte. Seine eigenen Bedenken über seine sprachlichen Kompetenzen in Deutsch formuliert er nach wenigen Sätzen: *"Ist klar diese Wörter, ist möglich verstehen, was ich hab gesagt?"*, womit er immerhin zu erkennen gibt, dass er über nicht wenige Strukturen des Deutschen verfügt, darunter auch Präsens- und Perfektbildungen. Umso erstaunlicher der gelegentliche Gebrauch von Infinitivkonstruktionen wie *"Ein Trainer sehen was passieren in Platz"*. Ein Teil der Abweichungen vom Standarddeutsch entspricht Gastarbeiterdeutsch wie etwa diese Infinitivverwendungen oder das Weglassen von Personalpronomina (*"Strunz ist zwei Jahre hier, hat gespielt zehn Spiele .."*). Auch die Vermeidung der Verbsatzklammer kann hierzu gezählt werden: *"Weil wir haben gesehen viele Male solche Spiel"*. Unklar ist, wieso der Trainer trotz eines beachtlichen Potentials an deutscher Grammatik und deutschem Wortschatz 'e' anstelle von 'und' benutzt (vgl. auch Ludger Hoffmann 1998). Die Zitate aus dieser Pressekonferenz, die vor allem in den Medien wiedergegeben wurden, waren die folgenden, von denen die ersten beiden vermutlich auf Übertragungen italienischer Satzbaumuster zurückzuführen sind, während im letzten Fall angenommen werden kann, dass die Reflexivkonstruktion, die das Verb 'erlauben' hier verlangt, nicht bekannt war:

1. In diese Spiel es waren zwei, drei oder vier Spieler, die waren schwach *wie eine Flasche leer*
2. *Ich habe fertig*
3. Was erlauben Strunz?

Die Frage nach seiner Verständlichkeit beantwortet die westfälische Zeitung im Hinblick auf die Resonanz seitens der Gesellschaft für deutsche Sprache oder des Instituts für deutsche Sprache positiv: *"Deutschland hat verstanden, versichern die Sprachforscher"*. Aber was hat Deutschland verstanden? Ein Teil der Interpretationen führt das hohe Medieninteresse, das sich in privaten Zirkeln fortsetzt, in erster Linie auf die Schadenfreude zurück, die dem FC Bayern gilt und insofern nur sehr indirekt mit dem Deutsch des Trainers in Verbindung steht. Zwar handelt es sich hier um einen Fall interkultureller Kommunikation, die – außer in der Pressekonferenz selbst – indirekt rezipiert wird, aber man muss annehmen, dass diese Kommunikation als eine Ausnahme rezipiert wurde, die wenig mit den üblichen interkulturellen Kommunikationen in der mehrsprachigen Gesellschaft der Bundesrepublik in Verbindung gebracht wird, in der viele Gespräche stattfinden, in denen vor allem ältere Migranten ein ähnliches oder auch weniger weit der Zielvarietät angenähertes Deutsch sprechen. Das Beispiel zeigt zugleich, welche Rolle Kontext und Einstellungen, die auch außerhalb der Kommunikation angesiedelt sein können, für interkulturelle Kommunikationen haben können. Zugleich muss auch die Medienwirksamkeit hier berücksichtigt werden, denn die gleiche Kommunikation könnte in einem Face-to-Face-Gespräch ganz andere Reaktionen erzeugt haben.

Auch das Trapattoni–Beispiel zeigt, dass die Verständigung nicht notwendig durch der Standardvarietät nicht entsprechendes Deutsch gefährdet ist, wenn die sprachpragmatischen Regeln beachtet werden und eine Bereitschaft zur Kooperation vorhanden ist. Dessen ungeachtet werden von Zuwanderern in Aufnahmegesellschaften große Anstrengungen zum Erwerb der Majoritätssprache erwartet, und zwar selbst dann, wenn Mehrsprachigkeit akzeptiert wird. Der sprachbezogene Anteil des Erwerbs von Kompetenzen in interkultureller Kommunikation liegt also im wesentlichen bei den Zuwanderern. Dies wiederum stellt Anforderungen an Sprachunterricht für Erwachsene, aber wiederum in besonderem Maße auch an Schulen (vgl. Szablewski–Çavuş 1997 für ein unterrichtspraktisches Beispiel).

6.7 Zusammenfassung

In diesem Kapitel ging es um die Frage nach den Kompetenzen, die zur interkulturellen Kommunikation nötig sind. Daran schließt sich sofort die Frage an, wo denn solche Kompetenzen erworben werden können. Die Frage nach den notwendigen Kompetenzen ist vielschichtig, zumal sie auch auf schulischer und gesellschaftlicher Ebene unterschiedliche Antworten provozieren kann, aber auch eine sprachwissenschaftliche Ebene enthält, wie die Überlegungen zu grundlegenden Kommunikationsregeln (nach Grice) gezeigt haben. Zur Beschäftigung der Kompetenzfragen erwies sich wieder der Vergleich mit der australischen Situation als hilfreich, da die konsequente Akzeptanz von Mehrsprachigkeit und Mehrkulturalität in diesem Land zu klareren Vorstellungen über interkulturelle Kommunikation und ihre Rolle auch in schulischer und beruflicher Ausbildung geführt haben wie die Beispiele zur Diskussion einer neuen Schlüsselqualifikation in Australien gezeigt haben. Diskutiert wurden auch die bislang noch unterschiedliche Anforderungsprofile an Migranten und Deutsche sowie die hohe Notwendigkeit der Vermittlung interkultureller kommunikativer Kompetenzen in der Lehrerausbildung. Abschließend wurde der Umgang mit Gastarbeiterdeutsch in interkultureller Kommunikation untersucht.

Kapitel 7
Schlussbetrachtungen

Wir sind in diesem Buch von interkultureller Kommunikation in mehrsprachigen und mehrkulturellen Gesellschaften ausgegangen, um ihre Relevanz aus binnenperspektivischer Sicht zu verdeutlichen. Im Vergleich zu Australien ergibt sich in der Bundesrepublik Deutschland allerdings das Problem, dass weitgehend noch ein Selbstverständnis einer mehrsprachigen und mehrkulturellen Gesellschaft fehlt, obwohl sprachliche und kulturelle Vielfalt durchaus gegeben ist. Diese macht sich vor allem an der Zuwanderung seit Ende des zweiten Weltkriegs fest, umfasst aber auch alteingesessene Minderheiten und vor allem eine sprachlich wie kulturell vielschichtige regionale und soziale Vielfalt. Trotz der klaren Ausgangsposition interkultureller Kommunikation innerhalb einer mehrsprachigen und mehrkulturellen Gesellschaft ergab sich die Schwierigkeit definitorischer Festlegungen, was unter interkultureller Kommunikation zu verstehen ist – eine Schwierigkeit, die in den meisten Analysen interkultureller Kommunikation auch der Außenperspektive bestätigt wird, obwohl alltagssprachlich eine Vorstellung interkultureller Kommunikation vorhanden ist, die einerseits von verschiedenen Erstsprachen der Sprechenden ausgeht und andererseits mit einem unhinterfragten Fremdheitsbegriff verknüpft ist. Die Schwierigkeit liegt vor allem in der Beschreibung von Kultur als dem Gemeinsamen oder Trennenden in der Kommunikation, die sich als äußerst vielschichtig erweist. Alltagssprachliche Vorstellungen gehen von einer interkulturellen Kommunikation aus, die zwischen 'Einheimischen' und 'Fremden' stattfindet, wobei Fremde sowohl kurzfristig anwesende Ausländer wie auch Migranten sein können. Fremde können allerdings auch Menschen sein, die aus anderen Regionen Deutschlands stammen oder in irgendeiner Weise vom 'üblichen' Erscheinungsbild abweichen, was sich auf Äußerlichkeiten, Sprache, Verhalten oder Gruppenzugehörigkeit beziehen kann. Bis zu einem gewissen Grad wird damit die Vielfalt innerhalb der deutschen Gesellschaft auch in ihrer Bedeutung für Kommunikationen akzeptiert.

In den ersten beiden Kapiteln haben wir diese Vielfalt auf individueller und gesellschaftlicher Ebene näher betrachtet und mit einer Mikro- und Makroebene der Kommunikation in Verbindung gebracht. Dies ergab einerseits die Möglichkeit der Beschreibung kultureller Normen und Konventionen für einzelne Gesellschaften und Gruppen, aber andererseits für Individuen die Möglichkeit der Darstellung ihrer Teilhabe an unterschiedlichen Kulturen bzw. kulturell bestimmten Gruppen, woraus sich für den Einzelnen ein Bündel kultureller Zugehörigkeiten ableiten ließ. Dies schließt nicht aus, dass sprachliche und kulturelle Normen und Konventionen einer oder mehrerer "Kulturen" verinnerlicht werden. Interkulturelle Kommunikationen können dementsprechend nicht aus der ethnischen, nationalen oder kulturellen Zugehörigkeit ihrer Teilnehmer vorherbestimmt werden, sondern ergeben sich nur auf Grund der in den jeweiligen Kommunikationssituationen dominanten Zugehörigkeiten, denn diese können wechseln wie in Kapitel 1 und 2 gezeigt wurde. Dies bedeutet, dass letztlich interkulturelle Kommunikationen nur interaktionistisch zu analysieren sind. Um dennoch die Besonderheiten interkultureller Kommunikation in einer mehrsprachigen und mehrkulturellen Gesellschaft beschreiben zu können und um Kompetenzprofile entwickeln zu können, haben wir in den Kapiteln 1-6 überwiegend auf die alltagssprachlichen Vorgaben zurückgegriffen, und interkulturelle Kommunikation in mehrsprachigen und mehrkulturellen Gesellschaften im wesentlichen als solche zwischen zugewanderten und seit langem einheimischen Menschen verstanden. Allerdings sind wir dabei davon ausgegangen, dass nicht jede Kommunikation notwendig auch eine interkulturelle ist, da diese Einordnung im wesentlichen von der Einschätzung der Interaktionspartner mitbestimmt wird. Hierbei sind wir von deutschen Gesprächsteilnehmern ausgegangen: Es ist in einigen Fällen durchaus möglich, dass zugewanderte Menschen eine Gesprächssituation als eine interkulturelle einstufen, die vom deutschen Gesprächspartner nicht so wahrgenommen wird – wie auch umgekehrt. Die Grundposition interkultureller Kommunikation als Kommunikation in einer mehrsprachigen und mehrkulturellen Gesellschaft zwischen 'Einheimischen' und Minderheiten (wie Sorben), und 'Migranten' hebt die vielfältigen Zugehörigkeiten der Individuen nicht auf.

Dieses Kommunikationsmodell muss mit Modellen der Multikulturalität in Verbindung und Einklang gebracht werden: Hier dominieren zur Zeit drei unterschiedliche Modelle:

1. Das *Community*-Modell
2. Das Diaspora-Modell
3. Das Individualmodell multipler Zugehörigkeiten.

Das *Community*-Modell beherrscht zwar die deutschen Vorstellungen interkultureller Kommunikation hierzulande ebenso wie die meisten

Ansätze interkultureller Erziehung und entspricht einer ethnischen Zuordnung einzelner Personen, wodurch es auch zu ethnischen Zuschreibungen kommen kann, wie in Kapitel 1-3 gezeigt wurde. Zwar dominiert dieser Ansatz ethnischer Zugehörigkeit, ist aber dennoch zugleich umstritten, da er Eigenständigkeit zugewanderter Gruppen und ihre Zusammengehörigkeit beispielsweise in Stadtvierteln impliziert. Dieser Widerspruch ist nur lösbar in Verbindung mit dem dritten Ansatz mehrfacher Zugehörigkeiten des einzelnen, was eine *Community*-Bindung oder eine primäre Selbstdefinition über ethnische Zugehörigkeit ermöglicht bei gleichzeitiger individueller Zugehörigkeit zu anderen Gruppen religiöser oder kultureller Art. Das *Community*-Modell ist auch in der australischen Diskussion sehr stark verwurzelt und stellt eine der Schwierigkeiten der dortigen mehrsprachigen und mehrkulturellen Gesellschaft dar, denn es erlaubt nur sehr starre mono- bzw. bikulturelle Identitäten, die in vielen Fällen nicht der mehrkulturellen australischen Gesellschaft und der Mehrkulturalität vieler Australier entsprechen, in der beispielsweise auch interethnische Ehen eine große Rolle spielen. Die Kinder aus solchen Familien lassen sich auf keinen Fall mehr durch ein *Community*-Modell erfassen, was auch für das Kommunikationsverhalten gilt. In der Bundesrepublik Deutschland kann das *Community*-Modell auch als ein Mittel verstanden werden, die Vielfalt zu vereinfachen, was auch in vielen Studien zur schulischen Realität bestätigt wird (vgl. Auernheimer u.a. 1996; Gogolin 1994; Gogolin / Neumann 1997). Dabei wird ein Modell doppelter Monokulturalität entwickelt, indem dass beispielsweise deutsche und türkische Kultur zugrundegelegt wird, ohne die vielfältigen kulturellen Zusammenhänge innerhalb beider Gruppen, soweit sie überhaupt als solche identifizierbar sind, zu berücksichtigen. Auch das weltweit wohl fortschrittlichste Modell kultureller Vielfalt als Basis eines Staates in Australien unterliegt der Gefahr der Ethnisierung durch ein allzu striktes *Community*-Modell, dem allerdings die vielfältige australische Realität entgegensteht. In der Bundesrepublik Deutschland wird das *Community*-Modell oft ergänzt durch ein Ghetto-Modell, bei dem davon ausgegangen wird, dass sich zugewanderte Menschen in *Communities* abschotten von der Mehrheitsgesellschaft und sich so einer Integration widersetzen. Dies wird nicht selten auch mit ihrem Sprachverhalten und ihren geringen Deutschkenntnissen in Verbindung gebracht. Das *Community*-Modell geht also von ethnischer Zugehörigkeit als dominanter Größe kultureller Zugehörigkeit aus und würde die Mehrkulturalität in einem Land im Extremfall auf ethnische Vielfalt begrenzen. Daher braucht dieses Modell das Korrektiv multipler Zugehörigkeiten, um als Erklärungsmuster für mehrsprachige und mehrkulturelle Gesellschaften und die in ihnen stattfindenden Kommunikationen zu dienen.

Das Diaspora-Modell hebt Mehrsprachigkeit und Mehrkulturalität innerhalb von Staaten zu einem gewissen Grad auf, da hier die ethnische Bindung als so dominant gilt, dass ethnischen *Communities* weltweit eine tragfähige Verbindung zugeschrieben wird, die auch die Bindungen an den jeweiligen Staat übertreffen. Die derzeitig weltweit zu beobachtenden Tendenzen zu Ethnisierung verlangen, ein solches Modell ernstzunehmen, auch wenn es allen Vorstellungen mehrkultureller und mehrsprachiger Staaten widerspricht. Im Gegensatz zum *Community*-Modell ist eine Verbindung mit dem Ansatz multipler Zugehörigkeiten sehr viel schwieriger, da der interethnische Zusammenhalt über Länder und Kontinente hinweg große Anstrengungen erfordert und solche vielfachen Zugehörigkeiten oft ignorieren muss. Während beispielsweise das *Community*-Modell erlaubt, das Einbringen ethnischer Konflikte aus den Herkunftsländern in die Immigrationsländer zu bekämpfen und einzudämmen, würde es das Diaspora-Modell zulassen, hierfür einzustehen. Das Diaspora-Modell scheint zwar auf den ersten Blick ethnische Vielfalt und den Erhalt ethnischer Zugehörigkeit zu unterstützen, aber der Preis liegt in der Aufgabe kultureller Vielfalt als Normalität in republikanischen Staaten (vgl. Oberndörfer 1996).

Das dritte Modell stellt das Individuum in den Mittelpunkt, ohne seine möglichen kollektiven Zugehörigkeiten und Identitäten in Frage zu stellen. Es wird allerdings postuliert, dass der einzelne Mensch in postmodernen Industriegesellschaften nicht durch eine einzige Zugehörigkeit geprägt ist, sondern mit multiplen Zugehörigkeiten lebt. Es liegt auf der Hand, dass dieses Modell die Vorstellung einer Fülle von Identitäten erlaubt je nach dominanten Zugehörigkeiten und empfundenen (oder auch zugeschriebenen) Zugehörigkeiten. Wie oben dargestellt, verbindet es sich sehr gut mit dem *Community*-Modell, solange ethnische Zugehörigkeit als dominant angesehen wird. Dieses Modell ermöglicht es, die von Çağlar (1990) beklagte Zwangsjacke monokultureller Zugehörigkeit abzulegen. Es ist die Vielfalt, die demnach als Kennzeichen mehrsprachiger und mehrkultureller Gesellschaften und der in ihnen lebenden Individuen gelten kann und auch die Kommunikationen bestimmt.

Alle drei Modelle haben einen unmittelbaren Bezug zur interkulturellen Kommunikation: Dem *Community*-Modell und dem Diaspora-Modell wird eine starke Tendenz zur eigenen ethnischen Gruppe zugeschrieben, die sich aber im *Community*-Modell vor allem in den 2. und späteren Generationen in den Einwanderungsstaaten USA und Australien in dieser Striktheit nur im geringen Maße als richtig erwiesen haben. Beim *Community*-Modell wird oft übersehen, dass jüngere Mitglieder privat und beruflich außerhalb der *Community* aktiv sind und dadurch auch an vielfachen interkulturellen Kommunikationen teilhaben. Ihre Zweisprachigkeit erlaubt Kommunikationen in ihrer *Community* ebenso wie interkulturelle Kommunikationen mit anderen. Eine intakte *Community*, an deren Bestand vor allem die älteren Mitglieder hohes Interesse haben, braucht kompetente Sprecher ihrer Sprache. Nicht selten erfahren *Communities* auch Nachzug aus den Ursprungsländern, vor allem, wenn die Einwanderungsgesetze Familiennachzug fördern wie dies beispielsweise in Australien der Fall ist. Im Ghetto–Modell wird den *Communities* bewußte Abschottung und Verweigerung von interkultureller Kommunikation vorgeworfen. Zu fragen bleibt hier nach der Rolle der Ethnisierung und ethnischen Zuschreibungen seitens der Mehrheitsgesellschaft, was auch in interkulturellen Kommunikationen von Bedeutung ist wie in den Kapiteln 1 und 2 dargelegt wurde. Das Diaspora–Modell geht von einer eindeutigen Zugehörigkeit aus, die diese neue Form ethnischer Gemeinschaften charakterisiert, die nun ohne räumlichen Zusammenhalt, aber in starkem sprachlichen und kulturellen Zusammenhalt existieren. Zu klären bleibt, inwieweit sich nicht auch solche Diaspora–Gemeinden sprachlich und kulturell verändern. Interkulturelle Kommunikation gewinnt hier neue Muster, denn zum einen ist zu überlegen, um welche Art von Kommunikation es sich bei Kommunikationen zwischen Mitgliedern unterschiedlicher Diaspora–Gemeinden handelt und zum anderen ist zu fragen, ob es sich bei Kommunikationen zwischen Diaspora–Mitglieder und Mehrheitsgesellschaft dann um interkulturelle oder interkulturell–internationale Kommunikation handelt. Das Individual–Modell geht von Mehrfachzugehörigkeiten der meisten Menschen in modernen Industriegesellschaften aus, so dass ethnische Zugehörigkeit als ausschließliche und einzige prägende Kraft an Bedeutung verliert. Hier ist auch zu berücksichtigen, dass sich durch die häufigen 'Mischehen' in Einwanderungsgesellschaften die Bedeutung der Ethnizität für einen Teil der Bevölkerung ohnehin verschiebt. Das Individual–Modell ist aber auch mit ethnischer Zugehörigkeit kompatibel, da diese eine unter mehreren Zugehörigkeiten ist, die unterschiedlich gewichtet sein können und auch in ihrer prägenden Funktion in Bezug auf Normen und Konventionen sehr unterschiedlich sein können. In interkulturellen Kommunikationen können sich dadurch verschiedene Konstellationen ergeben. Für interkulturelle Kommunikation in einer mehrsprachigen und mehrkulturellen Gesellschaft haben wir in den Kapiteln 1-3 die Gemeinsamkeit eines partiell geteilten Lebensalltags als Besonderheit im Gegensatz zu interkulturell internationaler Kommunikation herausgestellt. Vielfalt und Gemeinsamkeit stehen in diesen Kommunikationen also in einem besonderen Spannungsfeld.

In den Kapiteln 1 und 2 sind wir auch auf die Bedeutung der Sprache in Kommunikationen in mehrsprachigen und mehrkulturellen Gesellschaft eingegangen und haben gefragt, ob unterschiedliche Erstsprachen notwendiges Kennzeichen interkultureller Kommunikationen sind. Diese Frage verbindet sich einerseits mit der nach der Teilnahme zweisprachiger Menschen an interkulturellen Kommunikationen und andererseits mit der nach weiteren Zugehörigkeiten. Aus Australien ist beispielsweise bekannt, dass viele niederländische Einwanderer vergleichsweise schnell einsprachig englisch geworden sind, aber dennoch zu einer niederländischen *Community* gehören. Umgekehrt wird in der Bundesrepublik Deutschland die Bedeutung deutscher Sprachkenntnisse für Integration sehr stark betont. Nicht wenige Einwanderungsländer verknüpfen auch die Staatsangehörigkeit mit einem Sprachtest, während andererseits viele Menschen in traditionell mehrsprachigen Ländern oft nicht alle anderen im Land gesprochenen Sprachen beherrschen, so dass ihre Kommunikationen aus sprachlicher Sicht interkulturelle Kommunikationen sind, da entweder einer der Gesprächsteilnehmer die Sprache des anderen verwenden kann oder sie auf eine Drittsprache zurückgreifen müssen.

Der Gebrauch von Eigennamen, der Umgang mit Tabus und Werbung konnten in Kapitel 2 und 4 als Beispiel für einen sprachbezogenen Zugang zu interkultureller Kommunikation in mehrsprachigen und mehrkulturellen Gesellschaften dienen. Eigennamen–Verwendung und Tabus erwiesen sich als kulturell geprägt und dementsprechend als potentielle Schwierigkeiten in jeder interkulturellen Kommunikation. Zugleich wurde hiermit gezeigt, dass es durchaus auch möglich ist, von den Sprachgepflogenheiten einer Gruppe – hier der dominanten – auszugehen und daran mögliche Besonderheiten der interkulturellen Kommunikation aus einer innerperspektivischen Sicht zu beleuchten. Gerade hier ergaben sich eine Reihe von Gemeinsamkeiten zwischen binnen- und außenperspektivischer Sicht auf interkulturelle Kommunikation, aber auch einige Besonderheiten aus binnenperspektivischer Sicht. Alle Ergebnisse deuten demnach immer wieder darauf hin, dass die Beschreibung interkultureller Kommunikation in zwei Spannungsfeldern steht:

1. Kulturelle Konventionen, die oft in der erstsprachlichen Sozialisation verinnerlicht wurden, zu erkennen und zu berücksichtigen
2. Die Kenntnis und Berücksichtigung vielfacher Konventionen seitens der Kommunikationspartner in Rechnung zu stellen.

Der einzelne Gesprächsteilnehmer ist demnach sowohl geprägt durch seine erstsprachliche Sozialisation und die hierin vermittelten Werte und Konventionen wie zugleich durch seine Fähigkeit, diese in Frage zu stellen und durch andere zu ergänzen, so dass es zu multiplen Zugehörigkeiten kommt. Die Balance hierzwischen herzustellen nicht nur Aufgabe des einzelnen Gesprächsteilnehmers, sondern auch der Beschreibung interkultureller Kommunikation.

Für die deutschen Gesprächsteilnehmer ergibt sich die Aufgabe, Vielfalt zu erkennen, anzuerkennen und in der Kommunikation auf sie zu reagieren. Hierbei könnte die Kenntnis der innersprachlichen Vielfalt eine Hilfe darstellen: Den meisten Deutschen ist bekannt, dass in Süddeutschland die Grußformel 'Grüß Gott' anstelle von 'Guten Tag' üblich ist. Hierauf lassen sie sich im Allgemeinen auch ein, wenn sie sich dort privat oder dienstlich aufhalten. Schwieriger wird die Situation des Aushandelns der Begrüßungsnormen bei Besuchen von Süddeutschen in West- oder Norddeutschland oder bei Telefonaten. Beide Erfahrungen könnten jedoch genutzt werden für das Verständnis für interkulturelle Kommunikationen. Entsprechend unterschiedliche Varianten des Begrüßungskulturems finden sich auch zwischen anderen Regionen Deutschland, aber auch zwischen sozialen Gruppen. Es zeigt sich hier, dass Offenheit für andere Verhaltensweisen alleine wohl nicht ausreicht, sondern verbunden werden muss mit kulturellem Wissen, während umgekehrt kulturelles Wissen über andere Sprachen und ihre Sprecher ebensowenig ausreichend ist zum Verständnis interkultureller Kommunikation. Zugleich belegt das Beispiel die große Bedeutung, die dem Aushandeln von Regeln in interkulturellen Kommunikationsprozessen zukommt. Dies erwies sich als wesentliches Fazit der Diskussion notwendiger Kompetenzen für interkulturelle Kommunikationen in mehrsprachigen und mehrkulturellen Gesellschaften: Wissen über andere Sprach- und Kulturgemeinschaften greift zu kurz, um die vielfältigen Zugehörigkeiten zu verstehen, aber völlig fehlende Vorstellungen über andere Denk- und Wertemuster können die Kommunikation ebenso behindern.

In Kapitel 3 haben wir interkulturelle Kommunikation aus Sicht der Schule betrachtet. Hierbei hat sich ergeben, dass interkulturelle Kommunikation in der Schule eine große Rolle spielt, da viele Kommunikationen inzwischen interkulturelle sind. Zugleich haben die Überlegungen zur Kompetenzvermittlung in Kapitel 6 die Möglichkeiten gezeigt, die Schule bei der Vermittlung interkultureller kommunikativer Kompetenz einnehmen kann. Dies scheint umso wichtiger, als zwar interkulturelle kommunikative Kompetenzen im Alltag wie auch in den meisten Berufen erforderlich sind, eine entsprechende Ausbildung jedoch bislang weitgehend fehlt. Die Möglichkeiten der Schule könnten sogar weitergehend sein, indem dass sie Fähigkeiten interkultureller kommunikativer Kompetenz für die innergesellschaftlichen Bedürfnisse vermitteln kann, aber auch interkulturelle kommunikative Kompetenzen für Europa und darüberhinaus. Dabei besteht die Aufgabe vor allem darin, beide Aufgabenfelder in ihren Gemeinsamkeiten und Unterschieden zu berücksichtigen. In Schule und Unterricht ergeben sich ebenso wie in der Schul- und Bildungspolitik über die unmittelbare Vorbereitung auf interkulturelle Kommunikationen noch eine Reihe weiterer Möglichkeiten, zum Gelingen interkultureller Kommunikation beizutragen:

- Erziehung zur Akzeptanz von Vielfalt
- Ausbalancierung von Differenz und Gemeinsamkeiten
- Mehrsprachigkeitserziehung
- Förderung von Herkunftssprachen und Fremdsprachen
- Einbeziehung medialer Kommunikation
- Interkulturelle Erziehung als Herstellung von Chancengleichheit und Vorbereitung auf ein Leben in einer mehrsprachigen und mehrkulturellen Gesellschaft.

In diesem Sinne haben wir interkulturelle kommunikative Kompetenz in Kapitel 6 als Schlüsselkompetenz in privater, aber vor allem auch beruflicher Sicht charakterisiert. Dazu konnten wir vor allem auch auf die Entwicklung in Australien zurückgreifen. Der Hinweis auf die Aufgabe der Herstellung von Chancengleichheit für Schüler nichtdeutscher Erstsprache lenkt den Blick auf die rechtlichen Positionen, die auch für die Beschreibung interkultureller Kommunikation relevant sind. Während intrakulturelle Kommunikation im Rahmen einer Gruppe (bis hin zu einem Staat) unter der Prämisse der Gleichberechtigung stattfindet, könnte man interkulturelle Kommunikation innerhalb einer mehrsprachigen und mehrkulturellen Gesellschaft auch als Kommunikation zwischen Menschen ungleicher Teilhabe und Chancen beschreiben, insbesondere wenn sie als Kommunikation zwischen zugewanderten und einheimischen Menschen verstanden wird. Dies hat sich auch bei der Frage nach den Aushandlungsmodalitäten interkultureller Kommunikationen in Kapitel 1 und 2 gezeigt und bei der Diskussion institutionalisierter Kommunikation.

Interkulturelle Kommunikation in der Schule haben wir in Kapitel 3 mit Überlegungen zur Unterrichtssprache im mehrsprachigen Klassenzimmer verbunden. Es stellt sich heraus, dass Lehrkräfte nicht nur in der Themenwahl, der Schwerpunktsetzung, der Gestaltung ihres Unterrichts und der Beachtung der veränderten Klassensituation mit neuen

Aufgaben konfrontiert sind, sondern auch in der Unterrichtssprache und der Einbeziehung von Mehrsprachigkeit und Mehrkulturalität in den gesamten Lehr- und Lernprozess. Das Thema "Unterrichtssprache" im hier verwandten weitgefassten Rahmen bettet sich ein in interkulturelle Erziehung, deren Selbstverständnis als "*fundamental principle which underpins all school activity and broadens the concerns of the school*" (Rey 1986, 26) gerade auch solche Fragen in die Lehreraus- und fortbildung bringt. Wenn (Rey 1986, 41) als wichtige Dimension interkultureller Lehreraus- und fortbildung "*an awareness dimension*" nennt, so lassen sich Möglichkeiten der *Language Awareness*-Konzeptionen gerade auch für die Lehrerbildung ableiten (vgl. Luchtenberg 1997f). Dies gilt vor allem auch für die Unterrichtssprache, die von Lehrkräften eine Sensibilisierung für die veränderten Sprachverhältnisse und die Auswirkungen ihrer Reaktionen verlangt. Dies beinhaltet Bewusstwerden der Sprachsituation in der Klasse und Reflexion der eigenen Haltung und des eigenen Sprachverhaltens. Insbesondere - bewusst oder unbewusst - am Assimilationsmodell orientierten Lehrern wird hierdurch ein Lernprozess abverlangt. Interkulturelle Lehreraus- und fortbildung umfasst Unterrichtssprache und interkulturelle Kommunikation, auch wenn sprachbezogene Themen nicht immer im Mittelpunkt interkultureller Erziehung stehen. Zwar kann die Einbeziehung interkultureller Kommunikation in eine interkulturell fundierte Lehreraus- und fortbildung ohne Abstriche als nötig und sinnvoll bezeichnet werden, aber auf der anderen Seite darf nicht vergessen werden, dass wegen der bislang weitgehend fehlenden Behandlung mehrsprachiger Klassenzimmer in der Unterrichtssprachenforschung noch viele Fragen offen sind und speziellere Untersuchungen ausstehen. Zu nennen sind methodische ebenso wie inhaltliche Aufgaben: Im methodischen Bereich fehlen Analyseinstrumente für mehrsprachige Klassenzimmer, die gegenüber den bisher entwickelten die Mehrsprachigkeitskomponente berücksichtigen müssten. Ferner scheint die Frage nach der Wirkung von Lehrersprache und nach (sprachlich–kulturellen) Missverständnissen in den bisherigen Verfahren zu wenig ausgeprägt, um der Situation im mehrsprachigen Klassenzimmer gerecht zu werden, für das schließlich noch die stärkere Einbeziehung sozialer und antirassistischer Fragen (im Sinne von Diskriminierung) in die Analyseinstrumente zumindest zu prüfen sein wird. Gerade aus Sicht interkultureller Erziehung ist auch zu fragen, welche Konsequenzen sich ergeben, wenn Schule und Bildungspolitik der Anwesenheit von Migrantenkindern in Bezug auf sprachliches Handeln – interkulturelle Kommunikation, Mehrsprachigkeitserziehung – keine Rechnung tragen. Eine solche Nichtbeachtung kommt einer Diskriminierung dieser Kinder gleich, aber auch einer Leugnung der mehrsprachigen und mehrkulturellen Gesellschaft. Dies wirft ein neues Licht auf die Lehrerausbildung, zeigt aber zugleich auch Möglichkeiten der Berücksichtigung von interkultureller Kommunikation, Mehrsprachigkeitserziehung und *Language-Awareness*-Konzeptionen auf. Auch die Möglichkeiten der Einbeziehung interkultureller Literatur sind hierzu zu rechnen (vgl. unser Kapitel 5).

In Kapitel 4 haben wir die Bedeutung der Medien für interkulturelle Kommunikationen in einer mehrsprachigen und mehrkulturellen Gesellschaft aufgezeigt. Es stellte sich heraus, dass Medien einerseits interkulturelle Kommunikationen abbilden wie beispielsweise in Fernsehserien und dadurch Muster solcher Kommunikationen verbreiten. Die Einschätzung interkultureller Kommunikation als normal oder schwierig wird hierdurch beeinflusst. Medien tragen außerdem zum Bild der zugewanderten Menschen bei, was sich wiederum auf die Einschätzung der Kommunikationen auswirkt. Schließlich ist auch zu berücksichtigen, dass Medien direkt Stellung beziehen. Dies gilt zur Zeit wieder sehr stark für die Frage der Bedeutung des Erlernens der Mehrheitssprache im Zusammenhang der Diskussion des Staatsbürgerschaftsrecht. So ist in der *Süddeutschen Zeitung* vom 12.1.99 zu lesen: *"Der Schlüssel zur Integration ist und bleibt das Erlernen der Sprache"*. Es ist hierbei nicht von der zweiten Sprache die Rede noch wird Zweisprachigkeit betont, sondern 'Sprache' wird – wie in den Anfängen der Ausländerpädagogik – gleichgesetzt mit der deutschen Sprache. In diesem Artikel werden die fehlenden oder geringen Deutschkenntnisse zudem noch mit Abschottung gegenüber "liberalen Einflüssen" gleichsetzt, denn "*erst muss die Familie einer türkischen Frau überhaupt erlauben, einen Deutschkurs zu besuchen ..*". Neben der hier ebenfalls vollzogenen Gleichsetzung von Zuwanderern mit Türken finden wir eine monokausale Erklärung für Sprachverhalten und *Community*-Bindung. Dass solche Darstellungen nicht ohne Einfluss auf interpersonale interkulturelle Kommunikation bleiben, ist anzunehmen. Zugleich wird mit dieser Diskussion auch dem *Community*-Modell eine klare Absage erteilt, indem dass es mit dem Ghetto-Modell gleichgesetzt wird. Hierdurch wird die Rolle der *Communities*, wie sie aus Einwanderungsländern bekannt ist, übergangen, denn zumindest für die ersten Generationen kann die *Community* eine wichtige Schutzfunktion übernehmen, solange sie den einzelnen Menschen nicht in die oben diskutierte Zwangsjacke steckt, was aber gerade auch in den Medien nicht selten von außen geschieht im Sinne einer ethnischen Zuschreibung. Zwischen den Einflüssen der Medien und den Möglichkeiten der Schule ergeben sich vielfältige Verbindungen, denn Medienerziehung ist zu einem immer wichtigeren Teil des Unterrichts geworden, der auch interkulturelle Kommunikation im weiteren Sinne umfassen könnte. Dadurch werden Schüler als Leser und Fernseher geschult, kritisch auf die Darstellung der mehrsprachigen und mehrkulturellen Gesellschaft zu reagieren. Eine solche Medienerziehung steht in engem Zusammenhang mit *Critical Language Awareness* (vgl. auch Fairclough 1992).

In Bezug auf Medien haben wir das Beispiel Australien herangezogen, das auch zum Vergleich diente bei der Diskussion interkultureller Kompetenzen, bei Sprachunterricht und bei der Bewertung von *Communities*. Australien konnte in vielerlei Hinsicht dazu dienen, Möglichkeiten und Besonderheiten interkultureller Kommunikation in einer mehrsprachigen und mehrkulturellen Gesellschaft aufzuzeigen, die sich zu dieser Mehrsprachigkeit und Mehrkulturalität bekannt und diese in einer Agenda zur Grundlage der – parteienübergreifenden –Politik gemacht hat. Dies ist in dieser konsequenten Form eine bislang einmalige Art der Reaktion auf wachsende Vielfalt in einem Land, das bei seiner Gründung ursprünglich ein monokulturelles Nationenverständnis entwickelte. In unserer Diskussion interkultureller Kommunikation im Kontext der Mehrsprachigkeit und Mehrkulturalität konnte Australien als ein Beispiel eines Staates dienen, der sich mit der Mehrkulturalität auseinandersetzt und Modelle der Vielfalt, aber auch der *Communities* entwickelt hat. Es war dagegen nicht Thema dieses Buches, sich kritisch mit der australischen Entwicklung zu befassen oder die Diskussion, ob Multikultur als Kultur Australiens ein verbindendes Element braucht, zu vertiefen.

Interkulturelle Kommunikation ist hier als interpersonale und mediale Kommunikation im Kontext der Vielfalt innerhalb einer Gesellschaft diskutiert worden. Abschließend soll noch auf drei weitere Entwicklungsmöglichkeiten verwiesen werden:

1. Übersetzungskompetenz (vgl. auch House 1997a) ebenso wie Sprachmittlerkompetenzen (Knapp / Knapp–Potthoff 1985) werden zunehmend als Teil interkultureller Kommunikation verstanden (vgl. auch Apfelbaum / Müller 1998): dies gilt für interkulturelle Kommunikation in der Binnen- wie in der Außenperspektive. Insbesondere von den zweisprachigen Menschen wird in der Binnenperspektive Sprachmittlerkompetenz erwartet, was Marburger u.a. (1998) für pädagogische Berufe aufzeigen. Auch in medizinischen Berufen ist dies festzustellen.
2. Die Anforderungen an Übersetzungs- und Sprachmittlerkompetenzen sind zugleich ein Beispiel dafür, wie sich die Anforderungen an und Kompetenzen für interkulturelle Kommunikationen aus Binnen- und Außenperspektive mischen. Gerade im schulischen

Bereich ist davon auszugehen, dass die Entwicklung in Europa dazu beitragen wird, dass Lehrkräfte zunehmend beide Kompetenzen in ihrem Beruf brauchen werden. Das Zusammenwachsen in Europa bringt aber auch für andere Berufsgruppen solche Anforderungen mit sich. Die Mischung ist dabei in mehrfacher Hinsicht zu sehen: Erstens werden Kompetenzen in beiden Bereichen zunehmend wichtig; zweitens ist zumindest auf europäischer Ebene eine klare Trennung in Binnen- und Außenperspektive nicht mehr immer gegeben und drittens finden interkulturelle Kommunikationen im Ausland immer wieder auch in Kontexten einer binnenperspektivischen interkulturellen Kommunikation statt, was umgekehrt auch für Ausländer in Deutschland gilt. Welche Bedeutung das beispielsweise für die Kommunikationen zwischen in Deutschland und Frankreich lebenden Vietnamesen haben kann, bleibt noch zu erfragen.

3. Gerade auch im Kontext der Entwicklung in Europa könnte die individuelle Zugehörigkeit zu verschiedenen Gruppen zu einer weiteren Hybridisierung führen wie auch jeder einzelne durch ein Bündel von Zugehörigkeiten geprägt wird, was auf einer Makroebene jedoch nicht zur Aufhebung von kulturellen Gruppen und ihren Besonderheiten führen muss, zumal ethnische Zugehörigkeit Teil der Vielfalt kultureller Zugehörigkeiten auf der Mikroebene bleibt. Die Wahrnehmung individueller Bündel an Zugehörigkeiten erlaubt auch einen leichteren Umgang mit der Frage des Übergangs von inter- und intrakultureller Kommunikation innerhalb einer Gesellschaft. Der Gegensatz muss sich dann nicht in dieser Weise stellen, während im Rahmen ausschließlich ethnischer Definition ungeklärt bleibt, bis in welche Generation eigentlich von interkultureller Kommunikation zu sprechen ist. Bei der Annahme von Mehrfachzugehörigkeiten ergeben sich unterschiedliche Konstellationen für verschiedene Gesprächssituationen.

Wir schließen mit der Frage nach ungeklärten Untersuchungsgegenständen interkultureller Kommunikation innerhalb einer mehrsprachigen und mehrkulturellen Gesellschaft: Hierzu zählen aus Sicht unserer Arbeit eine Vertiefung der Auseinandersetzung mit der Rolle der Medien, die auch wirkungsbezogene Untersuchung der Rolle interkultureller Erziehung für interkulturelle Kommunikation sowie die weitere Beschäftigung mit der Analyse notwendiger Kompetenzen, den Möglichkeiten ihrer Vermittlung und Evaluation. Auch diese Fragen ordnen sich ein in die Besonderheiten interkultureller Kommunikation in einer mehrsprachigen und mehrkulturellen Gesellschaft. Diese Form interkultureller Kommunikation ist geprägt durch ethnische und kulturelle Vielfalt in einem sehr großen Maße, wodurch auch der einzelne Mensch unterschiedliche Zugehörigkeiten in sich vereinen kann, auch wenn kollektive Zuordnungen ethnischer, religiöser oder kultureller Art durch die Individuen selbst weiterhin nicht selten sind. Akzeptanz von Vielfalt und Kooperationsbereitschaft sind daher die wesentlichen Anforderungen, um in mehrsprachigen und mehrkulturellen Gesellschaften erfolgreich kommunizieren zu können. Auf Dauer werden sich in solchen Gesellschaften inter- und intrakulturelle Kommunikationen verändern, die bereits jetzt nur schwer abzugrenzen sind. Beiden gemeinsam ist ein hohes Maß an gemeinsamen Alltagserfahrungen bei gleichzeitiger kollektiver und individueller Vielfalt, die unterschiedliche und wechselnde Gemeinsamkeiten und Fremdheiten erzeugen kann, mit denen in interkulturellen Kommunikationen umzugehen entsprechende interkulturelle kommunikative Kompetenzen erfordert.

Literaturverzeichnis

Ackermann, Irmgard (Hg.) (1983): *In zwei Sprachen leben.* München: dtv

Ackermann, Irmgard (1984): Integrationsvorstellungen und Integrationsdarstellungen in der Ausländerliteratur. In: *Zeitschrift für Literaturwissenschaft und Linguistik* 14, Heft 56, 23–40

Adams, Gail (1993): Embedding the Mayer Key Competencies in the Curriculum. In: *Education Australia* 24, 11–13

Agenda (1995): *Mehr Farbe in die Medien. Rundfunk in der multikulturellen Gesellschaft.* Sonderdruck der Zeitschrift für die "Initiative Interkultureller Rundfunk am Adolf Grimme Institut"

Ahlzweig, Claus (1994): *Muttersprache – Vaterland. Die deutsche Nation und ihre Sprache.* Opladen: Westdeutscher Verlag

Ahlzweig, Claus (1997): Muttersprache Deutsch – Deutsches Vaterland? In: Hentschel, Gerd (Hg.) (1997): 19–34

AiD (= Ausländer in Deutschland) (1998): *Informationsdienst zu aktionellen Fragen der Ausländerarbeit* 1

Allemann-Ghionda, Cristina (1997): Interkulturelle Bildung. In: *Zeitschrift für Pädagogik*, 36. Beiheft, 107–149

Amado Monroy, Sergio L. (1983): Ausländerkind. In: Ackermann, Irmgard (Hg.) (1983): 21

Amt für Multikulturelle Angelegenheiten der Stadt Frankfurt am Main (1993): *Begegnen – Verstehen – Handeln. Handbuch für Interkulturelles Kommunikationstraining.* Frankfurt: Verlag für Interkulturelle Kommunikation

Anne Frank Haus (Hg.) (1995): *Das sind wir. Interkulturelle Unterrichtsideen für Klasse 4-6 aller Schularten: Anregungen für den Unterricht. Handbuch, Lesebuch.* Weinheim: Beltz

Apeltauer, Ernst (1985): Verbale und nonverbale Bewertungshandlungen türkischer und deutscher Grundschullehrer im Unterricht mit türkischen Schülern. In: Rehbein, Jochen (Hg.) (1985a): 242–256

Apeltauer, Ernst (1986): Kultur, nonverbale Kommunikation und Zweitspracherwerb. In: Rosenbusch, Heinz S. & Otto Schober (Hgg.) (1986): 134–169

Apeltauer, Ernst (1997): Zur Bedeutung der Körpersprache für die interkulturelle Kommunikation. In: Knapp-Potthoff, Annelie & Martina Liedke (Hg.) (1997): 17–39

Apeltauer, Ernst, Glumpler, Edith & Sigrid Luchtenberg (Hgg.) (1998): *Erziehung für Babylon..* Baltmannsweiler: Schneider Verlag

Apfelbaum, Birgit & Hermann Müller (Hgg.) (1998): *Fremde im Gespräch. Gesprächsanalytische Untersuchungen zu Dolmetschinteraktionen, interkultureller Kommunikation und institutionalisierten Interaktionsformen.* Frankfurt / Main: Verlag für Interkulturelle Kommunikation

Auernheimer, Georg ([2]1995): *Einführung in die Interkulturelle Erziehung.* Darmstadt: Wissenschaftliche Buchgesellschaft

Auernheimer, Georg (1996): Mit kultureller Differenz umgehen lernen. In: *Pädagogik* 11, 50–52

Auernheimer, Georg, Blumenthal, Viktor von, Stübig, Heinz & Bodo Willmann (1996): *Interkulturelle Erziehung im Schulalltag. Fallstudien zum Umgang von Schulen mit der multikulturellen Situation.* Münster: Waxmann

Auernheimer, Georg, Dick, Rolf van, Petzel, Thomas, Sommer, Gert & Ulrich Wagner (1998): Wie gehen Lehrer/innen mit kulturellen Differenzen um? Ergebnisse aus einer Lehrerbefragung In: *Zeitschrift für Erziehungswissenschaft* 4, 597–611

Bach, Adolf (1954): *Deutsche Namenkunde, Band II,2: Die deutschen Ortsnamen.* Heidelberg: Carl Winter Universitätsverlag

Bachmair, Gerd (1974): *Unterrichtsanalyse. Verfahren und Fragestellungen zur Planung, Durchführung und Auswertung von Unterrichtsbeobachtungen.* Weinheim / Basel: Beltz

Backa, Susanne (1987): Interkulturelle Probleme in der Beratung – eine Fallstudie. In: *Osnabrücker Beiträge zur Sprachtheorie* 38, 53–68

Bade, Klaus (Hg.) (1992): *Deutsche im Ausland – Fremde in Deutschland. Migration in Geschichte und Gegenwart.* München: C.H.Beck

Bade, Klaus J. (Hg.) (1996): *Migration – Ethnizität – Konflikt: Systemfragen und Fallstudien.* Osnabrück: Universitätsverlag Rasch

Baker, Colin (1992): *Attitudes and Language.* Clevedon u.a.: Multilingual Matters

Balle, Christel (1990): *Tabus in der Sprache.*. Bern u.a.: Lang

Barkowski, Hans (Hg.) (1998): *Deutsch als Fremdsprache weltweit interkulturell?* Wien: Verband Wiener Volksbildung

Bauer, Gerhard (1985): *Namenkunde des Deutschen.* Bern u.a.: Lang

Baum, Stella (1981): *Plötzlich und unerwartet. Todesanzeigen.* Frankfurt / Main u.a. Ullstein

Baumann, Klaus–Dieter (1998): Kulturgebundene Determinanten der Fachübersetzung. In: *Zeitschrift für Angewandte Linguistik* 28, 34–52

Baur, Rupprecht S. & Galina Jatzkowskaja (1994): Lerntheorie und Fremdsprachenunterricht. Bericht über ein deutsch–russisches Lerntheorie–Symposium in Moskau. In: *Jahrbuch Deutsch als Fremdsprache* 20, 323–336

Baurmann, Jürgen (1981): Verhaltensweisen neben der unterrichtlichen Kommunikation. Sprachdidaktische Überlegungen und empirische Befunde. In: Baurmann, Jürgen, Cherubim, Dieter & Helmut Rehbock (Hgg.) (1981): 14–34

Baurmann, Jürgen, Cherubim, Dieter & Rehbock, Helmut (Hgg.) (1981): *Neben-Kommunikationen. Beobachtungen und Analysen zum nicht–offiziellen Schülerverhalten innerhalb und außerhalb des Unterrichts.* Braunschweig: Westermann

Beauftragte der Bundesregierung für die Belange der Ausländer (1995): *Bericht der Beauftragten der Bundesregierung für die Belange der Ausländer über die Lage der Ausländer in der Bundesrepublik Deutschland.* Bonn

Bednarz, Klaus (1993): Warum bedürfen Journalisten einer Hilfestellung? In: Struck, Manfred (Hg.) (1993): 7–8

Bedregal, Guadalupe (1983): Mutter–Sprache. In: Ackermann, Irmgard (Hg.) (1983): 31f.

Bell, Philip (1992): *Multicultural Australia in the Media. A Report to the Office of Multicultural Affairs.* Canberra

Beneke, Jürgen (1994): Das Hildesheimer Profil Interkultureller Kompetenz (HPIK). Vorschläge für ein Interkulturelles Assessment Centre. In: Institut für Auslandsbeziehungen (Hg.) (1994): 65–72

Bering, Dietz (1989): Gewalt gegen Namen. Ein sprachwissenschaftlicher Beitrag zur Geschichte und Wirkung des Alltagsantisemitismus. In: *Muttersprache* 99, 193–212

Besch, Werner (1998): *Duzen, Siezen, Titulieren. Zur Anrede im Deutschen heute und gestern.* Göttingen: Vandenhoeck & Ruprecht

Bickes, Gerhard (1992): Zur Kulturspezifik interkultureller Kommunikation. In: *Jahrbuch Deutsch als Fremdsprache* 18, 157–169

Bielefeld, Uli (Hg.) (1992): *Das Eigene und das Fremde. Neuer Rassismus in der Alten Welt?* Hamburg: Junius

Biermann, Rudolf (1978): *Interaktion im Unterricht. Didaktische Ansätze, Beiträge, Perspektiven.* Darmstadt: Wissenschaftl. Buchgesellschaft

Biermann, Rudolf (Hg.) (1985): *Interaktion, Unterricht, Schule.* Darmstadt: Wissenschaftl. Buchgesellschaft

Biondi, Franco (1983): Sprachliche Machtlosigkeit. In: Ackermann, Irmgard (Hg.) (1983): 87f.

Biondi, Franco & Rafik Schami (1981): Literatur der Betroffenheit. Anmerkungen zur Gastarbeiterliteratur. In: Schaffernicht, Christian (Hg.) (1981): 124–136

Bizeul, Yves, Bliesener, Ulrich & Marek Prawda (Hgg.) (1997): *Vom Umgang mit dem Fremden. Hintergrund, Definitionen, Vorschläge.* Weinheim: Beltz

Blommaert, Jan (1991): How much culture is there in intercultural communication? In: Blommaert, Jan & Jef Verschueren (Hgg.) (1991a): 13–31

Blommaert, Jan & Jef Verschueren (1991): Introduction. In: Blommaert, Jan & Jef Verschueren (Hgg.) (1991a): 1–12

Blommaert, Jan & Jef Verschueren (Hgg.) (1991a): *The Pragmatics of Intercultural and International Communication.* Amsterdam / Philadelphia: Benjamins

Böcker, Elisabeth & Eike Thürmann (1991): Muttersprachlicher Unterricht für eine mehrsprachige und multikulturelle Schule. In: *Der Deutschunterricht* 43:2, 70–81

Böke, Karin (1997): Die "Invasion" aus den "Armenhäusern Europas". Metaphern im Einwanderungsdiskurs. In: Jung, Matthias, Wengeler, Martin & Karin Böke (Hgg.) (1997): 164–193

Boesch, Bruno (1957): Die Eigennamen in ihrer geistigen und seelischen Bedeutung für den Menschen. In: *Der Deutschunterricht* 9:5, 32–50

Bolten, Jürgen (1992): Interkulturelles Verhandlungstraining. In: *Jahrbuch Deutsch als Fremdsprache* 18, 269–287

Bommes, Michael & Frank-Olaf Radtke (1993): Institutionalisierte Diskriminierung von Migrantenkindern. In: *Zeitschrift für Pädagogik* 39:3, 483–492

Boos-Nünning, Ursula (1983: Kulturelle Identität und die Organisation des Muttersprachlichen Unterrichts für Kinder ausländischer Arbeitnehmer. In: *Deutsch lernen* 4, S. 3 - 14

Boos-Nünning, Ursula (1990): Griechische, italienische und portugiesische Jugendliche in der Berufsberatung: Ergebnisse der Bobachtungen. In: Boos-Nünning, Ursula u.a. (1990): 169–178

Boos-Nünning, Ursula (1991): Türkische Jugendliche in der Berufsberatung: Verstehensprobleme und Kommunuikationsdiskrepanzen. In: Nieke, Wolfgang & Ursula Boos-Nünning (Hgg.) (1991): 33–51

Boos-Nünning, Ursula (1994): Interkulturelles Lernen in der Berufsbildung. In: *Deutsch lernen* 4, 307–332

Boos-Nünning, Ursula, Becker, Heike & Alice Jäger (1990): Vorstellungen der Berufsberater und Berufsberaterinnen über die Berufswahl griechischer, italienischer und portugiesischer Jugendlicher. In: Boos-Nünning, Ursula u.a. (1990): 108–169

Boos-Nünning, Ursula u.a. (1990): *Berufswahlsituation und Berufswahlprozesse griechischer, italienischer und portugiesischer Jugendlicher.* Nürnberg: Beiträge zur Arbeitsmarkt- und Berufsforschung 140

Boos-Nünning, Ursula & Hans H. Reich (1993): Beratungsgespräche mit Jugendlichen ausländischer Herkunft. In: Bundesanstalt für Arbeit (Hg.) (1993): 287–314

Börner, Wolfgang & Klaus Vogel (Hgg.) (1997): *Kulturkontraste im Universitären Fremdsprachenunterricht.* Bochum: AKS-Verlag

Boteram, Norbert (Hg.) (1993): *Interkulturelles Verstehen und Handeln. Beiträge aus Erziehungs-, Sozial- und Sprachwissenschaften.* Pfaffenweiler: Centaurus

Bremerich-Vos, Albert (Hg.) (1993): *Handlungsfeld Deutschunterricht im Kontext.* FFM: Diesterweg

Briegleb, Klaus & Sigrid Weigel (Hgg.) (1992): Gegenwartsliteratur seit 1968. München und Wien: Carl Hanser

Bronfen, Elisabeth & Benjamin Marius (1997): Hybride Kulturen. Einleitung zur anglo-amerikanischen Multikulturalismusdebatte. In: Bronfen, Elisabeth, Marius, Benjamin & Therese Steffen (Hgg.) (1997a): 1–29

Bronfen, Elisabeth, Marius, Benjamin & Therese Steffen (Hgg.) (1997a): *Hybride Kulturen. Beiträge zur anglo-amerikanischen Multikulturalismusdebatte.* Tübingen: Stauffenburg Verlag

Brünner, Gisela (1987): *Kommunikation in institutionellen Lehr-Lern-Prozessen. Diskursanalytische Untersuchungen zu Instruktionen in der betrieblichen Ausbildung.* Tübingen: Narr

Bührig, Kristin & Bernd Meyer (1998): Fremde in der gedolmetschten Arzt-Patienten-Kommunikation. In: Apfelbaum, Birgit & Hermann Müller (Hgg.) (1998): 85–110

Bukow, Wolf-Dietrich (1997): Erziehung zu kultureller Kompetenz: Ein Beitrag zur Überwindung von Feindbildern. In: *Interkulturell* 1/2, 118–131

Bundesanstalt für Arbeit (Hg.) (1993): *Jugendliche ausländischer Herkunft vor der Berufswahl. Handbuch für die Berufsberatung.* Nürnberg

Busch, Brigitte (1994): Minderheiten und Massenmedien. In: Luger, Kurt & Rudi Renger (1994): 263–279

Butterwegge, Christoph (1996): Migrant(inn)en und Massenmedien. In: *Ethnisierung gesellschaftlicher Konflikte. Eine Tagung der Friedrich-Ebert-Stiftung am 11. Oktober 1995 in Erfurt.* Bonn: Friedrich-Ebert-Stiftung, 55–79

Byram, Michael (1997): *Teaching and Assessing Intercultural Communicative Competence.* Clevedon: Multilingual Matters

Çağlar, Ayşe N. (1990): Das Kultur-Konzept als Zwangsjacke in Studien zur Arbeitsmigration. In: *Zeitschrift für Türkeistudien* 1, 93–105

Carrasco, Inés (1995): Medien: (k)ein Arbeitsplatz für Migranten? Eine Recherche im Ruhrgebiet. In: *Agenda* 18 (1995): 42

Castles, Stephen & Mark J. Miller (1993): *The Age of Migration. International Population Movements in the Modern World.* London: McMillan

Castles, Stephen, Collins, Jock & Ellie Vasta (1995): Australian Immigration: Multiculturalism, Ethnic Diversity, Identity and the State. Sydney: *UTS Faculty of Business Research Report* 1

Chaudron, Craig (1988): Classroom Research: Recent Methods and Findings. In: Kasper, Gabriele (Hg.) (1988): 10–19

Chen, Daxing (1983): Nein, danke. In: Ackermann, Irmgard (Hg.) (1983): 101–102

Chiellino, Gino (1984): *Mein fremder Alltag.* Kiel: Neuer Malik Verlag

Chiellino, Gino (1991): Fragen zum heutigen Stand der Rezeption der Ausländerliteratur in der Bundesrepublik Deutschland. In: *Zielsprache Deutsch* 4, 237–242

Chiellino, Gino (1992): *Sich die Fremde nehmen. Gedichte 1986 - 1991.* Kiel: Neuer Malik Verlag

Chiellino, Gino (1993): Mutmaßungen über Multikulturalität. Der Beitrag ausländischer Autoren zur Gestaltung einer multikulturellen Zukunft. In: Boteram, Norbert (Hg.) (1993): 261–268

Chiellino, Carmine (1995): *Am Ufer der Fremde. Literatur und Arbeitsmigration 1870 - 1971.* Stuttgart / Weimar: Verlag J. B. Metzler

Christ, Herbert (1997): Sprachenpolitik und Sprachverbreitungspolitik. In: Institut für Auslandsbeziehungen (Hg.) (1997): 7–12

Christ, Herbert (1997a): Sprachen lernen und Sprachen verwenden in Deutschland. In: Stadt Mülheim an der Ruhr & RAA (Hgg.) (1997): 19–29

Clyne, Michael (1972): German Surname Changes in Victoria (Australia), 1937 - 39: A Study in Integration. In: *Linguistics* 87, 37–46

Clyne, Michael (1989): The Role of Language in Cross-Cultural Communication. In: Pauwels, Anne (Hg.) (1989): 38–55

Clyne, Michael (1991): *Community Languages. The Australian Experience.* Cambridge: Cambridge University Press

Clyne, Michael (1991a): Australia' s Language Policies: Are we going backwards? In: *Current Affairs Bulletin*, 13–20

Clyne, Michael (1993): Pragmatik, Textstruktur und kulturelle Werte. Eine interkulturelle Perspektive. In: Schröder, Hartmut (Hg.) (1993): 3–18

Clyne, Michael (1994): *Inter-cultural communication at work. Cultural values in discourse.* Cambridge: CUP

Coburn-Staege, Ursula, Luchtenberg, Sigrid, Neasham, Audrey & Frances Prior (1983): Sprache und soziale Verhaltensmuster türkischer und pakistanischer Kinder in multiethnischen Klassen. Bericht aus einem englisch-deutschen Hochschulprojekt. In: *Ausländerkinder. Forum für Schule und Sozialpädagogik* 16, 18–39

Cohen, Ph. (1998): *Global diasporas.* Basingstoke: Taylor and Francis

Cohn-Bendit, Daniel & Thomas Schmid (1992): *Heimat Babylon. Das Wagnis der multikulturellen Demokratie.* Hamburg: Hoffman und Campe

Collins, Jock (^{2}1991): *Migrant Hands in a Distant Land. Australia's Post-War Immigration.* Leichhardt: Pluto Press

Collins, Jock (1991a): Multiculturalism in Australia: The Challenges Ahead. Sydney: *UTS School of Finance and Economics Working Paper* 7

Cope, Bill & Mary Kalantzis (1997): *Productive Diversity. A New, Australian Model for Work and Management.* Annandale: Pluto Press

Cope, Bill et al. (1995): *'Cultural Understandings' as the Eighth Key Competency.* Haymarket: The Centre for Workplace Communication and Culture

De Florio-Hansen, Inez (1994): Wider die "Interkulturelle" Euphorie. Fragen zum interkulturellen Lernen im Fremdsprachenunterricht. In: *Praxis des Neusprachlichen Unterrichts* 41:3, 303–307

Department of Social Security (1990): *Naming Systems of Ethnic Groups. A language guide for Departmental staff.* Canberra: Commonwealth of Australia

Der Kultusminister des Landes Nordrhein-Westfalen (1985): *Richtlinien und Lehrpläne für die Grundschule in Nordrhein-Westfalen. Sprache.* Düsseldorf

Der Kultusminister des Landes Nordrhein-Westfalen (1989): *Richtlinien und Lehrpläne für die Hauptschule in Nordrhein-Westfalen. Deutsch.* Düsseldorf

Der Kultusminister des Landes Nordrhein-Westfalen (1993): *Richtlinien und Lehrpläne für das Gymnasium - Sekundarstufe I - in Nordrhein-Westfalen. Deutsch.* Düsseldorf

Deutscher Presserat (o.J.): *Publizistische Grundsätze (Pressekodex). Richtlinien für die publizistische Arbeit nach den Empfehlungen des Deutschen Presserats. Beschwerdeordnung.* Bonn

Diederichsen, Uwe (1987): Rechtsprobleme bei Vornamengebung, Nachnamenserwerb und Namensänderungen. In: *Zeitschrift für Literaturwissenschaft und Linguistik* 67, 74-85

Diekmannshenke, Hajo & Josef Klein (Hg.) (1996): *Wörter in der Politik. Analysen zur Lexemverwendung in der politischen Kommunikation.* Opladen: Westdeutscher Verlag

Dietrich, Ingrid (1997): *Voll integriert? Zuwanderer-Eltern berichten über Erfahrungen ihrer Kinder mit Schule in Deutschland.* Hohengehren: Schneider

Dhillon, Pradeep Ajit (1994): *Multiple Identities. A Phenomenology of Multicultural Communication.* Frankfurt / Main u.a.: Peter Lang

Diegritz, Theodor u.a. (1986): Wie Schüler die Körpersprache des Lehrers lesen - eine empirische Studie über die Dekodierungsmöglichkeiten nonverbaler Bewertungshandlungen von Lehrern durch Schüler. In: Rosenbusch, Heinz S. & Otto Schober (Hgg.) (1986): 73-83

Diegritz, Theodor & Heinz S. Rosenbusch (1977): *Kommunikation zwischen Schülern. Schulpädagogische und linguistische Untersuchungen. Didaktische Konsequenzen.* München u.a.: Urban & Schwarzenberg

Dittmann, Jürgen (Hg.) (1979): *Arbeiten zur Konversationsanalyse.* Tübingen: Niemeyer

Dobnig-Jülch, Edeltraud (1989): Über Eigennamenkompetenz. Beobachtungen zum Eigennamengebrauch als Grundlage neuer Eigennamenbeschreibungen. In: *Zeitschrift für Germanistische Linguistik* 98-100, 41-49

Donnerstag, Jürgen (1997): Landeskunde vs. Interkulturalität: Zu den Grundlagen interkulturellen Lernens im Fach Englisch. In: Börner, Wolfgang & Klaus Vogel (Hgg.) (1997): 21-36

Dorenbeck, Nils (1997): Zweifelhafte Wegweiser. Pragmatische Charakteristika und kommunikative Strategie der SPIEGEL-Story. In: *Sprache und Literatur* 2, 83-95

Doyé, Peter (1993): Fremdsprachenerziehung in der Grundschule. In: *Zeitschrift für Fremdsprachenforschung* 4:1, 48-90

Edmondson, Willis & Juliane House (1998): Interkulturelles Lernen: ein überflüssiger Begriff. In: *Zeitschrift für Fremdsprachenforschung* 9:2, 161-188

Edwards, John (1997): Multicultural and Intercultural Handbooks. Rezension. In: *Journal of Multilingual and Multicultural Development* 18:2, 155-161

Ehlich, Konrad (1981): Schulischer Diskurs als Dialog? In: Schröder, Peter & Hugo Steger (Hgg.) (1981): 334-369

Ehlich, Konrad (1987): Kooperation und sprachliches Handeln. In: Liedtke, Frank & Rudi Keller (Hgg.) (1987): 17-32

Ehlich, Konrad (1992): Kommunikationsbrüche - Vom Nachteil und Nutzen des Sprachkontakts. In: *Zielsprache Deutsch* 23:2, S. 64-74

Ehlich, Konrad (1997): Triangulationen und Kairos. Laudatio auf Michael Clyne. In: *Jahrbuch Deutsch als Fremdsprache* 23, 113–121

Ehlich, Konrad & Jochen Rehbein (1976): Sprache im Unterricht - Linguistische Verfahren und schulische Wirklichkeit. In: *Studium Linguistik* 1, 47–69

Ehlich, Konrad & Jochen Rehbein (1983a): Einleitung. In: Ehlich, Konrad & Jochen Rehbein (Hgg.) (1983): 7–19

Ehlich, Konrad & Jochen Rehbein (Hgg.) (1983): *Kommunikation in Schule und Hochschule. Linguistische und ethnomethodologische Analysen.* Tübingen: Narr

Ehlich, Konrad & Jochen Rehbein (1986): *Muster und Institution. Untersuchungen zur schulischen Kommunikation.* Tübingen: Narr

Eichinger, Ludwig M. (1999): Mehrsprachigkeit im Kontext. Kontexte individualisierter Sprachenwahl. In: *Zeitschrift für Angewandte Linguistik* 30, 41–54

Engin, Osman (1985): Seltsame Sitten. In: Engin, Osman (1985a): 21–24

Engin, Osman(1985a): *Deutschling. Satiren.* Berlin: EXpress Edition

Erndl, Rudolf (1998): *Höflichkeit im Deutschen. Konzeption einer Integration einer zentralen Gesprächskompetenz im Deutsch als Fremdsprache-Unterricht.* Regensburg: FaDaF (= Materialien Deutsch als Fremdsprache 49)

Esselborn, Karl (1997): Eine deutsche Literatur – AutorInnen nichtdeutscher Muttersprache. In: *Materialien Deutsch als Fremdsprache* 46, 326–340

Ethnos (1990): Multicultural Marketing Awards. In: *Ethnos* 76, 4–6

Ethnos (1993): Multicultural Marketing Awards. In: *Ethnos* 88, 3–9

Fairclough, Norman (1992): Introduction. In: Fairclough, Norman (Hg.) (1992a): 1–29

Fairclough, Norman (Hg.) (1992a): *Critical Language Awareness.* London & New York: Longman

Fend, Helmut (1981): *Theorie der Schule.* 2., durchgesehene Auflage. München et al.: Urban & Schwarzenberg

Final Report to the Queensland Department of Education and the Queensland Vocational Education, Training and Employment Commission (o.J.): *Cultural Understandings as the Eighth Key Competency.* Sydney and North Queensland: NLLIA Centre for Workplace Communication and Culture at the University of Technology, Sydney and at James Cook University of Queensland

Flanders, Ned A. (1974): Grundlegende Lehrfertigkeiten, abgeleitet aus einem Modell des Sprechens und Zuhörens. In: *Unterrichtswissenschaft* 2, 21–40

Földes, Csaba (1984): Eigennamen in deutschen phraseologischen Redewendungen. Eine etymologische und semantisch–stilistische Analyse. In: *Muttersprache* 95, 174–180

Földes, Csaba (1990): Phraseologie und Landeskunde – am Material des Deutschen und Ungarischen. In: *Zielsprache Deutsch 21:2*, 11–15

Frank, Karsta (1996): Political Correctness: Ein Schlagwort. In: Diekmannshenke, Hajo & Josef Klein (Hg.) (1996): 185–218

Friedrichs, Barbara & Wolfgang Kullmann (1995): Schwierige Nachbarschaft. Das Thema "Ausländer in Deutschland" in der Berichterstattung des ZDF: Zwei Beispiele. In: *Media Watch*, 124–126

Fritzsche, Klaus Peter (1997): Multiperspektivität: eine Schlüsselkompetenz beim Umgang mit dem Fremden. In: Bizeul, Yves, Bliesener, Ulrich & Marek Prawda (Hgg.) (1997): 190–201

Geißler, Erich E. (1973): *Analyse des Unterrichts.* Bochum: Kamp

Geißner, Ursula (1980): Lob und Tadel. In: Ramge, Hans (Hg.) (1980): 109–131

Gembries, Hartmut (1994): Interkulturelle Kommunikation als eine Komponente universitärer Ausbildung in der Studienrichtung Internationale Projektierung für Maschinenbau-Ingenieure. In: Schaeder, Burkhard (Hg.) (1994): 43–61

Gerhard, Ute (1991): Wenn Flüchtlinge und Einwanderer zu "Asylantenfluten" werden – zum Anteil des Mediendiskurses an rassistischen Pogromen. In: *Osnabrücker Beiträge zur Sprachtheorie* 46, 163–178

GEW (Hg.) (1991): *Begegnungssprachen in der Grundschule. Dokumentation eines Expertenhearings der GEW im Januar 1991.* Essen

Gläser, Rosemarie (1989): Zur Übersetzbarkeit von Eigennamen. In: *Zeitschrift für Germanistische Linguistik* 98–100, 181–200

Glück, Helmut (1994): Reklamedeutsch im DaF-Unterricht. In: Heringer, Hans-Jürgen u.a. (Hgg.) (1994): 265–284

Glumpler, Edith (1994): Sprachlicher Anfangsunterricht für ausländische und deutsche Kinder – Grundlage interkultureller Kommunikation. In: Haarmann, Dieter (Hg.) (1994): 168–175

Goeppert, Herma C. (Hg.) (177): *Sprachverhalten im Unterricht. Zur Kommunikation von Lehrer und Schüler in der Unterrichtssituation.* München: Fink

Goffman, Erving (1981): *Strategische Interaktion.* München: Hanser

Gogolin, Ingrid (1994): *Der monolinguale Habitus der multilingualen Schule.* Münster / New York: Waxmann

Gogolin, Ingrid (1997): Einführung in die Fallstudie "Großstadt-Grundschule": Zu theoretischem Rahmen, Fragestellungen und Methode des Forschungsprojekts. In: Gogolin, Ingrid & Ursula Neumann (Hgg.) (1997): 1–46

Gogolin, Ingrid, Krüger-Potratz, Marianne & Meinert A. Meyer (Hgg.) (1998): *Pluralität und Bildung.* Opladen: Leske & Budrich

Gogolin, Ingrid & Ursula Neumann (Hgg.) (1997): *Großstadt-Grundschule. Eine Fallstudie über sprachliche und kulturelle Pluralität als Bedingung der Grundschularbeit.* Münster: Waxmann

Goll, Alfred (1991): Einsprachigkeit ist heilbar – Mehrsprachigkeit hält jung. Bericht über ein Expertengespräch zum Thema "Begegnung mit Sprachen in der Grundschule – language awareness". In: *Lernen für Europa* 1, 7–12

Gomolla, Mechtild (1998): Mechanismen institutionalisierter Diskriminierung in der Grundschule. In: Apeltauer, Ernst, Glumpler, Edith & Sigrid Luchtenberg (Hgg.) (1998): 184-207

Gompf, Gondi (Hg.) (1992): *Fremdsprachenbeginn ab Klasse 3: Lernen für Europa.* Berlin: Cornelsen

Goodall, Heather u.a. (1990): *Racism, Cultural Pluralism and the Media. A Report to the Office of Multicultural Affairs.* Sydney

Götze, Barbara (1973): Sprachformen in einer Schulklasse: Schichtspezifisch oder alterstypisch? In: Spanhel, Dieter (Hg.) (1973a): 326–339

Götze, Lutz (1998): Perspektiven einer europäischen Sprachenpolitik. In: *Info DaF* 25:5, 545–552

Green, Judith L. & Cynthia Wallat (Hgg.) (1981): *Ethnography and Language in Educational Settings.* Norwood: Ablex

Grice, Paul H. (1975): Logic and Conversation. In: Cole, Peter & J. Morgan (Hgg.): *Syntax and semantics 3: speech acts.* New York: Academic Press

Grießhaber, Wilhelm (1987): Personalisierung von Sachkonflikten. Beschwerden auf dem Arbeitsamt beim interkulturellen Rollenspiel. In: *Osnabrücker Beiträge zur Sprachtheorie* 38, 69–84

Grohs, Gerhard u.a. (Hgg.) (1980): *Kulturelle Identität im Wandel.* Stuttgart: Klett-Cotta

Grönwoldt, Peter (1977): Unterricht als Sprachlernsituation. Symmetrische Kommunikationsbeziehungen und Identitätsbalance im Unterricht. In: Goeppert, Herma C. (Hg.) (1977): 344–356

Grugel, Andrea & Ingo W. Schröder (Hgg.) (1998): *Grenzziehungen. Zur Konstruktion ethnischer Identitäten in der Arena sozio-politischer Konflikte.* Frankfurt / Main: Verlag für Interkulturelle Kommunikation

Grünefeld, Hans-Dieter (1995): Wahlheimatliteratur. Rezeption literarischer Texte der Migration. In: *Zeitschrift für Kulturaustausch* 1, 105–112

Gudykunst, William B. (1994): *Bridging Differences. Effective Intergroup Communication.* Second Edition. Thousand Oaks: Sage

Gündisch, Karin (1990): *Im Land der Schokolade und Bananen. Zwei Kinder kommen in ein fremdes Land.* Weinheim und Basel: Beltz & Gelberg

Haarmann, Dieter (Hg.) (1994): *Handbuch Grundschule. Band 2. Fachdidaktik: Inhalte und Bereiche grundlegender Bildung.* Weinheim und Basel: Beltz

Habermas, Jürgen (1981): Theorie des kommunikativen Handelns. Erster Band. Handlungsrationalität und gesellschaftliche Rationalisierung. Frankfurt: Suhrkamp

Habermas, Jürgen (1981a): Theorie des kommunikativen Handelns. Zweiter Band. Zur Kritik der funktionalistischen Vernunft. Frankfurt: Suhrkamp

Hagemann, Jörg (1997): *Reflexiver Sprachgebrauch. Diktumscharakterisierung aus Gricescher Sicht.* Wiesbaden: Westdeutscher Verlag

Hall, Edward T. & Mildred Reed Hall (1983): *Hidden Differences. Studies in International Communication. How to communicate with the Germans.* Hamburg: Gruner & Jahr

Hamburger, Franz (1998): "Identität" und interkulturelle Erziehung. In: Gogolin, Ingrid, Krüger-Potratz, Marianne & Meinert A. Meyer (Hgg.): 127–149

Hammelrath, Alf (1991): Begegnungssprache in der Grundschule. Gedanken zur Qualifizierung der Lehrerinnen und Lehrer. In: GEW (Hg.) (1991): 59–63

Hargreaves, David H. (1976): *Interaktion und Erziehung. Pädagogische Aspekte zu zwischenmenschlichen Beziehungen.* Wien u.a.: Hermann Böhlaus Nachf.

Harnisch, Ulrike & Monika Nehr (1998): Zweisprachliche Alphabetisierung und Erziehung in Berlin. In: Kuhs, Katharina & Wolfgang Steinig (Hgg.) (1998): 103–114

Hasler, Eveline (1985): *Komm wieder, Pepino.* Zürich & Köln: Benziger

Heath, Shirley B. (1978): *Teacher Talk: Language in the Classroom* (= Language in Education: Theory and Practice 9). Washington: Center for Applied Linguistics

Hegele, Irmintraud & Gabriele Pommerin (1983): *Gemeinsam Deutsch lernen. Interkulturelle Spracharbeit mit ausländischen und deutschen Schülern.* Heidelberg: Quelle & Meyer

Heimolt, Katharina von (1997): *Kommunikation in internationalen Arbeitsgruppen. Eine Fallstudie über divergierende Konventionen der Modalitätskonstituierung.* München: iudicium

Hentschel, Gerd (1997)(Hg.): *Über Muttersprachen und Vaterländer. Zur Entwicklung von Standardsprachen und Nationen in Europa.* Frankfurt / Main: Lang

Heintze, Andreas (1997): Das Kreuzberger Modell einer zweisprachigen Alphabetisierung und Erziehung türkischsprachiger Kinder: Geschichte, Konzeption und Sichtweisen beteiligter LehrerInnen. In: Heintze, Andreas u.a. (1997): 63–124

Heintze, Andreas u.a. (1997): *Schule und multiethnische Schülerschaft. Sichtweisen, Orientierungen und Handlungsmuster von Lehrerinnen und Lehrern.* Frankfurt / Main: Verlag für Interkulturelle Kommunikation

Heinze, Thomas (1976): *Unterricht als soziale Situation. Zur Interaktion von Schülern und Lehrern.* München: Juventa

Henne, Helmut & Helmut Rehbock (1979): *Einführung in die Gesprächsanalyse.* Berlin / New York: de Gruyter

Heringer, Hans-Jürgen u.a. (Hgg.) (1994): *Tendenzen der deutschen Gegenwartssprache.* Tübingen: Niemeyer

Hermann-Brennecke, Gisela (1993): Sprachsensibilisierung in der Grundschule. In: *Neusprachliche Mitteilungen aus Wissenschaft und Praxis* 46:2, 101–110

Hess-Lüttich, Ernest W.B. (1992): Interkulturelle Kommunikation - Medienkommunikation. In: Hess-Lüttich, Ernest W.B. (Hg.) (1992a): 23–40

Hess-Lüttich, Ernest W.B. (Hg.) (1992a): *Medienkultur - Kulturkonflikt. Massenmedien in der interkulturellen und internationalen Kommunikation.* Opladen: Westdeutscher Verlag

Hess-Lüttich, Ernest W. B. (1994): Vom Grüßen - Rituale des Grüßens im interkulturellen Vergleich. In: Roth, Hans-Joachim (Hg.) (1994): 134–157

Hinnenkamp, Volker (1985): Zwangskommunikative Interaktion zwischen Gastarbeitern und deutscher Behörde. In: Rehbein, Jochen (Hg.) (1985a): 276–298

Hinnenkamp, Volker (1989): *Interaktionale Soziolinguistik und Interkulturelle Kommunikation. Gesprächsmanagement zwischen Deutschen und Türken.* Tübingen: Niemeyer

Hinnenkamp, Volker (1990): Wieviel und was ist "kulturell" in der interkulturellen Kommunikation? Fragen und Überblick. In: Spillner, Bernd (Hg.) (1990): 46 - 52

Hinnenkamp, Volker (1994): *Interkulturelle Kommunikation.* Heidelberg: Groos (= Band 11 der Studienbibliographien Sprachwissenschaft)

Hinnenkamp, Volker (1994a): Interkulturelle Kommunikation - strange attractions. In: *Zeitschrift für Literaturwissenschaft und Linguistik* 93, 46–74

Hinnenkamp, Volker (1998): *Mißverständnisse in Gesprächen. Eine empirische Untersuchung im Rahmen der Interpretativen Soziolinguistik.* Opladen: Westdeutscher Verlag

Hoffmann, Ludger (1998): Trapattoni spricht deutsch. Ein Kommentar. In: *Zielsprache Deutsch* 29:3, 134–138

Hoffmann, Lutz (1992): Nicht die gleichen, sondern dieselben Rechte. Einwanderungspolitik und kollektive Identität in Deutschland. In: *Blätter für deutsche und internationale Politik* 9, 1090–1100

Hoffmann, Lutz (1998): Wer gehört zu "uns"? Ethnisierung, Solidarität und das territoriale Prinzip. In: *Deutsch lernen* 23:2, 99–112

Hofstede, Geert (1980): *Culture's Consequences: International Differences in Work-Related Values.* Beverley Hills: Sage

Hofstede, Geert (1991): *Interkulturelle Zusammenarbeit. Kulturen - Organisationen - Management.* Wiesbaden: Gabler

Holzmüller, Hartmut H. (1995): *Konzeptionelle und methodische Probleme in der interkulturellen Management- und Marketingforschung.* Stuttgart: Schäffer-Poeschel

Hohmann, Manfred (1989): Interkulturelle Erziehung - eine Chance für Europa? In: Hohmann, Manfred & Hans H. Reich (Hgg.) (1989):1–32

Hohmann, Manfred & Hans H. Reich (Hgg.) (1989): *Ein Europa für Mehrheiten und Minderheiten. Diskussionen um interkulturelle Erziehung.* Münster / New York: Waxmann

House, Juliane (1997): Zum Erwerb interkultureller Kompetenz im Unterricht des Deutschen als Fremdsprache. In: *Zeitschrift für Interkulturellen Fremdsprachenunterricht* [Online], 1(3), 21pp.

House, Juliane (1997a): *Translation Quality Assessment. A Model Revisited.* Tübingen: Narr

Howe, Christiane & Andrea Krüger (1996): "Ich bin verrückt nach Erotik". Das Dilemma mit den Klischees. In: Röben, Bärbel & Cornelia Wilß (Hgg.) (1996): 161-180

Hu, Adelheid (1998): Das Fremde und das Eigene: leitendes Denkmodell für interkulturellen DaF-Unterricht oder ideologische Polarisierung. In: Barkowski, Hans (Hg.) (1998): 241-249

Huhnke, Brigitta (1997): Sprachliche Realisierungen symbolischer Politik in Migrationsdiskursen. In: Jung, Matthias, Wengeler, Martin & Karin Böke (Hgg.) (1997): 89-105

Hüllen, Werner (1992): Interkulturelle Kommunikation - was ist das eigentlich? In: *Der Fremdsprachliche Unterricht Englisch* 26, 8 - 11

Hüsler-Vogt, Silvia (1990): *Arzu. Eine interkulturelle Geschichte für die 2. und 3. Klasse.* Zürich: Pro Juventute

Hüsler, Silvia (1996): *Weihnachtszeit oder Heiße Schokolade bei Signora Rosa.* Zürich: Pro Juventute

Ingendahl, Werner (1991): *Sprachliche Bildung im kulturellen Kontext. Einführung in die kulturwissenschaftliche Gemeinschaft.* Opladen: Westdeutscher Verlag

Institut für Auslandsbeziehungen (1994)(Hg.): *Interkulturelle Kommunikation und Interkulturelles Training. Problemanalysen und Problemlösungen.* Stuttgart (= Materialien zum Internationalen Kulturaustausch 33)

Institut für Auslandsbeziehungen (Hg.) (1997): *Sprachenpolitik in Europa - Sprachenpolitik für Europa.* (= Materialien zum internationalen Kulturaustausch) 36

Ivo, Hubert (1994): *Muttersprache - Identität - Nation. Sprachliche Bildung im Spannungsfeld zwischen heimisch und fremd.* Opladen: Westdeutscher Verlag

Jäger, Siegfried (1993): *Kritische Diskursanalyse. Eine Einführung.* Duisburg: DISS-Studien

Jäger, Margret & Siegfried Jäger (1993): Verstrickungen - Der rassistische Diskurs und seine Bedeutung für den politischen Gesamt-Diskurs in der Bundesrepublik Deutschland. In: Jäger, Siegfried & Jürgen Link (Hgg.) (1993a): 49-79

Jäger, Siegfried & Jürgen Link (1993): Die vierte Gewalt. Rassismus und die Medien. Einleitung. In: Jäger, Siegfried & Jürgen Link (Hgg.) (1993a): 7-20

Jäger, Siegfried & Jürgen Link (Hgg.) (1993a): *Die vierte Gewalt. Rassismus und die Medien.* Duisburg: DISS

Jäggi, Christian (1993): Zum Problem der interkulturellen Kommunikationen im globalen und mikrosozialen Kontext. *Interkulturelle Texte* 4. Bern: inter-edition

Jakubeit, Gudrun & Karl Schattenhofer (1996): Fremdheitskompetenz. Ein Weg zum aktiven Neben- und Miteinander von Deutschen und Fremden. In: *Neue Praxis* 26:5, 389-408

Jakubowicz, Andrew (Hg.) (1994): *Racism, Ethnicity and the Media.* St. Leonards: Allen & Unwin

Jandt, Fred E. (1995): *Intercultural Communication. An Introduction.* Thousand Oaks: Sage

Janke, Hans (1987): Vermittelte Fremde - Ausländer in den Medien. In: *Ausländer und Massenmedien. Bestandsaufnahme und Perspektiven.* Vorträge und Materialien einer internationalen Fachtagung vom 2. bis 4. Dezember 1986. Bonn: Bundeszentrale für Politische Bildung, 58-66

Jung, Matthias (1993): Sprachgrenzen und die Umrisse einer xenologischen Linguistik. In: *Jahrbuch Deutsch als Fremdsprache* 19, 203–230

Jung, Matthias (1996): Von der politischen Sprachkritik zur Political Correctness - deutsche Besonderheiten und internationale Perspektiven. In: *Sprache und Literatur* 78:27, 18–37

Jung, Matthias (1997): Die Sprache des Migrationsdiskurses – ein Überblick. In: Jung, Matthias, Wengeler, Martin & Karin Böke, (Hgg.) (1997): 9–16

Jung, Matthias, Wengeler, Martin & Karin Böke (Hgg.) (1997): *Die Sprache des Migrationsdiskurses. Das Reden über "Ausländer" in Medien, Politik und Alltag.* Wiesbaden: Westdeutscher Verlag

Kalpaka, Annita (1998): Interkulturelle Kompetenz. Kompetentes (sozial-)pädagogisches Handeln in der Einwanderungsgesellschaft. In: *Zeitschrift für Migration und Soziale Arbeit* 3–4, 77–79

Kalpaka, Annita & Nora Räthzel (1986): Wirkungsweisen von Rassismus und Ethnozentrismus. In: Kalpaka, Annita & Nora Räthzel (Hgg.) (1986a): 32–90

Kalpaka, Annita & Nora Räthzel (1986a)(Hgg.): *Die Schwierigkeit, nicht rassistisch zu sein.* Berlin: EXpress Edition

Kartari, Asker (1997): *Deutsch-türkische Kommunikation am Arbeitsplatz. Zur interkulturellen Kommunikation zwischen türkischen Mitarbeitern und deutschen Vorgesetzten in einem deutschen Industriebetrieb.* Münster: Waxmann

Kasper, Gabriele (Hg.) (1988): *Classroom Research = AILA Review* 5

Kästner, Harald (1993): Zweisprachige Bildungsgänge an Schulen in der Bundesrepublik Deutschland. In: *Die Neueren Sprachen* 92:1/2, 23–53

Keko, Srdan (1983): Am Ende eines langen Weges. In: Ackermann, Irmgard (Hg.) (1983): 38–43

Keller, Rudi (1995): Rationalität, Relevanz und Kooperation. In: Liedtke, Frank (Hg.) (1995): 5–18

Kelz, Heinrich P. (Hg.) (1983): *Fachsprache. 1: Sprachanalyse und Vermittlungsmethoden.* Bonn: Ferd. Dümmlers Verlag

Kiel, Ewald (1997): Die Entwicklung interkultureller Kommunikationskompetenz aus der Sicht der interkulturellen Didaktik. In: Börner, Wolfgang & Klaus Vogel (Hgg.) (1997): 3–20

Kiesel, Doron (1996): *Das Dilemma der Differenz. Zur Kritik des Kulturalismus in der Interkulturellen Pädagogik.* Frankfurt a.M.: Cooperative–Verlag

Kirchberg, Susanne (1978/82): *Selim und Susanne.* München

Knapp–Potthoff, Annelie (1997): Interkulturelle Kommunikationsfähigkeit als Lernziel. In: Knapp–Potthoff, Annelie & Martina Liedke (Hg.) (1997): 181–205

Knapp, Karlfried & Annelie Knapp–Potthoff (1985): Sprachmittlertätigkeit in Interkultureller Kommunikation. In: Jochen Rehbein (Hg.) (1985a): 450–463

Knapp, Karlfried, Enninger, Wilfried & Annelie Knapp–Potthoff (Hgg.) (1987): *Analyzing Intercultural Communication.* Berlin et al.: Mouton de Gruyter

Knapp, Karlfried & Annelie Knapp–Potthoff (1987): Instead of an introduction: Consentual issues in analyzing communication. In: Knapp, Karlfried, Enninger, Wilfried & Annelie Knapp–Potthoff (Hgg.) (1987): 1–13

Knapp, Karlfried & Annelie Knapp–Potthoff (1990): Interkulturelle Kommunikation. In: *Zeitschrift für Fremdsprachenforschung* 1, S. 62 - 93

Knapp-Potthoff, Annelie & Martina Liedke (Hg.) (1997): *Aspekte interkultureller Kommunikationsfähigkeit.* München: iudicium

Knobloch, Johann (1978): Über das Bedeutungserlebnis geographischer Namen. In: *Beiträge zur Namenforschung. NF* 13, 1–3

Koch, Ralf (1996): *"Medien mögen's weiß". Rassismus im Nachrichtengeschäft. Erfahrungen von Journalisten in Deutschland und den USA.* München: dtv

Köhnen, Ralph (Hg.) (1998): *Wege zur Kultur. Perspektiven für einen integrativen Deutschunterricht. Germanistentag der Deutschlehrerinnen und Deutschlehrer in Bochum vom 29. September bis 2. Oktober 1996.* Frankfurt / Main u.a.: Peter Lang

Koss, Gerhard (1987): Über das Lernen und Vergessen von Eigennamen. In: *Zeitschrift für Literaturwissenschaft und Linguistik* 67, 24–37

Koss, Gerhard (1990): *Namenforschung. Eine Einführung in die Onomastik.* Tübingen: Niemeyer

Kotthoff, Helga (1989): *Pro und Kontra in der Fremdsprache: pragmatische Defizite in interkulturellen Argumentationen.* Frankfurt / Main: Lang

Kral, Jiri (1983): Supermarkt. In: Ackermann, Irmgard (Hg.) (1983): 89–91

Krappmann, Lothar (1980): Identität – ein Bildungskonzept. In: Grohs, Gerhard u.a. (Hgg.) (1980): 91–118

Kriener, Markus & Miriam Meckel (1996): Internationale Kommunikation. Begriffe, Probleme, Referenzen. In: Meckel, Miriam & Markus Kriener (Hgg.) (1996): 11–18

Kroon, Sjaak & Jan Sturm (1995): Ethnische Diversität und Homogenisierung im Unterricht. In: Linke, Angelika & Ingelore Oomen–Welke (Hgg.) (1995): 61–94

Krumm, Hans–Jürgen (1992): "Grenzgänger" – vom Selbstverständnis und Profil des interkulturellen Lehrers. In: Pommerin–Götze, Gabriele, Jehle–Santoso, Bernhard & Eleni Bozikake–Leisch (Hgg.) (1992): 280–291

Krupatz, Rainer (1999): Germany ratifies European Charter for Regional or Minority Languages. In: *Contact Bulletin – The European Bureau for Lesser Used Languages* 15:2, 5

Krusche, Dietrich (1998): Alterität und Methode. Zur kommunikativen Relevanz interpretatorischer Verfahren. In: *Zeitschrift für Literaturwissenschaft und Linguistik* 110, 58–75

Kühlwein, Wolfgang (Hg.) (1984): *Sprache, Kultur und Gesellschaft. Kongreßberichte der 14. Jahrestagung der Gesellschaft für Angewandte Linguistik, GAL e.V.*. Tübingen: Narr

Kühne–Scholand, Hildegard (1996): Die Darstellung der Ausländer im deutschen Fernsehen. Ergebnisse einer inhaltsanalytischen Untersuchung. In: *Mediawatch*, 79–84

Kuhs, Katharina & Wolfgang Steinig (Hgg.) (1998): *Pfade durch Babylon. Konzepte und Beispiele für den Umgang mit sprachlicher Vielfalt in Schule und Gesellschaft.* Freiburg: Fillibach Verlag

Kultusministerium Nordrhein–Westfalen (1992): Begegnung mit Sprachen in der Grundschule. RdErl. vom 13.2.1992

Lajios, Konstantin (Hg.) (1991): *Die zweite und dritte Ausländergeneration. Ihre Situation und Zukunft in der Bundesrepublik Deutschland.* Opladen: Leske und Budrich

Lange, Anja (1996): *Migrationsliteratur – ein Gegenstand der interkulturellen Pädagogik?* FFM: Verlag für Interkulturelle Kommunikation

Language and Society Centre (1995): *English and the Multicultural Team. A Collaborative Approach.* Monash University: National Languages and Literary Institute of Australia (Video)

Lauffer, Jürgen & Ingrid Volkmer (Hgg.) (1995): *Kommunikative Kompetenz in einer sich verändernden Medienwelt.* Opladen: Leske & Budrich

Lentz, Astrid & Frank-Olaf Radtke (1994): Bildungsghettos – Institutionalisierte Diskriminierung von Migrantenkindern in der Grundschule. In: *Unterrichtswissenschaft* 22:2, 182–191

Lenzen, Dieter (1985): Überlegungen zu einer Theorie unterrichtlicher Kommunikation. In: Biermann, Rudolf (Hg.) (1985): 281–295

Liebe-Harkort, Klaus (1983): "Bruder ist nicht ağabey – teyze ist nicht Tante": Verwandtschaftsbezeichnungen im Türkischen und im Deutschen. In: *Deutsch lernen* 1, 42–49

Liebe-Harkort, Klaus (1998): Zweisprachigkeit, Prüfstein der multikulturellen Gesellschaft. In: *Interkulturell* 2/3, 24–48

Liedtke, Frank (1987): Kooperation, Bedeutung, Rationalität. In: Liedtke, Frank & Rudi Keller (Hgg.): 107–136

Liedtke, Frank (Hg.) (1995): *Implikaturen. Grammatische und pragmatische Analysen.* Tübingen: Niemeyer

Liedtke, Frank & Rudi Keller (Hgg.) (1987): *Kommunikation und Kooperation.* Tübingen: Niemeyer

Linke, Angelika & Ingelore Oomen-Welke (Hgg.) (1995): *Herkunft, Geschlecht und Deutschunterricht.* Freiburg: Fillibach

Loenhoff, Jens (1992): *Interkulturelle Verständigung. Zum Problem grenzüberschreitender Kommunikation.* Opladen: Leske & Budrich

Loeser, Otwin (1980): *Interaktionsanalyse im Unterricht. Ansätze zur systematischen Selbstbeobachtung.* Frankfurt / Main u.a.: Peter Lang

Lorf, Ira (1987): Sprachliche Verarbeitung von Lerner-Antworten. In: *Osnabrücker Beiträge zur Sprachtheorie* 38, 85–105

Lörscher, Wolfgang (1983): *Linguistische Beschreibung und Analyse von Fremdsprachenunterricht als Diskurs.* Tübingen: Narr

Losche, Helga (1995): *Interkulturelle Kommunikation: Sammlung praktischer Spiele und Übungen.* Alling: Sandmann

Luchtenberg, Sigrid (1985): *Euphemismen im heutigen Deutsch. Mit einem Beitrag zu Deutsch als Fremdsprache.* Frankfurt / Main u.a.: Peter Lang

Luchtenberg, Sigrid (1985a): Lesestücke über ausländische Kinder in gemischten Regelklassen: Überlegungen am Beispiel von U. Wölfels "Die anderen Kinder". In: *Lernen in Deutschland* 3, 99–103.

Luchtenberg, Sigrid (1988): Varietäten und ihre Bedeutung für ausländische Deutschlerner und -lernerinnen. In: *Zielsprache Deutsch* 1, 1988, 19–26.

Luchtenberg, Sigrid (1991): "Es ist nicht so einfach, sich zu verständigen in der zweisprachigen Welt". Zu Zweisprachigkeit und Bikulturalität ausländischer Kinder. In: Lajios, Konstantin (Hg.) (1991): 55–90

Luchtenberg, Sigrid (1992): Language Awareness: Ein Ansatz für interkulturelle sprachliche Bildung. In: *Interkulturell* 3/4, 1992, 64–87

Luchtenberg, Sigrid (1994): Überlegungen zur Interkulturellen Kommunikativen Kompetenz. In: Luchtenberg, Sigrid & Wolfgang Nieke (Hgg.) (1994): 49–66

Luchtenberg, Sigrid (1994a): Lehrerausbildung in Deutsch als Zweitsprache – Was ist und was sein könnte. In: *Deutsch lernen* 1, 1994, 24–32

Luchtenberg, Sigrid (1994b): Zur Bedeutung von Language Awareness Konzeptionen für die Didaktik des Deutschen als Fremd- und als Zweitsprache. In: *Zeitschrift für Fremdsprachenforschung* 5:1, 1994, 1–25

Luchtenberg, Sigrid (1994c): Bilinguale und Interkulturelle Erziehung in Schweden. In: Paula, Andreas (Hg.)1994): 107–129

Luchtenberg, Sigrid (1995): *Interkulturelle Sprachliche Bildung. Zur Bedeutung von Zwei- und Mehrsprachigkeit für Schule und Unterricht.* Münster: Waxmann

Luchtenberg, Sigrid (1995a): "Multikulturalität als Grundlage von Bildung und Erziehung: der australische Ansatz". In: *Zeitschrift für Pädagogik* 6, 987–1006

Luchtenberg, Sigrid (1995b): "Language Awareness-Konzeptionen: Ein Weg zur Aktualisierung des Lernbereichs 'Reflexion über Sprache'?" In: *Der Deutschunterricht* 4, 93–108

Luchtenberg, Sigrid (1995c): Intercultural Communicative Competence - a Challenge in Multicultural and Anti-racist Education. In: *European Journal of Intercultural Studies* VI:2, 12–23

Luchtenberg, Sigrid (1996): Sprachunterricht in der Grundschule in multikulturellen Gesellschaften - ein australisch-deutscher Vergleich. In: *Neusprachliche Mitteilungen* 2, 78–83

Luchtenberg, Sigrid (1997): Migration und Migranten in den Medien: Beispiele aus dem multikulturellen Australien. In: Jung, Matthias, Wengeler, Martin & Karin Böke (Hgg.) (1997): 362–376

Luchtenberg, Sigrid (1997a): Worüber berichten die Printmedien? Eine vergleichende Analyse deutscher und australischer Zeitungen. In: Scheffer, Bernd (Hg.) (1997): 255–276

Luchtenberg, Sigrid (1997b): Zwei- und Mehrsprachigkeit in Kinder- und Jugendliteratur. In: *Muttersprache* 107, 168–186

Luchtenberg, Sigrid (1997c): Sprache, Spracherwerb und Zweisprachigkeit in der Migrantenliteratur. In: *Sprache und Literatur* 2, 64–82

Luchtenberg, Sigrid (1997d): Zum Thema Sprache in der Migrantenliteratur. In: *Materialien Deutsch als Fremdsprache* 46, 367–373

Luchtenberg, Sigrid (1997e): Tabus in Interkultureller Kommunikation: Bedeutung für Deutsch als Fremdsprache. In: *Deutsch lernen* 3, 211–223

Luchtenberg, Sigrid (1997f): Language Awareness: Anforderungen an Lehrkräfte und Probleme ihrer Ausbildung. In: *FLuL: Fremdsprachen Lehren und Lernen* 26, 111–126

Luchtenberg, Sigrid (1998): Interkultureller Unterricht aus einer vergleichenden Perspektive am Beispiel der *Marrickville Primary School* in Sydney. In: Apeltauer, Ernst, Glumpler, Edith & Sigrid Luchtenberg (Hgg.) (1998): 208–231

Luchtenberg, Sigrid (1998a): Möglichkeiten und Grenzen von Language Awareness zur Berücksichtigung von Mehrsprachigkeit im (Deutsch-)Unterricht. In: Kuhs, Katharina & Wolfgang Steinig (Hgg.) (1998): 137–156

Luchtenberg, Sigrid (1998b): Interkulturelle Kommunikative Kompetenz als Schlüsselqualifikation für Wirtschaft und Beruf. In: *Zeitschrift für Berufs- und Wirtschaftspädagogik* 1, 37–49

Luchtenberg, Sigrid (1998c): Multicultural education from a linguistic viewpoint. To appear in *EUEM (Educators for Urban Ethnolingusitic Minorities: Working Papers)* 2

Luchtenberg, Sigrid (1998d): Binnen- und Außenperspektiven im Konzept Interkulturellen Lernens am Beispiel von DaF und DaZ. In *Deutsch lernen* 2, 113–134

Luchtenberg, Sigrid (1998e): Identity in Multicultural Germany. In: *Journal of Multilingual and Multicultural Development* 19:1, 51–63

Luchtenberg, Sigrid & Rod Gardner (1997): Kontrastive Landeskunde am Beispiel deutscher und australischer Plakatwerbung. In: Börner, Wolfgang & Klaus Vogel (Hgg.) (1997): 124–141

Luchtenberg, Sigrid & Rod Gardner (1998): Plakatwerbung als Weg zu *language awareness* in der Sprachdidaktik. In: Strohner, Hans, Sichelschmidt, Lorenz & Martina Hielscher (Hgg.) (1998): 37–51

Luchtenberg, Sigrid & Nicola McLelland (1998): Multiculturalism, Migration and Racism: The Role of the Media. A Comparative Study of Australian and German Print Media. In: *Journal of Intercultural Studies* 19:2, 187–206

Luchtenberg, Sigrid & Wolfgang Nieke (Hgg.) (1994): *Interkulturelle Pädagogik und Europäische Dimension.* Münster: Waxmann

Lüger, Heinz–Helmut (1998): Bildhafte Satzphraseologismen. In: *Zeitschrift für Angewandte Linguistik* 29, 41–75

Luger, Kurt & Rudi Renger (1994): *Dialog der Kulturen. Die multikulturelle Gesellschaft und die Medien.* Wien: Österr. Kunst- und Kulturverlag

Lustig, Myron W. & Jolene Koester (1993): *Intercultural Competence. Interpersonal Communication Across Cultures.* New York: HarperCollins College Publishers

Maletzke, Gerhard (1996): *Interkulturelle Kommunikation. Zur Interaktion zwischen Menschen verschiedener Kulturen.* Opladen: Westdeutscher Verlag

Marburger, Helga, Helbig, Gisela & Eckhard Kienast (1997): Sichtweisen und Orientierungen Berliner Grundschullehrerinnen und -lehrer zur Multiethnizität der bundesdeutschen Gesellschaft und den Konsequenzen für Schule und Unterricht. In: Heintze; Andreas u.a. (1997): 4–62

Marburger, Helga, Rösch, Heidi, Dreezens–Fuhrke, Joyce, Hoch, Achim & Silke Riesner (1998): *Interkulturelle Kommunikation in multiethnischen PädagogInnenteams.* Frankfurt / Main: Verlag für Interkulturelle Kommunikation

Martin, Jeannie (1996): Signs of the time: Race, sex and media representations. In: Vasta, Ellie & Stephen Castles (Hgg.) (1996): 145–159

Martin, Judith N. (1993): Intercultural Communication Competence. A Review. In: Wiseman, Richard L. & Jolene Koester (Hgg.) (1993): 16–29

Mechtel, Angelika (1987): *Die Reise nach Tamerland.* Ravensburg

Meckel, Miriam & Markus Kriener (Hgg.) (1996): *Internationale Kommunikation.* Wiesbaden: Westdeutscher Verlag

Melzer, Wolfgang & Uwe Sandfuchs (Hgg.) (1996): *Schulreform in der Mitte der 90er Jahre. Strukturwandel und Debatten um die Entwicklung des Schulsystems in Ost- und Westdeutschland..* Opladen: Leske & Budrich

Merkens, Hans (1974): Methodologische Überlegungen zur Verbesserung der Forschungsmethoden bei der Unterrichtsanalyse. In: Roth, Leo & Gerhardt Petrat (Hgg.) (1974): 289–306

Merten, Klaus (1986): *Das Bild der Ausländer in der deutschen Presse. Ergebnisse einer systematischen Inhaltsanalyse.* Frankfurt / Main: Dağyeli

Mitter, Wolfgang (1994): Cultural Identity and National Loyalty in Multicultural Societies: A Comparative Approach. Vortrag auf der CIES Tagung in San Diego im Frühjahr 1994

Morrissey, Michael (1997): The Uses of Culture. In: *Journal of Intercultural Studies* 18:2, 93–107

Müller, Bernd–Dietrich (1980): Zur Logik interkultureller Verstehensprobleme. In: *Jahrbuch Deutsch als Fremdsprache* 6, 102–119

Müller, Bernd–Dietrich (1986): Interkulturelle Verstehensstrategien – Vergleich und Empathie. In: Neuner, Gerhard (Hg.) (1986): 33–84

Müller, Bernd–Dietrich (1991): Die Bedeutung der interkulturellen Kommunikation für die Wirtschaft. In: Müller, Bernd–Dietrich (Hg.) (1991a): 27–51

Müller, Bernd–Dietrich (Hg.) (1991a): *Interkulturelle Wirtschaftskommunikation.* München: iudicium

Müller, Ingrid M. (1994): *Schulbesuch und Schulerfolg ausländischer Gymnasiasten.* (= Arbeitsbericht Nr. 240). München: Staatsinstitut für Schulpädagogik und Bildungsforschung

Müller-Michaels, Harro & Gerhard Rupp (Hgg.) (1995): *Jahrbuch der Deutschdidaktik 1994*, Tübingen: Narr

Nabrings, Kirsten (1981): *Sprachliche Varietäten.* Tübingen: Narr

Nelde, Peter H. u.a. (Hgg.) (1981): *Sprachprobleme der Gastarbeiterkinder.* Tübingen: Narr

Nestvogel, Renate (1992): Über das Eigene zum Fremden – vom Fremden zum Eigenen. In: *Päd Extra* 1, 42–44

Neuland, Eva (1998): Gesprächskultur heute: Zwischen der Kunst der Konversation und der Technik der Gesprächsführung. In: Köhnen, Ralph (Hg.) (1998): 275–286

Neumann, Ursula & Lutz R. Reuter (1997): Alles was Recht ist: Minderheiten im deutschen Schulwesen. Ein Forschungsbericht. In: *Deutsch lernen* 3, 224–243

Neuner, Gerhard (Hg.) (1986): *Kulturkontraste im DaF-Unterricht.* München: iudicium

Nieke, Wolfgang (1993): Wie ist interkulturelle Erziehung möglich? In: ISOP (Hg.): *Interkulturelles Lernen als Utopie!? Multikulturelle Gesellschaft und die notwendige Antwort der Schule.* Graz, S. 24–36

Nieke, Wolfgang (1995): *Interkulturelle Erziehung und Bildung. Wertorientierungen im Alltag.* Leverkusen: Leske und Budrich

Nieke, Wolfgang & Ursula Boos-Nünning (Hgg.) (1991): 33–51 *Ausländische Jugendliche in der Berufsausbildung. Auf dem Weg zur Chancengleichheit?* Opladen: Leske & Budrich

Oberndörfer, Dieter (1996): Assimilation, Multikulturalismus oder kultureller Pluralismus – zum Gegensatz zwischen kollektiver Nationalkultur und kultureller Freiheit der Republik. In: Bade, Klaus J. (Hg.) (1996): 127–147

Office of Multicultural Affairs (1989): *National Agenda for a Multicultural Australia. ... Sharing Our Future.* Canberra: Commonwealth of Australia

Office of Multicultural Affairs (1994): *Best Practice in Managing a Culturally Diverse Workplace – A Manager's Manual.* Canberra: Commonwealth of Australia

Ökologie-Stiftung NRW / Heinrich-Böll-Stiftung (Hgg.) (1995): *Medien. Markt. Moral. Medienpolitik und Multikultur.* Essen: Klartext

Oksaar, Els (1976): *Berufsbezeichnungen im heutigen Deutsch.* Düsseldorf: Schwann

Oksaar, Els (1979): Zur Analyse der kommunikativen Akte. In: *Wirkendes Wort* 6, 391–404

Oksaar, Els (1983): Kongruenzen und Kulturemrealisierungen. In: *Neuphilologische Mitteilungen* 84, 120–125

Oksaar, Els (1983a): Fachsprachen, interaktionale Kompetenz und Kulturkontakt. In: Kelz, Heinrich P. (Hg.) (1983): 30–45

Oksaar, Els (1984): Sprache, Gesellschaft und interkulturelle Verständigung. In: Kühlwein, Wolfgang (Hg.) (1984): 21–31

Oksaar, Els (1988): *Fachsprachliche Dimensionen.* Tübingen: Narr

Oksaar, Els (1998): Sprach- und Kulturkontakt als Problembereich in interkultureller Kommunikation. Modellzentrierte und empirische Betrachtungen. In: *Jahrbuch Deutsch* 24, 13–45

Oomen-Welke, Ingelore (1991): Umrisse einer interkulturellen Didaktik für den gegenwärtigen Deutschunterricht. In: *Der Deutschunterricht* 2, 6–27

Oomen-Welke, Ingelore (1992): Interkulturelle Aspekte als neue Anstöße für den Sprachunterricht. In: *Interkulturell* 3/4, 42–63

Oomen-Welke (1993): Deutscher Unterricht als (inter)kulturelle Praxis. In: Bremerich-Vos, Albert (Hg.) (1993): 142-167

Oomen-Welke, Ingelore (1995): Veränderte Lernsituationen in der multikulturellen Gesellschaft. Perspektiven und Konsequenzen für den Deutschunterricht. In: Müller-Michaels, Harro & Gerhard Rupp (Hgg.) (1995): 67-90

Oomen-Welke, Ingelore (1996): Von der Nützlichkeit der vielen Sprachen auch im Deutschunterricht. In: Peyer, Ann & Paul R. Portmann (Hgg.) (1996): 291-316

Oomen-Welke, Ingelore (1998): Kultur der Mehrprachigkeit im Deutschunterricht. In: Köhnen, Ralph (Hg.) (1998): 287-305

Osterloh, Karl-Heinz (1986): Wiederfinden der eigenen Identität. Fremdsprachenunterricht in der Dritten Welt. Beispiel: Marokko. In: Neuner, Gerhard (Hg.) (1986): 173-192

Otterstedt, Carola (1993): *Abschied im Alltag. Grußformen und Abschiedsgestaltung im interkulturellen Vergleich.* München: iudicium

Pädagogisches Institut Uni Mainz (Hg.) (1996): *Kommunikation mit Behörden. Informationen und Materialien für den Unterricht Deutsch als Fremdsprache.* Mainz

Pauwels, Anne (Hg.) (1989): *Proceedings of the Conference on Cross-Cultural Communication in the Health Professions.* Melbourne: Monash University

Pauwels, Anne (1990): Health Professionals' Perceptions of Communicating Difficulties in Cross-Cultural Contexts. In: *ARAL*, Series S, 7, 93-111

Paula, Andreas (Hg.) (1994): *Mehrsprachigkeit in Europa. Modelle für den Umgang mit Sprachen und Kulturen.* Klagenfurt: Drava

Pelz, Manfred (Hg.) (1989): *Lerne die Sprache des Nachbarn.* Frankfurt / Main: Diesterweg

Pelz, Manfred (1992): Französisch in der Grundschule - Begründung eines "Begegnungskonzepts". In: Gompf, Gondi (Hg.) (1992): 78-85

Peyer, Ann & Paul R. Portmann (Hgg.) (1996): *Norm, Moral und Didaktik - Die Linguistik und ihre Schmuddelkinder. Eine Aufforderung zur Diskussion.* Tübingen: Niemeyer

Pieper, Ursula (1984): Zur Interaktion linguistischer, sozialer und biologischer Variablen im Problemkreis der "Anrede". In: Winter, Werner (Hg.) (1984): 9-24

Pleitgen, Fritz (1995): Multimedia, Multikultur und Integrationsauftrag. Anmerkungen zur Zukunft des Öffentlich-rechtlichen Rundfunks. In: Ökologie-Stiftung NRW / Heinrich-Böll-Stiftung (Hgg.) (1995): 44-50

Pommerin-Götze, Gabriele (1992): Vision einer interkulturellen Schule. In: Pommerin-Götze, Gabriele, Jehle-Santoso, Bernhard & Eleni Bozikake-Leisch (Hgg.) (1992): 292-295

Pommerin-Götze, Gabriele, Jehle-Santoso, Bernhard & Eleni Bozikake-Leisch (Hgg.) (1992): *Es geht auch anders! Leben und Lernen in der multikulturellen Gesellschaft.* Frankfurt: Dağyeli

Prengel, Annedore (1993): *Pädagogik der Vielfalt. Verschiedenheit und Gleichberechtigung in Interkultureller, Feministischer und Integrativer Pädagogik.* Opladen: Leske & Budrich

Prengel, Annedore (1996): Homogenität versus Heterogenität in der Schule - Integrative und interkulturelle Pädagogik am Beispiel des Anfangsunterrichts. In: Melzer, Wolfgang & Uwe Sandfuchs (Hgg.) (1996): 187-196

Priesemann, Gerhard (1971): *Zur Theorie der Unterrichtssprache.* Düsseldorf: Schwann

Prince, Di & Nicky Solomon (1993): Cultural Change and Competence. In: *Education Australia* 24, 15–16

Radtke, Frank-Olaf (1992): Lob der Gleich-Gültigkeit. Zur Konstruktion des Fremden im Diskurs des Multikulturalismus. In: Bielefeld, Uli (Hg.) (1992): 79–96

Ramge, Hans (Hg.) (1980): *Studien zum sprachlichen Handeln im Unterricht.* Gießen: Wilhelm Schmitz

Ramge, Hans (Hg.) (1980a): Korrekturhandlungen von Lehrern im Deutschunterricht. In: Ramge, Hans (Hg.) (1980): 132–157

Redder, Angelika (1983): Kommunikation in der Schule - zum Forschungsstand seit Mitte der siebziger Jahre. In: *Osnabrücker Beiträge zur Sprachtheorie* 24, 118–144

Redder, Angelika & Jochen Rehbein (1987): Zum Begriff der Kultur. In: *Osnabrücker Beiträge zur Sprachtheorie* 38, 7–21

Rehbein, Jochen (1981): Verbale und nonverbale Kommunikation im interkulturellen Kontakt. In: Nelde, Peter H. u.a. (Hgg.) (1981): 111–127

Rehbein, Jochen (1985): Medizinische Beratung türkischer Eltern. In: Rehbein, Jochen (Hg.) (1985a): 349–419

Rehbein, Jochen (Hg.) (1985a): *Interkulturelle Kommunikation.* Tübingen: Narr

Rehbein, Jochen (1994): Widerstreit. Semiprofessionelle Rede in der interkulturellen Arzt-Patienten-Kommunikation. In: *Zeitschrift für Literaturwissenschaft und Linguistik* 93, 123–151

Rehbock, Helmut (1981): Nebenkommunikationen im Unterricht: Funktionen, Wirkungen, Wertungen. In: Baurmann, Jürgen, Cherubim, Dieter & Helmut Rehbock (1981)(Hgg.): 35–88

Reich, Hans H. (1993): Die Entwicklung interkultureller Curricula. In: Reich, Hans H. & Ulrike Pörnbacher (Hgg.) (1993): 106–117

Reich, Hans H. (1996): *Hemspråksundervisning. Herkunftssprachenunterricht in Schweden.* Münster / New York: Waxmann

Reich, Hans H. & Milena Hinz de Albentiis (1998): Der Herkunftssprachenunterricht. Erlaßlage und statistische Entwicklung in den alten Bundesländern. In: *Deutsch lernen* 1, 3–45

Reich, Hans H. & Ulrike Pörnbacher (Hgg.) (1993): *Interkulturelle Didaktiken. Fächerübergreifende und fächerspezifische Ansätze*, Waxmann Verlag Münster

Reimann, Horst (1992): Transkulturelle Kommunikation und Weltgesellschaft. In: Reimann, Horst (Hg.) (1992): 13–29

Reimann, Horst (Hg.) (1992): *Transkulturelle Kommunikation und Weltgesellschaft. Zur Theorie und Pragmatik globaler Interaktion.* Opladen: Westdeutscher Verlag

Reinert, Gerd-Bodo & Joachim Thiele (1976): *Pädagogische Kommunikation. Unterrichtsversuche und empirische Untersuchungen im Rahmen praxisbezogener Einführungen für Studenten.* Saarbrücken / Kastellaun: Universitäts- und Schulbuchverlag / Aloys Henn Verlag

Reinert, Gerd-Bodo & Joachim Thiele (Hgg.) (1977): *Nonverbale pädagogische Kommunikation.* München: Ehrenwirth

Reinert, Gerd-Bodo & Jürgen Zinnecker (1978): Was wir Schüler in den Pausen auf dem Schulhof und in der Schule machen (auch was Lehrer eigentlich nicht wissen dürfen). In: Reinert, Gerd-Bodo & Jürgen Zinnecker (Hgg.)1978a): 165–170

Reinert, Gerd-Bodo & Jürgen Zinnecker (Hgg.) (1978a): *Schüler im Schulbetrieb. Berichte und Bilder vom Lernalltag, von Lernpausen und vom Lernen in den Pausen.* Reinbek: Rowohlt

Reuter, Ewald (1982): *Kommunikation und Institution. Zur Ethnographie des schulischen Alltags.* Frankfurt / Main u.a.: Lang

Rey, Micheline (1986): *Training teachers in intercultural education? The work of the Council for Cultural Co-operation* (1977–83). Strasbourg: Council of Europe

Rheinfelder, Hans (o.J.): *Der übersetzte Eigenname. Philologische Erwägungen zu Matth. 16, 18.* München: Hueber

Richter, Jürgen (1982): *Handlungsfiguren in kommunikativen Prozessen. Eine konstitutionsanalytische Untersuchung schulischer Kommunikation.* Frankfurt / Main u.a.: Lang

Röben, Bärbel & Cornelia Wilß (Hgg.) (1996): *Dritte-Welt-JournalistInnen-Netz: Verwaschen und verschwommen. Fremde Frauenwelten in den Medien.* Frankfurt / Main: Brandes & Apsel

Roberts, Celia (1998): Awareness in Intercultural Communication. In: *Language Awareness* 7 : 2 & 3, 109–127

Roeder, Peter Martin & Gundell Schümer (1976): *Unterricht als Sprachlernsituation. Eine empirische Untersuchung über die Zusammenhänge der Interaktionsstrukturen mit der Schülersprache im Unterricht.* Düsseldorf: Schwann

Rösch, Heidi (1995): *Interkulturell unterrichten mit Gedichten. Zur Didaktik der Migrationslyrik.* Frankfurt / Main: Verlag für Interkulturelle Kommunikation

Rösch, Heidi (1997): *Bilderbücher zum interkulturellen Lernen.* Baltmannsweiler: Schneider

Rosenbusch, Heinz S. & Otto Schober (1986)(Hgg.): *Körpersprache in der schulischen Erziehung. Pädagogische und fachdidaktische Aspekte nonverbaler Kommunikation.* Baltmannsweiler: Burgbücherei Schneider

Rost, Martina (1987): "... wolln uns dann zunächst mal unterhaltn!" Sprechstrategien in Konversationen des zweitsprachlichen Unterrichts. Inaugural-Dissertation FU Berlin

Rost-Roth, Martina (1994): Verständigungsprobleme in der interkulturellen Kommunikation. Ein Forschungsüberblick zu Analysen und Diagnosen in empirischen Untersuchungen. In: *Zeitschrift für Literaturwissenschaft und Linguistik* 93, 9–45

Roth, Hans-Joachim (Hg.) (1994): *Integration als Dialog. Interkulturelle Pädagogik im Spannungsfeld von Wissenschaft und Praxis. Festschrift für Wilhelmine M. Sayler zum 65. Geburtstag.* Baltmannsweiler: Schneider Verlag Hohengehren

Roth, Juliana (1996): Interkulturelle Kommunikation als universitäres Lehrfach. Zu einem neuen Münchner Studiengang. In: Roth, Klaus (Hg.) (1996b): 253–270

Roth, Klaus (1996): Europäische Ethnologie und Interkulturelle Kommunikation. In: Roth, Klaus (Hg.) (1996b): 11–27

Roth, Klaus (1996a): Erzählen und Interkulturelle Kommunikation. In: Roth, Klaus (Hg.) (1996b): 63–78

Roth, Klaus (Hg.) (1996b): *Mit der Differenz leben. Europäische Ethnologie und Interkulturelle Kommunikation.* Münster: Waxmann

Roth, Leo & Gerhardt Petrat (Hgg.) (1974): *Unterrichtsanalysen in der Diskussion.* Hannover u.a.: Hermann Schroedel

Ruhrmann, Georg (1993): Die Konstruktion des "Fremden" in den Medien. In: Jäger, Siegfried & Jürgen Link (Hgg.) (1993a): 190–212

Rumpf, Horst (1976): *Unterricht und Identität. Perspektiven für ein humanes Lernen.* München: Juventa

Ruth, Ina, Jäger, Siegfried & Teun A. van Dijk (1993): *Die Morde von Solingen. Zeitungsberichtserstattung vor und nach Solingen.* Duisburg: DISS

Schaeder, Burkhard (Hg.) (1994): *Siegener Institut für Sprachen im Beruf (SISIB). Fachsprachen und Fachkommunikation in Forschung, Lehre und beruflicher Praxis.* Essen: Verlag Die Blaue Eule

Schaffernicht, Christian (Hg.) (1981): *Zu Hause in der Fremde. Ein bundesdeutsches Ausländer-Lesebuch.* Fischerhude: Verlag Atelier im Bauernhaus

Scheffer, Bernd (Hg.) (1997): *Medien und Fremdenfeindlichkeit. Alltägliche Paradoxien, Dilemmata, Absurditäten und Zynismen.* Opladen: Leske und Budrich

Schlieben-Lange, Brigitte (1998): Die Dialektik von Identität und Alterität. In: *Zeitschrift für Literaturwissenschaft und Linguistik* 110, 41–57

Schmalz-Jacobsen, Cornelia & Georg Hansen (Hgg.) (1995): *Ethnische Minderheiten in der Bundesrepublik Deutschland. Ein Lexikon.* München: C.H.Beck

Schön, Bärbel (1980): Warum Eisdielenbesuche so wichtig sind. In: *Westermanns Pädagogische Beiträge* 4, 140–144

Schönbach, Peter (1970): *Sprache und Attitüden. Über den Einfluß der Bezeichnungen "Fremdarbeiter" und "Gastarbeiter" auf Einstellungen gegenüber ausländischen Arbeitern.* Bern / Stuttgart / Wien: Verlag Hans Huber

Schorb, Alfons Otto (1973): Unterricht und Sprache - vier Formen ihres Zusammenhangs. In: Spanhel, Dieter (Hg.) (1973a): 21–30

Schorb, Bernd (1995): Medienkompetenz in Europa. Die vielfältigen und unterschiedlichen Wege, dorthin zu gelangen. In: Lauffer, Jürgen & Ingrid Volkmer (Hgg.) (1995): 166–178

Schröder, Peter & Hugo Steger (Hgg.) (1981): *Dialogforschung. Sprache der Gegenwart 54 (= Jahrbuch des Instituts für deutsche Sprache).* Düsseldorf: Schwann

Schröder, Hartmut (Hg.) (1993): *Fachtextpragmatik.* Tübingen: Narr

Schröder, Hartmut (1995): Tabuforschung als Aufgabe interkultureller Germanistik. In: *Jahrbuch Deutsch als Fremdsprache* 21, 15–35

Schröder, Hartmut (1997): Tabus, interkulturelle Kommunikation und Fremdsprachenunterricht. Überlegungen zur Relevanz der Tabuforschung für die Fremdsprachendidaktik. In: Knapp-Potthoff, Annelie & Martina Liedke (Hg.) (1997): 93–106

Schwarz, Annelies (1986): *Hamide spielt Hamide. Ein türkisches Mädchen in Deutschland.* München: dtv

Schützeichel, Rudolf (1986): Zur deutschen Namenforschung. In: *Beiträge zur Namenforschung.* NF 21, 1–13

Scollon, Ron (1997): Handbills, tissues and condoms: A site of engagement for the construction of identity in public discourse. In: *Journal of Sociolinguistics* 1, 39–61

Scollon, Ron & Suzsanne Wong Scollon (1995): *Intercultural Communication. A Discourse Approach.* Oxford: Blackwell

Seifert, Michael J. (1996): Probleme interkultureller Behördenkommunikation. In: *Deutsch lernen* 4, 129–352

Sekretariat der Ständigen Konferenz der Kultusminister der Länder in der Bundesrepublik Deutschland (Hg.) (1997): *Ausländische Schüler und Schulabsolventen 1987 bis 1996.* Bonn: Statistische Veröffentlichungen der Kultusministerkonferenz 143

Sekretariat der Ständigen Konferenz der Kultusminister der Länder in der Bundesrepublik Deutschland (1996): *Empfehlung "Interkulturelle Bildung und Erziehung in der Schule. Beschluß der Kultusministerkonferenz vom 25.10.1996.* Bonn

Sinclair, John McH. & Malcolm Coulhard (1977): *Analyse der Unterrichtssprache. Ansätze zu einer Diskursanalyse dargestellt am Sprachverhalten englischer Lehrer und Schüler.* Übersetzt, bearbeitet und herausgegeben von Hans-Jürgen Krumm. Heidelberg: Quelle und Meyer

Slembek, Edith (1997): *Mündliche Kommunikation - interkulturell.* St. Ingbert: Röhrig Universitätsverlag

Smolicz, J.J. (1992): *Australian Diversity. Language – A Bridge Or A Barrier? Linguistic Pluralism and Education in Australia.* Adelaide: Centre for Intercultural Studies and Multicultural Education

Sonderegger, Stefan (1987): Die Bedeutsamkeit der Namen. In: *Zeitschrift für Literaturwissenschaft und Linguistik* 67, 11–23

Spanhel, Dieter (1971): *Die Sprache des Lehrers. Grundformen des didaktischen Sprechens.* Düsseldorf: Schwann

Spanhel, Dieter (1973): Schülersprache und Lernhilfe. In: Spanhel, Dieter (Hg.) (1973a): 304–325.

Spanhel, Dieter (Hg.) (1973a): *Schülersprache und Lernprozesse.* Düsseldorf: Schwann

Spillner, Bernd (Hg.) (1990): *Interkulturelle Kommunikation. Kongreßbeiträge zur 20. Jahrestagung der Gesellschaft für Angewandte Linguistik GAL e.V.* Frankfurt / M. u.a.: Peter Lang Verlag

Spinner, Kaspar H. (1980): Identitätsgewinnung als Aspekt des Aufsatzunterrichts. In: Spinner, Kaspar H. (Hg.) (1980a): 67–80

Spinner, Kaspar H. (Hg.) (1980a): *Identität und Deutschunterricht.* Göttingen: Vandenhoeck & Ruprecht

Stadt Dortmund (Hg.) (o.J.) *Mit Unterschieden leben lernen. Training zur Förderung der interkulturellen Kommunikationsfähigkeit.* Dortmund

Stadt Mülheim an der Ruhr & RAA (Hgg.) (1997): *Dokumentation Fachtagung Sprachenstandort Deutschland.* Mülheim

Steiner–Khamsi, Gita (1996): Transnationalität und kulturelle Staatsbürgerschaft. In: *Jahrbuch für Pädagogik 1996. Pädagogik in multikulturellen Gesellschaften.* Frankfurt am Main u.a.: Lang, 263–284

Stellmacher, Dieter (1977): Kommunikation und Redesituation. Zur Analyse des Sprachverhaltens von Schülern in einer soziolinguistischen Untersuchung. In: Goeppert, Herma C. (Hg.) (1977): 303–318

Stölting, Wilfried (1980): *Die Zweisprachigkeit jugoslawischer Schüler in der Bundesrepublik Deutschland.* Wiesbaden: Harrassowitz

Stötzel, Georg & Martin Wengeler (Hgg.) (1995): *Kontroverse Begriffe. Geschichte des öffentlichen Sprachgebrauchs in der Bundesrepublik Deutschland.* Berlin und New York

Stotzka, Wilfried (1998): Staatliche Europa–Schule Berlin – bilinguales Lernen vom Vorschulalter an. In: Kuhs, Katharina & Wolfgang Steinig (Hgg.) (1998): 87–101

Streeck, Jürgen (1979): Sandwich - Good for you. Zur pragmatischen und konversationellen Analyse von Bewertungen im institutionellen Diskurs der Schule. In: Dittmann, Jürgen (Hg.) (1979): 235-257

Strohner, Hans, Sichelschmidt, Lorenz & Martina Hielscher (Hgg.) (1998): *Medium Sprache.* Forum Angewandte Linguistik. Frankfurt / Main u.a.: Peter Lang

Struck, Manfred (1993) (Hg.): *Zuwanderer in den Medien. Der journalistische Umgang mit einem sensiblen Themenbereich.* Köln: Forum WIR e.V.

Switalla, Bernd (1977): *Sprachliches Handeln im Unterricht. Verständigungsschwierigkeiten zwischen Lehrern und Schülern.* München u.a.: Urban und Schwarzenberg

Switalla, Bernd (1977a): Verständigungskritik im Unterricht - zur methodischen Rekonstruktion unterrichtlicher Argumentation. In: Goeppert, Herma C. (Hg.) (1977): 158–223

Switalla, Bernd (1978): "Mit dem kann man nicht reden!". Ein schultypisches Mißverständnis als Unterrichtsthema. In: *Praxis Deutsch* 30, 25–26

Szablewski-Çavuş, Petra (1997): "Ich habe da ganz andere Erfahrungen ...". Perspektivenwechel, Gesprächsstile und vorgefaßte Meinungen im Unterricht Deutsch als Zweitsprache. In: *Bildungsarbeit in der Zweitsprache Deutsch. Konzepte und Materialien.* 3, 11–19

Theophanous, Andrew C. (1995): *Understanding Multiculturalism and Australian Identity.* Carlton South: Elikia Books

Thürmann, Eike (1991): Zwischen babylonischer Sprachverwirrung und Pfingstwunder: Überlegungen zur Begegnung mit Sprachen in der Grundschule. In: GEW (Hg.) (1991): 11–33

Thürmann, Eike & Edgar Otten (1992): Begegnung mit Sprachen in der Grundschule und interkulturelle Erziehung. In: *Pädagogik in Ost und West* 4, 220–230

Tillmann, Klaus-Jürgen (1976): *Unterricht als soziales Erfahrungsfeld. Soziales Lernen in der Institution Schule.* Frankfurt / Main: Fischer Taschenbuch Verlag

Toker, Arzu (1995): Multikulturalität statt Nationalismen. In: Ökologie-Stiftung NRW & Heinrich-Böll-Stiftung (Hgg.) (1985): 65–67

Trueba, Henry T., Guthrie, Grace P. & Kathryn Hu-Pei Au (1981): *Culture and the Bilingual Classroom. Studies in Classroom Ethnography.* Rowley: Newbury House

Tsiakalos, Georgios (1983): *Ausländerfeindlichkeit: Tatsachen und Erklärungsversuche.* München: Beck

Tuk, Cornelis (1998): "Meine Heimat ist die Fremde meines Vaters, die Fremde meines Vaters ist meine Heimat". Gedichte türkischer Migranten im DaF-Unterricht. In: *Info DaF* 25:6, 702–711

Ulich, Dieter (1976): *Pädagogische Interaktion. Theorien erzieherischen und sozialen Lernens.* Weinheim / Basel: Beltz

Ulrich, Winfried (1998): "Sprachspiele". Eine neue Seite des Deutschunterrichts stellt sich vor. In: *Deutschunterricht-Berlin* 51:7/8, 338–345

Vasta, Ellie & Stephen Castles (Hgg.) (1996): *The Teeth Are Smiling. The persistence of racism in multicultural Australia.* St. Leonards: Allen & Unwin

Vester, Heinz-Günter (1996): *Kollektive Identitäten und Mentalitäten. Von der Völkerpsychologie zur kulturvergleichenden Soziologie und interkulturellen Kommunikation.* Frankfurt / Main: Verlag für Interkulturelle Kommunikation

Voss, Boris (1998): *Intercultural management. A Journey towards Cultural Diversity in the Workplace.* Frankfurt / Main: Verlag für Interkulturelle Kommunikation

Wagner, Wulf (1996): *Kulturschock Deutschland.* Hamburg: Rotbuch

Watzlawick, Paul, Beavin, H. & Don D. Jackson (1971): *Menschliche Kommunikation. Formen, Störungen, Paradoxien.* Bern u.a.: Hans Huber

Weber, Alexander (1972): *Verbales Verhalten im Schulunterricht. Vergleich zweier Lehrergruppen mit unterschiedlich langer Berufspraxis. Ein Beitrag zur empirischen Unterrichtsforschung.* Essen: Verlag Neue Deutsche Schule

Weigel, Sigrid (1992): Literatur der Fremde - Literatur in der Fremde. In: Briegleb, Klaus & Sigrid Weigel (Hgg.) (1992): 182–229

Weingarten, Rüdiger (1988): *Verständigungsprobleme im Grundschulunterricht.* Opladen: Westdeutscher Verlag

Wellendorf, Franz (1977): Rituelles Handeln in der Schule. Zur symbolischen Funktion von Lernziel-Taxonomien. In: Goeppert, Herma C. (Hg.) (1977): 10–35

Wellendorf, Franz (1985): Schule und Identität. Thesen zur schulischen Sozialisation. In: Biermann, Rudolf (Hg.) (1985): 119–139

Welsch, Wolfgang (1995): Transkulturalität. Zur veränderten Verfaßtheit heutiger Kulturen. In: *Zeitschrift für Kulturaustausch* 1, 39–44

Wengeler, Martin (1995): Multikulturelle Gesellschaft oder Ausländer raus? Der sprachliche Umgang mit der Einwanderung seit 1945. In: Stötzel, Georg & Martin Wengeler (Hgg.) (1995): 711–749

Wenning, Norbert (1996): *Migration in Deutschland. Ein Überblick.* Münster: Waxmann

Werner, Otmar (1989): Eigennamen im Dialog. In: *Zeitschrift für Germanistische Linguistik* 98–100, 181–200

Wierzbicka, Anna (1991): *Cross-Cultural Pragmatics. The Semantics of Human Interaction.* Berlin / New York: Mouton de Cruyter

Wierzbicka, Anna (1992): *Semantics, Culture, and Cognition. Universal Human Concepts in Culture-Specific Configurations.* New York / Oxford: Oxford University Press

Wierzbicka, Anna (1997): *Understanding Cultures through Their Key Words. English, Russian, Polish, German and Japanese.* New York / Oxford: Oxford University Press

Willkop, Eva-Maria (1998): "Ach, du verstehst mich nicht! – Emotionalität funktional gesehen. In: Wolff, Armin & Dietrich Eggers (Hgg.) (1998): 66–80

Wimmer, Rainer (1973): *Der Eigenname im Deutschen. Ein Beitrag zu seiner linguistischen Beschreibung.* Tübingen: Niemeyer

Wimmer, Rainer (1989): Die Bedeutung des Eigennamens. In: *Zeitschrift für Germanistische Linguistik* 98–100, 125–142

Winkler, Andreas (1994): Ethnische Schimpfwörter und übertragener Gebrauch von Ethnika. In: *Muttersprache* 4, 320–337

Winter, Werner (Hg.) (1984): *Anredeverhalten.* Tübingen: Narr

Wiseman, Richard L. & Jolene Koester (Hgg.) (1993): *Intercultural Communication Competence..* Newbury Park et al.: Sage

Wolff, Armin & Dietich Eggers (Hgg.) (1998): *Lern- und Studienstandort Deutschland. Emotion und Kognition. Lernen mit neuen Medien.* Regensburg: FaDaF (= Materialien Deutsch als Fremdsprache 47)

Wolff, Dieter (1993): Sprachbewußtheit und die Begegnung mit Sprachen. In: *Die Neueren Sprachen* 92:6, 510–531

Young, Robert (1992): *Critical Theory and Classroom Talk.* Clevedon: Multilingual Matters

Young, Robert (1996): *Intercultural Communication. Pragmatics, Genealogy, Deconstruction.* Clevedon: Multilingual Matters

Zaninelli, Susanne M. (1994): Vier Schritte eines integrierten Trainingsansatzes am Beispiel des interkulturellen Trainings Bundesrepublik Deutschland – Vereinigte Staaten. In: Institut für Auslandsbeziehungen (1994) (Hg.): 94–102

Zehrfeld, Klaus & Jürgen Zinnecker (1975): Acht Minuten heimlicher Lehrplan bei Herrn Tausch. Analyse einer gefilmten Unterrichtsstunde. In: Zinnecker, Jürgen im Auftrag der Redaktion betrifft: erziehung (Hg.) (1975): 72–97

Zentrum für Türkeistudien (Hg.) (1995): *Das Bild der Ausländer in der Öffentlichkeit. Eine theoretische und empirische Analyse zur Fremdenfeindlichkeit.* Opladen: Leske & Budrich

Zielke-Nadkarni, Andrea (1997): *Migrantenliteratur im Unterricht. Der Beitrag der Migrantenliteratur zum Kulturdialog zwischen deutschen und ausländischen Schülern.* Hamburg: Verlag Dr. Kovac

Zinnecker, Jürgen (Hg. im Auftrag der Redaktion betrifft: erziehung) (1975): *Der heimliche Lehrplan. Untersuchungen zum Schulunterricht.* Weinheim / Basel: Beltz

Zöllner, Nicole (1997): *Der Euphemismus im alltäglichen und politischen Sprachgebrauch des Englischen.* Frankfurt a.M. u.a.: Lang